SI ES LA **PRIMERA VEZ** QUE USA UN EBOOK DE THOMSON REUTERS

AF892884

1 Acceder a **https://onepass.thomsonreuters.com** y hacer click en "Registrar":

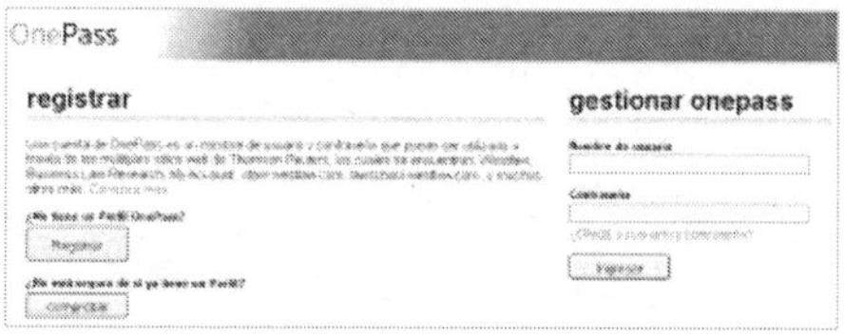

2 Introducir la dirección de correo electrónico:

3 A continuación, el usuario debe crear su perfil (el Nombre de Usuario y la Contraseña deben de cumplir, al menos, 1 y 3 requisitos respectivamente, de la lista de "Tipos de Caracteres"):

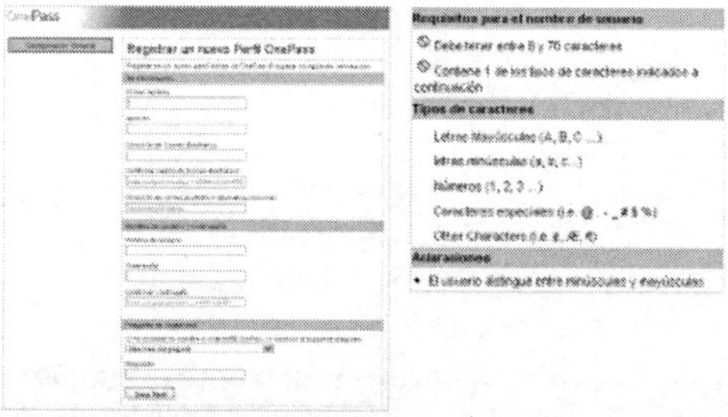

4 Hacer click en el botón "Gestionar Productos" y, a continuación hacer click en PROVIEW:

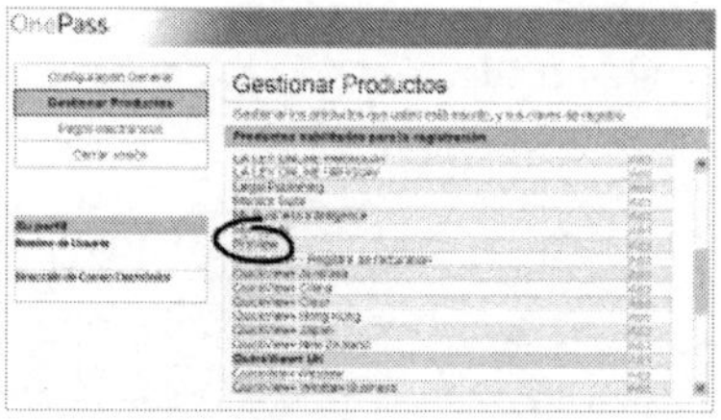

5 Escribir la "Clave de registro" que encontrará en esta carta y el campo llamado "Nombre" (este nombre puede ser cualquier palabra, no tiene ningún tipo de limitación, y simplemente sirve para identificar los libros dentro de su librería).

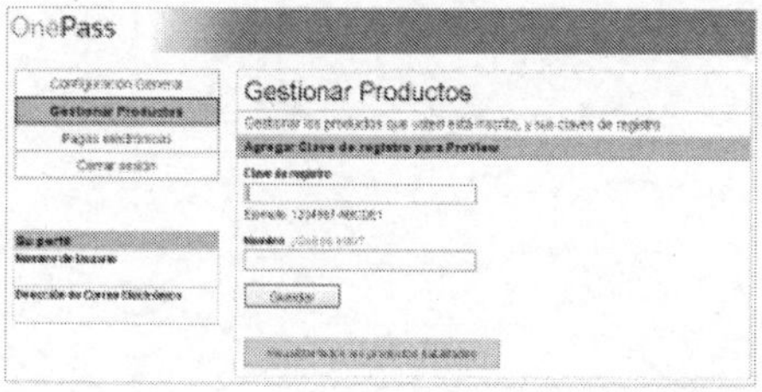

6 Finalmente, aparece un mensaje tipo **"La clave de Registro ha sido grabada correctamente"** y ya puede acceder a su libro electrónico. Para descargarse la aplicación ProView y poder consultar su eBook siga las instrucciones que aparecen en la siguiente página

SI **NO ES LA PRIMERA VEZ** QUE USA UN EBOOK DE THOMSON REUTERS

- Acceder a **https://onepass.thomsonreuters.com** e identificarse con su "Nombre de Usuario" y "Contraseña". Repetir los **pasos 4** (haciendo click en el enlace "Agregue uno nuevo") **y 5** del proceso anterior.

FORMAS DE **ACCESO**

ACCESO DESDE SU IPAD O TABLETA ANDROID

DESCARGUE THOMSON REUTERS PROVIEW™

Descargue la aplicación PROVIEW™ Thomson Reuters en su iPad o tableta Android:

- Entre en **iTunes Store y busque ProView** http://itunes.apple.com/us/app/thomson-reuters-proview/id440243072 **para acceder a** la aplicación de **iPad en iTunes Store.**
- Entre en **Google Play y busque ProView** https://play.google.com/store/apps/details?id=air.ProviewAirMobileAndroid&feature=search_result#?t=W251bGwsMSwy LDEslmFpci5Qcm92aWV3QWlyTW9iaWxlQW5kcm9pZCJd **para acceder a** la aplicación de **Android en Google Play.**

ACCEDA A SU BIBLIOTECA

- **Abra la aplicación** de Thomson Reuters PROVIEW™ en su iPad o tableta Android.
- Inicie la sesión introduciendo su **usuario** y **contraseña OnePass.**
- El libro electrónico que ha adquirido está **disponible en su biblioteca.**
- **Descargue** el **contenido** del libro haciendo **click en el icono del libro electrónico** (este paso sólo es necesario hacerlo la primera vez que accede al contenido y es preciso que el iPad o la tableta Android esté conectado a Internet).
- Una vez descargado, el libro electrónico ya está disponible para su consulta.

ACCESO DESDE SU ORDENADOR

DESCARGUE THOMSON REUTERS PROVIEW™

Descargue la aplicación de escritorio de PROVIEW™ Thomson Reuters para PC (Windows o Mac):

- Entre en **http://thomsonreuters.com/site/proview/proview-for-window-mac/** para descargar la aplicación para su **ordenador Windows.**
- Entre en **http://thomsonreuters.com/site/proview/proview-for-window-mac/** para descargar la aplicación para su **ordenador Mac.**

THOMSON REUTERS PROVIEW™ DESDE SU NAVEGADOR

Si lo prefiere, puede acceder a Thomson Reuters PROVIEW™ desde su navegador:

- Entre en la página web **https://proview.thomsonreuters.com** e introduzca su **usuario** y **contraseña OnePass.**
- Haga **click en el libro electrónico** que usted ha adquirido. Una vez hecho esto, el libro electrónico está ya disponible para su consulta.

SI TIENE DUDAS O PROBLEMAS CON EL PROCESO DE ACTIVACIÓN DEL E-BOOK, PUEDE LLAMAR AL TELÉFONO **902 404 047.**

ARANZADI | CIVITAS | LEX NOVA

THOMSON REUTERS

INCAPACITACIÓN Y PROCESOS SOBRE CAPACIDAD DE LAS PERSONAS

MANUEL CERRADA MORENO

INCAPACITACIÓN Y PROCESOS SOBRE CAPACIDAD DE LAS PERSONAS

THOMSON REUTERS
ARANZADI

Primera edición, 2014

Editorial Aranzadi, S. A.
Camino de Galar, 15
31190 Cizur Menor (Navarra)

Imprime: Rodona Industria Gráfica, S.L.
Polígono Agustinos, Calle A, Nave D-11
31013 – Pamplona

Depósito legal: NA 708/2014

ISBN: 978-84-9059-469-8

Printed in Spain. Impreso en España

A Bene y Manolo

Sumario

Página

Página

Página

CAPÍTULO IV

CAPÍTULO V

Página

Capítulo I

Introducción

SUMARIO: 1. LA CAPACIDAD JURÍDICA Y LA CAPACIDAD DE OBRAR.—2. LA INCAPACITACIÓN COMO ESTADO CIVIL.—3. LA CONVENCIÓN DE LA ONU SOBRE LOS DERECHOS DE LAS PERSONAS CON DISCAPACIDAD DE 2006 Y LA ADECUACIÓN DE LA LEGISLACIÓN ESPAÑOLA A SUS PRECEPTOS. 3.1. ¿El fin de la distinción entre capacidad jurídica y capacidad de obrar?—4. ANTECEDENTES LEGISLATIVOS EN ESPAÑA DEL PROCESO DE INCAPACITACIÓN REGULADO EN LA LEC DE 2000.—5. BREVE REFERENCIA A LOS PROCESOS DE INCAPACITACIÓN EN EL DERECHO COMPARADO.

1. LA CAPACIDAD JURÍDICA Y LA CAPACIDAD DE OBRAR

Enseñaba CASTÁN[1] la distinción entre el concepto de capacidad jurídica y el de capacidad de obrar: «Capacidad es sinónimo de personalidad, pues implica aptitud para derechos y obligaciones, o, lo que es igual, para ser sujeto, activo o pasivo, de relaciones jurídicas. Pero esa aptitud en qué consiste la personalidad o capacidad jurídica se despliega en dos manifestaciones: aptitud del sujeto para la mera tenencia y goce de los derechos, y aptitud para el ejercicio de los mismos, y para concluir actos jurídicos. La primera de ellas se acostumbra a designar con la simple denominación de personalidad, capacidad de derecho o capacidad de goce. La segunda, se denomina capacidad de obrar o capacidad de ejercicio».

De este modo, resulta que toda persona, por el mero hecho de serlo, tiene capacidad jurídica, entendiéndose por tal la aptitud para ser titular

1. CASTÁN TOBEÑAS, J.: *Derecho Civil Español,* Común y Foral, 1949, Tomo I, págs. 361 y ss.

de derechos subjetivos y de deberes jurídicos. Este concepto coincide con el de personalidad, que se adquiere, en nuestro Derecho, por el hecho de haber nacido con los requisitos que establece el art. 30 CC en la actual redacción que le fue dada por la Ley 20/2011, de 21 de julio, del Registro Civil, y según el cual «la personalidad se adquiere en el momento del nacimiento con vida, una vez producido el entero desprendimiento del seno materno»[2].

La capacidad jurídica es por tanto la aptitud innata de toda persona para ser sujeto de relaciones jurídicas, y por eso, en el actual ordenamiento jurídico, se considera expresión de la igualdad y dignidad protegidas por la Constitución de 1978, que proclama en su art. 10.1, con cierto estilo pedagógico, que «la dignidad de la persona, los derechos inviolables que le son inherentes, el libre desarrollo de la personalidad, el respeto a la ley y a los derechos de los demás son fundamento del orden político y de la paz social»[3].

Debido a lo anterior, la capacidad jurídica se considera una y la misma durante toda la vida, uniforme y no sujeta a graduaciones o modificaciones, permaneciendo inalterable.

Pero hemos visto que distinto de la capacidad jurídica es la capacidad de obrar. Ésta puede definirse como la aptitud para el ejercicio de los derechos de los que se es titular, para obrar eficazmente en el ámbito jurídico. O dicho de otro modo, la aptitud para producir libremente efectos jurídicos mediante actos propios, conscientes y voluntarios.

---

2. Antes de la reforma del Código Civil operada por la Disposición Final Tercera de la Ley 20/2011, de 21 de julio, del Registro Civil, el art. 30 CC establecía que sólo se reputaba nacido el feto que tuviere figura humana y que hubiera vivido veinticuatro horas enteramente desprendido del seno materno. La Disposición Final Décima de la citada Ley 20/2011, de 21 de julio, del Registro Civil establece que esta Ley entrará en vigor a los tres años de su publicación en el Boletín Oficial del Estado, excepto las disposiciones adicionales séptima y octava y las disposiciones finales tercera y sexta, que entraron en vigor el día siguiente al de su publicación en el Boletín Oficial del Estado.
3. Apuntan Díez-Picazo y Gullón que el Código Civil también fue consciente de ello, por supuesto, como no podía ser menos, por causa de la ideología liberal en que se desenvuelve nuestra codificación, dedicando así su Libro Primero a tratar «De las personas». Sin embargo, sus normas eran incompletas en grado sumo, como en las codificaciones del siglo XIX, pues lo que se refería a la persona en sí misma considerada, sus derechos y libertades fundamentales, se relegaba al ámbito constitucional, más programático que efectivo jurídicamente. Díez-Picazo, L. y Gullón, A.: *Sistema de Derecho Civil,* Vol. I, Ed. Tecnos, Madrid, 1998, pág. 213.

Y aunque a todas las personas, por el hecho de serlo, se les reconoce capacidad jurídica, no a todas se les reconoce capacidad de obrar. Y no a todas las personas con capacidad de obrar se les reconoce ésta con la misma extensión. La capacidad de obrar admite graduaciones, en función de la capacidad de entender y querer de cada sujeto.

No obstante, en nuestro ordenamiento jurídico, la capacidad de obrar se presume plena desde que la persona alcanza la mayoría de edad, momento que el art. 12 de la Constitución fija en los dieciocho años, precisando el Código Civil en su art. 315 que «la mayor edad empieza a los dieciocho años cumplidos» y que «para el cómputo de los años de la mayoría de edad se incluirá completo el día del nacimiento»[4]. Señala también el art. 322 CC que «el mayor de edad es capaz para todos los actos de la vida civil, salvo las excepciones establecidas en casos especiales por este Código», estableciendo así una presunción de capacidad de obrar que se aplica a toda persona mayor de edad.

Esta presunción de capacidad sólo desaparece, como ha declarado el Tribunal Supremo, cuando se prueba la concurrencia de una enfermedad de carácter persistente que permita concluir que aquella persona no se halla en situación de regir su persona, administrar sus bienes y cumplir con las restantes funciones de una persona media[5]. Y es que como ha señalado nuestro Alto Tribunal, «la capacidad de las personas físicas es atributo de la personalidad, no obstante cabe su restricción y control, por disposición expresa de la ley, en supuestos como el que se estudia, mediante las que han sido llamadas circunstancias modificativas de la capacidad, al presumirse siempre la capacidad mental, mientras no quede demostrado lo contrario, pues los medios procesales legales arbitrados, observancia de las garantías constitucionales, y con base a pruebas concluyentes y rotundas en contrario, que conforman probanzas directas, dada la transcendencia de

4. Por tanto, el día del nacimiento, se cuenta como el primero de los vividos, con independencia de la hora en que se haya nacido. En cambio, en Derecho Penal, en el ámbito de la responsabilidad penal de los menores, la jurisprudencia en beneficio del reo ha establecido que el cómputo de la edad debe hacerse teniendo en cuenta la hora del nacimiento y no contando íntegramente el primer día.

5. Así se desprende de la doctrina establecida por el Tribunal Supremo en Sentencias núm. 461/1998 de 19 mayo (RJ 1998,3378), 683/1999 de 26 julio (RJ 1999, 7845), 1082/2002 de 20 noviembre (RJ 2002, 10266), y 781/2004 de 14 julio (RJ 2004, 5204), entre otras muchas.

la resolución en cuanto priva a una persona de su libertad de disposición subjetiva y patrimonial»[6].

En nuestro ordenamiento jurídico, es causa de incapacidad, además de la menor edad, el haber sido la persona declarada incapacitada mediante sentencia, tras haberse constatado la concurrencia de «enfermedades o deficiencias persistentes de carácter físico o psíquico, que impidan a la persona gobernarse por sí misma» (art. 200 CC). Como establece el art. 199 CC, «nadie puede ser declarado incapaz, sino por sentencia judicial en virtud de las causas establecidas en la Ley». Para ello será necesario que se haya seguido el proceso judicial regulado en la Ley de Enjuiciamiento Civil que será objeto de estudio en este trabajo.

En dicho proceso, deberán practicarse las pruebas necesarias para formar la convicción del juez, imponiendo la Ley determinadas pruebas que deberán llevarse a cabo obligatoriamente. El Tribunal Supremo ha declarado que «la capacidad mental se presume siempre mientras no se destruya por una prueba concluyente en contrario, requiriéndose en consecuencia una cumplida demostración mediante una adecuada prueba directa»[7].

Cabe observar, como hacen DÍEZ-PICAZO y GULLÓN[8], que la falta de una plena capacidad de obrar no significa que el ordenamiento jurídico se desentienda de la protección de los intereses y derechos del que la sufre, sino que, por el contrario, establece normas apropiadas a estos fines, instituyendo la representación legal del incapacitado o exigiendo un complemento de su capacidad. En efecto, el actual art. 760 LEC establece que «la sentencia que declare la incapacitación determinará la extensión y los límites de ésta, así como el régimen de tutela o guarda a que haya de quedar sometido el incapacitado».

2. LA INCAPACITACIÓN COMO ESTADO CIVIL

En nuestro Derecho, la incapacitación se considera un estado civil. Como señalan DÍEZ-PICAZO y GULLÓN[9], el mismo término de «incapacitación» suscita la idea de algo externo a la persona, que no es otra cosa que la declaración judicial, resultado de un proceso o procedimiento seguido

6. Tribunal Supremo (Sala de lo Civil), Sentencia núm. 119/1996 de 19 febrero (RJ 1996, 1413).
7. Tribunal Supremo (Sala de lo Civil), Sentencia de 10 febrero de 1986 (RJ 1986, 520).
8. DÍEZ-PICAZO, L. y GULLÓN, A.: *Sistema de Derecho Civil*, op. cit., pág. 214.
9. Ibídem. pág. 246.

para alcanzarla. Y así señalan que el loco, por ejemplo, no cambia su estado civil de capaz por el de incapaz hasta que no termine el procedimiento judicial.

El concepto de estado civil fue desarrollado y perfilado por DE CASTRO[10], constituyéndolo en el eje central del Derecho de la Persona y considerándolo la posición en que una persona se encuentra dentro de la comunidad nacional. Así, mientras el menor vive sujeto a la patria potestad, y el loco o demente se encuentra en dependencia de su tutor, el mayor de edad, en cambio, vive y actúa por sí mismo, libremente. Afirmaba DE CASTRO que la capacidad de obrar deriva del estado civil, definido como «la cualidad jurídica de la persona que determina –conforme a su estado– la eficacia jurídica de sus actos».

El empleo de este concepto tiene de la ventaja de que no se hace necesario, en cada caso, medir las condiciones psíquicas de cada persona para averiguar su capacidad de obrar. La capacidad de obrar dependerá así de cada estado civil.

Como explica APARICIO AUÑÓN[11], «la idea de status sirvió originariamente para diferenciar al hombre libre del esclavo (*status libertatis*); al ciudadano del que no lo era (*status civitatis*); y al *paterfamilias* del *filiusfamilias* (*status familiae*). Sólo al que disfrutaba de los tres status le reconocía el Derecho Romano plena capacidad jurídica. Desaparecido el *status libertatis* y sustituido por el principio de que todos los hombres nacen libres e iguales; negado que el *status civitatis* y el *status familiae* supongan ninguna disminución de la capacidad jurídica de la persona física, resultaba tentador reconstruir la teoría de los status como soporte no de la capacidad jurídica pero sí de la capacidad de obrar».

DÍEZ-PICAZO y GULLÓN[12] observan que la locución «estado civil» es utilizada reiteradamente por el Código Civil y por la Ley del Registro Civil (de 1957, si bien la reflexión es igualmente aplicable a la de 2011), pero en ningún momento se da un concepto de él. Si bien en el lenguaje vulgar, la expresión se relaciona exclusivamente con el matrimonio (hablándose así de estado civil de soltero, casado, viudo, divorciado o separado), señalan

10. DE CASTRO Y BRAVO, F: *Derecho Civil de España,* Civitas, 1984, tomo II, págs. 48 y ss.
11. APARICIO AUÑÓN, E.: *Comentarios a la Ley de Enjuiciamiento Civil,* dirigido por LORCA NAVARRETE, A. Mª y coordinado por GUILARTE GUTIÉRREZ, V., Tomo IV, Lex Nova, Valladolid, 2000, págs. 3972 y ss.
12. DÍEZ-PICAZO, L. y GULLÓN, A.: *Sistema de Derecho Civil,* Vol. I, Ed. Tecnos, Madrid, 1998, op.cit., págs. 223 y 224.

estos autores que esta idea no es enteramente exacta. En efecto, destacan que si, como se ha expuesto, todas las personas tienen la misma capacidad jurídica pero no la misma capacidad de obrar, habrá que encontrar la causa o razón de esta desigualdad. Pero esta razón no puede buscarse hoy en día en el tipo social (noble o plebeyo, libre o siervo, etc.). Debe, por tanto, obedecer a cualidades personales que hacen que la persona viva o esté en la comunidad de una manera diferente que otra en que no concurran, y que según estos autores deben buscarse en cualidades que posean un cierto carácter de permanencia o estabilidad (como fija el art. 200 CC al señalar que «Son causas de incapacitación las enfermedades o deficiencias persistentes...»).

En este orden de cosas, merece la pena destacar cómo la nueva concepción de la persona que recoge la Constitución de 1978 va teniendo su influencia en la legislación positiva. Así, el Preámbulo de la Ley 20/2011, de 21 de julio, del Registro Civil señala que «la Constitución de 1978 sitúa a las personas y a sus derechos en el centro de la acción pública. Y ese inequívoco reconocimiento de la dignidad y la igualdad ha supuesto el progresivo abandono de construcciones jurídicas de épocas pasadas que configuraban el estado civil a partir del estado social, la religión, el sexo, la filiación o el matrimonio».

Basándose en lo hasta aquí se ha expuesto, el estado civil ha sido definido por Díez-Picazo y Gullón como una cualidad de la persona que determina su posición ante el Derecho, o lo que es lo mismo, su consideración por el ordenamiento jurídico, destacando que el estado civil no es sólo lo determinante de una diferente capacidad de obrar de las personas, sino también fuente de derechos y deberes. Y consideran que deben estimarse como estados civiles de la persona la nacionalidad y la vecindad, el matrimonio, la edad y la incapacitación, destacando las siguientes características:

- toda persona debe tener un estado civil (aunque esto no quiere decir que sólo se pueda tener uno, pues en la misma persona pueden confluir múltiples estados),

- es materia de orden público sustraída por tanto al juego de la autonomía de la voluntad,

- tiene eficacia *erga omnes* y las normas por las que se rige tienen carácter imperativo.

Hoy en día, sin embargo, la doctrina del estado civil se considera en cierto modo artificiosa[13], si bien, como señala Aparicio Auñón[14], se le reconoce la bondad de facilitar el tráfico jurídico y la seguridad jurídica, pues la declaración judicial de incapacidad de una persona, que de oficio se inscribe en el Registro Civil, sirve de aviso para quienes contraten con el declarado incapaz, destruyendo la presunción de capacidad del mayor de edad que recogida en el art. 322 CC.

También Calparsoro Damián[15] viene a destacar que el concepto del estado civil es útil por su eficacia *erga omnes*, sirviendo a la finalidad de proteger el tráfico jurídico, lo cual se logra con la publicidad de la sentencia de incapacitación, para que los que pretendan contratar con esa persona puedan conocer su falta de capacidad de obrar. Y señala que el concepto descansa, en último término, en una consideración formal del problema, de modo que el concepto de estado civil no puede deslindarse de los hechos concretos que lo motivan.

---

13. Suele citarse a Gordillo Cañas, A., que en su obra *Capacidad, incapacidad y estabilidad en los contratos*, Tecnos, Madrid, 1986, se muestra favorable a una devaluación del concepto de estado civil.
Podemos también traer a colación las reflexiones de Aparicio Aunón, que estima que «para declarar que una persona tiene de hecho limitada o abolida su capacidad de obrar a consecuencia de una enfermedad mental o defecto físico persistente, no hacía falta pasar por el alambique de los estados civiles». Para este autor, limitarse a decir que el incapacitado es un sujeto afectado de una enfermedad de determinadas características, comprobada y declarada judicialmente, debe ser suficiente para el Derecho, además de ser una forma llana de hablar que no se presta a equívocos. Decir que el demandado ha adquirido el estado civil de incapacitado, es un circunloquio parecido a describir el hecho natural de la muerte como adquisición del estado civil de difunto. Aparicio Auñón, E.: *Comentarios a la Ley de Enjuiciamiento Civil,* op. cit., págs. 3972 y ss.
14. Aparicio Auñón, E.: *Comentarios a la Ley de Enjuiciamiento Civil,* op. cit., págs. 3972 y ss.
15. Razona este autor: «La doctrina del estado civil en último término descansa en una consideración formal del problema. La modificación de la capacidad de obrar es inconmovible que en el derecho actual no depende más que de un dato objetivo como la edad, o de la enfermedad o anomalía persistente. ¿Pero cómo los que contratan, por ejemplo, con esa persona pueden conocer su falta de capacidad de obrar? Entonces adquiere su valor la constatación pública, erga omnes (frente a todos los demás), de su situación, que la da la ley a través de la sentencia de incapacitación. Son las necesidades del tráfico las que obligan a la indicación segura y pública de la incapacidad, pero el estado civil no es una causa per se de incapacidad de obrar, sino que se asienta en datos naturales como la edad y la enfermedad. En otras palabras, no hay ni puede haber una separación entre estos datos y el estado civil». Calparsoro Damián, J.: *La actuación del Ministerio Fiscal en defensa de las personas declaradas incapaces,* ponencia presentada en las *Jornadas sobre Protección Jurídica en la Incapacidad,* los días 26 y 27 de mayo de 2005, Fundación Tutelar de La Rioja, Logroño, 2005.

Finalmente, debe mencionarse que en la legislación positiva no se encuentra un catálogo de estados civiles, pues éstos no se enumeran en el Código Civil, cuyo art. 325 se limita a señalar que «los actos concernientes al estado civil de las personas se harán constar en el Registro destinado a este efecto». Tampoco existe un listado en la Ley del Registro Civil de 1957, cuyo art. 1 establece que «En el Registro Civil se inscribirán los hechos concernientes al estado civil de las personas y aquellos otros que determina la Ley», enumerando a continuación los hechos y actos que constituyen su objeto pero sin definir qué se entiende por «estado civil». Finalmente, tampoco la más reciente Ley 20/2011, de 21 de julio, del Registro Civil, con entrada en vigor el 22 de julio de 2014, ofrece una definición del concepto, limitándose a señalar su art. 4 que «tienen acceso al Registro Civil los hechos y actos que se refieren a la identidad, estado civil y demás circunstancias de la persona»[16].

3. LA CONVENCIÓN DE LA ONU SOBRE LOS DERECHOS DE LAS PERSONAS CON DISCAPACIDAD DE 2006 Y LA ADECUACIÓN DE LA LEGISLACIÓN ESPAÑOLA A SUS PRECEPTOS

El 13 de diciembre de 2006 fue aprobada por la Asamblea General de las Naciones Unidas la Convención sobre los Derechos de las Personas con Discapacidad, que fue ratificada por España mediante instrumento de 30 de marzo de 2007 (BOE de 21 de abril), entrando en vigor en nuestro país el 3 de mayo de 2008.

16. Y añade que «Son, por tanto, inscribibles:
    1. El nacimiento.
    2. La filiación.
    3. El nombre y los apellidos y sus cambios.
    4. El sexo y el cambio de sexo.
    5. La nacionalidad y la vecindad civil.
    6. La emancipación y el beneficio de la mayor edad.
    7. El matrimonio. La separación, nulidad y divorcio.
    8. El régimen económico matrimonial legal o pactado.
    9. Las relaciones paterno-filiales y sus modificaciones.
    10. La modificación judicial de la capacidad de las personas, así como la que derive de la declaración de concurso de las personas físicas.
    11. La tutela, la curatela y demás representaciones legales y sus modificaciones.
    12. Los actos relativos a la constitución y régimen del patrimonio protegido de las personas con discapacidad.
    13. La autotutela y los apoderamientos preventivos.
    14. Las declaraciones de ausencia y fallecimiento.
    15. La defunción».

Se trata del primer Tratado de Derechos Humanos del siglo XXI aprobado en el seno de Naciones Unidas, y tiene por propósito, en palabras de la propia Convención, «promover, proteger y asegurar el goce pleno y en condiciones de igualdad de todos los derechos humanos y libertades fundamentales por todas las personas con discapacidad, y promover el respeto de su dignidad inherente» (art. 1).

Por su parte, los arts. 8 y 9 de la Convención fijan la obligación de los Estados de fomentar la toma de conciencia respectos de las personas con discapacidad, su accesibilidad y la potenciación de las medidas necesarias para que estas personas puedan vivir de forma independiente y participar plenamente en todos los aspectos de la vida.

De especial importancia en relación con el asunto que aquí nos ocupa es su art. 12, que bajo la rúbrica de «Igual reconocimiento como persona ante la ley», establece que:

«1. Los Estados Partes reafirman que las personas con discapacidad tienen derecho en todas partes al reconocimiento de su personalidad jurídica.

2. Los Estados Partes reconocerán que las personas con discapacidad tienen capacidad jurídica en igualdad de condiciones con las demás en todos los aspectos de la vida.

3. Los Estados Partes adoptarán las medidas pertinentes para proporcionar acceso a las personas con discapacidad al apoyo que puedan necesitar en el ejercicio de su capacidad jurídica.

4. Los Estados Partes asegurarán que en todas las medidas relativas al ejercicio de la capacidad jurídica se proporcionen salvaguardias adecuadas y efectivas para impedir los abusos de conformidad con el derecho internacional en materia de derechos humanos. Esas salvaguardias asegurarán que las medidas relativas al ejercicio de la capacidad jurídica respeten los derechos, la voluntad y las preferencias de la persona, que no haya conflicto de intereses ni influencia indebida, que sean proporcionales y adaptadas a las circunstancias de la persona, que se apliquen en el plazo más corto posible y que estén sujetas a exámenes periódicos por parte de una autoridad o un órgano judicial competente, independiente e imparcial. Las salvaguardias serán proporcionales al grado en que dichas medidas afecten a los derechos e intereses de las personas.

5. Sin perjuicio de lo dispuesto en el presente artículo, los Estados Partes tomarán todas las medidas que sean pertinentes y efectivas para garantizar el derecho de las personas con discapacidad, en igualdad de condicio-

nes con las demás, a ser propietarias y heredar bienes, controlar sus propios asuntos económicos y tener acceso en igualdad de condiciones a préstamos bancarios, hipotecas y otras modalidades de crédito financiero, y velarán por que las personas con discapacidad no sean privadas de sus bienes de manera arbitraria».

En los arts. 17 y ss. se recogen una serie de medidas inherentes a la protección de las personas con discapacidad, en relación con su integridad personal, su libertad de desplazamiento, su derecho a vivir de forma independiente, a ser incluido en la comunidad, a la movilidad personal, a la libertad de expresión y de opinión, al acceso a la información, respeto a la privacidad, a la salud, a la habilitación y a la rehabilitación, a un nivel de vida adecuado y a la protección social, a la participación en la vida política y pública, en la vida cultural de su comunidad y de la sociedad en que vive, al esparcimiento, al deporte, a las actividades recreativas, etc.

Cabe señalar que España ya venía adoptando, con anterioridad a ratificar esta Convención, algunas medidas legislativas que resultan acordes con el contenido de la misma. Además de la reforma del Código civil operada por Ley 13/1983, de 24 de octubre, pueden citarse las leyes de 18 de noviembre, de protección patrimonial de las personas con discapacidad y de modificación del Código Civil, de la Ley de Enjuiciamiento Civil y de la Normativa Tributaria con esta finalidad, la 51/2003, de 2 de diciembre, de igualdad de oportunidades, no discriminación y accesibilidad universal de las personas con discapacidad y la Ley 39/2006, de 14 de diciembre, de Promoción de la Autonomía Personal y Atención a las personas en situación de dependencia. Se entiende por ello, en líneas generales, que la vigente legislación española en relación con las personas con discapacidad se encuentra actualizada y en cierta armonía con la de los países de nuestro entorno.

El Tribunal Supremo ha tenido ocasión de pronunciarse acerca de la compatibilidad de la normativa legal española con los principios de la Convención de Nueva York de 2006, a raíz de que el Ministerio Fiscal plantease, en el recurso de casación relativo a una concreta declaración de incapacidad[17], que «el principal problema del recurso no es que se hayan o no cum-

17. Se trata del recurso de casación interpuesto contra la Sentencia núm. 141/2006, de 20 marzo, de la Audiencia Provincial de Salamanca (JUR 2006, 237085)que desestimó el recurso de apelación interpuesto contra la Sentencia del Juzgado de 1ª Instancia nº 3 de Peñaranda de Bracamonte (Salamanca) de 9 de julio de 2002 por la que se declaró incapaz de modo absoluto para regir su persona y administrar sus bienes a una persona y se nombraba tutoras conjunta y solidariamente a dos de sus hijas y se encomienda a otro la tutela de los bienes.

plido los requisitos para la incapacitación de la demandada, sino ver si la interpretación de los artículos 199 y 200 CC son acordes con la Convención sobre los derechos de las personas con discapacidad, firmada en Nueva York el 13 diciembre 2006, ratificada por España en 23 noviembre 2007 y publicada en el BOE el 21 abril 2008, que forma parte del ordenamiento jurídico español en virtud de lo dispuesto en los artículos 96.1 CE y 1.5 CC». La Sentencia que en definitiva se dictó (STS núm. 282/2009 de 29 abril [RJ 2009, 2901]), acoge tanto la doctrina de la propia Sala de lo Civil del Tribunal Supremo como la doctrina que cita del Tribunal Constitucional vertida en la STC 174/2002, de 9 octubre (Sala Segunda) (RTC 2002, 174). Esta última afirma que «En el plano de la constitucionalidad que nos corresponde hemos de declarar que el derecho a la personalidad jurídica del ser humano, consagrado en el art. 6 de la Declaración universal de los derechos humanos de 10 de diciembre de 1948, lleva implícito el reconocimiento del derecho a la capacidad jurídica de la persona, por lo que toda restricción o limitación de su capacidad de obrar afecta a la dignidad de la persona y a los derechos inviolables que le son inherentes, así como al libre desarrollo de la personalidad (art. 10.1 CE). En consecuencia, la declaración de incapacitación de una persona sólo puede acordarse por sentencia judicial en virtud de las causas establecidas en la Ley (art. 199 CC), mediante un procedimiento en el que se respeten escrupulosamente los trámites o diligencias que exigía el art. 208 CC (y que en la actualidad se imponen en el vigente art. 759 LEC) que, en la medida en que van dirigidas a asegurar el pleno conocimiento por el órgano judicial de la existencia y gravedad de las enfermedades o deficiencias persistentes de carácter físico o psíquico que concurren en el presunto incapaz y que le inhabilitan para gobernarse por sí mismo, que son la causa y fundamento de su incapacitación (arts. 199 y 200 CC), se erigen en garantías esenciales del proceso de incapacitación [...]. La incapacitación total sólo deberá adoptarse cuando sea necesario para asegurar la adecuada protección de la persona del enfermo mental permanente, pero deberá determinar la extensión y límites de la medida y deberá ser siempre revisable».

De este modo, determina el Fundamento Jurídico séptimo de la Sentencia del Tribunal supremo núm. 282/2009 de 29 abril (RJ 2009, 2901), que «sólo esta interpretación hace adecuada la regulación actual con la Convención, por lo que el sistema de protección establecido en el Código civil sigue vigente, aunque con la lectura que se propone:

1º Que se tenga siempre en cuenta que el incapaz sigue siendo titular de sus derechos fundamentales y que la incapacitación es sólo una forma de protección. Ésta es la única posible interpretación del artículo 200 CC y del artículo 760.1 LEC.

2º La incapacitación no es una medida discriminatoria porque la situación merecedora de la protección tiene características específicas y propias. Estamos hablando de una persona cuyas facultades intelectivas y volitivas no le permiten ejercer sus derechos como persona porque le impiden autogobernarse. Por tanto no se trata de un sistema de protección de la familia, sino única y exclusivamente de la persona afectada».

Es de destacar que, con posterioridad a la adhesión por parte de España a la Convención, fue aprobada la Ley 1/2009, de 25 de marzo[18], de reforma de la Ley del Registro Civil de 1957 y de la Ley sobre protección patrimonial de las personas con discapacidad de 2003, cuya Disposición Final Primera establece que «el Gobierno, en el plazo de seis meses desde la entrada en vigor de esta Ley, remitirá a las Cortes Generales un Proyecto de Ley de reforma de la legislación reguladora de los procedimientos de incapacitación judicial, que pasarán a denominarse procedimientos de modificación de la capacidad de obrar, para su adaptación a las previsiones de la Convención Internacional sobre los Derechos de las Personas con Discapacidad, adoptada por Naciones Unidas el 13 de diciembre de 2006».

En relación con esta previsión, lo primero que debe decirse es que, como en otras ocasiones similares[19], el mandato legal no se ha cumplido, ni en plazo ni fuera de él. La legislación positiva española continúa empleando las

18. Su nombre completo es «Ley 1/2009, de 25 de marzo, de reforma de la Ley de 8 de junio de 1957, sobre el Registro Civil, en materia de incapacitaciones, cargos tutelares y administradores de patrimonios protegidos, y de la Ley 41/2003, de 18 de noviembre, sobre protección patrimonial de las personas con discapacidad y de modificación del Código Civil, de la Ley de Enjuiciamiento Civil de la normativa tributaria con esta finalidad». Como expone su Preámbulo, esta Ley tiene por finalidad facilitar la «obtención de datos generales sobre el número y alcance de las incapacitaciones que tienen lugar en nuestro país», haciendo del Registro Civil «un mecanismo fiable de publicidad que permita supervisar la efectiva aplicación de la normativa relativa a la incapacitación judicial de personas que no pueden gobernarse por sí mismas, así como facilitar la efectiva puesta en práctica de la figura del patrimonio protegido como mecanismo de protección patrimonial de las personas con discapacidad». También, como se señala, resolver ciertas dudas generadas por la aplicación de la Ley 41/2003, de 18 de noviembre, sobre protección patrimonial de las personas con discapacidad.

19. Por ejemplo, la Disposición Final Decimoctava de la LEC de 7 de enero de 2000 establece que «En el plazo de un año a contar desde la fecha de entrada en vigor de esta Ley, el Gobierno remitirá a las Cortes Generales un proyecto de Ley sobre jurisdicción voluntaria», lo cual todavía no ha ocurrido, al igual que la Disposición Final Vigésima fija al Gobierno un plazo de seis meses a contar desde la fecha de entrada en vigor de esta Ley, para remitir a las Cortes Generales un proyecto de Ley sobre cooperación

palabras «incapacitación», «incapacitados» y «procesos de incapacitación». Por ello, en esta obra se emplea la terminología vigente, teniendo en cuenta no obstante que, como se ha señalado, el Tribunal Supremo ha encontrado la normativa legal española compatible con los principios de la citada Convención en STS núm. 282/2009 de 29 abril (RJ 2009, 2901).

Se plantea, no obstante, la duda acerca de si es correcto hablar todavía de procesos de incapacitación o debería ya hablarse de procesos de modificación de la capacidad. La clave de la cuestión radica en que el término incapacitación puede considerarse despectivo para las personas con discapacidad que a través del proceso regulado en nuestro ordenamiento en la Ley de Enjuiciamiento Civil habrán de ser protegidas jurídicamente, dotándolas de los necesarios «apoyos» (en nuestro Derecho la tutela y, preferiblemente, la curatela). Sin embargo, al igual que seguidamente expondremos acerca de la necesaria distinción entre capacidad jurídica y capacidad de obrar, no es posible, en nuestra opinión, hacer tabula rasa de la terminología empleada hasta ahora en nuestro Derecho sin perder con ello precisión y rigor jurídico.

Hemos visto que el art. 322 CC establece la presunción de plena capacidad de obrar de todo mayor de edad. A partir de ahí, toda primera modificación de su capacidad de obrar actuará necesariamente en el sentido de reducirla; nunca de ampliarla. Por eso, nos parece más preciso aquí emplear el término «incapacitación», donde el prefijo *in* indica negación o privación[20]. No obstante, el término «modificación de la capacidad» será acertado cuando se emplee para designar al proceso en que la declaración anterior es revisada, bien en el sentido de ampliar las limitaciones, bien en el sentido de reducirlas, pudiendo incluso conllevar la restitución de la plena capacidad de obrar, tal y como viene ya siendo empleado por la LEC. Y aunque también pueda hablarse de modificación de la capacidad (de obrar) cuando ésta se revisa por primera vez, lo cierto es que se pierde en significación, pues si así se establece finalmente y sólo se nos dice que tal persona ha sido demandada en un proceso de modificación de la capacidad, no sabremos si previamente el ordenamiento le reconocía capacidad de obrar plena o ya la tenía judicialmente limitada.

---

jurídica internacional en materia civil, que, a fecha de cierre de este trabajo, tampoco se ha promulgado.

20. Real Academia Española: *Diccionario de la lengua española (DRAE)* edición 22 ª, publicada en 2001.

Cabe señalar que en la página web del Consejo General del Poder Judicial[21], puede ya consultarse, a fecha de cierre de esta obra, el «Documento de trabajo elaborado por el Ministerio de Justicia sobre la posible reforma del Código civil, del Estatuto Orgánico del Ministerio Fiscal y de la Ley 1/2000 de Enjuiciamiento Civil en materia de modificación judicial de la capacidad y de las medidas de protección y apoyo de menores y de personas con capacidad modificada judicialmente». La fecha del documento es 5 de julio de 2010, y en él se señala cómo se opta por los términos «modificación judicial de la capacidad» y «persona con capacidad modificada judicialmente». No obstante, dicho documento expresa sólo unas líneas generales a desarrollar, a modo de borrador de anteproyecto de ley, por lo que nos limitaremos únicamente a dejar aquí constancia de su existencia.

Por último, cabe añadir que en el marco de esta futura revisión de los procesos de capacidad de las personas, el Consejo General del Poder Judicial ha publicado un Acuerdo de 7 de marzo de 2013, del Pleno, por el que se crea un fichero automatizado de datos de carácter personal, en el que se incluirán datos personales procedentes de procesos judiciales de incapacitación con la finalidad de reunir datos procesales que figuren en las correspondientes causas civiles, con el único fin de estudiar las posibles líneas de mejora del tratamiento jurídico y asistencial de esta problemática, así como de las personas demandadas en procesos de incapacitación y sus correspondientes tutores. La recogida de datos, como establece el Acuerdo, se llevará a efecto mediante la consulta directa de causas judiciales en los órganos concretamente incluidos en el estudio asignado al Observatorio sobre Salud, Autonomía, Competencia y Derechos Humanos, creado por Convenio institucional aprobado por el Pleno del Consejo General del Poder Judicial de 23 de noviembre de 2011.

3.1. ¿El fin de la distinción entre capacidad jurídica y capacidad de obrar?

Como hemos visto, la Convención de la ONU de 13 de diciembre de 2006 sobre los Derechos de las Personas con Discapacidad ha propiciado un

21. Concretamente en: *http://www.poderjudicial.es/cgpj/es/Temas/Justicia_y_Discapacidad/Actividades/relacionados/Documento_de_trabajo_sobre_la_posible_reforma_del_Codigo_civil__del_Estatuto_Organico_del_Ministerio_Fiscal_y_de_la_Ley_1_2000_de_Enjuiciamiento_Civil_en_materia_de_modificacion_judicial_de_la_capacidad_y_de_las_medidas_de_proteccion_y_apoyo_de_menores_y_de_personas_con_capacidad_modificada_judicialmente.* Última consulta a comienzos de 2014.

nuevo entendimiento de la legislación en materia de discapacidad e incapacitación, tanto por parte de la jurisprudencia como de la doctrina.

Así, tras el Curso sobre el ámbito de protección civil y penal de la persona con discapacidad celebrado en Valencia en mayo de 2013 y que reunió a Magistrados, fiscales, abogados y psicólogos, GANZENMÜLLER ROIG señala en sus Conclusiones[22] cómo para algunos, la Convención de Nueva York de 13 de diciembre de 2006 sobre los Derechos de las Personas con Discapacidad ha abolido la distinción entre capacidad jurídica y capacidad de obrar, ya que su art. 12.1 declara que «las personas con discapacidad tienen capacidad jurídica en igualdad de condiciones con las demás en todos los aspectos de la vida».

En cambio, para otros, el vigente Derecho español, adecuadamente interpretado y aplicado, puede en líneas generales llenar las exigencias establecidas en la Convención, y en este sentido no parece que la Convención haya abolido la distinción entre capacidad jurídica y capacidad de obrar, pues la ya aludida previsión, contenida en el art. 12.3, de «apoyo» para el ejercicio, por las personas con discapacidad, de su capacidad jurídica está haciendo referencia, precisamente, a la capacidad de obrar, esto es, al modo de actuación, por sí o con intervención de terceros, de los derechos de que aquéllas son titulares, y sin que, por lo demás, la transcrita declaración del art. 12.1 pase de tener un carácter general que deberá ser posteriormente concretado, ya que si la igualdad de condiciones allí proclamada hubiese de interpretarse en sentido literal y material, sería entonces inútil cualquier tipo de declaración de discapacidad.

Esta última postura es la que nos parece más acertada, ya que el término «capacidad jurídica» empleado en la Convención internacional no debería trasplantarse a nuestro Derecho sin la comprensión de su verdadero significado a la vista del texto íntegro donde se emplea y del contexto en que dicho texto es aprobado. España puede perfectamente cumplir el contenido íntegro de la Convención ratificada, e incluso ir más allá (pues se trata de unos contenidos mínimos), garantizando de manera efectiva estos derechos y profundizando en su desarrollo, sin por ello tener que renegar de

22. GANZENMÜLLER ROIG, C.: *Cinco años después de la Convención de los Derechos de las Personas con Discapacidad.* Conclusiones del curso sobre el ámbito de protección civil y penal de la persona con discapacidad, celebrado en Valencia en mayo de 2013. Puede consultarse el documento en *http://www.poderjudicial.es/cgpj/es/Poder_Judicial/En_Portada/Conclusiones_del_curso_sobre_el_ambito_de_proteccion_civil_y_penal_de_la_persona_con_discapacidad*

conceptos jurídicos que gozan en nuestro Derecho de una larga tradición que se explica por su utilidad para distinguir con precisión situaciones jurídicas distintas, evitando la confusión. Tal es el caso de la distinción entre capacidad jurídica y capacidad de obrar, cuya existencia en el Derecho no está reñida con el reconocimiento de plenos derechos a las personas con discapacidad en igualdad de condiciones con el resto de los ciudadanos. Precisamente, para garantizar la protección jurídica de aquellas personas no sólo personas discapacitadas, sino que además no puedan gobernarse a sí mismas, es para lo que el Derecho prevé mecanismos como la declaración de incapacidad y el consiguiente nombramiento de persona que asista al necesitado (tutor o curador). Y para ello, se hace necesario un apoyo teórico, una distinción conceptual como es la que existe entre capacidad jurídica y capacidad de obrar.

Por eso, la previsión de la Convención consistente en que «los Estados Partes reconocerán que las personas con discapacidad tienen capacidad jurídica en igualdad de condiciones con las demás en todos los aspectos de la vida» no puede ser interpretada en el sentido de atribuir a todas igual capacidad de obrar por sí mismas, negando así que en la realidad existen personas necesitadas de una especial protección en el ámbito jurídico, precisamente por no poder, por sí mismas, prestar el consentimiento, que en nuestro Derecho es elemento esencial de todo contrato (art. 1.261 CC), quea su vez constituye la piedra angular del tráfico jurídico en nuestros días.

Por otro lado, es evidente que si todas las personas tuviesen plena capacidad de obrar, en el sentido en que se entiende en nuestro Derecho, no serían necesarios los «apoyos» a que se refiere el art. 12.3 de la Convención, según el cual «los Estados Partes adoptarán las medidas pertinentes para proporcionar acceso a las personas con discapacidad al apoyo que puedan necesitar en el ejercicio de su capacidad jurídica». Lógicamente, estos apoyos presuponen la existencia de una capacidad para entender y querer (aunque sea mínima) sobre la que apoyarse.

El texto de la Convención no parece haber tenido en cuenta la existencia de casos en los que falta este sustrato, sino que parte de la existencia de un siquiera mínimo grado de conciencia y voluntad en todos los casos. Así, por ejemplo, en el apartado n) del Preámbulo de la Convención se reconoce «la importancia que para las personas con discapacidad reviste su autonomía e independencia individual, incluida la libertad de tomar sus propias decisiones», y el apartado o) considera que «las personas con discapacidad deben tener la oportunidad de participar activamente en los procesos de adopción de decisiones sobre políticas y programas». Asimismo, en el art. 1, bajo la rúbrica «Propósito», se definen la personas con discapacidad como «aquellas que tengan deficiencias físicas, mentales, intelectuales o sensoriales a largo plazo que, al interactuar con diversas barreras, puedan impedir su participación plena y efectiva en la sociedad, en igualdad de condiciones con las demás». El art. 9 se refiere a las medidas para facilitar la accesibilidad de las personas con discapacidad a edificaciones, servicios, etc.

Todas estas convicciones, sin duda plausibles, ponen, sin embargo, claramente de manifiesto que los preceptos de la Convención se han negociado y plasmado pensando en la existencia de un sustrato de conciencia y de autonomía que permita interactuar con esas barreras a que se refiere el art. 1. Tampoco debe perderse de vista que una Convención de la ONU se redacta para que sea firmada por el mayor número posible de países, y que muchos de ellos no presentan el grado de desarrollo económico, social ni de reconocimiento de derechos civiles del que, en mayor o menor medida, gozamos en España y en los países de nuestro entorno más inmediato. Por eso, en muchos de estos países, el reconocimiento efectivo a las personas discapacitadas de los derechos plasmados en la Convención supone ya un gran avance social en relación con su situación anterior. Por esto, los términos empleados en el texto de la Convención presentan una generalidad tal que permita su adopción por países de muy diversa cultura y grado de desarrollo, y precisamente por ello, no es una interpretación correcta considerar que las palabras empleadas, sin más, pueden directamente modificar el sentido técnico-jurídico de instituciones de semejante importancia en el ordenamiento español, como se desprende del número de ocasiones que el Texto emplea la expresión «los Estados Partes adoptarán las medidas...». Por otro lado, las instituciones recogidas tradicionalmente en nuestro ordenamiento no son contrarias a la Convención, siempre que, como ha señalado el Tribunal Supremo, se haga una lectura de las mismas siguiendo las pautas indicadas en la STS núm. 282/2009 de 29 abril (RJ 2009, 2901). En cualquier caso, es claro que no puede hablarse de «apoyos» en el caso de personas que no tienen un mínimo grado de conciencia ni de autonomía para tomar decisiones, como pueden ser las que se encuentren en coma o en estados vegetativos o similares, y que no gozan de ninguna capacidad de entendimiento o decisión. En estos casos discapacidad extrema en que el sujeto que la padece no tiene una mínima autonomía intelectual, no será suficiente con un «apoyo», al no haber unas mínimas facultades sobre las que apoyarse, sino que deberá existir otra persona que supla completamente el conocimiento y la voluntad de la primera a efectos de poder tomar decisiones con trascendencia jurídica. Y ello, precisamente, en orden a lograr su protección jurídica y evitar su indefensión.

En nuestro Derecho, estas funciones vienen siendo ejercidas, tradicionalmente, por la figura del tutor, que en el ejercicio de sus funciones de representar y administrar los bienes del declarado incapaz deberá ahora guiarse tanto por lo dispuesto en el Código Civil como por lo establecido en la Convención, según la interpretación a la luz de la misma de nuestra legislación que ha hecho el Tribunal Supremo.

En cambio, para el resto de casos (los que se vienen denominando como de incapacidad parcial), lo adecuado será instituir la curatela, interpretada a la luz de la Convención y adaptada al principio del superior interés de las personas con discapacidad. Así se ha indicado también en la Instrucción número 3/2010, de la Fiscalía General del Estado, sobre la necesaria fundamentación individualizada de las medidas de protección o apoyo en los procedimientos sobre determinación de la capacidad de las personas.

No obstante, como se desarrollará al tratar sobre la curatela, es necesaria una revisión de la regulación legal de esta institución para adaptarla a las concretas necesidades de cada persona declarada parcialmente incapaz.

Es de destacar la doctrina reciente de nuestras Audiencias Provinciales consistente en indicar que la sentencia de incapacitación debe especificar detalladamente los actos para los cuales el declarado incapaz necesitará asistencia[23].

Por ello, no resulta ya admisible la redacción actual del art. 290 CC, según el cual «*si la sentencia de incapacitación no hubiese especificado los actos en que deba ser necesaria la intervención del curador,* se entenderá que ésta se extiende a los mismos actos en que los tutores necesitan, según este Código, autorización judicial». Más allá de la genérica previsión del art. 760 LEC, según el cual «la sentencia que declare la incapacitación determinará la extensión y los límites de ésta, así como el régimen de tutela o guarda a que haya de quedar sometido el incapacitado», se hace necesario establecer le-

23. Así, la Audiencia Provincial de Guipúzcoa (Sección 3ª), en Sentencia núm. 47/2011 de 11 febrero (AC 2011, 45), que recoge explícitamente los derechos reconocidos al sometido a patria potestad prorrogada y la Audiencia Provincial de Islas Baleares (Sección 4ª), Sentencia núm. 551/2012 de 5 diciembre (JUR 2013, 8829), que reconoce el derecho al sufragio de la parcialmente incapacitada por no haberse probado que sus facultades mentales estuviesen alteradas hasta el punto de no discernir el sentido de su voto.

galmente la obligatoriedad del juzgador de determinar con precisión y de modo exhaustivo los actos y contratos para los que el declarado incapaz necesitará de asistencia.

Como de forma literaria establece la anteriormente citada Instrucción número 3/2010, de la Fiscalía General del Estado, sobre la necesaria fundamentación individualizada de las medidas de protección o apoyo en los procedimientos sobre determinación de la capacidad de las personas, se trata ahora de «hacer los trajes a medida que hagan falta»[24].

4. ANTECEDENTES LEGISLATIVOS EN ESPAÑA DEL PROCESO DE INCAPACITACIÓN REGULADO EN LA LEC DE 2000

La LEC de 2000 ha instaurado un único procedimiento para la declaración de incapacidad de las personas, poniendo fin al confuso panorama procesal que existía anteriormente.

Prescindiendo de los antecedentes más remotos de nuestro Derecho, entre los que pueden citarse las Partidas, que establecían que debían quedar sujetos a curatela «el loco, desmemoriado, o disipador de sus bienes», podemos hacer un breve repaso histórico de las normas procesales, siguiendo en este punta a Aparicio Auñón[25].

La Ley de Enjuiciamiento Civil de 1855 exigía, para el nombramiento de curador ejemplar, la previa «justificación cumplida de la incapacidad», a la que se llegaba mediante un procedimiento de jurisdicción voluntaria. Se trataba de un *prejuicio* a través del cual el Juez verificaba la concurrencia de

24. Expresa la citada Instrucción que «La curatela interpretada a la luz de la Convención, adaptada al principio del superior interés de las personas con discapacidad, constituye el instrumento actual más idóneo para dotar del apoyo y asistencia precisos para complementar las necesidades de aquellas.
La curatela ofrece al juez un mecanismo eficaz para determinar las medidas de apoyo que permitan a las personas con discapacidad ejercer su capacidad jurídica. Esta institución está constituida por un marco graduable y abierto de posibilidades, en función de las necesidades y circunstancias precisas para la toma de decisiones. Ya no se trata de hacer un traje a medida de la persona con discapacidad, sino de hacer los trajes a medida que hagan falta.
El curador no suple la voluntad de la persona afectada, sino que complementa sus limitaciones en aquellos actos que haya de realizar la persona cuya capacidad queda modificada y que estén especificados en la sentencia, por lo que su función no es de representación, sino de asistencia y protección, en tanto que presta su apoyo e intervención únicamente en aquellos actos especificados en la sentencia».

25. Aparicio Auñón, E.: *Comentarios a la Ley de Enjuiciamiento Civil,* op.cit., págs. 3972 y ss.

la incapacidad. Estas *fórmulas praeiudiciales* eran habituales en la actividad judicial de la época, consistiendo en encomendar al juez, no que decidiera una controversia entre partes, sino que comprobara la existencia de un hecho. Este mecanismo procesal carecía por tanto de *demostratio* (hechos afirmados por el demandante) y de *condemnatio*, que se sustituía por la *pronuntitatio* (declaración del hecho).

La Ley de Enjuiciamiento Civil de 1881 sustituyó este *prejucio* de comprobación de la incapacidad por un antejuicio con resultado sin efecto de cosa juzgada, estableciendo el art. 1.848 que «cuando la incapacidad por causa de demencia no resulte declarada en sentencia firma, se acreditará sumariamente en un antejuicio y se nombrará un curador ejemplar interino, reservando a las partes el derecho que pueda asistirles en el juicio correspondiente».

El Código Civil vino a complicar aún más la situación, al establecer en su art. 218 que «la declaración de incapacidad deberá hacerse sumariamente», discutiendo entonces la doctrina sobre cuál de los procesos declarativos vigentes se identificaba con el proceso sumario[26].

Con la Ley 13/1983, de 24 de octubre, la institución de la tutela abandonó el modelo francés de tutela de familia, en favor de una tutela judicial o tutela de autoridad, que según De Castro[27], habría sido nuestra verdadera tradición histórica. El art. 199 CC vino a establecer que «nadie puede ser declarado incapaz sino en virtud de las causas establecidas en la ley», redacción que se mantiene aún vigente. A su vez, el trámite procesal previsto por la disposición adicional de la citada Ley para llegar a la declaración de la incapacidad fue el de menor cuantía, lo que suscitó críticas por parte de la doctrina al ver que este proceso no era adecuado para ventilar en él las

26. Explica Aparicio Auñón, al que seguimos en este breve repaso histórico, cómo algunos vieron en la alusión a la sumariedad «un camino peculiar, sin otros límites que los impuestos por los preceptos que prescriben quiénes deben ser oídos y cuál es la posición del defensor» (en este sentido De La Plaza, M.: Derecho Procesal Civil Español, ed. RPD, 1945, vol. II, pág. 258). La jurisprudencia se decantó por identificar la sumariedad con el juicio de incidente (SSTS de 12 de junio de 1894; 3 de diciembre de 1896; 4 de enero de 1902 y 14 de febrero de 1903) y consideró derogados los artículos de la LEC de 1881 destinados al nombramiento de curador ejemplar (arts. 1847 y ss.). También se seguía el trámite de los incidentes para la reintegración de la capacidad (STS de 31 de enero de 1942). Y podía, por último, discutirse definitivamente las mismas cuestiones en el declarativo para los asuntos de estado civil, que era a la sazón el de mayor cuantía. Aparicio Auñón, E.: *Comentarios a la Ley de Enjuiciamiento Civil*, op. cit.

27. De Castro y Bravo, F: *Derecho Civil de España*, op.cit., págs. 297 y ss.

pretensiones que tenía por objeto[28]. En opinión de MONTERO AROCA[29], «no se trata de que deba tener procedimiento especial, sino de sus principios son distintos de los del proceso dispositivo, y precisan de que las consecuencias de ellos (indisponibilidad del objeto y del proceso mismo) se recojan expresamente».

El mecanismo procesal al que nos estamos aquí refiriendo fue también criticado por FERNÁNDEZ y DE LA OLIVA[30], que observaban que los preceptos del título IX del CC, excepto el art. 200, eran de naturaleza procesal y en su conjunto, regulaban un fragmentario proceso especial de incapacitación, a su juicio ayuno de toda técnica y que, por su estructura, recordaba mucho más a un proceso penal que a uno de carácter civil. Reprochaban por tanto al legislador, no que regulase de forma especial tan delicada y peculiar materia, sino que, para hacerlo, hubiera acudido una vez más al parcheo legislativo y a la improvisación procedimental, por entender que la reforma llevada a cabo por la Ley 13/1983 fue una magnífica oportunidad perdida para afrontar decididamente lo que, con buen criterio, consideraban la única posibilidad razonable; a saber: la creación –en la Ley de Enjuiciamiento Civil y no en el Código Civil–, de un verdadero proceso especial de incapacitación.

Más contento con la reforma, VENTOSO ESCRIBANO[31], para quien «la Ley 13/1983 presenta una novedad interesante desde el punto de vista sistemático, y es que ahora la incapacitación no es algo que se regula sin autonomía como se hacía anteriormente, sino que se le dedica un título independiente, mereciendo un crítica favorable».

28. Señala APARICIO AUÑÓN, como causas de este descontento de la doctrina, que la indisponibilidad del objeto del proceso y la libertad del juez para pronunciar la declaración de incapacidad con una extensión no pedida, hacía superflua la comparecencia del art. 693 con la finalidad de sanación del proceso. La obligada práctica de pruebas y audiencias constitutivas de garantías constitucionales, por interferir los recortes a la capacidad con el libre desarrollo de la personalidad, y la facultad judicial para poder acordar de oficio otras pruebas en averiguación de la verdad material acerca de la enfermedad persistente del demandado y de sus efectos derogatorios de la capacidad de obrar, hacía, hasta cierto punto, ociosa la aportación de pruebas por las partes. La amplitud con que se autorizaba al juez a tomar medidas de protección del presunto incapaz y de su patrimonio en cualquier estado del procedimiento, reducía a la insignificancia el principio de rogación. Y así, sucesivamente, con otros aspectos del proceso. APARICIO AUÑÓN, E.: *Comentarios a la Ley de Enjuiciamiento Civil,* op. cit.

29. MONTERO AROCA, J.: *Análisis crítico de la Ley de Enjuiciamiento Civil en su centenario.* Civitas, 1982, pág. 133.

30. FERNÁNDEZ, M. A. y DE LA OLIVA SANTOS, A.: *Derecho Procesal Civil,* tomo IV, Barcelona, 1984, pág. 201.

31. VENTOSO ESCRIBANO, A.: *Reforma de la tutela,* Madrid, 1985, pág. 19.

Finalmente, la Ley 1/2000, de 7 de enero, de Enjuiciamiento Civil, incorporó una regulación detallada del proceso de incapacitación en el capítulo II del Título I del Libro IV, dedicado a los procesos especiales, configurándolo como un juicio verbal con especialidades. La regulación de la LEC 2000 traspuso el contenido de los arts. 201 y ss. del Código Civil, con algunas modificaciones, y derogó expresamente los arts. 202 a 214 CC (Disposición Derogatoria Única LEC).

Bajo la rúbrica «De los procesos sobre la capacidad de las personas», la LEC regula en su Capítulo II del Título I del Libro IV hasta cuatro procesos especiales: el proceso de incapacitación propiamente dicho, el proceso de declaración de prodigalidad, el de reintegración y modificación del alcance de la incapacitación y el de internamiento no voluntario por razón de trastorno psíquico.

Como bien aprecia Aparicio Auñón[32], los tres primeros son juicios verbales especiales, con variantes en cuanto a legitimación, prueba y sentencia, mientras que el procedimiento para la autorización de internamientos involuntarios, sin perjuicio de su tratamiento como un procedimiento especial, responde al mismo principio que inspira la jurisdicción voluntaria: producir la intervención judicial para resolver el conflicto en defensa de intereses difusos; esto es, donde no hay empeñada todavía contienda entre partes conocidas y determinadas. Por eso, en este procedimiento no hay propiamente partes, sino interesados y personas afectadas; no habrá pruebas, sino justificaciones, principios de prueba o pruebas *leviores*; no habrá, en fin, sentencia, con su característico efecto de cosa juzgada, sino resoluciones provisionales y transitorias.

5. BREVE REFERENCIA A LOS PROCESOS DE INCAPACITACIÓN EN EL DERECHO COMPARADO

Es de destacar que, naturalmente, el ordenamiento jurídico español no es el único que prevé este tipo de mecanismos para proteger a las personas que no se encuentran en condiciones de gobernarse a sí mismas. En los países de nuestro entorno cultural y jurídico existen instituciones y mecanismos similares con la misma finalidad.

Siguiendo en este punto lo expuesto en la Sentencia del Tribunal Supremo núm. 282/2009, de 29 de abril (RJ 2009, 2901), podemos citar los

32. Aparicio Auñón, E.: *Comentarios a la Ley de Enjuiciamiento Civil*, op. cit.

ejemplos siguientes, todos ellos de países firmantes de la citada Convención de 2006:

El art. 285 del Código civil del Quebec[33], traducido, dice que el Tribunal instituirá la tutela si se ha determinado que la ineptitud de la persona mayor para autogobernarse («prendre soin de lui-même») es parcial o temporal y que tiene necesidad de ser representado en el ejercicio de sus derechos civiles. Puede nombrar el Tribunal un tutor para la persona y los bienes o bien un tutor para la persona y uno para los bienes.

El Codice civile italiano, a partir de su reforma de 9 enero 2004, distingue dos sistemas de protección: la denominada «amministrazione di sostengo» (artículo 404 Codice civile) y la incapacitación (artículos 414 y ss.). La primera es una forma de protección de la persona que se produce por efecto de una enfermedad o de una discapacidad, aunque sea parcial o temporal; la persona se ve imposibilitada de proveer a sus propios intereses, mientras que la incapacitación, que producirá el nombramiento de un tutor, afectará a los menores emancipados y los mayores de edad que se encuentran en condiciones habituales de enfermedad mental que les hace incapaces de proveer a sus propios intereses; en esta situación se procederá al nombramiento de un tutor, que representará al sometido a esta medida.

El Code civil francés establece en el art. 491 un sistema de protección del mayor de edad que por una de las causas previstas en la ley, necesita estar protegido en los actos de la vía civil. Reconoce que conserva el ejercicio de todos sus derechos. Este sistema recibe el nombre de «sauvegarde de justice». Prevé también la tutela (artículo 492) para los casos de un mayor que tenga necesidad de ser representado de forma continuada en todos los actos de la vía civil. En general, considera que se trata de mayores de edad protegidos por la ley. Esta regulación proviene de la modificación del Code realizada por la ley n° 68-5 de 3 enero 1968.

El BGB alemán reformó en 1998 las cuestiones relacionadas con la capacidad; cuando se trata de mayores de edad, el § 1896 (1) establece (traducido) que «si un mayor de edad, como consecuencia de una enfermedad psíquica o una discapacidad física, psíquica o mental no puede cuidar total o parcialmente de sus asuntos, el juzgado de tutelas, a petición suya o de oficio, le nombra un asistente legal. [...]. Si el mayor de edad no puede cuidar de sus asuntos a causa de una discapacidad física, el asistente legal sólo pue-

33. La provincia canadiense del Quebec presenta como uno de sus elementos distintivos un Código civil propio, inspirado, como el nuestro, en la tradición francesa.

de ser nombrado a petición suya, salvo que no pueda manifestar su voluntad»; a continuación el § 1902 BGB establece: «representación del asistido. Dentro del ámbito de sus funciones, el asistente legal representa al asistido en juicio y fuera de él».

Como ha apreciado nuestro Tribunal Supremo, de este repaso se puede llegar a la conclusión de que, aun utilizándose distintos nombres, los ordenamientos jurídicos de nuestro entorno establecen sistemas protectores que sustituyen al declarado incapaz para protegerle. Estos sistemas tienen una intensidad variable, pero siempre prevén que en aquellos ámbitos en los que se establezca la medida de protección, el asistente o tutor representará al incapaz. Y vienen a coincidir, aunque con nombres diversos, en los tres grados de protección previstos en el Código Civil español.

Capítulo II

El proceso civil de incapacitación

SUMARIO: 1. EL OBJETO DEL PROCESO DE INCAPACITACIÓN. 1.1. Concepto de incapacitación. 1.2. Concepto de enfermedades y deficiencias. *1.2.1. Especial mención de las enfermedades mentales.* 1.3. Concepto de persistencia. 1.4. Concepto de autogobierno.—2. LA ESPECIAL NATURALEZA JURÍDICA DE LOS PROCESOS SOBRE CAPACIDAD DE LAS PERSONAS. 2.1. LA FINALIDAD PROTECTORA DEL PROCESO DE INCAPACITACIÓN.—3. CUESTIONES GENERALES RELATIVAS A LA CONSIDERACIÓN DE PROCESO ESPECIAL. 3.1. Consecuencias de la configuración del proceso civil de incapacitación como un proceso especial. *3.1.1. Intervención del Ministerio Fiscal.* 3.1.1.1. Criterios por los que se rige la actuación del Ministerio Fiscal en los procesos de incapacitación. 3.2. Postulación. 3.3. Indisponibilidad del objeto del proceso. 3.4. Especialidades en materia de prueba. 3.5. Especialidades en cuanto a la publicidad de las actuaciones. 3.6. La publicidad de las sentencias y otras resoluciones. Aspectos registrales. 3.6. La publicidad de las sentencias y otras resoluciones. Aspectos registrales.—4. COMPETENCIA OBJETIVA Y TERRITORIAL. 4.1. Competencia territorial para acciones derivadas de la declaración de incapacitación, como la gestión de la tutela. 4.2. Competencia territorial para acciones derivadas del internamiento no voluntario. 4.3. La especialización de determinados juzgados.—5. REPRESENTACIÓN Y DEFENSA DE LAS PARTES EN EL PROCESO.—6. LEGITIMACIÓN ACTIVA. 6.1. La especial regulación de la legitimación activa en los procesos sobre capacidad de las personas en la LEC. 6.2. La legitimación para incapacitar a menores de edad. 6.3. Legitimación activa del presunto incapaz. 6.4. Legitimación activa del cónyuge. 6.5. Legitimación activa de la persona que se encuentre en situación de hecho asimilable a la del cónyuge. 6.6. Los parientes del presunto incapaz: descendientes, ascendientes y hermanos. Lista cerrada. 6.7. Legitimación del Ministerio Fiscal. Obligatoriedad de comunicación al Ministerio Fiscal y responsabilidad por omisión de la comunicación. Las diligencias preprocesales del Ministerio Fiscal.—7. EXENCIÓN DE TASA.—8. LA CUANTÍA DE LA DEMANDA Y LAS COSTAS PROCESALES.—9. ACUMULACIÓN OBJETIVA DE ACCIONES. 9.1. Acumulación de la acción de nombramiento del tutor a la solicitud de incapacitación. *9.1.1. El nombramiento del tutor fuera del proceso de incapacitación.* 9.2. Acumulación de otras acciones. En especial, la de nulidad de los actos de disposición previos a la declaración de incapacidad. 9.3. Acumulación

1. EL OBJETO DEL PROCESO DE INCAPACITACIÓN

El objeto del proceso de incapacitación es la pretensión de la declaración de que concurren en una persona las enfermedades o deficiencias persistentes de carácter físico o psíquico, que le impidan gobernarse por sí misma (art. 200 CC).

Se trata de una pretensión constitutiva que afecta al estado civil de las personas. Por ello, como ha apuntado el Tribunal Supremo[1], debe regir en estos procesos el principio de protección al presunto incapaz, como trasunto del principio de la dignidad de la persona, lo que debe inspirar aquella decisión judicial.

En definitiva, si concurriesen las causas alegadas, el Tribunal deberá adoptar las medidas adecuadas para la protección jurídica y para la curación o recuperación de la persona que se pretende incapacitar, declarando que carece de aptitud para autogobernarse debido a la concurrencia de una enfermedad o deficiencia persistente de carácter físico o psíquico.

Esta declaración judicial lleva aparejada una limitación o reducción de la capacidad de obrar. Dichalimitación no es necesariamente definitiva, ya

1. STS núm. 738/1999 de 16 septiembre (RJ 1999, 6938).

que posteriormente, si cambiasen las circunstancias, existe la posibilidad de iniciar un nuevo proceso para la reintegración de su capacidad de obrar (art. 761 LEC).

Se parte de la idea que una persona física ostenta plena capacidad de obrar, y mediante el proceso de la incapacitación se le priva de ella (no así de su capacidad jurídica) en virtud de una sentencia que ha de fundarse en alguna de las causas fijadas por el Código Civil.

Esto no significa que la incapacitación produzca siempre los mismos efectos jurídicos. Antes bien, a la vista de las circunstancias que concurran en cada caso, los tribunales deberán fijar en la sentencia el alcance de la incapacitación, es decir, determinar para qué tipo de actuaciones se le priva al incapaz de la capacidad de obrar. Asimismo, debe fijarse el régimen tutelar a que va a quedar sometido el incapaz (tutela o curatela) y puede también concretarse en la sentencia quién va a ser la persona o personas que deban ejercer el cargo tutelar de que se trate.

Por otra parte, también cabe acordar en el proceso de incapacitación (aunque no sólo en él), el internamiento del incapaz. Ahora bien, la declaración de incapacidad no conlleva necesariamente el internamiento, ya que puede que éste no sea necesario para proteger a la persona declarada incapaz.

Para la declaración de incapacidad se seguirán los trámites establecidos en los arts. 756 y ss. de la Ley de Enjuiciamiento Civil, concretamente los trámites del juicio verbal con contestación escrita a la demanda (art. 753 LEC), siendo competente el juez de primera instancia del lugar en que resida la persona a que se refiera la declaración que se solicite.

De lo dicho hasta aquí, se deduce que el proceso tiene por objeto pretensiones relacionadas con restricciones de derechos fundamentales que afectan a la capacidad de obrar de las personas, a su estado civil. Tales derechos no son otros que el de igualdad consagrado en el art. 14 CE, cuya efectividad corresponde a los poderes públicos según el art. 9.2 CE, o el derecho fundamental a la libertad y a la seguridad que reconoce el art. 17 CE.

Naturalmente, el proceso se encuentra también sujeto al principio de legalidad consagrado en el art. 9.3 de la Constitución, al que se da cumplimiento a través del 199 CC, que, en su redacción dada por la Ley 13/1983 de 24 de octubre, de reforma del Código Civil en materia de incapacidad y tutela, establece que «nadie puede ser declarado incapaz, sino por sentencia judicial en virtud de las causas establecidas en la Ley».

El proceso de incapacitación debe también enmarcarse a la luz del principio rector de la política social y económica recogido en el art. 49 CE, que impone a los poderes públicos «una política de previsión, tratamiento, rehabilitación e integración de los disminuidos físicos, sensoriales y psíquicos, a los que prestarán la atención especializada que requieran y los ampararán especialmente para el disfrute de los derechos que este Título (el I, de los derechos y deberes fundamentales) otorga a todos los ciudadanos». En efecto, como pone de relieve el Tribunal Supremo[2], «la proclamación de la persona como valor fundamental del ordenamiento jurídico constitucional obliga al Estado a proteger a determinadas personas por su situación de salud psíquica, de modo que el artículo 49 CE obliga a los poderes públicos a llevar a cabo políticas de integración y protección. En este sentido ha sido siempre entendida la incapacitación, como pone de relieve, entre otras la sentencia de esta Sala de 16 septiembre 1999 que declaró que implicando la incapacitación la decisión judicial de carecer de aptitud una persona para autogobernarse respecto a su persona y patrimonio, debe regir el principio de protección del presunto incapaz, como trasunto del principio de la dignidad de la persona, lo que debe inspirar aquella decisión judicial».

Y por afectar, como decimos, a derechos fundamentales, también el Tribunal Constitucional ha tenido ocasión de precisar que «el derecho a la personalidad jurídica del ser humano, consagrado en el art. 6 de la Declaración universal de los derechos humanos de 10 de diciembre de 1948, lleva implícito el reconocimiento del derecho a la capacidad jurídica de la persona, por lo que toda restricción o limitación de su capacidad de obrar afecta a la dignidad de la persona y a los derechos inviolables que le son inherentes, así como al libre desarrollo de la personalidad (art. 10.1 CE). En consecuencia, la declaración de incapacitación de una persona sólo puede acordarse por Sentencia judicial en virtud de las causas establecidas en la ley (art. 199 CC), mediante un procedimiento en el que se respeten escrupulosamente los trámites o diligencias que exigía el art. 208 CC (y que en la actualidad se imponen en el vigente art. 759 LEC) que, en la medida en que van dirigidas a asegurar el pleno conocimiento por el órgano judicial de la existencia y gravedad de las enfermedades o deficiencias persistentes de carácter físico o psíquico que concurren en el presunto incapaz y que le inhabilitan para gobernarse por sí mismo, que son la causa y fundamento de su incapacitación (arts. 199 y 200 CC), se erigen en garantías esenciales del proceso de incapacitación, por lo que su omisión, en cuanto puede me-

2. Sentencia núm. 282/2009 de 29 abril (RJ 2009, 2901), con cita de varias.

noscabar o privar real y efectivamente al presunto incapaz de su derecho de defensa, podría constituir una lesión del derecho a un proceso con todas las garantías contrario al art. 24.2 CE»[3].

1.1. Concepto de incapacitación

Pese a la repercusión de la privación de la capacidad de obrar en relación con los derechos del incapacitado (incluidos, como se ha visto, derechos fundamentales), lo cierto es que ni el Código Civil ni la LEC ofrecen una definición de la incapacitación.

A la vista de la regulación legal, podemos decir, con O'CALLAGHAN[4], que la incapacitación es la privación de la capacidad de obrar de una persona física, en principio capaz, por sentencia, por causas fijadas en la ley.

El Código Civil trata de la incapacitación en su Libro I, Título IX con redacción dada por Ley 13/1983 de 24 de octubre de reforma del Código Civil en materia de tutela, habiendo destacado DÍEZ-PICAZO y GULLÓN[5] cómo a partir de esta reforma «deja de considerarse el asunto como específico de la familia del incapacitado y, por el contrario, por afectar a los intereses generales, se estima necesario encuadrarlo en la órbita de la autoridad judicial».

Este Título IX comprende los artículos 199 a 214, si bien los artículos 202 a 214 (ambos incluidos) han sido derogados por la Ley 1/2000, de 7 de enero, de Enjuiciamiento Civil (disposición derogatoria única, apdo. 2).

El art. 199 CC se limita a decir que «nadie puede ser declarado incapaz sino por sentencia judicial en virtud de las causas establecidas en la Ley».

Y el art. 200 CC señala, con carácter genérico, las causas por las que el Tribunal puede declarar la incapacitación, sin dar una definición de la misma, al decir que «son causas de incapacitación las enfermedades o deficiencias persistentes de carácter físico o psíquico que impidan a la persona gobernarse por sí misma». Destacan también DÍEZ-PICAZO y GULLÓN[6] que la reforma del Código Civil de 1983 ha abandonado el sistema originario de tipificación de las causas. Así como antes lo eran la locura o demencia y la sordomudez cuando iba acompañada de analfabetismo, porque aislaba a la

3. STC 174/2002, de 9 de octubre (RTC 2002, 174).
4. O'CALLAGHAN MUÑOZ, X.: *Compendio de Derecho Civil, Tomo I,* Dijusa, 2009.
5. DÍEZ-PICAZO, L. y GULLÓN, A.: *Instituciones de Derecho civil,* vol. I, Ed. Tecnos, Madrid, 1995, pág. 167.
6. DÍEZ-PICAZO, L. y GULLÓN, A.: *Sistema de Derecho Civil,* op. cit., pág. 247.

persona de toda posibilidad de comunicación normal con el exterior, ahora basta con la concurrencia de cualquier enfermedad o deficiencia física o psíquica siempre que reúna estas dos circunstancias: persistencia e imposibilidad de gobernarse la persona por sí misma.

Ante todo, debe tenerse en cuenta, como señalaba el Fiscal de la Audiencia Provincial de Córdoba SANTOS URBANEJA[7] en las Jornadas organizadas por la Fundación Aequitas, que la incapacidad civil el algo más que un diagnóstico. Es fundamentalmente un concepto individual y circunstancial, de modo que no se puede establecer una equivalencia genérica entre diagnóstico y falta de autogobierno, pues cada caso es distinto. Llama la atención el Fiscal sobre el hecho de que esta falta de sintonía entre diagnóstico y autogobierno es mayor aún en nuestros días, dado que el apoyo familiar, el aprendizaje, los avances médicos, el auxilio de medios técnicos, etcétera, han dotado de habilidades o posibilidades de gobierno a muchas personas que padecen discapacidad o trastornos mentales, de modo que, tendiendo el mismo diagnóstico, en virtud de estas circunstancias, unas personas alcanzan un alto grado de autogobierno y otras no.

En las mismas Jornadas, insistía la Doctora BASSY IZA (Médica Geriatra)[8] en que la capacidad es un concepto jurídico y no clínico, por lo que su de-

---

7. SANTOS URBANEJA, F.: *Causa y motivo de la incapacitación civil. Una reflexión sobre el artículo 200 del Código Civil*, ponencia publicada en *Revisión de los procedimientos relativos a la incapacidad. Jornadas Fundación Aequitas, Madrid, 8 y 9 de marzo de 2004*. Fundación Aequitas, Madrid, 2004, págs. 25 y ss.
8. BASSY IZA, N.: *Determinación de la competencia, juicio de capacidad,* ponencia publicada en *Revisión de los procedimientos relativos a la incapacidad. Jornadas Fundación Aequitas, Madrid, 8 y 9 de marzo de 2004*. Fundación Aequitas, Madrid, 2004, págs. 110 y ss. Explica la Doctora que a la hora de valorar la capacidad de una persona, los médicos suelen tener en cuenta una serie de conclusiones generales, que denomina «máximas de capacidad», y que pueden resumirse en las siguientes:
   - La evaluación de la competencia o capacidad consiste en la valoración de un cierto número de aptitudes o habilidades psicológicas (criterios) que el paciente ha de poseer en un grado suficiente (estándares), no debiendo presuponerse a priori en enfermos diagnosticados de enfermedades mentales, toxicómanos o enfermos terminales.
   - La incapacidad está relacionada con un estado mental alterado, pero no es sinónimo del mismo.
   - La capacidad legal depende del contexto, está relacionada con actos concretos. Así, el paciente psicótico esquizofrénico que recae reiteradamente por repetidos abandonos del tratamiento será incapaz específicamente para tomar una decisión sobre su tratamiento (especialmente en fase de descompensación psicótica), pero podría ser capaz para testar o para firmar un contrato.
   - La incapacidad depende de los requerimientos de una situación concreta y de las posibles consecuencias que pueda tener. Es lo que se llama «escala móvil de capacidad».

terminación corresponde a los juristas, si bien reconoce que es cierto que la decisión judicial sobre la incapacitación estará basada en los datos aportados por el médico en el informe pericial correspondiente. En la práctica clínica, la capacidad es evaluada por un médico que emite un juicio de «capacidad versus incapacidad psicológica», de modo que el médico sólo puede hacer una evaluación clínica de la capacidad del paciente para desenvolverse en determinadas tareas.

En definitiva, no toda discapacidad sometida a la valoración de un Juez conllevará la declaración judicial de incapacidad de la persona. Las enfermedades o deficiencias de carácter físico o psíquico, además de ser persistentes, deberán tener una entidad suficiente, hasta el punto de que impidan a la persona autogobernarse. Veremos a continuación qué características han de reunir estas enfermedades o deficiencias para justificar la adopción de tal medida de protección.

1.2. Concepto de enfermedades y deficiencias

Como hemos visto, el art. 200 CC, a partir de la reforma de 1983, establece que «son causas de incapacitación las enfermedades o deficiencias de carácter físico o psíquico que impidan a la persona gobernarse por sí misma», de modo que, a diferencia de lo que ocurría en la antigua redacción del Código civil, no existe ahora una lista, sino que estas causas se conciben de modo abierto.

El Tribunal Supremo ha circunscrito el concepto de deficiencias a efectos de la incapacitación a «aquellos estados en los que se da un impedimento físico, mental o psíquico, permanencial y a veces progresivo que merma la personalidad, la deteriora y amortigua, con efectos en la capacidad volitiva y de decisión, incidiendo en su conducta al manifestarse como inhabilitante para el ejercicio de los derechos civiles y demás consecuentes»[9].

Antes de la reforma del Código civil de 1983, el art. 200 CC declaraba sujetos a tutela a los menores de edad no emancipados legalmente, los locos o dementes, los sordomudos que no supiesen leer y escribir, los que por sentencia firme hubiesen sido declarados pródigos y los que estuviesen su-

- La incapacidad puede cambiar.
- Los test más utilizados habitualmente para la exploración psicopatológica suelen ser el «Mini-Examen Cognitivo (Lobo)» y el «Test de Pfeiffer».

9. STS de 31 de diciembre de 1991 (RJ 1991, 9483).

friendo la pena de interdicción civil. Los artículos 213 a 220 del Código, por su parte, regulaban en especial la tutela de los locos y sordomudos así como el correspondiente procedimiento para la declaración de su incapacidad.

La actual redacción del art. 200 CC, en cambio, al referirse a «las enfermedades o deficiencias persistentes de carácter físico o psíquico, que impidan a la persona gobernarse por sí misma», presenta tal grado de generalidad que permite incluir entre ellas cualquier alteración psicofísica que pueda padecer la persona. Entre éstas, deben incluirse la toxicomanía y el alcoholismo, tal y como se desprende de los debates parlamentarios, que precedieron a la aprobación de la Ley 13/1983, 24 octubre, de reforma del Código Civil en materia de tutela.

Por explicativa, citaremos la Sentencia de la Audiencia Provincial de Burgos, que señala cómo, efectivamente, «la norma del art. 200 CC, es excesivamente amplia en su contenido, al no enumerar las enfermedades o deficiencias que determinan la incapacitación y que se definen por la persistencia y el impedimento del propio autogobierno. En todo caso, deberán de ser enfermedades o deficiencias actuales, no pasadas y no futuras y deben de producir el efecto de afectar al conocimiento y a la voluntariedad de los actos humanos con trascendencia jurídica. Se distinguen, entonces, de un lado, las enfermedades, y, de otro, las deficiencias. Las primeras supondrán trastornos con una evolución y un final, un proceso en el tiempo; las segundas, serán un deterioro o impedimento, psíquico o físico, de carácter previsiblemente estable que restringen sus posibilidades de conducta o vivencias conscientes o inconscientes. La STS de 31 de diciembre de 1991 refiere, en términos generales, las deficiencias a aquellos estados en los que se da un impedimento físico, mental o psíquico, permanencial y a veces progresivo que merma la personalidad, la deteriora y amortigua, con efectos en la capacidad volitiva y de decisión, incidiendo en su conducta al manifestarse como inhabilitante para ejercicio de los derechos civiles y demás constituyentes»[10].

En cualquier caso, la fórmula abierta que recoge el art. 200 CC tras la reforma de 1983 ha sido, en general, bien recibida por la doctrina. Para O'Callaghan[11], es un acierto que no se enumeren casuísticamente las causas por las que puede llegar a dictarse la sentencia de incapacitación, y observa que el legislador, como jurista, no se ha comprometido en posiciones

10. Audiencia Provincial de Burgos (Sección 2ª), Sentencia núm. 547/2010 de 16 diciembre (JUR 2011, 54433).
11. O'Callaghan Muñoz, X.: *Código Civil comentado y con jurisprudencia,* La Ley, Madrid, 2001, pág. 303.

médicas, pero ha perfilado perfectamente el concepto jurídico en las dos ideas de persistencia y de imposibilidad de gobernarse a sí mismo.

Y es que, como apunta DELGADO BUENO (Médico Forense)[12], «la legislación civil no puede definir las causas médicas de incapacitación por cuanto la incapacidad no depende de la etiología, ni del diagnóstico, ni del pronóstico, ni de la capacidad adaptativa, sino de la evaluación médica conjunta y detallada de todos estos factores, caso por caso».

También DÍEZ-PICAZO y GULLÓN[13] estiman que se trata de una fórmula laudable, pues con ella se evitan los problemas que surgieron con anterioridad, en los que si bien existía una enfermedad mental, por ejemplo, no encajaba en los términos de «locura o demencia». Estos autores, sin embargo, advierten que la norma tiene el peligro, como toda norma muy abierta en su supuesto de hecho, de la inseguridad por una posible falta de uniformidad en su interpretación y aplicación.

Por eso, el Tribunal Supremo, admitiendo la gran amplitud de la norma, ha resaltado la importancia, sobre todo, del segundo requisito, esto es, que la enfermedad o deficiencia debe impedir a la persona gobernarse por sí misma[14].

---

12. DELGADO BUENO, S.: «Capacidad de obrar en los trastornos mentales. Curatela exclusivamente para el mantenimiento del tratamiento», ponencia publicada en *Revisión de los procedimientos relativos a la incapacidad. Jornadas Fundación Aequitas, Madrid, 8 y 9 de marzo de 2004*. Fundación Aequitas, Madrid, 2004, págs. 167 y ss.
13. DÍEZ-PICAZO, L. y GULLÓN, A.: *Sistema de Derecho Civil*, op. cit., pág. 247.
14. La Sentencia núm. 282/2009 de 29 abril del Tribunal Supremo (Sala de lo Civil, Sección1ª) (RJ 2009, 2901): explica que «las causas de incapacidad están concebidas en nuestro derecho, a partir de la reforma de 1983, como abiertas, de modo que, a diferencia con lo que ocurría en la antigua redacción del Código civil, no existe una lista, sino que el Art. 200 CC establece que "son causas de incapacitación las enfermedades o deficiencias de carácter físico o psíquico que impidan a la persona gobernarse por sí misma". Es evidente que el Art. 322 CC establece una presunción de capacidad que se aplica a toda persona mayor de edad, que sólo desaparece cuando se prueba la concurrencia de una enfermedad de carácter persistente que permita concluir que aquella persona no se halla en situación de regir su persona, administrar sus bienes y cumplir con las restantes funciones de una persona media. Así se ha venido considerando por la jurisprudencia de esta Sala en sentencias de 19 mayo 1998 (RJ 1998, 3378), 26 julio 1999 (RJ 1999, 7845), 20 noviembre 2002, 14 julio 2004 (RJ 2004, 5204); como afirma la sentencia de 28 julio 1998 (RJ 1998, 6134), "[...] para que se incapacite a una persona no es sólo suficiente que padezca una enfermedad persistente de carácter físico o psíquico [...] lo que verdaderamente sobresale es la concurrencia del segundo requisito, o sea, que el trastorno tanto sea permanente como que oscile en intensidad, impida gobernarse a la afectada por sí misma"».

Para que sea determinante de la incapacitación, la concurrencia de la enfermedad debe por tanto conjugarse también con el requisito de que sea persistente y grave y que, en consecuencia, impida el autogobierno.

Nos ocuparemos después con detalle del concepto de la persistencia de la enfermedad y del concepto de autogobierno. Merece ahora la pena ahora destacar cómo el Tribunal Supremo, insistiendo en que lo determinante de la enfermedad o deficiencia es que impida el gobierno de la persona, ha declarado recientemente que la dependencia del alcohol, de la que deriva un trastorno depresivo secundario de la personalidad y limita la capacidad para gobernarse, constituye un motivo para establecer la curatela[15].

No obstante, el alcoholismo no será en todos los casos una enfermedad determinante de la incapacitación. En la jurisprudencia menor se encuentras sentencias en las que, aunque se ha constatado el alcoholismo, se ha considerado que éste no constituye una enfermedad de carácter persistente que permita concluir que esa persona no se halla en situación de regir su persona, administrar sus bienes y cumplir con las restantes funciones de una persona media[16].

1.2.1. *Especial mención de las enfermedades mentales*

Las enfermedades mentales son, cuantitativamente, las que más declaraciones de incapacitación fundamentan.

Merece la pena traer aquí a colación la doctrina recogida en una Sentencia de la Audiencia Provincial de Barcelona[17], que señala cómo las enferme-

15. STS 617/2012, de 11 de octubre de 2012 (RJ 2012, 9713).
16. Así, Audiencia Provincial de Murcia (Sección 4ª) Sentencia núm. 641/2011 de 19 diciembre (JUR 2012, 8880). Puede también citarse la Sentencia núm. 266/2009 de 17 junio, de la Audiencia Provincial de Cáceres (Sección 1ª) (JUR 2009, 310245), que confirmó la sentencia de instancia desestimando la demanda de incapacitación por falta de deterioro físico y psíquico pese al alcoholismo padecido. También la Sentencia núm. 193/2006 de 9 mayo, de la Audiencia Provincial de Murcia (Sección 1ª) (JUR 2006, 195828), que razona que «aunque aceptásemos la concurrencia de una situación de alcoholismo crónico, no diagnosticado médicamente, éste, según el Médico Forense, no le ha provocado ninguna patología incapacitante, por lo que de un lado su enfermedad es reversible, sometiéndose a tratamiento y de otro, excepto cuando está bebido, el demandado es perfectamente capaz para gobernarse por sí mismo».
17. SAP Barcelona (Sección 18ª), de 8 febrero 2002 (JUR 2002, 113594). Reiterando esta misma doctrina, más recientemente, SAP Cuenca, (Sección Primera), de fecha 22 de Noviembre de 2.006 (AC 2006, 2317) y Sentencia núm. 269/2009 de 17 junio, de la Audiencia Provincial de Cáceres (Sección 1ª) (JUR 2009, 310040).

dades mentales constituyen, sin ningún género de duda, y como muestra la praxis civil, «las causas que de forma más peculiar modifican la capacidad de ejercicio de los derechos, pues los que se encuentran en este estado están incapacitados para la realización de la casi totalidad de los actos jurídicos». Y destaca que lo esencial «no es padecer una determinada forma de enfermedad mental, sino sufrir una perturbación que sea origen de un «estado mental» propio con repercusiones jurídicas, caracterizándose por los siguientes elementos:

1) Existencia de un trastorno mental, cuya naturaleza y profundidad sean suficientes para justificar dichas repercusiones (criterio psicológico);

2) Permanencia o habitualidad del mismo (criterio cronológico); y

3) Que como consecuencia de dicho trastorno, resulte el enfermo incapaz de proveer a sus propios intereses, o dicho con palabras del Código, que le impida gobernarse por sí mismo (criterio jurídico), si bien tal expresión, en principio ambigua y desorientadora, por su excesiva radicalidad, no debe interpretarse en sentido absoluto, pues bastará que la enfermedad o deficiencia de que se trate impliquen una restricción sustancial o grave de autogobierno de la persona a que respectivamente afecten, pues como indica la sentencia del Tribunal Supremo de 31 de octubre de 1994, no puede exigirse un estado deficitario del afectado mucho más profundo o grave del que resulta de la propia literalidad del precepto mencionado».

En sentido negativo, y teniendo en cuenta las garantías ínsitas en el proceso de incapacitación, el Fiscal Jefe del Tribunal Superior de Justicia de Logroño CALPARSORO DAMIÁN[18], cita algunos casos en que los tribunales han rechazado la demanda de incapacitación, sobre todo respecto a persona mayores. Conviene citar aquí también estas resoluciones para discernir también qué no es causa de incapacitación:

a) La sentencia de la Audiencia Provincial de Álava de 15 de julio de 1993 (AC 1993, 1537)[19] afirmaba que, pese a la lentitud en las contestaciones y a la agravación del carácter agrio del demandado tras

18. CALPARSORO DAMIÁN, J.: *La actuación del Ministerio Fiscal en defensa de las personas declaradas incapaces*, op. cit.

19. Audiencia Provincial de Álava, Sentencia de 15 julio 1993 (AC 1993, 1537): «Del análisis del examen judicial del demandado y de las respuestas que éste pronuncia respecto al interrogatorio judicial, se desprende tan sólo una cierta dificultad y lentitud en las contestaciones, aunque se observa un correcto «entendimiento». Dichas dificultades de carácter mecánico no son suficientes en orden a apreciar la pretensión de la actora, como tampoco lo constituyen la alteración del carácter agrio del demandado, agravado

un traumatismo cráneo-encefálico, el sujeto no padecía deficiencia persistente y grave que justifique la incapacidad, y que a juicio del citado autor pone de manifiesto cómo las garantías ínsitas en el proceso de incapacitación evitan que ésta se declare cuando la pretensión no es fundada, de modo que difícilmente se incapacitará a quien no lo necesite;

b) También la sentencia de la Audiencia Provincial de Alicante de 22 de febrero de 1995 (AC 1995, 333)[20] que reconoció que a pesar de de tratarse de una persona de avanzada edad, este hecho no afecta a su capacidad;

c) En igual sentido que la anterior, la sentencia de la Audiencia Provincial de Burgos de 4 de marzo de 1997 (AC 1997, 652)[21], que insiste

---

tras el traumatismo cráneo-encefálico padecido por razón del accidente circulatorio que lo produjo.
De otra parte, y conforme al informe del médico-forense se aprecia la evolución favorable del diagnóstico y la progresiva recuperación de las lesiones traumáticas que lo han hecho posible. Añade, además, el referido informe que en el demandado no se aprecian síntomas alucinatorios ni delirantes y que no presenta alteraciones en el curso de su pensamiento, y aunque no se niega la presencia de determinadas secuelas neurológicas y neuropsiquiatras que todavía permanecen, sin embargo reconoce como oportuno la continuidad en el tratamiento intensivo de la rehabilitación neuropsicológica (a la que el demandado se presta), al objeto de consolidar los exitosos avances que se han apreciado. De la afirmación establecida en forma de duda y temporalmente «tal vez ahora, y mientras que se recupera de las secuelas mencionadas, no presenta la inteligencia y voluntad necesarias para obrar con conocimiento en un determinado momento... no se puede inferir, por cuanto supone de límite a derechos fundamentales de las personas, que han de ser interpretados restrictivamente, la declaración de incapacitación postulada por la esposa demandante».

20. Audiencia Provincial de Alicante, Sentencia de 22 febrero 1995 (AC 1995, 333): «resulta necesario constatar, en primer término, los valiosos datos que proporcionan tanto el informe emitido por el Médico Forense, como la diligencia de examen personal del demandado llevada a cabo por la Juez de instancia, destacándose en el primero que aquél no presenta, en el área psíquica, ningún estado patológico objetivo del tipo de las denuncias, ni cualquier otro síndrome psicopatológico enajenante, sabiendo distinguir el sujeto el bien del mal, y con las limitaciones de su estado físico puede administrarse por sí mismo, siempre con la salvedad de su edad cronológica; conclusión esta reforzada por la percepción directa que, sobre la capacidad del interesado, pudo extraer la juzgadora a quo, tras su examen personal y la entrevista mantenida al efecto, resumiendo en un informe el resultado obtenido y la convicción plena sobre la aptitud del demandado para autogobernarse».

21. Audiencia Provincial de Burgos (Sección 2ª), Sentencia núm. 126/1997 de 4 marzo (AC 1997, 652): «de la prueba practicada, especialmente las periciales médicas se colige que la demandada no se halla en una situación personal tal que haga necesaria su incapacitación; bien es cierto que los referidos informes son contradictorios, pero no lo es menos que el emitido por el Perito Judicial nombrado en las presentes actuacio-

en que las limitaciones propias de la edad no impiden el autogobierno, por lo que hay que rechazar la incapacitación. Más reciente,con similar argumentación, la Sentencia de 10 de febrero de 2010 de la Audiencia Provincial de Valencia (JUR 2010, 157075)[22], con cita del autor aquí seguido. Como queda de manifiesto en esta última sentencia, el cambio de moneda de la peseta al euro suscitó en nuestro país gran número de demandas de incapacitación, alegando las personas legitimadas para demandar la dificultad del presunto inca-

nes, en relación con el realizado por el psiquiatra señor S. (f. 36) llevan a la conclusión de que la demanda debe ser desestimada, rechazando por lo tanto la imposición de tan drástica medida a la demandada; así el mencionado especialista, después de examinarla personalmente concluye que la misma "es una persona con las limitaciones propias de la edad», pero en ningún momento de su informe se aconseja o se diga que su situación personal la impida regirse por sí misma; cuando más esclarecedor y contundente es el informe del perito judicial, el médico forense don José María U. B., quien concluye el mismo afirmando que «no se han objetivado alteraciones del pensamiento, retraso mental, un trastorno psicótico, por lo que Fructuosa puede tomar decisiones en cuanto a su vida y patrimonio, y lo que es más importante que las capacidades de Fructuosa son suficientes para gobernar su vida y bienes en las condiciones y medio habitual, pudiendo necesitar supervisión para negocios más complejos"; por lo tanto, y en base a las consideraciones expuestas, procede la estimación del recurso y la revocación de la sentencia recurrida, declarando no haber lugar a la incapacitación solicitada».

22. Audiencia Provincial de Valencia (Sección 10ª), Sentencia núm. 87/2010 de 10 febrero (JUR 2010, 157075): «En el caso de autos Florinda ha cumplido 105 años, tal y como han relatado en el acto de la vista su nuera y su nieto con quienes convive, tiene cubiertas sus necesidades en su medio, desconoce el valor del euro pero domina perfectamente la peseta, se vale de sí misma tanto para su aseo personal como para su deambulación y expresa sus decisiones tanto económicas como personales, firmemente. Por su parte el informe del médico forense verificado en esta alzada, lleva por fecha año y medio posterior al realizado en la instancia, más sus conclusiones son idénticas al apreciar en ella unas limitaciones físicas propias de su edad pero focalizadas en el ámbito auditivo y de movilidad, pero no a nivel cognitivo donde no existe deterioro alguno provocado por enfermedad mental sino enlentecimiento por la edad. En todo caso, y pese a su analfabetismo sabe lo que quiere y lo hace, tiene voluntad y raciocinio. Y es que la capacidad de las personas en general y de su autogobierno, tiene un componente marcadamente ambiental, referidas a las circunstancias de todo tipo –edad, estado de salud, de estudios, nivel cultural o grado de cultura, responsabilidades o no familiares, laborales, nivel económico, nivel de necesidades de gastos, etc.–). En consecuencia, y como argumenta Santos Urbaneja, para considerar que una persona debe ser incapacitada, debe determinarse lo que necesita para atender sus asuntos, autorrealizarse y procurar ser feliz, luego determinar qué es lo que puede hacer por sí misma para obtener esos objetivos y sólo, si al comparar ambos aspectos, resulta que debe hacer más de lo que puede, es cuando habrá que buscar el mecanismo de protección que supone la incapacitación de una persona, limitándola a aquello que el incapaz necesita ordinariamente y no puede realizar por sí solo».

paz para manejarse con la nueva moneda. Muchas, como la citada, fueron desestimadas.

d) Finalmente, puede citarse la sentencia de la Audiencia Provincial de Madrid de 3 de marzo de 1998 (AC 1998, 5172)[23] que consideró que la situación de soledad y desamparo con moderados trastornos de memoria que no implican desorientación tempo-espacial no suponen pérdida de la capacidad.

Como señala Esbec Rodríguez[24], Médico Forense y Psicólogo del Juzgado de Internamientos e Incapacidades 65 de Madrid, existe jurisprudencia abundante sobre la preferencia de la incapacidad parcial en áreas concretas y la curatela como institución (en la esquizofrenia, la paranoia, el trastorno bipolar, la demencia tipo Alzheimer incipiente…). En cambio, la tendencia más radical hacia la tutela y a la incapacidad total estaría indicada para las demencias avanzadas, los retrasos mentales a partir de moderado, psicosis con mal pronóstico (que dependerá del consumo de sustancias), etc. No obstante, como advierte este autor, no procederá la incapacidad en cuestiones como las rarezas, personalidad antisocial, ignorancia, malas de-

23. Audiencia Provincial de Madrid (Sección 22ª), Sentencia de 3 marzo 1998 (AC 1998, 5172): «el documento núm. 1 de los acompañados al escrito rector de procedimiento, emitido por la trabajadora social del Centro de Salud "María Guzmán" de la localidad de Alcalá de Henares, únicamente expresa la situación de soledad y desamparo de grave riesgo social en que se encuentra inmersa doña Emilia, quien rechaza las ayudas al efecto ofertadas.
En el documento núm. 2, consistente en parte de asistencia médica a la referida demandada en el Hospital "Príncipe de Asturias" de la misma ciudad, como consecuencia de una intoxicación por gases, se dice que aquélla se encuentra consciente y orientada en personas, espacio y tiempo, no detectándosele patología urgente. (…)
Se aporta igualmente un informe médico, fechado en 16 de agosto de 1996, a los efectos del posible ingreso de la señora M. en una Residencia de mayores de la Comunidad de Madrid, en el que se detecta un importante descontrol emocional, así como moderados trastornos de memoria, pero sin que ello implique desorientación temporoespacial, alteraciones de percepción, incoherencia en la comunicación o trastornos de conducta, haciéndose unas finales observaciones de progresivas pérdidas de memoria, fuerza y lentitud.
Bajo tales condicionantes, en los términos exigidos por el artículo 1214 del Código Civil, este Tribunal no puede llegar a las consecuencias jurídicas pretendidas por el apelante, al haber de pervivir la presunción de la capacidad de la demandada, y ello sin perjuicio de su posible evolución posterior, anunciada en el acto de la vista pero no refrendada por elemento probatorio alguno, que podría, en su caso, dar lugar a una nueva litis a los efectos de la constatación de los hechos alegados y determinación de sus posibles repercusiones jurídicas».
24. Esbec Rodríguez, E., en ponencia publicada en *Revisión de los procedimientos relativos a la incapacidad. Jornadas Fundación Aequitas, Madrid, 8 y 9 de marzo de 2004*. Fundación Aequitas, Madrid, 2004, págs. 181 y ss.

cisiones, conflictos familiares, fallos de memoria, depresión u otros trastornos transitorios y en patologías en evolución (por ejemplo, producidas por accidente de tráfico).

1.3. Concepto de persistencia

Como indica el art. 200 CC, las enfermedades o deficiencias que motiven la declaración judicial de incapacitación han de ser persistentes, en el sentido de que, por sus características, sea previsible que se prolonguen en el tiempo de forma permanente. Ello se debe a que el estado civil de incapacitación tiene tal trascendencia para la persona sobre la que recae que no puede depender de cualquier alteración transitoria de sus facultades.

El Tribunal Supremo ha considerado que para que la enfermedad pueda fundamentar una declaración judicial de incapacidad, es necesario que la misma sea constante y que presente una proyección de permanencia hacia el futuro, con efectos graves sobre la capacidad volitiva y de decisión[25]. Respecto de la proyección de futuro, se ha explicado que la misma conlleva que la situación tienda a estabilizarse o empeorar[26].

Siendo esto así, para declarar la incapacitación de una persona, no es necesario sin embargo que enfermedad o deficiencia que sufra se encuentre en fase crítica, bastando sólo con que sea persistente, pues como ha declarado el Tribunal Supremo[27], «si la enfermedad es persistente con posibilidad de repetición, han de adoptarse las medidas necesarias en defensa de su persona y bienes de modo continuo y estable, para lo cual parece institución más adecuada la tutela, pues ésta obliga al tutor a promover la recuperación de

25. STS de 25 de marzo de 2004 (RJ 2004, 1641): «se cumplimentan los requisitos que doctrina jurisprudencial de esta Sala exige para una declaración de incapacidad, ya que el sujeto en cuestión padece una enfermedad psicofísica constante con proyección de permanencia hacia el futuro con efectos graves sobre su capacidad volitiva y de decisión, en este caso sobre la administración de sus bienes».
26. STS de 20 de noviembre de 2002 (RJ 2002, 10266): «dichas deficiencias deben tener, además, proyección de futuro, o sea, que la situación tienda a estabilizarse o empeorar, no como sucede en el caso de autos, donde la mejoría progresiva es una circunstancia apreciada, no sólo por los Peritos Médicos, sino también por los Tribunales que ha enjuiciado el caso, que aprecian una evolución favorable progresiva, la cual desvirtúa los requisitos del artículo citado, con las características que ha complementado la Doctrina jurisprudencial, apreciaciones que el Tribunal en evidente contrasentido no realiza, y nos dictamina una sentencia injusta que nos obliga a oponer el motivo del recurso».
27. Tribunal Supremo (Sala de lo Civil), Sentencia núm. 683/1999 de 26 julio (RJ 1999, 7845).

la salud del tutelado (art. 269.3° CC)». Esto no obstante, no significa que la intensidad de la enfermedad o deficiencia no se tenga en cuenta a la hora de graduar la extensión y límites de la incapacitación. Y así, continúa la misma sentencia diciendo que «la extensión de la incapacidad en el orden patrimonial no debe extenderse más de lo necesario en atención a la enfermedad del recurrente, no abarcando por ello a actos de administración ordinaria».

Tampoco es suficiente si la enfermedad es transitoria[28]. Como señala O'Callaghan[29], no cabe incapacitar por un ataque o una situación aguda, sino por algo persistente (un alcoholismo, no una simple borrachera; una locura, no un ataque de epilepsia).

Pero si la enfermedad se manifiesta en fases cíclicas (como una psicosis fásica, maníaco-depresiva, con acusada sintomatología, que cuando entra en fase cíclica, o sea, crítica, produce pérdida de juicio de la realidad y otras deficiencias, el Tribunal Supremo ha declarado que «tiene la consideración jurídica de persistente a que se refiere el citado artículo 200 del Código Civil a efectos de generar causa de incapacitación, desde el momento que su dicho carácter crónico y el no constar precisión de cuándo la afectada por la referida enfermedad entra en las indicadas fases cíclicas o críticas, evidentemente significa, a efectos jurídicos, persistencia, ya que ésta, como ya lo revela su significación gramatical, es su permanencia firme y constante, o lo que es lo mismo, su duración permanente en el tiempo, con independencia en su consecuencia de su mayor o menor intensidad periódica»[30].

28. Tribunal Supremo (Sala de lo Civil), Sentencia núm. 119/1996 de 19 febrero (RJ 1996, 1413): «El artículo 200 del Código Civil contempla como supuestos de incapacitación los determinados por enfermedades psíquicas o mentales, las psico-físicas y las deficiencias o alteraciones de carácter físico, siempre que sean constantes, lo que hay que entender como de permanencia hacia el futuro y no hacia el pasado , como pretenden los recurrentes, lo que aleja toda alteración transitoria y que, en todo caso, como presupuesto sine qua non, impida al sujeto gobernarse por sí mismo en el aspecto personal como en el patrimonial».
29. O'Callaghan Muñoz, X.: *Código Civil comentado y con jurisprudencia,* op. cit., pág. 303.
30. Tribunal Supremo (Sala de lo Civil), Sentencia de 10 febrero 1986 (RJ 1986, 520), que establece no obstante que al tratarse de una enfermedad que se manifiesta en fases cíclicas, el régimen al que queda sujeta la persona incapacitada debe adaptarse a tal circunstancia, considerándose excesivo el régimen de tutela, «en atención al grado de discernimiento al revelarse que la falta de éste surge solamente en las fases cíclicas o críticas de la tan aludida enfermedad».

1.4. Concepto de autogobierno

Para que pueda declararse la incapacitación de una persona es necesario además y como dato fundamental, que las enfermedades o deficiencias le impidan gobernarse por sí misma. Como ha afirmado el Tribunal Supremo, «(...) para que se incapacite a una persona no es sólo suficiente que padezca una enfermedad persistente de carácter físico o psíquico (...) lo que verdaderamente sobresale es la concurrencia del segundo requisito, o sea, que el trastorno tanto sea permanente como que oscile en intensidad, impida gobernarse a la afectada por sí misma»[31].

Es decir, deben incidir de tal manera sobre la capacidad natural de la persona que ésta no pueda actuar responsablemente en la defensa de sus propios intereses. Esto último es lo que constituye el criterio delimitador de las causas de incapacitación, justificando que se inicie el proceso para su declaración, y el que fijará en última instancia el grado de incapacidad que se disponga en cada caso.

Para O'CALLAGHAN[32], la falta de autogobierno significa no poder actuar por sí mismo en el mundo jurídico, no poder física o mentalmente realizar actos o negocios jurídicos con mínimas garantías de que se actúa con conciencia y voluntad, de que se realiza los actos libre y voluntariamente.

De este modo, pese a la generalidad del art. 200 CC, queda limitado el ámbito de aplicación de la norma, pues por muy grave que sea la enfermedad o deficiencia física o psíquica que sufra una persona, si no va acompañada de esta trascendencia en su capacidad de autogobierno, nunca podrá motivar directamente una incapacitación.

La Audiencia Provincial de Navarra trata de despejar aún más la cuestión, explicando cómo «por la doctrina se considera que gobernarse a sí mismo significa referirse al comportamiento normal que tiene una persona en términos generales, no en determinados aspectos concretos, o por ser más precisos, siguiendo a Pérez Algar, el impedimento para gobernarse a sí mismo supone la discordancia del sujeto con el molde social de comportamiento, que no supone que el sujeto no pueda gobernarse por sí mismo en un sentido abstracto, sino que no puede gobernarse, no puede actuar, de acuerdo con los principios del funcionamiento social del marco en que se encuentra. Al hilo de esto, es importante subrayar que la enfermedad o deficiencia

31. Tribunal Supremo (Sala de lo Civil), Sentencia núm. 818/1998 de 28 julio (RJ 1998, 6134).
32. O'CALLAGHAN MUÑOZ, X.: *Código Civil comentado y con jurisprudencia*, op. cit., pág. 303.

no interesa tanto por sí misma y en su causa, cuanto por el efecto que produce en la persona en cuestión, es decir, nos encontraremos con una causa de incapacitación si la enfermedad impide a la persona autogobernarse, al ser esa ineptitud, más que la causa, lo que va a determinar que el enfermo se vea privado de su capacidad»[33].

Si bien en el aspecto relativo a la salud física, por falta de autogobierno puede entenderse desde no poder realizar por sí mismo la higiene diaria hasta la más simple gestión; o incluso el hecho que alguien no pueda caminar sola por la calle o el acceso a un transporte público, en el aspecto psíquico la cuestión se brinda más complicada. Como apunta SANTOS URBANEJA[34], debe analizarse a la persona concreta en sus circunstancias, porque la incapacidad civil es algo más que un diagnóstico, es fundamentalmente un concepto individual y circunstancial, de modo que no se puede establecer una equivalencia genérica entre diagnóstico y falta de autogobierno, pues cada caso es distinto. Por ello, el juicio de valor sobre si una persona tiene o no suficiente capacidad para gobernar su persona y bienes ha de realizarse en su opinión, tras el siguiente análisis:

1) Determinar qué es lo que la persona necesita ordinariamente hacer, teniendo en cuenta para ello sus circunstancias concretas.

2) Determinar qué es lo que puede hacer la persona por sí misma.

3) Determinar qué es lo que puede procurarse por sí misma.

2. LA ESPECIAL NATURALEZA JURÍDICA DE LOS PROCESOS SOBRE CAPACIDAD DE LAS PERSONAS

Los procesos sobre capacidad de las personas tienen un carácter plenamente civil. No obstante, conviene recordar que con anterioridad a la reforma del Código Penal en 1973, la comisión de un delito podía conllevar la incapacitación como consecuencia accesoria del delito, impuesta como pena ocasional por su comisión.

Pero el hecho de que se trate de materia civil no implica, sin embargo, que se pueda disponer libremente del objeto del proceso conforme a las nor-

33. Audiencia Provincial de Navarra (Secc. 3ª), Sentencia núm. 84/1999 de 30 abril (AC 1999, 5830).

34. SANTOS URBANEJA, F.: *Causa y motivo de la incapacitación civil. Una reflexión sobre el artículo 200 del Código Civil*, op. cit., págs. 25 y ss.

mas generales de los procesos civiles previstos en la LEC, al no versar dicho objeto sobre materia de Derecho privado en sentido estricto. Como ya se ha apuntado, se trata de una materia que afecta al estado civil de las personas, y en consecuencia se considera que en estos procesos existe un interés público. Por ello, el proceso sobre capacidad de las personas se encuentra regulado en el Libro IV de la LEC, siéndole de aplicación las disposiciones generales en materia de prueba y de indisponibilidad del objeto propias de los procesos regulados en este Libro.

La Ley de Enjuiciamiento Civil de 2000 ha diseñado, para la declaración de incapacidad de las personas, un procedimiento contradictorio que pretende salvaguardar todas las garantías para el afectado, al que se le supone capaz hasta que se declare su incapacitación mediante sentencia, permitiéndole, en consecuencia, comparecer con su propia defensa y representación.

El proceso se ha configurado bajo los principios de indisponibilidad del objeto y de investigación de oficio, con lo que se pretende llegar a la averiguación de la verdad material y no la meramente formal a la que pudiera llegarse en un proceso civil relativo a cuestiones de Derecho estrictamente privado, que se regiría por las normas generales de la LEC.

Es de destacar cómo por concurrir un interés público, se hace necesaria la intervención en estos procesos del Ministerio Fiscal, como promotor o como parte, asumiendo la defensa en juicio de quienes no pueden actuar por sí mismos y cumpliendo así su misión constitucional de defender la legalidad y el orden público establecido por la Ley supone, lo cual supone una garantía añadida.

La Audiencia Provincial de Valencia explica que «la incapacitación de una persona es una cuestión que afecta directa e inmediatamente al ejercicio de los derechos y libertades consagradas en la Constitución, aún más, al núcleo esencial de los derechos que le son inherentes y que configuran su estado civil, se erige en cuestión que escapa del interés puramente privado para entrar de lleno en la esfera del orden público, de lo que se deriva la desvirtuación del principio dispositivo y su sustitución por el inquisitivo de modo que queda fuera del poder de las partes la iniciación del proceso, la facultad de delimitar el objeto de la contienda, la transacción, allanamiento o sumisión a arbitraje, así como los principios de aportación de parte y verdad formal ceden ante los principios de oficialidad de la investigación al objeto de que el juzgador llegue a conocer la verdad real»[35].

Ofrece una completa explicación de la naturaleza jurídica de estos procesos la Audiencia Provincial de Barcelona, que señala que «nos encontramos ante un procedimiento de incapacitación que por afectar a la capacidad de obrar de las personas se da una quiebra de los principios dispositivo y de aportación de parte, introduciendo el inquisitivo y la investigación de oficio por parte de los órganos jurisdiccionales, que deben llevar al proceso cualquier medio de prueba destinado a determinar la concurrencia o no de las circunstancias determinantes de la incapacidad, lo que trasciende el fallo evitando que el mismo incida en incongruencia, al entrar en juego tanto los intereses privados del presunto incapaz como los públicos que los defienden, y de ahí la actuación del ministerio Fiscal en todo caso, ya como parte, ya como interviniente, velando siempre por la legalidad y el interés público o social; pero la búsqueda de la verdad material y la libertad concebida al juzgador en los términos expuestos, tendentes siempre a la garantía del justiciable, encuentran como refuerzo la obligatoriedad de que practique ciertas diligencias –art. 759 LEC–, concretamente oirá a los parientes más próximos del presunto incapaz, lo examinará por sí mismo y acordará los dictámenes periciales necesarios o pertinentes en relación con las pretensiones de la demanda y demás medidas previstas en las leyes precepto sustantivo que contiene una norma imperativa de alcance constitucional –art. 24–, que va más allá del principio de inmediación, consagrado también en los arts. 120.1 CE, 229.2 LOPJ y 289.2-3 LEC, para convertirse en un requisito de fondo previo al fallo. Tal alcance constitucional ha sido puesto de relieve por la sentencia del Tribunal Supremo de 9-6-97, en cuanto sobre la base doctrinal y jurisprudencial de presunción de capacidad, afecta al derecho fundamental al desarrollo de la personalidad –art. 10 CE–, siendo así que tales diligencias constituyen no solo un valioso dato probatorio, sino una garantía, en prevención de abusos y maquinaciones, por una parte, y por otra, de una meditada decisión constitutiva de una situación en una materia no absolutamente perteneciente a la medicina o psiquiatría, sino que, científicamente, es un problema multidisciplinario y humanamente inserto en criterios sociales carentes de rigurosa fijación.

Podemos decir en definitiva que resulta indudable la necesidad de que el órgano judicial competente para enjuiciar la pretensión de incapacitación asuma activamente su función de indagar acerca de la verdad material

35. SAP Valencia, Sección 10ª, sentencia núm. 310/2002 de 30 mayo (JUR 2002, 250987).

en torno a la situación real del sujeto supuestamente enfermo o deficiente físico o psíquico, ordenando las comparecencias y los exámenes que indica la norma, así como los dictámenes periciales idóneos al caso concreto de que se trate»[36].

2.1. La finalidad protectora del proceso de incapacitación

Como ha apuntado el Tribunal Supremo al declarar la validez de la legislación española en relación con la Convención Internacional sobre Derechos de las Personas con Discapacidad de 13 de diciembre de 2006, el sistema de protección establecido en el Código civil sigue vigente, si bien, para adecuar su interpretación a dicha Convención, habrá de tenerse siempre en cuenta que las personas con discapacidad siguen siendo titulares de sus derechos fundamentales, y que la incapacitación total constituye esencialmente una forma de protección, la cual deberá acordarse únicamente en supuestos excepcionales. Por ello mismo no es una medida discriminatoria, sino defensora, y no vulnera la dignidad de la persona[37].

Debe tenerse también en cuenta que debido a las limitaciones de derechos fundamentales que comporta la incapacitación de una persona, ésta deberá llevarse a efecto siguiendo siempre un criterio restrictivo.

También ha recordado el Tribunal Supremo que «la incapacitación, al igual que la minoría de edad, no cambia para nada la titularidad de los derechos fundamentales, aunque sí que determina su forma de ejercicio. De aquí, que deba evitarse una regulación abstracta y rígida de la situación jurídica del discapacitado... Una medida de protección como la incapacitación, independientemente del nombre con el que finalmente el legislador acuerde identificarla, solamente tiene justificación con relación a la protección de la persona»[38].

SANTOS URBANEJA[39] distingue entre *causa* de la incapacitación (que vendría a ser la anomalía o trastorno mental persistente que, en sus circunstan-

36. SAP de Barcelona (Sección 18ª) de 5 febrero 2003 (JUR 2003, 141063).
37. En este sentido se pronunció la STS 282/2009, de 29 de abril (RJ 2009, 2901).
38. STS 29 de septiembre de 2009 (Rec. núm. 1259/2006) (RJ 2009, 2901), de Pleno, que reitera la de 11 de octubre de 2012 (Rec. núm. 617/2012).
39. SANTOS URBANEJA, F.: *Causa y motivo de la incapacitación civil. Una reflexión sobre el artículo 200 del Código Civil*, op. cit. Denuncia asimismo este autor el hecho de que frecuentemente se oculte el motivo de la demanda de incapacitación, haciendo uso de formularios inexpresivos, que no contienen más que frases vacías o rituales ocultan el

cias concretas, impida o dificulte a la persona atender por sí o por medio de otro sus necesidades ordinarias) y *motivo* (beneficio efectivo y concreto para la persona que no pueda conseguirse por otros medios).

Señala el citado autor que el motivo debe ser aceptable en cuanto que repercuta en protección y bienestar del presunto incapaz y sea conforme con sus intereses, y debe tener cierta concreción, por cuanto debe estar conectado a una situación de necesidad presente o sobre la que sea verosímil que pueda plantearse en un plazo no muy lejano.

Y considera que no existe motivo si la protección puede conseguirse acudiendo a otros mecanismos o instituciones. Por eso, recomienda acudir, en la medida de lo posible, a otras alternativas más sencillas y eficaces, como pueden ser la guarda de hecho (arts. 303, 304 y 305 CC) o las medidas cautelares del art. 762 LEC, pues la incapacitación, en cuanto procedimiento, es siempre una perturbación, y en algunas ocasiones es vivida con gran aflicción por las personas enfermas, discapacitadas o seniles, por lo que este sufrimiento sólo estaría justificado por la consecución de un bien o ventaja superior. Y sin embargo, ocurre en muchas ocasiones que la utilidad principal de la incapacitación no es para el enfermo o discapacitado, sino para terceros (que, por ejemplo, tienen necesidad de vender, o en aquellos casos en que el incapaz comparte en condominio con los hermanos, etc.) y en otras muchas ocasiones la consecución de lo pretendido no requiere la declaración de incapacidad, siendo suficiente con la simple asistencia social o sanitaria.

Y es que, en efecto, no en pocas ocasiones se acude al recurso de la incapacitación con finalidades que no obedecen estrictamente al criterio de la búsqueda de protección del incapaz, sino a otros móviles espurios.

Así, DELGADO LÓPEZ[40] explica cómo el Derecho cuenta con la familia para proteger al incapaz, pero advierte que «acontece con frecuencia que los familiares se protegen a sí mismos. En lo patrimonial sobre todo, porque como el incapaz tiene que morir y ellos heredarlo, preferirán gastar el me-

---

motivo de la incapacitación que se solicita, de forma que es habitual que el escrito de demanda comience de la siguiente manera:

«Mi mandante se halla legitimado activamente para promover la presente demanda por ser (familiar) de D./

A pesar de la esmerada asistencia facultativa que se le ha prestado, D./ se encuentra aquejado de una persistente enfermedad que le impide valerse y gobernarse por sí mismo, incapacidad de obrar que, de no ser legalmente subsanada, podría irrogar graves perjuicios al propio enfermo, a sus intereses y a la sociedad en general».

40. DELGADO LÓPEZ, L. Mª, *Algunas cuestiones relativas al proceso de incapacitación y al expediente de tutela en la nueva Ley de Enjuiciamiento Civil.*

nor dinero posible en sus atenciones para que sea mayor su herencia. (...) Recibe el fiscal presiones para interponer la demanda de incapacitación por motivos económicos, que los familiares maquillan como beneficiosos para el enfermo, cuando, en realidad, lo son para ellos mismos».

El Tribunal Supremo ha recordado recientemente que, si bien el sistema de protección establecido en el Código Civil sigue vigente, debe hacerse una lectura del mismo a la luz de la Convención de 2006 sobre los derechos de las personas con discapacidad. Por ello, propone que en la interpretación de las normas se tenga siempre en cuenta: «1° (...) que el incapaz sigue siendo titular de sus derechos fundamentales y que la incapacitación es sólo una forma de protección. 2° La incapacitación no es una medida discriminatoria porque la situación merecedora de la protección tiene características específicas y propias. Estamos hablando de una persona cuyas facultades intelectivas y volitivas no le permiten ejercer sus derechos como persona porque le impiden autogobernarse. Por tanto no se trata de un sistema de protección de la familia, sino única y exclusivamente de la persona afectada»[41].

Y así, cuando para lograr la protección de la persona que se incapacita sea suficiente con la curatela, no deberá recurrirse a la tutela, pues la Ley debe ser reinterpretada a la luz de la citada Convención «desde un modelo de apoyo y de asistencia y el principio del superior interés de la persona con discapacidad, que, manteniendo la personalidad, requiere un complemento de su capacidad»[42].

Cabe recordar que para posibilitar al presunto incapaz su defensa en el proceso, sin perjuicio de que el mismo se decidirá «con arreglo a los hechos que hayan sido objeto de debate y resulten probados» y sin estar sujeto el Juez a las normas generales sobre apreciación de las pruebas (art. 752 LEC), el art. 758 LEC permite al presunto incapaz «comparecer en el proceso con su propia defensa y representación». Trataremos detenidamente la cuestión relativa a la forma contradictoria del proceso de incapacitación, cuando hablemos sobre la personación del demandado.

Por último, en relación con la finalidad protectora del proceso, puede señalarse que la obligada intervención del Ministerio Fiscal (art. 749 LEC) supone una garantía para evitar que una demanda infundada pueda prosperar.

41. Tribunal Supremo (Sala de lo Civil, Sección1ª), Sentencia núm. 421/2013 de 24 junio (RJ 2013, 3948).
42. Tribunal Supremo (Sala de lo Civil, Sección1ª), Sentencia núm. 421/2013 de 24 junio (RJ 2013, 3948) y SSTS 29 de abril y 11 de octubre de 2009, citadas en la primera.

3. CUESTIONES GENERALES RELATIVAS A LA CONSIDERACIÓN DE PROCESO ESPECIAL

La tramitación del proceso civil de incapacitación viene regulada en el Libro IV de la Ley de Enjuiciamiento Civil (De los procesos especiales), Título I (De los procesos sobre capacidad, filiación, matrimonio y menores), Capítulo II (De los procesos sobre la capacidad de las personas).

En dicho Capítulo, se regulan tanto el proceso de incapacitación como el proceso de prodigalidad y el proceso de reintegración de la capacidad y modificación del alcance de la incapacitación. Por tratarse de procesos civiles de los catalogados en la LEC como «especiales», a todos ellos les son de aplicación las disposiciones generales que rigen en estos procesos no dispositivos. Es por tanto obligada la intervención del Ministerio Fiscal, siendo asimismo obligatoria la representación por Procurador y la defensa por Abogado, el objeto del proceso será indisponible, la prueba no se encuentra sometida al régimen general de preclusión previsto para el resto de procesos, y el Tribunal no se ve vinculado a las reglas previstas para la valoración de pruebas cuando se trate de materias de que las partes no puedan disponer libremente (como es el estado civil de las personas), pudiendo asimismo acordar de oficio las pruebas que estime pertinentes.

Intentaremos hacer una exposición sistemática del proceso de incapacitación, tratando separadamente cada una de sus fases y elementos, y teniendo en cuenta al mismo tiempo tanto las normas aplicables por razón de su naturaleza de proceso especial (y por tanto aplicables también a otros procesos especiales) como las normas específicas que la LEC prevé para los procesos de incapacitación exclusivamente.

3.1. Consecuencias de la configuración del proceso civil de incapacitación como un proceso especial

En el sistema procesal diseñado por la LEC de 2000, coexisten los procesos ordinarios con los denominados especiales. Puede decirse que estos últimos están exclusivamente destinados al enjuiciamiento de determinadas relaciones jurídico-materiales, para las que el legislador ha optado por establecer un cauce específico.

Por ello, la pretensión de que se declare la incapacitación de una persona o la revisión de una previa declaración de incapacitación deberá plantearse a través del cauce que para ello prevé la LEC, pues en caso contrario prosperaría la excepción de procedimiento inadecuado a que se refiere el art. 423 LEC.

Explica la Exposición de Motivos de la LEC del año 2000, en su apartado XIX, que la Ley ha establecido los procesos especiales imprescindibles. Entre ellos, se trajeron a la Ley procesal común los procesos sobre capacidad de las personas, terminando así con la situación hasta entonces existente, que se califica de «deplorable», por cuanto hasta entonces se debía «rastrear o incluso deducir de disposiciones superlativamente dispersas, oscuras y problemáticas».

Como se ha señalado, en los procesos de incapacitación, y en general en todos los relativos al estado civil de las personas, existe un interés público, explícito o implícito que afecta profundamente al orden de constitución de la sociedad y que tiene su reflejo en los principios a que obedece el proceso, las facultades del órgano jurisdiccional y la posición de las partes y sujetos interesados.

De este modo, dado que la LEC lo califica de proceso especial, al proceso de incapacitación –al igual que al resto de procesos sobre capacidad de las personas y a los matrimoniales y los relativos a la filiación, paternidad y maternidad–, le es de aplicación lo dispuesto en las disposiciones generales contenidas en los arts. 748 a 755 LEC, que se refiere a las materias siguientes:

- Intervención del Ministerio Fiscal
- Postulación
- Indisponibilidad del objeto del proceso
- Especialidades en materia de prueba
- Especialidades en cuanto a la publicidad del proceso
- Nos referiremos a continuación a cada una de ellas.

3.1.1. Intervención del Ministerio Fiscal

Establece la LEC en su art. 749.1 que «en los procesos sobre incapacitación, en los de nulidad matrimonial y en los de determinación e impugnación de la filiación será siempre parte el Ministerio Fiscal, aunque no haya sido promotor de los mismos ni deba, conforme a la Ley, asumir la defensa de alguna de las partes».

De este modo, la Ley concede al Ministerio Fiscal una legitimación propia para intervenir como parte en los procesos indicados, entre los que se incluyen, como vemos, los de incapacitación. Con anterioridad a la LEC de 2000, la legitimación del Ministerio Fiscal para promover la incapacitación se establecía en el art. 203 CC para el caso de que faltasen o no hubiesen solicitado la incapacitación el cónyuge, descendientes, ascendientes o hermanos del presunto incapaz, y el art. 206 CC imponía en todo caso la intervención necesaria del Ministerio Fiscal en los procesos sobre incapacitación, «aunque no haya sido el promotor de los mismos». Dichos preceptos del Código Civil fueron derogados por la LEC de 2000, y su contenido pasó a ser recogido en el art. 757 LEC, que establece en su punto primero que «la declaración de incapacidad puede promoverla el presunto incapaz, el cónyuge o quien se encuentre en una situación de hecho asimilable, los descendientes, los ascendientes, o los hermanos del presunto incapaz». Esta posibilidad que tienen las personas que acaban de citarse se configura en cambio como una obligación subsidiaria para el Ministerio Fiscal, que «deberá promover la incapacitación si las personas mencionadas en el apartado anterior no existieran o no la hubieran solicitado» (art. 757.2 LEC).

La obligatoriedad de la intervención del Ministerio Fiscal en estos procesos supone la creación de una parte artificial que responde a la función del Ministerio Fiscal de tomar parte, en defensa de la legalidad y del interés público o social, en los procesos relativos a la capacidad de las personas, cumpliendo así con el mandato que se establece en el art. 124 CE, y que se reitera en los arts. 541 de la Ley Orgánica del Poder Judicial y 1 del Estatuto Orgánico del Ministerio Fiscal.

En efecto, el art. 1 EOMF[43], reproduciendo los citados, establece que «el Ministerio Fiscal tiene por misión promover la acción de la justicia en defensa de la legalidad, de los derechos de los ciudadanos y del interés público tutelado por la ley, de oficio o a petición de los interesados, así como velar por la independencia de los Tribunales, y procurar ante éstos la satisfacción del interés social». Y para el cumplimiento de esta misión, el art. 3 del Estatuto, en sus apartados 6 y 7, le encomienda «tomar parte, en defensa de la legalidad y del interés público o social, en los procesos relativos al estado civil y en los demás que establezca la ley», e «intervenir en los procesos civiles que determine la ley cuando esté comprometido el interés social o cuando

43. Ley 50/1981, 30 diciembre, por la que se regula el Estatuto Orgánico del Ministerio Fiscal.

puedan afectar a personas menores, incapaces o desvalidas en tanto se provee de los mecanismos ordinarios de representación».

También dispone la LEC, en su art. 749.2 que «en los demás procesos a que se refiere este título será preceptiva la intervención del Ministerio Fiscal, siempre que alguno de los interesados en el procedimiento sea menor, incapacitado o esté en situación de ausencia legal». De ello se desprende que deberá también intervenir obligatoriamente el Ministerio Fiscal en los procesos de reintegración de la capacidad, aunque la LEC no especifica, en este caso, quién está legitimado pasivamente en estos procesos. La opción preferida por la mayoría de la doctrina ha consistido en que la demanda se dirija frente al Ministerio Fiscal cuando no sea parte actora, además de frente a la persona legitimada pasivamente (cuando esta última no haya iniciado el procedimiento). García-Lubén Barthe[44], afirma que de este modo se asegura que el incapacitado tenga las mismas posibilidades del actor para alegar y probar lo que convenga a su defensa, y el Ministerio Fiscal estará siempre presente en el proceso en defensa del interés público.

Como señala el Fiscal Jefe del Tribunal Superior de Justicia de Logroño Calparsoro Damián[45], en los procesos sobre capacidad de las personas, el Fiscal es parte sólo en un sentido formal, ya que en todo caso su actuación estará orientada en el aspecto material por los principios de imparcialidad y de defensa de la legalidad y del interés público o social. Esto se manifiesta en la diversa posición que puede corresponder al Fiscal en el proceso, determinada únicamente por el hecho de quién sea el que tome la iniciativa procesal. Si es el Fiscal quien interpone la demanda, obviamente será el demandante. Si la demanda la interpone otra persona y el presunto incapaz o pródigo no comparece con su propia defensa y representación, el Fiscal intervendrá asumiendo la representación y defensa de éste; si, por el contrario, el Fiscal no es demandante y el presunto incapaz o pródigo decide

44. Añade esta autora que ha podido comprobar, estudiando los expedientes de los Juzgados de tutelas nº 30 y 65 de Madrid, cómo en esta Comunidad, en la mayoría de los casos, este proceso es instado por la Agencia Madrileña para la Tutela del Adulto de la Comunidad de Madrid, que es la que desempeña la función tutelar del incapacitado, ante lo cual al Ministerio Fiscal se le cita pero no en calidad de demandado sino de defensor judicial. García-Lubén Barthe, P.: Algunas consideraciones en torno a los procesos de reintegración de la capacidad y modificación de la incapacitación, Saberes (Revista de estudios jurídicos, económicos y sociales), Vol. I, Universidad Alfonso X El Sabio, Villanueva de la Cañada (Madrid), 2003.

45. Calparsoro Damián, J.: *La actuación del Ministerio Fiscal en defensa de las personas declaradas incapaces,* op. cit.

comparecer con su propia defensa y representación, el Fiscal intervendrá como parte *sui generis.*

3.1.1.1. Criterios por los que se rige la actuación del Ministerio Fiscal en los procesos de incapacitación

La Instrucción número 3/2010, sobre la necesaria fundamentación individualizada de las medidas de protección o apoyo en los procedimientos sobre determinación de la capacidad de las personas, se refiere a la actividad impulsora y vigilante del Ministerio Fiscal en los procedimientos sobre la capacidad de las personas.

Establece que los Sres. Fiscales deberán evitar que sus informes u otras formas de intervención procesal se realicen utilizando fórmulas de carácter genérico o de contenido estereotipado, en las que se prescinda del análisis concreto de la situación de la persona cuya capacidad se cuestiona. Por el contrario, se impulsarán las acciones necesarias para garantizar que las funciones que la legalidad vigente otorga al Ministerio Fiscal en defensa de las personas con discapacidad sean ejercidas en términos de la mayor eficacia.

Esta intervención activa también supone que en los casos en los que la guarda de las personas con discapacidad sea ostentada por sus familiares, los Sres. Fiscales deban estar vigilantes del adecuado ejercicio de la misma, proporcionándoles, si fuese necesario, la adecuada información en aras a la promoción de la constitución de las instituciones de protección.

Se refiere también dicha Instrucción al contenido mínimo de los escritos de demanda o de contestación formuladas por el Ministerio Fiscal y a la necesidad de solicitar el examen Médico Forense de la persona afectada por la discapacidad. A este respecto, se establece que, por las razones anteriormente apuntadas, en las demandas formuladas por los Sres. Fiscales o, en su caso, en los escritos de contestación, se deberá interesar que las resoluciones judiciales relativas a la determinación de la capacidad de las personas concreten no sólo el alcance de la modificación que proceda, sino también la medida de protección o apoyo que consecuentemente deba adoptarse.

A dicho fin deben tomarse en consideración una serie de circunstancias que constituyen las condiciones básicas para el normal desarrollo de la vida de la persona afectada por el procedimiento, cuales son aquellas que resultan imprescindibles para poder ejercer con la máxima plenitud posible su capacidad jurídica.

Para ello, en cada caso concreto, se han de tener en cuenta la capacidad de decisión y de ejercicio acerca de una serie de habilidades vitales que afectan a diversos ámbitos, entre los que pueden señalarse como más importantes los siguientes:

a) habilidades para el desarrollo de la vida cotidiana personal e independiente, como asearse, usar medios de comunicación, limpiar, etc.

b) habilidades de índole patrimonial, como el control de cuentas bancarias, manejo del dinero de bolsillo, gastos cotidianos, etc.

c) de índole sanitario, referidas al propio autocuidado y en relación a tratamientos médicos, farmacológicos, rehabilitadores, etc.

d) habilidades de índole social, como pasear, decidir el lugar de residencia, etc.

En su virtud, establece la citada Instrucción que en todos los procesos relativos a la determinación de la capacidad de una persona, los Sres. Fiscales interesarán que, de conformidad con lo dispuesto en los artículos 752 y 759 de la Ley de Enjuiciamiento Civil, sin necesidad de esperar a la celebración de la vista, se reciba el pleito a prueba, proponiendo la pericial consistente en el examen por el Médico Forense de la persona cuya capacidad se cuestiona y/o el informe de los Servicios Sociales que se estimen adecuados.

Asimismo, se hace expresa mención de que en estos procedimientos, a la luz de la Convención sobre los derechos de las personas con discapacidad, lo que se pretende no es limitar –*in genere*– la capacidad jurídica de la persona afectada, sino determinar su alcance y extensión con base a las habilidades conservadas, lo que implica su ineludible concreción en relación con los distintos ámbitos de su vida.

Ello comporta que el informe pericial deberá referirse, al menos, a los extremos que a continuación se describen:

A) Enfermedad o deficiencia psíquica de la persona a la que se refiere el procedimiento, con indicación de su pronóstico.

B) Afectación de dicha enfermedad a las capacidades intelectivas y/o volitivas para gobernar la esfera personal y patrimonial.

C) Efectos de la referida enfermedad o deficiencia, en cuanto se refiere a la capacidad del afectado para el adecuado gobierno de su esfera personal y patrimonial, con delimitación de las habilidades funcionales a las que afecta, y referidos principalmente a las siguientes áreas:

1. Habilidades de la vida independiente:
   - Autocuidado: Aseo personal, vestirse, comer, desplazamiento, etc.
   - Instrumentales cotidianas: Comprar, preparar la comida, limpiar la casa, telefonear, respuesta ante la necesidad de ayuda, etc.
2. Habilidades Económico-jurídico-administrativas:
   - Conocimiento de su situación económica.
   - Capacidad para tomar decisiones de contenido económico: seguimiento efectivo de sus cuentas corrientes, de sus ingresos, gastos, etc.
   - Capacidad para otorgar poderes a favor de terceros.
   - Capacidad para realizar disposiciones testamentarias.
   - Capacidad para el manejo diario de dinero de bolsillo: gastos de uso cotidiano de carácter menor.
3. Habilidades sobre la salud:
   - Manejo de medicamentos.
   - Seguimiento de pautas alimenticias.
   - Autocuidado: cuidado de heridas, úlceras, etc.
   - Consentimiento del tratamiento.
4. Habilidades para el transporte y manejo de armas:
   - Capacidad para la conducción de vehículos.
   - Capacidad para el uso de armas.
5. Habilidades en relación con el propio procedimiento:
   - Alcance del conocimiento sobre el objeto del procedimiento.
   - Alcance del conocimiento sobre sus consecuencias.
6. Capacidad Contractual:
   - Alcance del conocimiento y comprensión de determinados actos, como: préstamos, donaciones, cualesquiera actos de disposición patrimonial.

3.2. Postulación

Además de la referida necesidad de intervención del Ministerio Fiscal en estos procesos, en defensa de la legalidad y velando por que se protejan los intereses de los más necesitados, será necesario que las partes comparezcan asistidas de Abogado y representadas por Procurador (art. 750.1 LEC).

Se establece la única salvedad de que conforme a la Ley, las partes deban ser defendidas por el Ministerio Fiscal, en cuyo caso no será necesaria la intervención de ninguno de estos profesionales.

3.3. Indisponibilidad del objeto del proceso

Uno de los principios rectores del proceso civil es el principio dispositivo, que significa que quienes son parte en el proceso ostentan un poder de disposición sobre el objeto del mismo, de manera que son dueñas del derecho material que se discute, pudiendo realizar sobre el mismo actos de disposición que vincularán al Tribunal. Este poder de disposición de las partes se extiende también sobre el ejercicio de la acción, y por eso, una vez incoado el proceso, pueden renunciar a la pretensión o transigir sobre ella, continuando o no con el procedimiento.

La LEC se refiere a este principio dispositivo en su art. 19.1 LEC, al establecer que los litigantes están facultados para disponer del objeto del juicio y que podrán renunciar, desistir del juicio, allanarse, someterse a mediación o a arbitraje y transigir sobre lo que sea objeto del mismo, excepto cuando la ley lo prohíba o establezca limitaciones por razones de interés general o en beneficio de tercero. Lo que está en consonancia con lo dispuesto en el art. 6.2 CC: «la exclusión voluntaria de la ley aplicable y la renuncia a los derechos en ella reconocidos sólo serán válidas cuando no contraríen el interés o el orden público ni perjudiquen a terceros».

Pese a ser la disponibilidad la norma general, en los procesos de incapacitación –así como en todos los relativos al estado civil de las personas– existe un interés público, dado que con la declaración de incapacidad de una persona se afecta profundamente al orden y constitución de la sociedad. En consecuencia, en este tipo de procesos, el principio dispositivo ha de ceder a favor del principio de oficialidad, y por ello establece el art. 751.1 LEC que en los procesos a que se refiere este título I del Libro IV (capacidad, filiación, matrimonio y menores), no surtirán efecto la renuncia, el allanamiento ni la transacción.

Naturalmente, lo anterior no significa que la parte actora no pueda renunciar a la acción (pues tampoco puede ser obligada a mantenerla en contra de su voluntad), ni que la parte demandada no pueda allanarse si, por ejemplo, estuviese de acuerdo con la declaración de incapacitación y el nombramiento de tutor o curador. Significa, en cambio, que, dado que las partes no son dueñas del objeto del proceso, tales manifestaciones de voluntad no vincularán al Tribunal. Por tanto, el proceso deberá seguir adelante y deberán practicarse en él, como veremos, las pruebas que obligatoriamente impone la Ley y las demás que puedan ser propuestas o acordadas de oficio, decidiendo finalmente el Juez según la convicción a que haya llegado.

Así, si el demandante en un proceso de incapacitación manifestase su voluntad de renunciar a la acción, la solución procesal será dictar un auto mandando seguir el proceso adelante, como establece el art. 20.1 LEC, por ser la renuncia legalmente inadmisible. Lo cual es lógico si se tiene además en cuenta el principio de protección del (todavía presunto) incapaz que rige este proceso, de modo que no podrá dejársele desprotegido (en caso de ser necesaria tal declaración judicial de incapacidad) por el hecho de que el demandante, quizás incluso sin alegación de motivos concretos, renuncie a la acción.

Lo mismo ocurrirá si fuese el demandado quien se allanase a la pretensión del demandante, pues establece el art. 21 LEC que si el allanamiento supusiera renuncia contra el interés general o perjuicio de tercero, se dictará auto rechazándolo y seguirá el proceso adelante. En este caso, el interés general viene constituido por el interés del Estado en que no se declare incapacitada a la persona en quien no concurren las circunstancias que impone la ley, esto es, si no sufre «enfermedades o deficiencias persistentes de carácter físico o psíquico, que impidan a la persona gobernarse por sí misma» (art. 200 CC).

En ningún caso cabrá la transacción, pues el art. 19.1 LEC no la permite cuando la ley lo prohíba o establezca limitaciones por razones de interés general o en beneficio de tercero, siendo tajante el tenor literal del art. 1.814 CC, según el cual «no se puede transigir sobre el estado civil de las personas». En consecuencia, en caso de presentarse esta transacción ante el Juez, la misma no podrá ser homologada y el Juez deberá ordenar la continuación del proceso en todo caso.

Pero cabe señalar que el art. 751.1 LEC no prohíbe de manera absoluta el desistimiento como declaración unilateral de voluntad del actor de tener por abandonado el proceso sin renunciar a la acción, pudiendo iniciar en el futuro un nuevo proceso, aunque el art. 752.2 LEC condiciona la eficacia del desistimiento en los procesos de incapacitación a que el Ministerio Fiscal manifieste su conformidad con el mismo.

Expondremos a continuación algunas situaciones problemáticas que se plantean por la especial naturaleza de la intervención del Ministerio Fiscal en estos procesos unida a la falta de poder de disposición de las partes sobre el objeto del proceso. Cierto es que raramente se darán en la realidad supuestos como los que seguidamente veremos, pero estos supuestos teóricos ponen de manifiesto las lagunas existentes en la regulación legal del proceso de incapacitación.

En primer lugar, llama la atención que, paradójicamente, debido a que el 752.2 LEC impone la necesidad de que el desistimiento cuente con la conformidad del Ministerio Fiscal, y dado que éste también está legitimado para presentar la demanda iniciadora del proceso, en el hipotético caso de que el propio Ministerio Fiscal haya sido el promotor del procedimiento y una vez iniciado éste descubra lo infundado de su pretensión o simplemente en el caso de que cambien las circunstancias antes de que se dicte la sentencia (por ejemplo porque el presunto incapaz sale del estado de coma en que se encontraba), en su función de defensa de la legalidad y del interés público deberá desistir. Y este desistimiento (que obviamente contará con su propia aprobación) será por sí mismo eficaz, pues la LEC otorga al Ministerio Fiscal y no al Juez la facultad de control de la eficacia del desistimiento.

También genera problemas, en relación con la intervención del Ministerio Fiscal (que además es siempre obligatoria), la posibilidad de que el presunto incapaz pueda demandarse a sí mismo. Puede pensarse ahora en el caso de que, aunque el Ministerio Fiscal desista del procedimiento, en el trámite de traslado a las demás partes (esto es, al demandado de incapacitación), éste manifieste su interés en que el procedimiento continúe hasta la sentencia, quizás por haberse convencido de que lo más beneficioso para él es la declaración de incapacitación. En este hipotético caso, el Ministerio Fiscal, a pesar de haber sido en un principio el demandante, debería intervenir ahora defendiendo al presunto incapaz contra sí mismo, oponiéndose a la pretensión que ahora ha hecho suya el otro «litigante». Pero el tenor literal del art. 758 LEC establece que el presunto incapaz será defendido por el Ministerio Fiscal, *siempre que no haya sido éste el promotor del procedimiento*, y aunque visto el contexto de la norma es claro que esta previsión pretende evitar el contrasentido consistente en que el Ministerio Fiscal se viera obligado a la vez a actuar como demandante y como defensor del demandado[46], no parece que pueda ahora el Ministerio Fiscal pasar a defender al presunto incapaz yendo abiertamente contra el texto de la LEC.

Por último, cabe señalar que la LEC no prevé que el Ministerio Fiscal pueda renunciar eficazmente a la acción (al igual que tampoco será válida la renuncia de las otras partes del proceso). Y ello porque ninguna de las partes ni tampoco el Ministerio Fiscal son dueños del derecho discutido[47]. El art. 751 LEC, en sede de disposiciones generales para procesos sobre capacidad, filiación, matrimonio y menores, es terminante cuando señala que «en los procesos a que se refiere este título no surtirán efecto la renuncia, el allanamiento ni la transacción». Entra por tanto en juego lo dispuesto en el 6.2 CC: «la exclusión voluntaria de la ley aplicable y la renuncia a los derechos en ella reconocidos sólo serán válidas cuando no contraríen el interés o el orden público ni perjudiquen a terceros». Pero concretamente en el proceso de incapacitación, debe tenerse además en cuenta, como se ha indicado, la falta de fuerza de cosa juzgada de la resolución que en su día se dicte, dado que es posible un cambio de las circunstancias consistente en un empeoramiento (o quizás una mejoría) de la enfermedad o deficiencia que sufriera la persona.

46. Debe recordarse, no obstante, que la posición de defensor del Ministerio Fiscal no consistirá en todo caso en oponerse a la pretensión de incapacitación. Más bien, cuando se habla aquí de defensa, se hace en un sentido formal, en relación con la posición procesal, pues en todo caso el Ministerio Fiscal habrá de defender la legalidad y el interés público. La defensa de estos valores puede aconsejar que el Ministerio Fiscal se muestre favorable a la declaración de incapacidad, aunque en un principio el proceso haya sido promovido por otra persona.

47. Podría considerarse que tal derecho es el que cualquier persona capaz tiene a ser así considerada por el ordenamiento jurídico; pero dada la finalidad protectora del proceso de incapacitación y la habilitación de facultades que supone el nombramiento de un tutor o un curador al incapaz para que éste pueda llevar a cabo válidamente actos jurídicos, también puede considerarse que la persona en quien concurran las causas establecidas por la ley también tiene derecho a ser declarada incapaz mediante sentencia judicial. Por otro lado, cabe considerar el derecho del Estado, tanto para favorecer el tráfico jurídico como para cumplir con su función de Estado social, de que el incapaz sea declarado así; y en sentido contrario, pero también por motivos de protección del tráfico jurídico, el derecho del Estado a que no se considere incapaces a quienes no se deba.

3.4. Especialidades en materia de prueba

La regla general en la LEC es que las pruebas se practicarán a instancia de parte, como establece el art. 282, si bien en el mismo artículo seguidamente se advierte de que «sin embargo, el tribunal podrá acordar, de oficio, que se practiquen determinadas pruebas o que se aporten documentos, dictámenes u otros medios e instrumentos probatorios, cuando así lo establezca la ley».

La materia de orden público objeto de los procesos de incapacitación (así como en todos los procesos a que se refiere el Título I del Libro IV de la LEC, esto es, los demás sobre capacidad de las personas, filiación, matrimonio y menores)[48] y su consiguiente indisponibilidad, afectan asimismo al régimen probatorio. De este modo, en todos estos procesos, rige el principio de investigación de oficio de la verdad material y no los principios generales de aportación de hechos y de pruebas que rigen en los procesos no especiales.

El art. 752.1 LEC establece que todos estos procesos «se decidirán con arreglo a los hechos que hayan sido objeto de debate y resulten probados, con independencia del momento en que hubieren sido alegados o introducidos de otra manera en el procedimiento». Por lo tanto, no rige la regla general de la preclusión de los actos procesales que recoge el art. 136 LEC, según el cual «transcurrido el plazo o pasado el término señalado para la realización de un acto procesal de parte se producirá la preclusión y se perderá la oportunidad de realizar el acto de que se trate»[49].

---

48. Más concretamente, el art. 748 LEC, abriendo dicho Título, delimita su ámbito de aplicación, señalando que las disposiciones del mismo serán aplicables a los siguientes procesos:
 1.° Los que versen sobre la capacidad de las personas y los de declaración de prodigalidad.
 2.° Los de filiación, paternidad y maternidad.
 3.° Los de nulidad del matrimonio, separación y divorcio y los de modificación de medidas adoptadas en ellos.
 4.° Los que versen exclusivamente sobre guarda y custodia de hijos menores o sobre alimentos reclamados por un progenitor contra el otro en nombre de los hijos menores.
 5.° Los de reconocimiento de eficacia civil de resoluciones o decisiones eclesiásticas en materia matrimonial.
 6.° Los que tengan por objeto la oposición a las resoluciones administrativas en materia de protección de menores.
 7.° Los que versen sobre la necesidad de asentimiento en la adopción.
49. En este sentido se ha manifestado la Audiencia Provincial de Guadalajara (Sección 1ª) en Auto núm. 5/2003 de 15 julio (JUR 2004, 46735), que si bien se refiere a un pleito matrimonial, contiene doctrina referente al art. 752 LEC de aplicación a los procesos sobre capacidad de las personas, así como la SAP de Santa Cruz de Tenerife, Sección

Continúa diciendo el art. 752.1, en su segundo párrafo, que «sin perjuicio de las pruebas que se practiquen a instancia del Ministerio Fiscal y de las demás partes, el tribunal podrá decretar de oficio cuantas estime pertinentes». Se reconocen así verdaderas facultades instructoras al Tribunal, que podrá acordar la práctica de cualquiera de los medios de prueba que se enumeran en el art. 299 LEC, esto es, interrogatorio de las partes, documentos públicos, documentos privados, dictamen de peritos, reconocimiento judicial, interrogatorio de testigos. También la prueba consistente en medios de reproducción de la palabra, el sonido y la imagen, así como los instrumentos que permiten archivar y conocer o reproducir palabras, datos, cifras y operaciones matemáticas llevadas a cabo con fines contables o de otra clase, relevantes para el proceso, y también cualquier otro medio no expresamente previsto en la LEC mediante el cual pudiera obtenerse certeza sobre hechos relevantes. En el mismo sentido se pronuncia el art. 339.5 LEC, según el cual «el tribunal podrá, de oficio, designar perito cuando la pericia sea pertinente en procesos sobre declaración o impugnación de la filiación, paternidad y maternidad, sobre la capacidad de las personas o en procesos matrimoniales».

Cabe también destacar que esta facultad reconocida al Tribunal no se limita a la prueba de los hechos que hayan sido alegados por las partes, sino que puede referirse a todos los que hayan sido aportados al proceso «de otra manera». XIOL RÍOS[50] ve en esta expresión el reconocimiento al Tribunal de una facultad investigadora de oficio, fundada en la necesidad de alcanzar en estos procesos la verdad real frente a la verdad formal, propia de los procesos civiles regidos por un principio dispositivo puro. Estima también este autor que, al no establecer la LEC el momento procesal concreto en que el Tribunal podrá acordar la práctica de estas pruebas, y al haber desaparecido en la LEC de 2000 las diligencias para mejor proveer de la antigua LEC de 1881, quizás pudiera acudirse al trámite de las diligencias finales del art. 435 LEC, si bien no están previstas para el juicio verbal al que se remite el art. 753, referido a la tramitación de los procesos especiales.

Pero esto no obstante, las amplias facultades que la LEC reconoce al Tribunal en materia de prueba no permiten hacer uso de ellas hasta el punto

3ª, Auto núm. 94/2003 de 28 mayo, de la cual puede decirse lo mismo aunque se refiera a guarda y acogimiento de menores.

50. XIOL RÍOS, J.A.: *Enjuiciamiento Civil, Comentarios y Jurisprudencia*, Volumen III, Sepín, Las Rozas (Madrid) 2008.

de que el órgano judicial deba suplir la inactividad de las partes, como tiene declarado el Tribunal Supremo[51].

A continuación, el art. 752.2 LEC establece que «la conformidad de las partes sobre los hechos no vinculará al tribunal, ni podrá éste decidir la cuestión litigiosa basándose exclusivamente en dicha conformidad o en el silencio o respuestas evasivas sobre los hechos alegados por la parte contraria. Tampoco estará el tribunal vinculado, en los procesos a que se refiere este título, a las disposiciones de esta Ley en materia de fuerza probatoria del interrogatorio de las partes, de los documentos públicos y de los documentos privados reconocidos». Y añade el 752.3 que lo hasta aquí expuesto, «será aplicable asimismo a la segunda instancia»[52].

Finalmente, el art. 753.4 establece que «respecto de las pretensiones que se formulen en los procesos a que se refieren este título, y que tengan por objeto materias sobre las que las partes pueden disponer libremente según la legislación civil aplicable, no serán de aplicación las especialidades contenidas en los apartados anteriores», rigiéndose por tanto por las normas generales. Consisten estas normas en que el demandado, en la contestación a la demanda, debe admitir o negar los hechos aducidos por el actor, y el Tribunal podrá considerar el silencio o las respuestas evasivas del demandado como admisión de los hechos que le sean perjudiciales (art. 405.2 LEC). Los hechos en los que exista plena conformidad de las partes están exentos de prueba, salvo que la materia del proceso esté fuera del poder de disposición de los litigantes, según el art. 281.3 LEC. Asimismo, el art. 307.1 LEC establece que «si la parte llamada a declarar se negare a hacerlo, el tribunal la apercibirá en el acto de que, salvo que concurra una obligación legal de guardar secreto, puede considerar reconocidos como ciertos los hechos a que se refieran las preguntas, siempre que el interrogado hubiese intervenido en ellos personalmente y su fijación como ciertos le resultare perjudicial en todo o en parte».

Sin embargo, limitado el objeto del proceso de incapacitación a decidir si concurren o no en una persona las enfermedades o deficiencias persistentes de carácter físico o psíquico que le impidan gobernarse por sí misma (art. 200 CC), y siendo ésta una cuestión de orden público indisponible

51. STS 14/1999 de 16 enero (RJ 1999, 38), si bien referida a un proceso de filiación no matrimonial y, como más reciente entre las citadas en ella, la STS de 28 de junio de 1991(RJ 1991, 4639).

52. En este sentido, SAP de Zaragoza núm. 151/2003 de 18 marzo (AC 2003, 824), referida a derecho de visitas del padre al hijo.

para las partes, las posibilidades de aplicación de lo dispuesto en el art. 753.4 LEC quedan muy reducidas. Como veremos al tratar sobre la posibilidad de la acumulación de acciones, aunque suele admitirse que a la pretensión de declaración de incapacidad se acumule la pretensión de impugnación de negocios jurídicos dispositivos, esta última suele ser desestimada por el argumento de no tener la sentencia de incapacitación efectos retroactivos. Pero nada impide que la parte demandante que pretendía también la nulidad de algún negocio jurídico patrimonial renuncie a esta acción en el proceso de capacidad.

Para concluir este apartado y a modo de resumen, teniendo presente que las especialidades en materia de prueba que establece el art. 752 LEC no son aplicables a las materias disponibles, sino sólo a las no disponibles (como es la pretensión de que se declare la incapacidad de una persona), pueden sintetizarse estas especialidades en los procesos de incapacitación como sigue:

a) No rige el principio de aportación de parte respecto de la alegación de hechos ni respecto de la prueba de los mismos.

b) El Tribunal puede tener en cuenta, a la hora de dictar sentencia, cualquier hecho que haya sido debatido y que resulte probado.

c) El Tribunal puede de oficio interesar la práctica de las pruebas que considere convenientes.

d) El Tribunal no está vinculado a la admisión de hechos por las partes, la cual es irrelevante tanto si es expresa como tácita (*ficta confessio*).

e) No rigen las reglas establecidas con carácter general por la LEC para valorar la prueba.

3.5. Especialidades en cuanto a la publicidad de las actuaciones

La norma general en cuanto a publicidad es que las actuaciones judiciales son públicas. Así lo establece la propia Constitución, cuyo art. 120.1 impone que «las actuaciones judiciales serán públicas, con las excepciones que prevean las leyes de procedimiento».

El Tribunal Constitucional ha destacado cómo este principio de publicidad tiene una doble finalidad: por un lado, proteger a las partes de una justicia sustraída al control público, y por otro, mantener la confianza de la comunidad en los Tribunales, constituyendo en ambos sentidos tal principio una de las bases del debido proceso y uno de los pilares del Estado de Derecho[53].

Pero tal y como establece el propio art. 120.1 de la CE, la publicidad del proceso admite excepciones, que, en todo caso, deberán estar autorizadas por una ley, deberán tener su justificación en la protección de otro bien constitucionalmente relevante y ser congruentes y proporcionadas con el fin que se pretende conseguir.

La LEC recoge en su art. 138.2 LEC de que las actuaciones de prueba, las vistas y las comparecencias se celebren a puerta cerrada «cuando ello sea necesario para la protección del orden público o de la seguridad nacional en una sociedad democrática, o cuando los intereses de los menores o la protección de la vida privada de las partes y de otros derechos y libertades lo exijan o, en fin, en la medida en la que el tribunal lo considere estrictamente necesario, cuando por la concurrencia de circunstancias especiales la publicidad pudiera perjudicar a los intereses de la justicia». Y el art. 138.3 LEC señala la tramitación que corresponde a esta decisión, disponiendo que «antes de acordar la celebración a puerta cerrada de cualquier actuación, el tribunal oirá a las partes que estuvieran presentes en el acto. La resolución adoptará la forma de auto y contra ella no se admitirá recurso alguno, sin perjuicio de formular protesta y suscitar la cuestión, si fuere admisible, en el recurso procedente contra la sentencia definitiva».

53. Tribunal Constitucional (Sala Primera) Sentencia núm. 96/1987 de 10 junio (RTC 1987, 96): «el principio de publicidad, estatuido por el art. 120.1 de la Constitución, tiene una doble finalidad: Por un lado, proteger a las partes de una justicia sustraída al control público, y por otro, mantener la confianza de la comunidad en los Tribunales, constituyendo en ambos sentidos tal principio una de las bases del debido proceso y uno de los pilares del Estado de Derecho. El art. 24.2 de la Constitución ha otorgado a los derechos vinculados a la exigencia de la publicidad el carácter de derechos fundamentales, lo que abre para su protección la vía excepcional del recurso de amparo. En los mismos términos se encuentra reconocido el derecho a un proceso público en el art. 6.1 del Convenio Europeo de Derechos Humanos, habiendo sostenido al respecto el Tribunal Europeo de Derechos Humanos, en idéntica dirección que la que acabamos de señalar, que «la publicidad del procedimiento de los órganos judiciales, establecida en el art. 6.1 del referido Convenio, protege a las partes contra una justicia secreta que escape al control público; por lo que constituye uno de los medios de preservar la confianza en los Jueces y Tribunales" (sentencia en el caso "Pretto y otros", de 8 de diciembre de 1983; asimismo en la del caso "Axen", de la misma fecha). De acuerdo con ello, la publicidad del proceso ocupa una posición institucional en el Estado de Derecho que la convierte en una de las condiciones de la legitimidad constitucional de la administración de justicia.
El principio de publicidad, por otra parte, tiene un carácter eminentemente formal, pues de otro modo no podría satisfacer las finalidades que se derivan de sus elementos esenciales: El control público de la justicia y la confianza en los Tribunales».

Pues bien, para el caso que nos ocupa, el art. 754 LEC contiene una regla específica: «en los procesos a que se refiere este Título podrán decidir los tribunales, mediante providencia, de oficio o a instancia de parte, que los actos y vistas se celebren a puerta cerrada y que las actuaciones sean reservadas, siempre que las circunstancias lo aconsejen y aunque no se esté en ninguno de los casos del apartado 2 del artículo 138 de la presente Ley».

La Ley facilita así que en los procesos de incapacitación el Juez pueda acordar la celebración de las actuaciones orales a puerta cerrada, toda vez que según el régimen general para acordar la exclusión de la publicidad del art. 138 exige que se dicte un auto (que deberá ser siempre motivado y contener en párrafos separados y numerados los antecedentes de hecho y los fundamentos de derecho en los que se funde la subsiguiente parte dispositiva o fallo) mientras que en los procesos especiales a que se refiere el Libro IV LEC, basta con dictar providencia, que se limitará a expresar lo que por ellas se mande e incluirán además una sucinta motivación cuando así lo disponga la Ley o quien haya de dictarlas lo estime conveniente (arts. 248 LOPJ y 208 LEC).

Habrá que entender que contra la providencia sólo cabrá recurso de reposición, que se sustanciará y resolverá oralmente en el acto de la vista.

3.6. La publicidad de las sentencias y otras resoluciones. Aspectos registrales

La trascendencia en el orden público de las sentencias dictadas en los procesos sobre incapacitación o modificación o reintegración de la capacidad aconseja que sean inscritas en los registros oportunos, de modo que pueda saberse con certeza jurídica si, por ejemplo, una persona de avanzada edad con la que se pretende contratar se encuentra capacitada o no para ello.

De acuerdo con el art. 755 LEC, «cuando proceda, el Secretario judicial acordará que las sentencias y demás resoluciones dictadas en los procedimientos a que se refiere este Título se comuniquen de oficio a los Registros Civiles para la práctica de los asientos que correspondan. A petición de parte, se comunicarán también a cualquier otro Registro público a los efectos que en cada caso procedan».

En consonancia con esta previsión, el art. 72 de la nueva Ley del Registro Civil de 2011, con entrada en vigor el 22 de julio de 2014,y que suprime el tradicional sistema de división del Registro en Secciones, creando un registro individual para cada persona, dispone que «la declaración judicial de modificación de la capacidad, así como la resolución que la deje sin efecto o la modifique, se inscribirán en el registro individual del afectado. La inscripción de la modificación judicial de la capacidad expresará la extensión y límites de ésta, así como si la persona queda sujeta a tutela o curatela según la resolución judicial».

Esta función de comunicación con el Registro Civil, como otras muchas que de hecho ya venían siendo realizadas en la práctica por los Secretarios judiciales, les fue asignada expresamente mediante Ley 13/2009, de 3 de noviembre, de reforma de la legislación procesal para la implantación de la nueva Oficina judicial.

Bajo la vigencia de la Ley del Registro Civil de 1957, la comunicación se ha venido haciendo, de oficio, remitiendo un exhorto al Registro Civil para la práctica del asiento correspondiente, de modo que la sentencia firme de incapacitación de una persona provoca inscripción marginal en la Sección 1ª del Registro Civil, que se extiende por duplicado y uno de los ejemplares se remite al Registro Civil Central para su extensión en el Libro de Incapacitaciones, cargos tutelares y administradores de Patrimonios Protegidos (arts. 46 y 46 bis Ley del Registro Civil de 1957)[54]. No obstante, con la novedosa organización del Registro Civil que articula la nueva Ley del Registro

54. Establece el art. 46 de la Ley del Registro Civil de 1957 que «La adopción, las modificaciones judiciales de capacidad, las declaraciones de concurso, ausencia o fallecimiento, los hechos relativos a la nacionalidad o vecindad y, en general, los demás inscribibles para los que no se establece especialmente que la inscripción se haga en otra Sección del Registro, se inscribirán al margen de la correspondiente inscripción de nacimiento» y el 46 bis que «Los encargados de los Registros Civiles Municipales extenderán por duplicado las inscripciones marginales de la Sección I sobre las modificaciones judiciales de capacidad, así como las inscripciones de la Sección IV sobre constitución y modificación de organismos tutelares, prórroga o rehabilitación de la patria potestad, medidas judiciales sobre guarda o administración de presuntos incapaces o menores no sujetos a patria potestad, vigilancia o control de tales cargos, documentos públicos de autotutela, y las de constitución de patrimonio protegido y de designación y modificación de administradores de patrimonios protegidos, uno de cuyos ejemplares será remitido al Registro Civil Central para su extensión en el "Libro de Incapacitaciones, cargos tutelares y administradores de Patrimonios Protegidos". Las inscripciones a que se refiere el párrafo precedente se practicarán en virtud de comunicación remitida de oficio, junto con testimonio bastante de la resolución recaída, por el Juez competente, de conformidad con lo previsto por la Ley de Enjuiciamiento Civil, o bien mediante testimonio bastante de la escritura de constitución del patrimonio protegido o de designación y modificación de administradores de patrimonios protegidos que el juez o el notario autorizante deberá remitir en el plazo máximo de tres días al Encargado del Registro Civil competente, que lo será, respecto de las inscripciones que se hayan de

Civil (Ley 20/2011, de 21 de julio), con entrada en vigor el 22 de julio de 2014 y basada en el sistema de registro individual[55], dispone ahora el art. 34 de la nueva Ley que «el secretario judicial del órgano que haya dictado una resolución cuyo contenido deba causar asiento en el Registro Civil por afectar al estado civil de las personas, deberá remitir por medios electrónicos a la Oficina del Registro Civil testimonio de la resolución judicial referida».

Si bien el Secretario judicial debe comunicar de oficio, como decimos, esta sentencia al Registro Civil, si se quiere que se haga mención de la sentencia de incapacitación en otros Registros como el de la Propiedad (o el Mercantil si el incapacitado es comerciante), será necesario solicitárselo expresamente. Con la anotación en los Registros de la incapacitación declarada, se consigue destruir la buena fe que, ante la petición de nulidad del negocio, pudiera alegar un tercero.

La posibilidad mencionada viene reconocida por el apartado cuarto del art. 2 de la Ley Hipotecaria, según el cual, en el Registro de la Propiedad se inscribirán (podrán inscribirse) «las resoluciones judiciales en que se imponga la pena de interdicción civil, o se declare la incapacidad legal para administrar, la ausencia, el fallecimiento y cualesquiera otras por las que se modifique la capacidad civil de las personas en cuanto a la libre disposición de sus bienes»[56].

---

practicar en la Sección IV, el del domicilio del incapacitado o beneficiario del patrimonio protegido».

No obstante, debe tenerse en cuenta que en cuenta que la nueva Ley del Registro Civil (Ley 20/2011, de 21 de julio), en vigor desde el 22 de julio de 2014, suprime el tradicional sistema de división del Registro Civil en Secciones –nacimientos, matrimonios, defunciones, tutelas y representaciones legales– y crea un registro individual para cada persona a la que desde la primera inscripción que se practique se le asigna un código personal.

55. En sustitución del tradicional sistema de libros y folios del Registro Civil, establece el art. 5 de la Ley 20/2011, de 21 de julio, del Registro Civil que cada persona tendrá un registro individual en el que constarán los hechos y actos relativos a la identidad, estado civil y demás circunstancias. Este registro individual se abrirá con la inscripción de nacimiento o con el primer asiento que se practique, y en dicho registro se inscribirán o anotarán, continuada, sucesiva y cronológicamente, todos los hechos y actos que tengan acceso al Registro Civil.

56. Y el art. 55 del Reglamento Hipotecario establece que para estos efectos, la inscripción de las resoluciones judiciales en que se declare la incapacidad se ajustará a las reglas generales que sean aplicables «y además contendrá las circunstancias siguientes:
Primera. Nombre, apellidos y vecindad del incapacitado.
Segunda. Declaración de la incapacidad, especie y extensión de la misma y designación de la persona a quien se haya autorizado para administrar si la resolución la determinare.
Tercera. Parte dispositiva de la resolución judicial, con expresión de su clase, Juzgado o Tribunal que la hubiere dictado y su fecha».
El Reglamento Hipotecario regula también, en sus arts. 386 y ss., el contenido y forma de llevar el «Libro de incapacitados» que existirá en los Registros de la Propiedad, esta-

Cabe aquí hacer referencia también a la posibilidad de solicitar la anotación preventiva de la demanda de incapacitación en el Registro de la Propiedad, posibilidad que se recoge en el apartado quinto del art. 42 de la Ley Hipotecaria, en cuyo caso la anotación deberá comprender todos los bienes de la persona (art. 73 Ley Hipotecaria)[57]. Y el Reglamento Hipotecario establece que en esta anotación preventiva, se expresará la especie de incapacidad, la fecha de la resolución admitiendo la demanda y las circunstancias del demandante y del titular, según el Registro (art. 166 Reglamento Hipotecario, quinta). Mediante la anotación preventiva de la demanda de incapacitación, se avisa a quienes se propongan contratar con el titular del bien, que es posible que en un futuro más o menos próximo éste resulte incapacitado para llevar a cabo actos dispositivos sobre el mismo. Se avisa así de las posibilidades de anulación del negocio jurídico dispositivo, pero no se lleva a cabo el cierre del Registro, de modo que, aunque se haya practicado esta anotación preventiva, podrá inscribirse la nueva adquisición.

También el art. 87.6º del Reglamento del Registro Mercantil, en relación con el contenido de la hoja, dispone que en la hoja abierta a cada empresario individual se inscribirán, entre otras, «las resoluciones judiciales dictadas en causa de divorcio, separación o nulidad matrimonial, o procedimientos de incapacitación del empresario individual, cuando no se hubiesen hecho constar en la inscripción primera del mismo».

---

bleciendo una serie de pautas que no se reproducen aquí por consistir esencialmente en mandatos dirigidos a los Registradores de la Propiedad.

57. En los Registros de la Propiedad existe un libro especialmente dedicado a la inscripción de las resoluciones judiciales en que se declare la incapacidad legal para administrar, la ausencia, el fallecimiento y cualesquiera otras por las que se modifique la capacidad civil de las personas en cuanto a la libre disposición de sus bienes (art. 2.4º LH y 386 RH). A este libro se le ha llamado tradicionalmente «Libro de Incapacitados». El Real Decreto 1867/1998, de 4 de septiembre, por el que se modifican determinados artículos del Reglamento Hipotecario, dio una nueva redacción al art. 386 RH, pero la Sentencia del Tribunal Supremo (Sala 3.ª) de 31 enero 2001, declaró nulo de pleno derecho el artículo primero del Real Decreto 1867/1998, de 4 de septiembre, en cuanto modifica y redacta, entre otros, el artículo 386 del Reglamento Hipotecario, precepto radicalmente nulo por ser contrario a la Ley. Dado el pronunciamiento del Tribunal Supremo, reproduciremos el contenido anterior en su redacción anterior: «En el libro de incapacitados se extenderán los asientos relativos a las resoluciones judiciales a que se refiere el número 4.º del artículo 2.º de la Ley y el artículo 10 de este Reglamento. Dicho libro se llevará con las formalidades establecidas en el artículo 364 y contendrá el encasillado siguiente: "Notas marginales.- Número de la inscripción.- Inscripciones". Se rayará con arreglo a lo dispuesto en el artículo 366, y las inscripciones se practicarán en el mismo por riguroso orden cronológico. Al final tendrá el correspondiente índice alfabético. La cancelación de tales asientos se llevará a cabo por nota al margen de éstos».

Sin embargo, pese a lo expuesto, no debe obviarse que conforme a la LEC, lo que tendrá efectos constitutivos será la sentencia y no su inscripción en el Registro Civil, si bien se establece que será a partir del momento de la inscripción cuando la sentencia tendrá eficacia *erga omnes*, pues el art. 222.3 LEC, que se refiere a la fuerza de cosa juzgada material, expresa en su párrafo 2° que «en las sentencias sobre estado civil, matrimonio, filiación, paternidad, maternidad e incapacitación y reintegración de la capacidad la cosa juzgada tendrá efectos frente a todos a partir de su inscripción o anotación en el Registro Civil».

Cabe traer aquí a colación la tesis de GORDILLO[58], que disocia, dentro de la sentencia de incapacitación, un efecto constitutivo de la tutela y un efecto declarativo de la existencia de la causa de incapacitación, de modo que quien contrató con quien manifiestamente era incapaz, por poder advertirlo una persona con una diligencia normal, no pueda excusarse, para sostener la validez del acto, en que no había sido declarado incapacitado mediante sentencia. GORDILLO basa también su tesis en el régimen de publicidad registral que se impone a la sentencia de incapacitación.

Como señala GULLÓN[59], esta apoyatura de la tesis que se expone no es más que adjetiva y accesoria, porque la interpretación de la publicidad registral de la que aquí se trata depende de la tesis que se adopte sobre la sentencia de incapacitación. No hay precepto que exprese el carácter constitutivo de la inscripción de la sentencia en el Registro Civil, y la obligación legal de realizar la inscripción registral no es más que una imposición al órgano judicial para que lleve a efecto el mandato legal de inscripción de todas las resoluciones que afecten a la incapacitación, y sabemos que inscripción constitutiva y obligatoria son conceptos distintos. Pero si se estima que la sentencia no produce efectos más que para el futuro porque es constitutiva, la doctrina común debe de ser mantenida.

Lo correcto, a nuestro juicio, será entender que la sentencia que declare la incapacitación de una persona establece una presunción iuris tantum de su incapacidad hacia el futuro y para los actos que se hayan establecido en la resolución, lo cualno significa tampoco que los actos que haya realizado con anterioridad a dicha declaración deban ser necesariamente eficaces por ser plenamente capaz (y sin perjuicio claro está, de que pudieran ser nulos

58. GORDILLO CAÑAS, A.: *Capacidad, incapacidad y estabilidad en los contratos,* Ed. Tecnos, Madrid, 1986.
59. GULLÓN BALLESTEROS, A.: *Los discapacitados y su protección jurídica en Estudios de Derecho Judicial/22/1999,* Consejo General del Poder Judicial, págs. 11 a 22.

o anulables por concurrir algún otro vicio). Esto es, hacia el futuro, la sentencia desplegará todos sus efectos frente a terceros tras su inscripción en el Registro; hacia el pasado no debe surtir efecto alguno, ni en el sentido de que deba presumirse capacidad ni tampoco incapacidad para contratar. Pero claro está que si trata de anularse un negocio dispositivo por razón de incapacidad anterior a la sentencia, cuanto más próxima en el tiempo sea esta sentencia a la fecha del negocio y siempre que la causa de incapacitación sea una enfermedad o deficiencia de evolución continua, más fácil será apoyar la pretensión de nulidad en la falta de capacidad para contratar en el pasado.

Sobre esta cuestión profundizaremos en el apartado relativo a dilucidar si la sentencia que pone fin al proceso es declarativa o constitutiva. Por el momento, adelantaremos que, para la gran generalidad de la doctrina, se trata de una sentencia constitutiva.

Lo que en cualquier caso resulta innecesario es que se despache ejecución de las sentencias que declaren la incapacitación. De hecho, la LEC excluye expresamente las sentencias sobre capacidad y estado civil de la posibilidad de instar su ejecución provisional (art. 525.1.1ª) y tampoco las cita entre los títulos ejecutivos del art. 517, estableciendo rotundamente y con buena lógica el art. 521 que «no se despachará ejecución de las sentencias meramente declarativas ni de las constitutivas». Y es que la LEC prevé, para la eficacia *erga omnes* de estas sentencias, otro trámite más sencillo, pues según este mismo art. 521, «mediante su certificación y, en su caso, mediante el mandamiento judicial oportuno, las sentencias constitutivas firmes podrán permitir inscripciones y modificaciones en Registros públicos, sin necesidad de que se despache ejecución».

Inscripción y modificación que en el caso concreto de los procesos sobre capacidad, se llevará a cabo mediante mandamiento, pues esta forma impone el art. 149 LEC cuando se trata de ordenar la práctica de una actuación cuya ejecución corresponda a los Registradores, estando éstos obligados a acatar y cumplir lo dispuesto en estas resoluciones por ser «personas y autoridades, especialmente encargadas de los Registros públicos» (art. 522 LEC).

4. COMPETENCIA OBJETIVA Y TERRITORIAL

La competencia internacional para conocer de los procesos de incapacitación viene determinada por el art. 22.3 LOPJ, que establece que los Tribunales españoles serán competentes en materia de incapacitación y de medidas de protección de la persona o de los bienes de los menores o incapacitados, cuando estos tuviesen su residencia habitual en España.

La LEC, por su parte, fija la competencia objetiva y territorial en su art. 756, al establecer que para conocer de las demandas de incapacitación (así como también de las de declaración de prodigalidad) será competente el Juez de Primera Instancia del lugar de residencia de la persona a la que se refiera la declaración (o medida) que se solicite.

Se trata de una norma de carácter imperativo, ya que, aunque con especialidades que tendremos ocasión de analizar, los procesos sobre la capacidad de las personas se tramitan según las reglas del juicio verbal, en los que no cabe la sumisión expresa ni tácita. Por si pudiera caber alguna duda, dado que el proceso de incapacitación no se tramita como un juicio verbal tipo, sino que presenta especialidades tales como la contestación escrita a la demanda, menciona la LEC especialmente, entre las reglas de competencia territorial de carácter imperativo, que en los juicios en que se ejerciten acciones relativas a la asistencia o representación de incapaces, incapacitados o declarados pródigos, será competente el tribunal del lugar en que éstos residan (arts. 52.1, 5ª). Y el art. 54.1 LEC exceptúa estos procesos de la posibilidad de sumisión expresa o tácita de las partes. Con ello, se disipa cualquier duda que pudiera surgir.

El Tribunal Supremo ha declarado, en auto resolviendo un conflicto negativo de competencia territorial, que «el lugar de la residencia del incapaz determina la competencia territorial, en base a lo dispuesto en el Art. 756 de la LEC, fuero que también es aplicable a los supuestos de representación y asistencia de los ya declarados incapaces, incapacitados o declarados pródigos, 52-5º LEC, y el art. 63-1 LEC, vigente por aplicación de la Disposición Derogatoria Única 1-1ª de la actual Ley, preceptos éstos últimos que excluirían la aplicación a los procedimientos sobre tutela y relativos a la capacidad de las personas, del principio de la *perpetuatio iurisdictionis* consagrado en el art. 411 LEC. Tal criterio competencial es más acorde al principio de protección del incapaz ya que el ejercicio de la tutela será más efectivo bajo el control del Juzgado de residencia del incapacitado, y además posibilita el acceso efectivo del incapaz a la justicia, de conformidad con el art. 13 de la Convención sobre los derechos de las personas con discapacidad»[60].

60. Tribunal Supremo (Sala de lo Civil, Sección1ª), Auto de 5 octubre 2010 (JUR 2010, 367057).

Cabe señalar que el concepto de residencia coincide en este caso con el de domicilio, ya que como indica el art. 40 CC, «para el ejercicio de los derechos y el cumplimiento de las obligaciones civiles, el domicilio de las personas naturales es el lugar de su residencia habitual, y, en su caso, el que determine la Ley de Enjuiciamiento Civil».

Pero pudiera ocurrir que la persona contra la que se va a dirigir el proceso de incapacitación tuviese su residencia en lugar distinto al de su domicilio, por estar viviendo en casa de algún familiar que cuida de ella o en un centro residencial. Entendemos que es aquí donde adquieren verdadero significado las palabras de la LEC, debiendo interponerse la demanda ante el Juzgado de Primera Instancia del lugar donde efectivamente «reside» la persona, pues con ello se logra la necesaria inmediación del Juez que impone la LEC y se favorecen las posibilidades de defensa del presunto incapaz, como ha querido la Ley, evitándole en todo caso desplazamientos y molestias innecesarias.

No obstante, esta medida legislativa no ha sido acogida con agrado por toda la doctrina. Así, APARICIO AUÑÓN[61] opina que la solución de declinar la competencia a favor del juez de la residencia actual no parece fundada, por entender que ello abriría las puertas al fraude procesal. Y recuerda que la competencia territorial ha de apreciarse inmediatamente después de presentada la demanda, de suerte que, una vez admitida a trámite la misma, el tribunal conserva su competencia hasta la sentencia.

A lo que puede replicarse que el demandado conserva sus posibilidades de defensa, pudiendo comparecer en el proceso con su propia defensa y representación o siendo defendido, en caso de no hacerlo, por el Ministerio Fiscal cuando no haya sido éste el promotor del procedimiento; y en otro caso el Tribunal designará un defensor judicial, a no ser que estuviere ya nombrado (art. 758 LEC). Por ello, aunque la norma que fija la competencia es imperativa, y en consecuencia rige lo dispuesto en el art. 58 LEC, según el cual «el Secretario judicial examinará la competencia territorial inmediatamente después de presentada la demanda y, previa audiencia del Ministerio Fiscal y de las partes personadas, si entiende que el Tribunal carece de competencia territorial para conocer del asunto, dará cuenta al Juez para que resuelva lo que proceda mediante auto, remitiendo, en su caso, las actuaciones al Tribunal que considere territorialmente competente», en el hipotético caso de que se fijara por el Juzgado una competencia distinta de

61. APARICIO AUÑÓN, E.: *Comentarios a la Ley de Enjuiciamiento Civil,* op. cit.

la de la residencia del presunto incapaz, estimamos que el presunto incapaz podrá hacer uso de la declinatoria (art. 59 LEC) conforme a los arts. 63 y ss. de la LEC, indicando «el tribunal al que, por considerarse territorialmente competente, habrían de remitirse las actuaciones». Y toda vez que se trata de un juicio verbal con contestación escrita en el plazo de 20 días, parece factible que conforme al art. 64.1 LEC (que no menciona expresamente juicios ordinarios ni verbales ni verbales especiales) la declinatoria pueda presentarse «dentro de los diez primeros días del plazo para contestar a la demanda», y no «en los cinco primeros días posteriores a la citación para vista».

Dicho lo anterior, es de tener en cuenta que, en la práctica, el lugar de residencia del presunto incapaz se acreditará con el certificado de empadronamiento que de ordinario acompañará a la demanda, documento que servirá de apoyo a cualquier resolución que pudiera dictarse en relación con la competencia territorial del Juzgado, sin perjuicio de que pueda ser impugnada.

En cualquier caso, el Juzgado podrá practicar de oficio o a instancia de parte las diligencias de averiguación de domicilio pertinentes, utilizando para ello, por ejemplo, los servicios del Punto Neutro Judicial[62], como es el «Servicio de consulta integral domiciliaria» o la consulta a la Agencia Esta-

62. El Punto Neutro Judicial es una red de servicios que ofrece a los órganos judiciales los datos necesarios en la tramitación judicial mediante accesos directos a aplicaciones y bases de datos del propio Consejo, de organismos de la Administración General del Estado y de otras instituciones con objeto de facilitar y reducir los tiempos de tramitación, de aumentar la seguridad, y de mejorar la satisfacción de los usuarios.
En este sentido, se ofrece la posibilidad de consultar e interconectar a los Órganos Judiciales con terceras entidades, (AA.PP., Colegios Profesionales, Entidades Financieras, Registros etc.) al objeto de mejorar los tiempos de tramitación de los asuntos con el fin de ofrecer herramientas y servicios a los colectivos que conforman la justicia , para que puedan ser más eficiente y eficaces en la tramitación de los asuntos judiciales y de esa forma poder ayudar a los ciudadanos para que se les garantice la inmediatez y el derecho a obtener la tutela efectiva de sus derechos ante los tribunales.
Los objetivos principales de la aplicación son:
- Servir de apoyo a la gestión de los órganos judiciales.
- Proporcionar servicios de ayuda al juez.
- Automatizar la gestión de los órganos de gobierno.
- Facilitar la compatibilidad e interoperabilidad entre los sistemas informáticos al servicio de la Administración de Justicia.

El acceso al PNJ se realiza por un portal que facilita la navegación entre los distintos servicios y permite ofrecer distinta información a sus usuarios.
Asimismo, se pone a disposición de los usuarios un centro específico de Atención a Usuarios, en el que a través de canales telefónicos y el correo electrónico a los que los usuarios pueden dirigirse para resolver sus dudas o comunicar incidencias. También se han creado apartados como Aula Virtual o Comisión de Modernización.

tal de Administración Tributaria, al Instituto Nacional de Estadística (Padrón municipal), a la base de datos del Documento Nacional de Identidad de la Policía o a la Tesorería General de la Seguridad Social, funciones que tras la reforma de la legislación procesal de 2009, corresponderán al Secretario judicial.

4.1. Competencia territorial para acciones derivadas de la declaración de incapacitación, como la gestión de la tutela

Como ha declarado el Tribunal Supremo, «se mantiene la aplicación del art. 63.19 LEC 1881, vigente con arreglo a la Disposición derogatoria 1.1ª LEC 2000, y por ello, en materia de gestión de tutela, resulta aplicable el fuero de la nueva localidad en que reside el incapaz, lo que se justifica por el principio de protección del incapaz, en relación con razones de inmediación y eficacia, y la efectividad de la tutela judicial exigida por la norma constitucional del art. 24.1 CE»[63].

4.2. Competencia territorial para acciones derivadas del internamiento no voluntario

Como venimos apuntando, la razón de que la LEC haya fijado con carácter imperativo el fuero de la residencia del presunto incapaz parece ser la necesidad de inmediación en este tipo de procesos, en los que Juez habrá

En este momento, se prestan un total de 39 servicios en el PNJ, siendo de especial interés a efectos de la cuestión que aquí nos ocupa, los servicios de Consultas Patrimoniales y Domiciliarias:

1. Consulta integral patrimonial
2. Consulta integral domiciliaria
3. AEAT
4. DGT
5. INE - Domicilio Padronal
6. CORPME - Índices Registro Propiedad
7. INEM - Prestaciones Desempleo
8. POLICÍA - Acceso DNI
9. Oficina Virtual del Catastro
10. Tesorería General de la Seguridad Social

Fuente: http://www.poderjudicial.es/cgpj/es/Temas/e_Justicia/Servicios_informaticos/Punto_Neutro_Judicial

63. Acuerdo de la Sala Primera del Tribunal Supremo de 16 de diciembre de 2008, seguido en Autos de 31 de marzo de 2009 (JUR 2009, 231294) y 30 de junio de 2009 (RJ 2009, 6461).

de examinar «por sí mismo» al presunto incapaz, como impone el art. 759.1 LEC, así como la posible urgencia en la adopción y aplicación de medidas de tratamiento (como son el internamiento en centro psiquiátrico o de la protección del patrimonio del afectado), todo lo cual aconseja fijar con exclusividad este fuero judicial. Tampoco debe olvidarse la necesidad de seguimiento por parte del Tribunal del tratamiento y evolución del incapacitado.

Por eso, además de lo previsto con carácter general en el art. 756 LEC, también el art. 763.1 LEC, en relación con el internamiento no voluntario por razón de trastorno psíquico establece la necesidad de que la autorización judicial sea recabada del tribunal del lugar donde resida la persona afectada por el internamiento. Y el art. 762 LEC, sobre medidas cautelares a adoptar en este tipo de procesos, parece seguir también este criterio, al referirse al «tribunal competente» que tenga conocimiento de la existencia de posible causa de incapacitación en una persona, lo que, para Marimón Durá[64], se justifica por la posibilidad de la adopción de medidas cautelares para la adecuada protección del presunto incapaz, que aconsejan la mayor cercanía posible de la persona respecto del Juez que debe adoptarlas (art. 762 LEC).

El Tribunal Supremo ha declarado que «en aplicación de lo dispuesto en el art. 763 LEC, la Sala interpreta que el Juzgado competente será el del lugar en el que radique el centro donde se ha producido el internamiento y ha sido trasladado el enfermo, siendo tal criterio competencial el más acorde al principio de protección del discapacitado»[65].

Por las mismas razones de necesidad de cercanía del Juez antes expuestas, hay que tener en cuenta que la competencia judicial cambia en los supuestos de internamiento no voluntario en caso de urgencia, pues cuando se haya producido un internamiento urgente por razón de trastorno psíquico de una persona que no está en condiciones de decidirlo por sí, la competencia para la ratificación corresponderá al Juez del lugar en que radique el centro de internamiento (artículo 763.2 LEC), siendo tal criterio competencial el más acorde al principio de protección del discapacitado.

Estima Marimón Durá[66], coincidiendo con Martín Granizo, que en este caso, si después de ratificado el internamiento se procede a interponer la correspondiente demanda de incapacitación, bien por el Ministerio Fis-

---

64. Marimón Durá, Mª C.: *El Proceso Civil VIII, tirantonline.com,* mayo de 2001.
65. Acuerdo de 16 de diciembre de 2008, seguido en Autos de 11 de mayo de 2010 (RJ 2010, 3691) y 19 de mayo de 2009 (RJ 2009, 2927).
66. Marimón Durá, Mª C.: *El Proceso Civil VIII,* op. cit.

cal o por el resto de personas legitimada, el Juez competente deberá ser el del lugar del internamiento, pues coincidirá ahora con el del lugar de la actual residencia del presunto incapaz, y de esta manera se salvan los inconvenientes que ofrecía la regulación anterior, en la que la competencia para la incapacitación venía atribuida al Juez del lugar del domicilio, aunque no hubiera norma expresa, la ratificación del internamiento correspondía según la doctrina y la práctica forense al Juez del lugar donde se encontraba el centro en el que había sido internado, así como el conocimiento de los preceptivos informes facultativos sobre la evolución del enfermo, pues ello facilitaba las comunicaciones entre el centro y el Juez más próximo.

4.3. La especialización de determinados juzgados

Por último, cabe destacar en relación con la competencia, cómo la especial naturaleza del proceso aconseja una debida especialización del personal integrante del órgano judicial que vaya a conocer del mismo. Por ello, es aquí de aplicación la previsión del art. 98 LOPJ, según el cual «el Consejo General del Poder Judicial, podrá acordar, previo informe de las Salas de Gobierno, que en aquellas circunscripciones donde exista más de un juzgado de la misma clase, uno o varios de ellos asuman con carácter exclusivo, el conocimiento de determinadas clases de asuntos, o de las ejecuciones propias del orden jurisdiccional de que se trate, sin perjuicio de las labores de apoyo que puedan prestar los servicios comunes que al efecto se constituyan». De esta manera, es posible que donde exista más de un Juzgado de Primera Instancia, asuma uno de ellos, con carácter exclusivo, el conocimiento de estos asuntos[67], aunque en la mayoría de poblaciones esto no

67. En los Acuerdos del Pleno Consejo General del Poder Judicial en que se atribuye con carácter exclusivo el conocimiento de estos asuntos a un órgano judicial en concreto, suele ser habitual que se razone que «con ello se facilita la unificación de criterios en cuestiones muy delicadas y sobre todo una mayor celeridad en la resolución de los conflictos, facilitándose la accesibilidad de los ciudadanos a la Justicia y rentabilizando y racionalizando los recursos existentes», señalando que «el sistema de atribución de competencias funcionales se puede llevar a cabo por la especialización de uno o más órganos en el conocimiento de estos procedimientos, con carácter exclusivo y excluyente, o bien con carácter exclusivo y no excluyente, según el número de asuntos que de esta materia haya de conocer el Juzgado que se especializa, manteniendo en este último supuesto competencias ordinarias, con la compensación de una exención parcial de reparto». Así, en distintos Acuerdos de 25 de noviembre de 2010, por los que se atribuye a distintos juzgados el conocimiento con carácter exclusivo de los procesos relativos a la capacidad de las personas, incluidas las tutelas derivadas de los mismos y los internamientos no voluntarios por razón del trastorno psíquico.

será posible y los procesos sobre capacidad de las personas se ventilarán en Juzgados de Primera Instancia no especializados, o incluso mixtos (Primera Instancia e Instrucción).

Según datos facilitados por el Fiscal del Tribunal Supremo y coordinador de incapacidades del Ministerio Público para toda España GANZENMÜLLER ROIG[68] en las Conclusiones del curso sobre el ámbito de protección civil y penal de la persona con discapacidad celebrado en Valencia en mayo de 2013, existen en España los siguientes Juzgados especializados:

JUZGADOS DE MODIFICACIÓN DE LA CAPACIDAD (INCAPACIDADES):

Juzgados especializados:.. 14

FAMILIA Y DE MODIFICACIÓN DE LA CAPACIDAD Y APOYOS (INCAPACIDADES):

Juzgados especializados:.. 54

AUDIENCIAS PROVINCIALES FAMILIA Y DE MODIFICACIÓN DE LA CAPACIDAD Y APOYOS (INCAPACIDADES):

Secciones de Audiencias especializadas:........................... 21

5. REPRESENTACIÓN Y DEFENSA DE LAS PARTES EN EL PROCESO

Explica XIOL RÍOS[69] que la capacidad procesal, que es manifestación de la capacidad de obrar en general y se entiende como la aptitud para realizar válidamente actos procesales, no se considera suficiente para actuar en juicio, exigiéndose que, salvo en los supuestos de excepción expresamente establecidos, se actúe en el proceso mediante la intervención de determinados profesionales a quienes se atribuyen funciones de representación y defensa. Se establece así, entendida la dificultad intrínseca del proceso, la necesidad de la llamada «postulación procesal», como tercera exigencia, además de la capacidad para ser parte y de la legitimación, para actuar en el proceso.

Dentro de la regulación de los procesos civiles especiales, entre los que se encuentra el de capacidad de las personas, el art. 750.1 LEC establece que «fuera de los casos en que, conforme a la Ley, deban ser defendidas por el

68. GANZENMÜLLER ROIG, C.: *Cinco años después de la Convención de los Derechos de las Personas con Discapacidad,* op. cit.
69. XIOL RÍOS J.A.: *Enjuiciamiento Civil, Comentarios y Jurisprudencia,* op. cit.

Ministerio Fiscal, las partes actuarán en los procesos a que se refiere este título con asistencia de abogado y representadas por procurador». Esta previsión coincide con el régimen general de representación y defensa que se establece en los artículos 31.1 y 23.1 LEC, que establecen respectivamente que «los litigantes serán dirigidos por abogados habilitados para ejercer su profesión en el tribunal que conozca del asunto» y que «la comparecencia en juicio será por medio de Procurador, que habrá de ser licenciado en Derecho, legalmente habilitado para actuar en el Tribunal que conozca del juicio». El art. 750.1 LEC, como vemos, sólo excluye de la obligación de comparecer con asistencia de abogado y representación de procurador a las partes que sean representadas por el Ministerio Fiscal.

El tratamiento procesal de la representación por procurador en estos procesos especiales, como señala Xiol Ríos[70], es el que con carácter general se establece en la LEC. La falta de acreditación de la representación procesal o la insuficiencia del poder serán defectos subsanables, como se viene declarando por nuestros Tribunales[71].

La actuación sin la intervención de Abogado dará lugar a la nulidad de pleno derecho de los actos procesales, como establece el art. 225.4º LEC. No obstante, la falta de su firma no es motivo de nulidad, sino que su efecto se limita a que, como establece el art. 31.1 LEC, no podrá proveerse ninguna solicitud que no lleve la firma de abogado. Se trata de un requisito subsanable como ha declarado el Tribunal Constitucional[72].

El Tribunal Constitucional, ha declarado recientemente que «las características inherentes a los procesos sobre capacitación de las personas y la exigencia legal de que las partes que deban comparecer en dichos procesos lo hagan asistidas de abogado y representadas por procurador imponen la necesidad de que los órganos judiciales, en aras de hacer efectivo el derecho a la asistencia letrada del presunto incapaz, adopten las medidas necesarias para remover los obstáculos que impidan al interesado el poder hacer efec-

70. Ibídem.
71. Así, Audiencia Provincial de Islas Baleares (Sección 5ª), Auto núm. 24/2005 de 22 febrero (AC 2005, 727), con cita de sentencias del Tribunal Supremo y Tribunal Constitucional.
72. SSTC 39/1998 de 9 de marzo (RTC 1998, 39) y 174/1998 de 3 de octubre (RTC 1998, 174). También en este sentido se ha manifestado el Tribunal Supremo en Sentencia de 18 de junio de 1992 (RJ 1992, 5325), entre otras.

tiva su voluntad de comparecer en el procedimiento en defensa de sus intereses legítimos, extremando para ello todas las cautelas»[73].

Asimismo, ha insistido el Tribunal Constitucional en que la defensa en estos procesos debe articularse preceptivamente mediante abogado y procurador, pues no está permitida la autodefensa del presunto incapaz en el proceso de incapacitación (posibilidad de autodefensa que sí se permite, en cambio, en los procesos penales) y ha destacado que «este tipo de procedimientos se encuadra entre aquéllos en los que la garantía constitucional de la defensa letrada se convierte en una exigencia estructural del proceso tendente a asegurar su correcto desenvolvimiento, lo que, como también se ha dicho anteriormente, ha llevado a este Tribunal a establecer que la pasividad del titular del derecho deba ser suplida por el órgano judicial, ofreciendo al interesado una oportunidad de reparar tal omisión». Entiende en consecuencia el Tribunal Constitucional que en los procesos de incapacitación debe darse preferencia a la posibilidad de que el presunto incapaz comparezca con su propia defensa y representación cuando ha manifestado su voluntad de hacerlo así, y ello aunque no haya solicitado formalmente la designación de Letrado de oficio para que el órgano judicial pueda proceder a instar dicho nombramiento, pues «aunque el nombramiento de defensor judicial es una institución tendente a garantizar los intereses del presunto incapaz supliendo su inactividad, no puede ser sustitutiva de la voluntad manifiesta de éste de comparecer personalmente en el procedimiento»[74].

6. LEGITIMACIÓN ACTIVA

6.1. La especial regulación de la legitimación activa en los procesos sobre capacidad de las personas en la LEC

La jurisprudencia ha definido la legitimación como la cualidad de un sujeto consistente en hallarse en la posición que fundamenta jurídicamente el reconocimiento de una pretensión que se ejercita[75]. La LEC se refiere

73. Tribunal Constitucional (Sala Primera), Sentencia núm. 7/2011 de 14 febrero (RTC 2011, 7).
74. STC 7/2011, de 14 de febrero de 2011 (RTC 2011, 7).
75. Tribunal Supremo (Sala de lo Civil), Sentencia núm. 382/1997 de 8 mayo (RJ 1997, 3876): «Se trata de la legitimación activa «ad causam» (la legitimación «ad processum» no es otra cosa que la capacidad procesal) como la cualidad de un sujeto consistente en hallarse en la posición que fundamenta jurídicamente el reconocimiento de una pretensión que ejercita».

a la legitimación en su art. 10, estableciendo que «serán considerados partes legítimas quienes comparezcan y actúen en juicio como titulares de la relación jurídica u objeto litigioso. Se exceptúan los casos en que por ley se atribuya legitimación a persona distinta del titular».

En relación con el proceso de incapacitación, concreta la LEC en su art. 757.1 LEC que «la declaración de incapacidad puede promoverla el presunto incapaz, el cónyuge o quien se encuentre en una situación de hecho asimilable, los descendientes, los ascendientes, o los hermanos del presunto incapaz». Se trata de una legitimación que la doctrina califica de «individualizada»[76], articulando la LEC un sistema alternativo, de modo que cualquiera de los citados familiares puede pedir la declaración de incapacidad sin que la Ley establezca ningún tipo de prioridad entre ellos[77]. Entiende MARIMÓN DURÁ[78] que actualmente, el verbo utilizado por la LEC («puede promoverla») expresa una potestad, y que por tanto no se trata de un deber sino de una facultad otorgada por la ley a determinadas personas para que puedan, en interés del presunto incapaz, promover esta declaración.

La doctrina reciente de la Audiencia Provincial de Asturias que «la nota de oficialidad del proceso de incapacitación, su propósito de alcanzar la verdad material... y la defensa del interés del propio demandado... ha llevado a la doctrina a puntualizar que, fuera de sí constituye un deber o una facultad, la legitimación que la Ley concede a determinados parientes para accionar se caracteriza más por su función o finalidad (a modo de derecho-función), que por su externa configuración como facultad o como acto realizado en interés propio»[79].

Pero recuerda ROCA GUILLAMÓN[80] que las personas citadas en el art. 757.1 LEC, además de poder promover la declaración de incapacidad, deben hacerlo, para no tener la responsabilidad que atribuye el art. 229 CC, según

76. APARICIO AUÑÓN, E.: *Comentarios a la Ley de Enjuiciamiento Civil,* op. cit.
77. Con la LEC de 2000 se puso fin a la legitimación escalonada que se recogía en el antiguo art. 202 CC, según el cual correspondía promover la declaración al cónyuge o descendientes y, en defecto de éstos, a los ascendientes o hermanos del presunto incapaz. De paso, se puso fin también a la discusión suscitada en la doctrina acerca de si la expresión «en defecto de éstos» debía interpretarse atribuyéndole el exclusivo sentido de que estos parientes no existiesen o faltasen o si debía también incluirse el supuesto de su inactividad.
78. MARIMÓN DURÁ, Mª C.: *El Proceso Civil VIII,* op. cit.
79. Audiencia Provincial de Asturias (Sección 5ª), Sentencia núm. 130/2013 de 8 mayo (JUR 2013, 203116).
80. ROCA GUILLAMÓN, J.: *Comentarios al Código Civil,* Ministerio de Justicia, Tomo I, pág. 639.

el cual «estarán obligados a promover la constitución de la tutela, desde el momento en que conocieran el hecho que la motivare, los parientes llamados a ella y la persona bajo cuya guarda se encuentre el menor o incapacitado y, si no lo hicieren serán responsables solidarios de la indemnización de los daños y perjuicios causados».

Sobre esta responsabilidad, observa Aparicio Auñón que el citado artículo 229 CC coloca en una posición ventajosa a la pareja de hecho frente al cónyuge, pues mientras ambos están igualmente legitimados para demandar la declaración de incapacidad, sólo el segundo, en tanto que primer llamado a la tutela, puede tener responsabilidad por no hacerlo. Y afirma que «un resultado tan anómalo no es defendible, pero a ello se presta haber ampliado la lista de los legitimados sin haber hecho lo mismo con la de los llamados a desempeñar la tutela»[81].

Continúa el art. 757 LEC diciendo que «el Ministerio Fiscal deberá promover la incapacitación si las personas mencionadas en el apartado anterior no existieran o no la hubieran solicitado» (art. 757.2 LEC). Y que «cualquier persona está facultada para poner en conocimiento del Ministerio Fiscal los hechos que puedan ser determinantes de la incapacitación. Las autoridades y funcionarios públicos que, por razón de sus cargos, conocieran la existencia de posible causa de incapacitación en una persona, deberán ponerlo en conocimiento del Ministerio Fiscal» (757.3 LEC).

Acerca de la posibilidad de que la incapacitación sea promovida por el Ministerio Fiscal, cabe añadir que es la más económica para el presunto incapaz y su familia, pues cuando un particular promueva la declaración de incapacidad de una persona, sin perjuicio del derecho a la asistencia jurídica gratuita que pueda corresponderle, incurrirá en determinados costes (de entrada se requiere la asistencia de Abogado y la representación por Procurador). Estos costes se evitan si los hechos determinantes de la incapacitación se ponen en conocimiento de la Fiscalía, haciendo entrega de la documentación oportuna, para que sea el Ministerio Fiscal quien interponga la demanda. Claro está que se pierde hasta cierto punto la posibilidad de asesoramiento detallado y el control sobre el estado del proceso, pues no puede ser lo mismo para el demandante contar con su propio Abogado, a través del cual ejercita la acción, que dejar la acción en manos del Ministerio Fiscal. Por supuesto, el Ministerio Fiscal, una vez recibida la noticia de la posible causa de incapacitación de una persona no está en la obligación de

81. Aparicio Auñón, E.: *Comentarios a la Ley de Enjuiciamiento Civil,* op. cit.

interponer demanda, sino sólo de comprobar si existen indicios que hagan razonable pedir la incapacitación, pudiendo decidir no demandar, lo cual no impide que después cualquier otro legitimado pueda interponer por sí la demanda.

Pasamos a examinar a continuación las distintas problemáticas que pueden suscitarse acerca de la legitimación activa para promover el proceso de declaración de incapacidad, no sin antes advertir que el Tribunal Supremo viene reconociendo la posibilidad de apreciar de oficio la falta de legitimación activa incluso en casación[82].

6.2. La legitimación para incapacitar a menores de edad

Sin perjuicio de lo hasta aquí expuesto, ha de indicarse que la legitimación para solicitar la declaración de incapacidad de los menores de edad, se encuentra restringida a determinadas personas. Concretamente, señala la LEC en su art. 757.4 LEC que «la incapacitación de menores de edad, en los casos en que proceda conforme a la Ley, sólo podrá ser promovida por quienes ejerzan la patria potestad o la tutela». Por su parte, el Código Civil establece en el art. 201 CC, en la redacción dada por Ley 13/1983, 24 octubre que «los menores de edad podrán ser incapacitados cuando concurra en ellos causa de incapacitación y se prevea razonablemente que la misma persistirá después de la mayoría de edad»[83].

En consecuencia, el Ministerio Fiscal carece de legitimidad para solicitar la incapacitación de un menor de edad.

82. STS de 7 de julio de 2004 (RJ 2004, 5104): «esta Sala tiene que examinar la cuestión planteada: en primer lugar, por su reiterada jurisprudencia sobre la posibilidad de apreciar de oficio la falta de legitimación activa incluso en casación (SSTS 4-7-01, 31-12-01, 15-10-02, 10-10-02 y 20-10-03 entre otras); y en segundo lugar, y sobre todo, por el acusado carácter de orden público que domina los procesos sobre capacidad de las personas, carácter que ha de traducirse en un reforzamiento de las facultades del juzgador para velar por su regularidad».

83. Como aclara O'Callaghan, «el menor de edad que es incapacitado, seguirá siendo incapaz, por ser menor de edad. Y cuando llegue a la mayoría de edad, devendrá automáticamente incapacitado, con todas las consecuencias: su extensión la determina la sentencia, puede modificarse o dejarse sin efecto, etc.». Al hilo del estudio de la posibilidad de incapacitar a un menor de edad, observa también este autor cómo el Código trata a la patria potestad con un criterio de confianza, mientras que a la tutela lo hace con desconfianza. O'Callaghan Muñoz, X.: *Código Civil comentado y con jurisprudencia,* op. cit., págs. 304 y 305.

Señala Cortés Domínguez[84] que esta previsión de la LEC se justifica porque lo único que se pretende con la declaración de incapacidad de un menor de edad es prolongar el *status quo* existente, evitando fisuras para cuando alcance la mayoría de edad. Y que el asunto es de incumbencia de los padres y a ellos debe limitarse la legitimación.

Y Marimón Durá[85] afirma, con Cabrera Mercado, que esta excepción se justifica porque los menores, aunque presuntamente sean incapaces, están protegidos por la institución de la patria potestad o de la tutela. Y por eso, en los supuestos en que el menor se encuentre en una situación legal de desamparo corresponderá la tutela a la entidad pública a la que, en el respectivo territorio, esté encomendada la protección de menores (art. 172 CC) y corresponderá, por tanto, a dicha entidad la legitimación para interponer la demanda. Y en el supuesto de que no se haya constituido todavía la tutela reglamentaria de un menor, presunto incapaz, en situación legal de desamparo, estima la citada autora que el Ministerio Fiscal deberá intervenir para remover los obstáculos existentes al efecto de que se lleven a cabo las actuaciones necesarias para la constitución de la tutela a favor de la entidad, y no, por contra, instar directamente la incapacitación previa a la tutela.

Cabe añadir que a la vista del tenor literal del artículo, («sólo podrá ser promovida por quienes ejerzan la patria potestad o la tutela») no ostentan legitimación activa los progenitores que hubieran sido privados del ejercicio de la patria potestad (art. 170 CC), suspendidos en su ejercicio como consecuencia de una declaración de desamparo con la consiguiente atribución de la tutela a una entidad pública (art. 172 CC) o que hubieran sido directamente excluidos de la patria potestad (art. 111 CC). Y tampoco ostentan legitimación activa para promover la incapacitación del menor, por no ostentar la patria potestad, los acogentes del menor, aunque se trate de un acogimiento preadoptivo.

En cambio, las entidades públicas a las que corresponde legalmente la tutela y protección de los menores de edad en situación de desamparo están plenamente legitimadas para el ejercicio de esta acción, y así ha sido reconocido por la doctrina de nuestras Audiencias[86], donde también ha habido

84. Cortés Domínguez, V. con Gimeno Sendra, V., Moreno Catena, V. y Almagro Nosete, J.: *Derecho Procesal,* Tirant lo Blanch, 1991, tomo I, vol. 2, pág. 190.

85. Marimón Durá, Mª C.: *El Proceso Civil VIII,* op. cit.

86. Audiencia Provincial de Sevilla (Sección 2ª), Auto núm. 10/2010 de 26 enero (JUR 2010, 223463): «si bien es cierto que el art. 757 nº 1 y 2 de nuestra LEC recogen las personas legitimadas para promover la declaración de incapacidad; también lo es, que el nº 4 de tal precepto consagra expresamente que la incapacitación de menores de edad,

oportunidad de declarar que se produce la *perpetuatio legitimationis* cuando la institución autonómica encargada de la protección de los menores insta la incapacitación de un menor que, durante la tramitación del procedimiento, alcanzó la mayoría de edad, estando cuando se solicitó legitimada la institución y manteniéndose tal legitimación durante todo el proceso, hasta que recaiga sentencia firme, aunque desaparezcan las circunstancias que fundaban la misma, y ello por aplicación de la doctrina de la perpetuación de la legitimación[87].

6.3. Legitimación activa del presunto incapaz

Como hemos visto, la primera persona que aparece legitimada para promover la incapacitación conforme al art. 757.1 LEC es precisamente el presunto incapaz.

La legitimación activa del presunto incapaz ha sido reconocida por la Ley 41/2003, de 18 de noviembre, de protección patrimonial de las personas con discapacidad y de modificación del Código Civil, de la Ley de Enjuiciamiento Civil y de la Normativa Tributaria con esta finalidad. Observa Xiol Ríos[88] que el precepto legal no establece limitación alguna por razón del grado de incapacidad que pueda presentar el sujeto incapaz, lo cual está en consonancia con lo dispuesto en el art. 7.1 LEC, que reconoce capacidad procesal a los que estén en el pleno ejercicio de sus derechos civiles, y en tanto en cuanto la privación de los derechos civiles es consecuencia de la incapacitación que sólo puede ser acordada por sentencia judicial conforme a los arts. 199 CC y 760 LEC.

---

en los casos en que proceda conforme a la Ley, solo podrá ser promovida por quienes ejercen la patria potestad o la tutela. Así las cosas, pretendiéndose la incapacitación judicial del menor de edad Pedro Antonio que se encuentra tutelado por la Entidad Pública de Protección una vez declarado en situación legal de desamparo en virtud de Resolución de 8 de Marzo de 2007 de la Delegación Provincial de la Consejería para la Igualdad y Bienestar Social de la Junta de Andalucía (no consta oposición de los padres a la misma), se estima por esta Sala que dicha Entidad Pública dependiente de la Administración Andaluza está plenamente legitimada para promover la demanda de incapacitación judicial del menor de referencia». También en Auto de 2 noviembre de 2006 de la Audiencia Provincial de Tarragona (Sección 3ª) (JUR 2007, 233978) se le reconoce legitimación a la Generalidad de Cataluña.

87. Audiencia Provincial de Barcelona (Sección 18ª), Sentencia de 31 mayo 2002 (JUR 2002, 209348).

88. Xiol Ríos, J.A.: *Enjuiciamiento Civil, Comentarios y Jurisprudencia,* op. cit.

Vemos así que cuando la Ley habla del «presunto incapaz», es porque quien dirige contra él la demanda entiende o presume que concurren ya en él las enfermedades o deficiencias graves a que se refiere el art. 200 CC. Sin embargo, a los efectos del proceso y hasta que se dicte sentencia, se trata de un «presunto capaz» al que el ordenamiento le reconoce la posibilidad de llevar a cabo válidamente y por sí actos procesales tales como contratar abogado y procurador, otorgar poderes notariales o *apud acta*, personarse en el proceso en calidad de demandante, etc.

Como ha expresado el Tribunal Supremo, «se parte de la idea de que la capacidad de una persona mayor de edad se presume, por lo que la demostración de su incapacidad ha de ser acreditada mediante una actividad probatoria adecuada»[89]. En el mismo sentido, la Audiencia Provincial de Córdoba, se ha referido a la práctica de las pruebas tendentes a la averiguación de la verdad material que «puedan desvirtuar la presunción de capacidad que a toda persona corresponde por el mero hecho de serlo»[90].

Aunque la inclusión del presunto incapaz entre las personas legitimadas para promover la (en este caso propia) incapacitación ha sido una medida reclamada desde hace tiempo por parte de la doctrina[91], la nueva regulación ha suscitado las críticas de otros autores. Así, Gimeno Sendra[92] señala que se trata de una técnica «cuya efectividad es más que dudosa y que procesalmente convierte al demandado en demandante y en actor contra

89. STS núm. 448/2003 de 14 mayo (RJ 2003, 4853).
90. SAP Córdoba (Sección 3ª) núm. 182/2003 de 30 junio (JUR 2003, 184722).
91. Por ejemplo, Rivero Hernández, a quien esta posibilidad parecía aconsejable. Rivero Hernández, F.: *Elementos de derecho civil II,* con Lacruz y otros, vol. 1°, Barcelona, 1994, pág. 254.
Recuerda Aparicio Auñón que durante la tramitación parlamentaria de la Ley 13/1983 se propuso una enmienda para permitir la legitimación activa del propio incapaz, que fue rechazada. Y, junto con Leña Fernández, se preguntaba este autor, con anterioridad a que la Ley 41/2003 modificara el art. 757.1 LEC: «¿Qué razón hay para impedirle a una persona responsable que promueva su propia incapacidad, al notar los primeros síntomas de deterioro de una enfermedad fatalmente progresiva? ¿Por qué impedírselo al alienado durante un intervalo lúcido? Incluso después de estar incapacitado, ¿no se le permite acaso que durante un intervalo lúcido pueda otorgar testamento, contraer matrimonio, separarse, divorciarse, reconocer hijos, y promover por sí mismo un proceso de reintegración de capacidad o modificación de su alcance? Y en cuando a la designación de tutor, si pueden los padres nombrárselos a sus hijos incapaces, en testamento o escritura pública, ¿por qué no permitirles que lo puedan nombrar también para ellos mismos, cuando saben que está perdiendo facultades y el médico les asegura que terminarán dependiendo de otros?» Aparicio Auñón, E.: *Comentarios a la Ley de Enjuiciamiento Civil,* op. cit.
92. Gimeno Sendra, V.: *Derecho procesal civil II, Los procesos especiales,* op. cit., pág. 289.

sí mismo, desdibujando aún más los contornos de este proceso en el que, como en los procedimientos de jurisdicción voluntaria no existe conflicto de intereses, sino una única finalidad de protección de los derechos del presunto incapaz».

La solución más correcta parece ser que en los casos –poco frecuentes en la práctica– en que el presunto incapaz, asistido de abogado y representado por procurador, presente una demanda solicitando su propia incapacitación, deberá ser defendido por Ministerio Fiscal (art. 758 LEC), que no ostentará la condición de demandado, pues no vendrá obligado a oponerse en todo caso a la pretensión, sino que en su función de defensa de la legalidad, deberá posicionarse a favor o en contra de lo pedido, de forma similar a como interviene el Ministerio Público en el proceso penal, donde no viene obligado a acusar sino a velar por el cumplimiento de la ley.

Por ello, el Ministerio Fiscal no deberá considerarse parte demandada, por no ser titular de ninguna relación jurídica discutida ni objeto litigioso (art. 10 LEC), pues su legitimación emana directamente de la Ley (art. 749 LEC). Y como órgano sujeto al principio de legalidad (arts. 124.2 CE y 2 EOMF), tratándose además de una cuestión de interés público objeto de un proceso especial en la LEC, no podrá disponer de la acción (allanándose ni transigiendo), pues el objeto es indisponible (art. 751 LEC). Su actuación deberá ser en consecuencia imparcial, en exclusiva defensa de la legalidad (art. 124.1 CE y 2 EOMF), tendente a su vez a la protección de los intereses del presunto incapaz.

Ciertamente, vemos que cuando es el propio (y todavía presunto) incapaz quien interpone la demanda contra sí mismo, es difícil que pueda hablarse propiamente de «proceso», pues no se advierte por ninguna parte la existencia de contienda entre partes conocidas y determinadas, sino que para obtener la resolución de incapacitación que proteja jurídicamente a la persona es necesaria, por así imponerlo la Ley (art. 199 CC), una sentencia que debe ser dictada por un Juez al que se solicita su intervención.

Como puede comprobarse, lo que acabamos de definir no es sino un acto de jurisdicción voluntaria siguiendo la definición del art. 1811 de la LEC de 1881, aún vigente hasta que se dicte una nueva Ley sobre jurisdicción voluntaria[93]. En definitiva, puede decirse que la introducción de la le-

93. En la página web del Ministerio de Justicia, puede consultarse un Anteproyecto de Ley de Jurisdicción Voluntaria, con fecha de 31 de octubre de 2013. En *http://www.mjusticia.gob.es/cs/Satellite/es/1215198252237/ALegislativa_P/1288774452773/Detalle.html*

gitimación activa del presunto incapaz llevada a cabo por la Ley 41/2003, lo que ha hecho ha sido introducir en la LEC un acto de jurisdicción voluntaria al que se da la forma de proceso para aprovechar los cauces procedimentales ya establecidos.

6.4. Legitimación activa del cónyuge

Si nos atenemos al articulado de la LEC, puede observarse que ésta no priva de legitimación al cónyuge separado judicialmente ni al separado de hecho. Por ello, cabe entender que mientras el matrimonio no sea declarado nulo o se disuelva (por muerte o declaración de fallecimiento de alguno de los cónyuges o por el divorcio, como indica el art. 85 CC), debe entenderse que cada uno de los cónyuges está legitimado para instar la incapacitación del otro. Así lo ha reconocido la jurisprudencia de nuestras Audiencias[94], siguiendo la línea marcada desde hace largo tiempo por el Tribunal Supremo[95], que entiende que no pierde la legitimación el cónyuge aunque esté separado, por la razón de que la separación, legal o de hecho, no hace perder la condición de cónyuge. Postura criticable por cuanto no parece que el cónyuge separado (legalmente o de hecho) sea la persona más idónea para instar un procedimiento que precisamente tiene la finalidad de proteger la persona del presunto incapaz, pero que se entiende si se tiene en cuenta en primer lugar que éste es el contenido de la Ley, que ni antes (antiguo art. 201 CC) ni ahora (art. 757.1 LEC) excluye al separado, y en segundo lugar

94. En este sentido, la SAP Burgos (Sección 2ª) núm. 253/1995, de 15 de mayo (AC 1995, 1665): «Niega la apelante legitimación a su esposo para promover la demanda de incapacidad, por entender que, estando el matrimonio inmerso en un proceso de separación conyugal, falta el requisito de la convivencia exigido por el artículo 234 del Código Civil, pero lo cierto es que el citado precepto no regula la legitimación activa para promover declaraciones de incapacidad, sino el orden de preferencia para proceder al nombramiento de tutor, por lo que la falta de convivencia denunciada podrá afectar, en su caso, al nombramiento de tutor o de curador (artículo 291 del Código Civil), pero no a la legitimación para promover la declaración de incapacidad, puesto que el artículo 202 del Código Civil se la reconoce al cónyuge sin matización alguna. Niega igualmente la apelante legitimación exclusiva a su hijo José Javier, bajo la alegación de la excepción de falta de litisconsorcio activo necesario, por cuanto considera que la legitimación corresponde a todos los descendientes y no a uno solo de ellos, interpretación ésta que en modo alguno ampara el texto del artículo 202 del Código Civil y que contradice el hecho de que es precisamente en previsión de que algunos de los parientes más próximos del presunto incapaz no promuevan la declaración, por lo que obliga el artículo 208 del Código Civil al Juez a oírlos en el procedimiento».

95. SSTS de 6 de marzo de 1920; 14 de noviembre de 1956; 27 de abril de 1956; 9 de noviembre de 1959; 28 de febrero de 1969 y 17 de febrero de 1972.

que este tenor literal puede tener también la finalidad de proteger un patrimonio integrado en una sociedad conyugal que pudiera ser en un futuro no muy lejano disuelta y liquidada.

Quizás por lo dicho, APARICIO AUÑÓN[96] no ve motivos para negar la legitimación activa tampoco al cónyuge demandado de divorcio, mientras no haya sentencia firme, si bien debe tenerse en cuenta que una vez admitida a trámite la demanda de nulidad, separación o divorcio, quedan revocados los consentimientos y poderes que cualquiera de los cónyuges hubiera otorgado al otro, y cualquiera de las partes podrá instar la oportuna anotación en el Registro Civil y, en su caso, en los de la Propiedad y Mercantil, a estos efectos (art. 102 CC).

6.5. Legitimación activa de la persona que se encuentre en situación de hecho asimilable a la del cónyuge

La legitimación activa de «quien se encuentre en una situación de hecho asimilable» a la del cónyuge (art. 757.1 LEC) es una previsión incorporada a nuestro Derecho por la LEC de 2000.

Como apunta MARIMÓN DURÁ[97] esta novedad se justifica, probablemente, por los cambios de costumbres producidos en nuestra sociedad. Y afirma esta autora que si la legitimación se justifica por la cercanía física y afectiva con el presunto incapaz, qué duda cabe de que debe extenderse a personas que se hallen unidas de forma estable y por análoga relación de afectividad a la que se produce entre cónyuges.

Este razonable precepto, plantea no obstante dudas a la hora de determinar con exactitud cuáles son las situaciones de hecho que comprende.

La doctrina ha propuesto distintas soluciones interpretativas. Observaba APARICIO AUÑÓN[98], recién aprobada la Ley de Enjuiciamiento Civil de 2000, que el circunloquio utilizado por el legislador parecía ser más general que otras expresiones al uso (como vivir maritalmente, por ejemplo) quizás con intención de extender la legitimación tanto a la pareja heterosexual como a la homosexual. Y entendía que la *ratio legis* era la misma en ambos casos: hacer posible que el conviviente de hecho pueda ocuparse de proteger ju-

96. APARICIO AUÑÓN, E.: *Comentarios a la Ley de Enjuiciamiento Civil,* op. cit.
97. MARIMÓN DURÁ, Mª C., *El Proceso Civil VIII,* op. cit.
98. APARICIO AUÑÓN, E.: *Comentarios a la Ley de Enjuiciamiento Civil,* op. cit.

rídicamente al compañero/a que ha perdido o está perdiendo facultades de autogobierno.

Tras la posterior aprobación de la Ley 13/2005, de 1 de julio, por la que se modifica el Código Civil en materia de derecho a contraer matrimonio, permitiendo el matrimonio entre personas del mismo sexo, no cabe ya duda alguna acerca de que la expresión del art. 757.1 aquí comentada incluye tanto a parejas heterosexuales como homosexuales.

Sin embargo, como apuntaba también el citado autor[99], el problema fundamental, subsistente hoy en día, será discernir cuándo estamos ante una unión de hecho estable y cuándo no, teniendo en cuenta que para que se pueda considerar estable, será necesario que la convivencia duradera se haya manifestado exteriormente. Y aunque admitía que la cuestión está abierta a la polémica y a la disparidad de opiniones, le parecía plausible exigir al menos el tiempo mínimo de convivencia de un año, por ser éste el plazo tradicionalmente exigido para perder la posesión que se tenía y consolidar la nueva (arts. 1.944 y 460.4 CC), considerando por analogía que la pareja de hecho detente la posesión (no la titularidad) del estado civil matrimonial; posesión que cobra realce y publicidad a través del triple requisito del *nomen, fama* y *tractatus.* Ahora bien, si la pareja de hecho tiene hijos con los que convive formando una familia no matrimonial, entonces la duración de la convivencia dejaría de ser un factor decisivo, pues la equiparación constitucional de los hijos no matrimoniales con los matrimoniales (art. 39 CE) supone también la equiparación de la familia no matrimonial con la matrimonial, allí donde la primera exista. Advierte también este autor que al no precisar la norma que se esté refiriendo al conviviente de hecho con el presunto incapaz, podría incluirse también como legitimado para promover el juicio de incapacitación a la persona que fue pareja del presunto incapaz y con la que tuvo uno o más hijos no matrimoniales, pero que faltando los hijos, la convivencia parece ser un requisito indispensable, pues al exconviviente no puede reconocérsele legitimación, por larga que haya sido la convivencia en el pasado, si de ésta no ha quedado al menos el lazo que representa la familia no matrimonial.

Distinta es la solución que propone Xiol Ríos[100], quien entiende que al no existir un criterio legal para determinar con claridad cuándo se da esta situación, podrá acudirse a aplicar por analogía la norma del art. 16.1 b) de la Ley de Arrendamientos Urbanos, que equipara al cónyuge a quien hubie-

99. Ibídem.
100. Xiol Ríos J.A.: *Enjuiciamiento Civil, Comentarios y Jurisprudencia,* op. cit.

ra convivido con el arrendatario de forma permanente en análoga relación de afectividad a la de cónyuge, con independencia de la orientación sexual, durante al menos dos años, salvo que hubieran tenido descendencia en común, en cuyo caso bastará la mera convivencia.

Por nuestra parte, podemos añadir que, dado que en los últimos años, distintas Comunidades Autónomas, en virtud de lo dispuesto en el art. 149.1.8° de la Constitución, han promulgado leyes sobre parejas de hecho (en las que se regulan las uniones de hecho o extramatrimoniales y se recogen aspectos tales como los requisitos necesarios para su inscripción en el Registro gestionado al efecto por el Ministerio de Justicia, el establecimiento de pactos de convivencia entre sus miembros o su equiparación respecto de los matrimonios en algunos ámbitos), parece evidente que en dichas Comunidades Autónomas, habrá de estarse a lo dispuesto en estas normas para determinar cuándo una persona no casada con el presunto incapaz se encuentra en condiciones de promover por sí misma el proceso conforme al art. 757.1 LEC.

6.6. Los parientes del presunto incapaz: descendientes, ascendientes y hermanos. Lista cerrada

En cuanto a la enumeración de los parientes que se hace en el art. 751.1 LEC, esto es, descendientes, ascendientes y hermanos del presunto incapaz, la doctrina de nuestras Audiencias[101] ha señalado que se trata de una lista tasada, y que no puede ser objeto de una interpretación extensiva a fin de considerar legitimados parientes que no tengan con el presunto incapaz el grado de parentesco que exige el precepto.

Por lo tanto, sólo las personas que mantengan con el presunto incapaz la relación de parentesco señalada en la LEC podrán interponer válidamente la demanda de incapacitación. Naturalmente, la legitimación se concede con independencia de si la filiación es matrimonial o no matrimonial, pues los hijos «son iguales ante la ley con independencia de su filiación» (art. 39.2 CE) o si la relación entre padres e hijos es natural o adoptiva, pues «la filiación puede tener lugar por naturaleza o por adopción» (art. 108 CC). Tampoco tiene relevancia que los citados familiares convivan o no con el presunto incapaz, pues no se especifica en la Ley que deba concurrir tal requisito.

101. Audiencia Provincial de Valladolid (Sección 2ª), Sentencia núm. 97/2002 de 8 marzo (JUR 2002, 138493); Audiencia Provincial de Córdoba (Sección 3ª), Sentencia núm. 120/2002 de 13 mayo (JUR 2002, 188216) y Audiencia Provincial de Gerona (Sección 2ª) Sentencia núm. 177/2004 de 14 mayo (JUR 2004, 180963), por citar algunas.

Entiende Aparicio Auñón[102] que también estarán legitimados los hermanos de un solo vínculo, y ello aunque no hayan convivido con el presunto incapaz, pues la legitimación se concede en razón de la consanguinidad exclusivamente, de modo que lo apropiado será hacer una interpretación amplia, concordante con la idea no excluyente que subyace en el Derecho de Sucesiones, cuando el testador instituye herederos a sus hermanos y los tiene carnales y de padre o madre solamente, o cuando ambas clases de hermanos concurren como herederos abintestato de otro hermano. En cambio, los hermanastros, al no ser consanguíneos, carecerán de legitimación, por estrechos que sean los lazos afectivos.

Cada vez es más frecuente, sobre todo en las grandes ciudades, que personas por lo general de avanzada edad (que no tienen a ninguna de las personas a que se refiere el citado precepto) convivan en su propio hogar con empleadas o asistentas internas que se encargan de asistirles. La jurisprudencia ha tenido que responder a la cuestión de si tales personas están o no legitimadas para promover el proceso de incapacitación, a pesar de que no mantengan, con quien se pretende incapacitar, ninguna de las relaciones de parentesco (o análoga relación de afectividad) a que se refiere el art. 757.1 LEC. Puede ilustrarnos al respecto el Auto núm. 207/2002 de 31 diciembre, de la Audiencia Provincial de Gerona (JUR 2003, 121254), que niega la legitimación a otras personas que no sean las expresamente citadas en la norma, recordando que en estos casos, lo que sí puede hacerse con la finalidad de proteger los intereses de la persona en quien se crea que concurren las circunstancias para declarar su incapacidad, es poner la situación en conocimiento del Ministerio Fiscal, para que sea éste quien inste el procedimiento. Se reproduce, por ilustrativo, un extracto dicha sentencia, en la que se reitera la doctrina hasta aquí expuesta:

«Muestra su disconformidad con lo decidido en primera instancia, Dña. María Ángeles , por considerar que el Auto dictado ha vulnerado el precepto aplicado, ya que en él se reconoce legitimación para promover la incapacitación al cónyuge o quien se encuentre en una situación de hecho asimilable, y ella entiende que concurre esa situación de "facto" asimilable, por el hecho de convivir en una misma vivienda, tratando de forma altruista y desinteresada, obtener un "status" que le permita, por mediación de su sobrina, –que propugna el ser designada tutora del presunto incapaz–, reclamarle ayudas, pensiones y todo tipo de ventajas a las que pueda tener derecho.

102. Aparicio Auñón, E.: *Comentarios a la Ley de Enjuiciamiento Civil,* op. cit.

La regulación de la legitimación activa para promover la incapacitación que establece la LEC 1/2000, viene a tomarla de lo que establecían los art. 202 a 204 y 294 del Código Civil, preceptos que esta deroga (disposición derogatoria, ap. 2.1ª).

En el art. 757 de dicha LEC, se legitima para promover la incapacidad al cónyuge y a quien se encuentre en una situación de hecho asimilable, equiparando con ello al conviviente *more uxorio,* es decir, a quien convive maritalmente con el presunto incapaz sin que exista vínculo matrimonial, situación que pese a las referencias del recurso a uniones de hecho de igualdad de sexos, reclamaciones de pensiones sin contrato matrimonial, etc., no parece que sea la de la apelante, pues en ningún momento se ha alegado la convivencia *more uxorio.*

Los otros particulares legitimados para promover la incapacitación, son los descendientes, ascendientes y hermanos del presunto incapaz, parentesco que no se da en la recurrente, y por lo tanto carece de legitimación para instar directamente la incapacitación de su tío.

Lo que sí podrá hacer es poner en conocimiento del Ministerio Fiscal la presunta situación de incapacidad, para que sea este quien la promueva (art. 757.3), a través de la facultad de legitimación de apariencia subsidiaria que la LEC la concede (art. 757.2).

Por lo tanto, al establecerse la relación de parentesco que recoge el art. 757.1, LEC de forma tasada, no puede aceptarse la legitimación de otros parientes en grado diferente al dispuesto por dicho precepto imperativo, pese al criterio de quien recurre, que la Sala no comparte, y por ello, debe ser desestimado el recurso y la resolución apelada, por ser conforme a derecho».

Aparicio Auñón[103] se pregunta si es posible que otros parientes excluidos de la legitimación activa intervengan en el proceso como coadyuvantes después de iniciado el mismo, dando a esta cuestión un no por respuesta, por entender que aunque el art. 13 LEC, que regula la intervención de sujetos originariamente no demandantes ni demandados parece en principio admitirlo, es necesario que acrediten un interés legítimo en el resultado del pleito, lo que no será posible, toda vez que la ley los excluye del círculo de los legitimados. Y de otra suerte, el interviniente podría terminar siendo «señor del pleito» en sustitución de la parte originaria si esta última se aparta

103. Aparicio Auñón, E.: *Comentarios a la Ley de Enjuiciamiento Civil,* op. cit.

del procedimiento por cualquier causa, con lo que podría terminar teniendo una legitimación que la ley no le reconoce.

6.7. Legitimación del Ministerio Fiscal. Obligatoriedad de comunicación al Ministerio Fiscal y responsabilidad por omisión de la comunicación. Las diligencias preprocesales del Ministerio Fiscal

Como se ha señalado, el art.757.2 LEC establece que el Ministerio Fiscal deberá promover la incapacitación si las personas antes mencionadas (el presunto incapaz, el cónyuge o quien se encuentre en una situación de hecho asimilable, los descendientes, los ascendientes, o los hermanos del presunto incapaz) no existieran o no la hubiesen solicitado.

Se trata por tanto de una obligación que Xiol Ríos[104], con Lete Del Río, califica en cierto modo de subsidiaria, pues el Ministerio Fiscal en principio desconocerá la existencia de todas y cada una de las personas mencionadas por la Ley, y sí en cambio, la del presunto incapaz y no parece lógico ni conveniente que deba localizar si existen y, en caso afirmativo, esperar a que actúen. Asimismo, señala este autor, como expusiera Ortell Ramos, que no hay ninguna norma que subordine la admisibilidad de la demanda presentada por el Ministerio Fiscal a la previa constancia de negativa formal de los particulares a ejercitar la acción, lo cual es lógico, pues por un lado, la LEC de 2000 ha tratado de ampliar el número de personas que pueden promover la declaración de incapacidad en beneficio del presunto incapaz, y por otro, obligar al Ministerio Fiscal a realizar esta constatación resultaría una carga excesiva que retrasaría notablemente en el tiempo el inicio del proceso y la posibilidad de adoptar medidas cautelares tendentes a proteger al presunto incapaz.

En la doctrina de las Audiencias se ha llegado recientemente a decir, con profundo conocimiento de la realidad, que es indiferente que la incapacitación sea pedida por cualquiera de los legitimados o por el Ministerio Fiscal «dado que es el Fiscal el que queda como órgano publico residual en caso de que los demás no lo soliciten y en muchas ocasiones si no fuera por los Fiscales no se solicitaría la incapacidad para no complicarse con otros familiares o por no correr con los costes»[105].

104. Xiol Ríos, J.A.: *Enjuiciamiento Civil, Comentarios y Jurisprudencia,* op. cit.
105. Audiencia Provincial de Salamanca (Sección 1ª), Sentencia núm. 229/2013 de 3 junio (JUR 2013, 216994).

El Ministerio Fiscal deberá, por tanto, actuar de inmediato tan pronto como tenga conocimiento de los hechos que puedan ser determinantes de la incapacitación.

Aparicio Auñón[106] señala que, curiosamente, ha desaparecido en la regulación de la LEC el plazo de quince días que antes fijaba el art. 203 CC para que el Ministerio Fiscal, al que se le denuncia la posible causa de incapacitación, solicite del juez lo que proceda. Y estima que tal supresión no significa desde luego relajación del deber de diligencia del Ministerio Fiscal, que en todo caso responde por negligencia en los términos previstos por su Estatuto Orgánico. Pero la denuncia de que hay alguien que presenta signos externos de demencia o imposibilidad física o psíquica para desenvolverse por sí misma, no puede disparar la reacción automática del Ministerio Fiscal pidiendo la incapacitación, sino que antes deberá comprobar y valorar los hechos denunciados, instruyendo unas diligencias informativas que difícilmente tardarán menos de quince días. Y quizás por eso, la nueva ley, con mayor realismo, ha prescindido del plazo.

Asimismo, puede entenderse que será admisible la demanda de incapacitación presentada por otro cualquiera de los legitimados para ello, aunque previamente el Ministerio Fiscal hubiera manifestado su negativa a interponerla. En primer lugar, porque el Juez que en definitiva habrá de dictar la sentencia de incapacitación no se encuentra vinculado al parecer del Ministerio Fiscal, sin olvidar el principio de oficialidad que rige en estos procesos. Y en segundo lugar, porque es perfectamente posible que en el lapso de tiempo transcurrido entre la negativa del Ministerio Fiscal y la presentación de la demanda por otra persona haya surgido una nueva causa de incapacidad, o se haya agravado una enfermedad anteriormente existente. Y por esto mismo, el hecho de que el Ministerio Fiscal no haya considerado oportuno en una ocasión anterior promover la incapacitación, tampoco significa que no pueda decidir lo contrario si cambian las circunstancias.

La LEC atribuye al Ministerio Fiscal esta función en consonancia con lo dispuesto en el art. 3 de su Estatuto Orgánico, que en sus apartados 6 y 7, le encomienda «tomar parte, en defensa de la legalidad y del interés público o social, en los procesos relativos al estado civil y en los demás que establezca la ley», e «intervenir en los procesos civiles que determine la ley cuando esté comprometido el interés social o cuando puedan afectar a personas menores, incapaces o desvalidas en tanto se provee de los mecanismos ordinarios de representación». Todo ello a su vez como manifestaciones de la más am-

106. Aparicio Auñón, E.: *Comentarios a la Ley de Enjuiciamiento Civil,* op. cit.

plia misión que le encomienda el art. 124 CE y que reproduce el art. 1 del citado Estatuto, esto es, «promover la acción de la justicia en defensa de la legalidad, de los derechos de los ciudadanos y del interés público tutelado por la ley, de oficio o a petición de los interesados…»

Teniendo en cuenta que, en nuestro Derecho, la acción para promover la incapacitación no es pública, y que el Juez tampoco puede iniciar de oficio el proceso, si no hay nadie que formule la demanda de incapacitación, dado que los intereses a cuya protección se encamina este proceso no pueden quedar supeditados, como se ha dicho, a la decisión del presunto incapaz o de los allegados del mismo o del eventual conocimiento de la situación por el Ministerio Fiscal, se establecen los siguientes mecanismos para poner en marcha la actuación de éste:

- «Cualquier persona está capacitada para poner en conocimiento del Ministerio Fiscal los hechos que puedan ser determinantes de la incapacitación» (art. 757.3 LEC).
- «Las autoridades y funcionarios públicos que por razón de sus cargos tuvieren conocimiento de las posibles causas de incapacitación de una persona, deberá ponerlo en conocimiento del Ministerio Fiscal» (art. 757.3 LEC).
- «Cuando el tribunal competente tenga conocimiento de la existencia de posible causa de incapacitación en una persona, adoptará de oficio las medidas que estime necesarias para la adecuada protección del presunto incapaz o de su patrimonio y pondrá el hecho en conocimiento del Ministerio Fiscal para que promueva, si lo estima procedente, la incapacitación» (art.762.1 LEC).

Visto el contenido de estos artículos, llegamos a la conclusión que si bien respecto de los particulares puede hablarse de una facultad de denuncia, esta facultad se convierte en una obligación para las autoridades y funcionarios públicos que por razón de sus cargos llegaran a tener conocimiento de la concurrencia de alguna posible causa de incapacitación en una persona. Esta facultad o deber de denuncia se sustenta en el interés público en la protección del presunto incapaz. La Ley pretende así cerrar el círculo e impedir que ningún presunto incapaz quede desamparado porque su situación no llegue al conocimiento del Ministerio Fiscal.

Por tratarse de una facultad de cualquier persona, estima APARICIO AUÑÓN[107], que no hacer uso de ella no genera responsabilidad, a menos que

107. APARICIO AUÑÓN, E.: *Comentarios a la Ley de Enjuiciamiento Civil,* op. cit.

haya mala fe o abuso de derecho en la pasividad o desidia, como cuando la misma esconde el propósito de dañar a un tercero, que, en el presente contexto, puede ser el propio enfermo mental.

Pero cabe añadir que dentro de la expresión «cualquier persona» (art. 757.3 LEC) se encuentran lógicamente comprendidas las obligadas a promover la constitución de la tutela, citadas en el art. 229 CC, esto es, los parientes llamados a la tutela y la persona bajo cuya guarda se encuentre el menor o incapacitado, que al tenor del mismo artículo «si no lo hicieren, serán responsables solidarios de la indemnización de los daños y perjuicios causados». Entendemos que a los efectos de salvar esta responsabilidad, bastará con que se pongan los hechos determinantes de la incapacitación en conocimiento del Ministerio Fiscal, pues no parece razonable ni necesario para el cumplimiento de lo pretendido por la Ley (la protección del incapaz) entender que les atañe la obligación de promover por sí mismos el proceso para evitar la presunta responsabilidad por daños y perjuicios del art. 229 CC. Conviene resaltar que la responsabilidad por daños y perjuicios a que se refiere el art. 229 CC es atribuible a todos los parientes llamados a la tutela, y por tanto incluye a los familiares legitimados para instar la declaración de incapacidad citados en el art. 757.1 LEC, a los que habría que añadir, a los efectos de poder incurrir en esta responsabilidad, la persona designada por el futuro tutelado y la que hubieran designado el propio tutelado, el cónyuge conviviente y los padres en disposiciones de última voluntad si tuviesen conocimiento de su designación (art. 234 CC).

En cambio, siendo la puesta en conocimiento del Ministerio Fiscal una obligación para autoridades y funcionarios, predicable incluso del propio Tribunal (art.762.1 LEC)[108], el incumplimiento de este deber dará lugar a responsabilidad, tanto disciplinaria como patrimonial, siempre que pueda demostrarse la relación causal entre la omisión en la comunicación y el daño causado, lo cual entrañará en la práctica serias dificultades[109].

108. Lo que se debe, sin duda, a la peculiar naturaleza de este proceso civil en que no rige el principio dispositivo a la necesidad de que sea otro quien asuma el papel de demandante, pues obviamente el Juez no puede ser a la vez Juez y parte.

109. Aparicio Auñón cita el ejemplo del psiquiatra que trabaja contratado para un hospital de la Seguridad Social, sin tener la condición de funcionario, y que, tras atender a un enfermo peligroso no incapacitado pero susceptible de serlo, omite dar cuenta al Ministerio Fiscal, y el enfermo, que vive solo, causa seguidamente daños a terceros, los cuales no hubieran sido posibles de haber estado aquél tutelado. Entiende que la responsabilidad del hospital en este caso dependerá de que se entienda como negligencia médica haber dejado de comunicar al Ministerio Fiscal la situación en que se encontraba el enfermo; lo que, en principio, parece dudoso. Pero si el médico hubiera

Siguiendo la enumeración ofrecida por el Fiscal Coordinador de la Sección de Protección a las Personas con Discapacidad de la Fiscalía de Jaén Fábrega Ruiz[110], podemos citar algunas de las vías a través de las cuales el Ministerio Fiscal puede llegar a tomar conocimiento de la existencia de un discapaz en una situación de riesgo o de falta de autogobierno, destacando entre ellas:

a) Los juzgados. En el orden jurisdiccional penal, esto puede darse por apreciación de una eximente completa o incompleta, o por quedar la víctima, como consecuencia del delito, en una situación que le impide su capacidad de obrar. En estos casos, deberá abrirse en la Fiscalía el oportuno expediente y dirigir escrito al juzgado expresando que, en tanto no exista otra institución de guarda, el fiscal, de acuerdo con el art. 299 bis CC, asumirá la representación y defensa del perjudicado incapaz. También puede proceder la información del orden jurisdiccional civil por figurar como demandado una persona cuya capacidad de obrar sea dudosa o, en el caso de los proceso matrimoniales, que se aleguen las perturbaciones mentales de una de las partes, etc.

b) Organismos públicos, como por ejemplo aquellos de los que deriva la concesión de pensiones, como el Instituto Nacional de la Seguridad Social para las pensiones contributivas y el IMSERSO o el equivalente en las comunidades autónomas con competencias asumidas para las no contributivas.

sido funcionario, estaría clara su negligencia –como funcionario y no como médico–, al no haber cumplido el deber que le impone el art. art. 757.3 LEC. Aparicio Auñón, E.: *Comentarios a la Ley de Enjuiciamiento Civil,* op. cit.

Por otro lado, es de tener en cuenta cómo las personas obligadas a poner en conocimiento del Ministerio Fiscal «los hechos que puedan ser determinantes de la incapacitación» deberán apreciarlos así, en la mayoría de ocasiones, de manera meramente indiciaria, por lo que se trata de una simple valoración subjetiva. Por eso, en el caso de que a alguno le fuese exigida esta responsabilidad, perfectamente podrá alegar en el procedimiento (administrativo sancionador o judicial en su caso), que no estimó que la persona en cuestión presentase síntomas que motivaran esta comunicación. Lógicamente, estas alegaciones serán más fácilmente admisibles cuando la autoridad o funcionario que las realice no sea un experto en la materia o los signos no sean notorios, y menos admisibles cuando estas alegaciones fuesen formuladas, por ejemplo, un médico psiquiatra, o cuando los síntomas de la enfermedad o deficiencia fuesen evidentes para cualquier persona.

110. Fábrega Ruiz, C.F.: «Protección de incapaces: actuaciones previas del Fiscal. Medidas cautelares y de protección». Ponencia publicada en Revisión de los procedimientos relativos a la incapacidad. *Jornadas Fundación Aequitas, Madrid, 8 y 9 de marzo de 2004.* Fundación Aequitas, Madrid, 2004, págs. 41 y ss.

c) Centros de internamiento, bien se trate de unidades de agudos, bien de centros de carácter asistencial, cuando se produce en ellos el ingreso de una persona que no puede prestar su consentimiento por sí, o cualquier incidencia que pudiera surgir posteriormente a lo largo de la estancia del mismo.

d) Otras instituciones públicas, o empleados públicos, o centros. Generalmente ayuntamientos que comunican una situación de abandono o desamparo, o la existencia de una persona conflictiva que ocasiona molestias y de la que se sospecha cierta patología mental. También puede proceder la información de instituciones de servicios sociales (como trabajadores sociales comunitarios o especializados) que comunican situaciones y estados de abandono o desamparo. E igualmente, de las delegaciones de Asuntos Sociales, que pueden remitir las denuncias de maltrato ante el Teléfono del Mayor u otras que llegan a su conocimiento. También de Servicios de Asistencia a la Víctima, cuando el problema que los usuarios plantean afecta a personas discapacitadas, y de los programas de las entidades asociativas o fundaciones.

Marimón Durá[111] señala que incluso podría pensarse en el presunto incapaz que acude al Ministerio Fiscal, lo cual estimamos que constituye una posibilidad plenamente admisible, pues es posible que una persona entienda que necesita la protección jurídica que la declaración de incapacitación puede conferirle, y que no pueda o no sepa o no desee promover directamente su propia incapacitación, y que a la vez no cuente con ningún familiar o conocido que pueda poner la situación en conocimiento del Ministerio Fiscal.

Una vez recibida la comunicación, en la Fiscalía correspondiente se incoará un expediente informativo, asignándole un número de registro. Como señala Fábrega Ruiz[112], la tramitación de estos expedientes supone una tarea de verdadera instrucción, procediéndose a hacer acopio de la documentación y los datos necesarios, con audiencia de los familiares en los casos en que se estime preciso, para instar la medida de protección más adecuada o instar el procedimiento de incapacidad. Estos expedientes se tramitan al amparo de lo dispuesto en el último párrafo del art. 5 de Ley 50/1981, 30 diciembre, por la que se regula el Estatuto Orgánico del Ministerio Fiscal, y según el cual «también podrá el Fiscal incoar diligencias preprocesales en-

111. Marimón Durá, Mª C.: *El Proceso Civil VIII,* op. cit.
112. Fábrega Ruiz, C.F.: *Protección de incapaces: actuaciones previas del Fiscal. Medidas cautelares y de protección,* op. cit.

caminadas a facilitar el ejercicio de las demás funciones que el ordenamiento jurídico le atribuye». En opinión del citado autor, al carecer estos expedientes de una regulación legal, deben llevarse a efecto de manera flexible y sencilla, huyendo de formalidades que las encorseten, pudiendo destacarse, dentro de las diligencias o actividades a practicar, las siguientes:

1. Decreto de incoación y comunicación al solicitante.
2. Carta a pariente, si consta la existencia de legitimados para instar la incapacitación, con el fin de indagar si van a interponer ellos la demanda de incapacitación, con el fin de solicitar la documentación necesaria para ello en otro caso. Entiende Fábrega Ruiz que la necesidad de este trámite se encuentra en la posición subsidiaria que presenta el Ministerio Fiscal en la legitimación activa en los procesos de incapacidad (que se desprende del art. 757.2 LEC), pero esto no obstante, señala, con buen criterio, que también puede prescindirse de este trámite si consta que se trata de una familia desestructurada o sin relaciones con su pariente enfermo.
3. Solicitud de documentación médica (a Salud Mental, Unidades de Valoración de Minusvalías o Institutos de Servicios Sociales autonómicos, al Instituto Nacional de la Seguridad Social, Centros residenciales, etc.).
4. Solicitud de documentación económica, bancaria o del Registro de la Propiedad, escrituras públicas o testamentos, lo que se considera imprescindible cuando se denuncian casos de expoliación o abusos económicos.
5. Reconocimiento por parte del Médico Forense cuando la patología o limitación de autogobierno ofrezca dudas, manifestándose éste sobre si el trastorno es de carácter persistente y sobre su previsible evolución y en qué medida dicho trastorno puede influir en la capacidad de la persona en cuestión para autogobernarse, tanto en el aspecto personal como en el aspecto patrimonial.
6. Sería conveniente, a juicio de nuestro Fiscal, la introducción de una prueba psicológica dirigida a valorar la posibilidad de ejercicio de las actividades básicas de la vida diaria del presunto incapaz, para lo que existen diversos instrumentos, si bien señala que el general desconocimiento de los mismos crea dificultades en su uso idóneo, citándose entre otros, la escala de la Cruz Roja para la valoración de la incapacidad, el test de Katz, las tablas AMA de la Asociación Mé-

dica Americana (aceptadas por el Ministerio de Trabajo por Orden Ministerial de 8 de marzo de 1984).

7. Incorporación de partida literal de nacimiento solicitada del Registro Civil, señalando este autor que no son pocos los casos en que el presunto incapaz no está inscrito o, por diversos motivos, no se logra dar con dicha partida literal, siendo conveniente, en estos casos, interesar la inscripción fuera de plazo con los datos de que se disponga, a fin de que posteriormente, cuando la sentencia sea firme, pueda ser inscrita.
8. Informes municipales sobre parientes y el domicilio del presunto incapaz, así como indicación de las personas que conviven con él, lo cual servirá ya al Ministerio Fiscal para hacerse una idea acerca de la idoneidad para ser tutor y la posibilidad de rehabilitar la patria potestad.
9. Informes policiales en los casos en que sea preciso para averiguar el paradero del presunto incapaz, o el estado del mismo, o el comportamiento de sus familiares con él.
10. Entrevista personal con los parientes o los trabajadores del centro residencial cuando se considere necesario.
11. Examen directo del presunto incapaz, cuando se considere igualmente necesario.

Recuerda en cualquier caso Fábrega Ruiz[113] que las diligencias que hemos expuesto no son las únicas que podrán practicarse, ni tampoco será necesario practicar todas en todos los casos, sino únicamente las que se consideren imprescindibles para tomar la decisión de promover el proceso, dejando el resto, en su caso, para el procedimiento judicial.

Debe añadirse que, obviamente, la denuncia o puesta en conocimiento del Ministerio Fiscal, no obliga a éste a instar en todo caso la incapacitación. En efecto, puede el Ministerio Fiscal acordar el archivo del expediente si considera que no concurre causa de incapacitación o si constata que ya se ha incoado el proceso. Y en cualquier caso, podrá adoptar alguna de las resoluciones siguientes:

- Instar la demanda de incapacitación de reintegración de la capacidad.
- Instar el nombramiento de titular del organismo de guarda.

113. Ibídem.

- Instar el internamiento del presunto incapaz.
- Instar otras medidas cautelares personales o patrimoniales.
- Presentar una denuncia o querella penal, si de las diligencias preprocesales de desprendiere causa para ello.
- Derivar el asunto a los servicios sociales correspondientes o a otra sección de la Fiscalía (por ejemplo, Violencia Doméstica, Vigilancia Penitenciaria, etc.).
- Remitir el asunto a otra Fiscalía, por encontrarse el afectado residiendo en su territorio.

FÁBREGA RUIZ[114] considera que de la decisión debe darse traslado a la persona que solicitó la intervención del Ministerio Fiscal y a otros interesados, por aplicación analógica de lo dispuesto para las diligencias preprocesales de carácter penal.

Y entiende asimismo este autor que no cabe recurso alguno contra la decisión del Fiscal, de modo que si el solicitante se encuentra legitimado para interponer por él mismo la demanda deberá hacerlo y si no, sólo podría presentar la correspondiente queja ante los superiores jerárquicos del Fiscal actuante, si considerase que ha existido algún comportamiento negligente o incorrecto por parte del mismo.

7. EXENCIÓN DE TASA

Habiendo visto hasta aquí quién está legitimado activamente para interponer la demanda de incapacitación, es de gran trascendencia práctica saber si la interposición de esta demanda conlleva, además de los gastos de abogado y procurador cuya postulación es necesaria, la imposición de la tasa por el ejercicio de la potestad jurisdiccional.

La Ley 10/2012, de 20 de noviembre, por la que se regulan determinadas tasas en el ámbito de la Administración de Justicia y del Instituto Nacional de Toxicología y Ciencias Forenses ha configurado como hecho imponible a estos efectos la interposición de la demanda en toda clase de procesos declarativos (art. 2.a). Afortunadamente, y dado que la obligatoriedad del abono de la tasa puede suponer de facto una limitación al acceso a la Justicia para las personas con menos recursos económicos, constituye una

114. Ibídem.

exención objetiva a los efectos de dicha Ley la interposición de demanda y la presentación de ulteriores recursos en relación con los procesos sobre capacidad (art. 4.a).

Por tanto, para promover el procedimiento de modificación de la capacidad de las personas o para la interposición de recursos contra las resoluciones dictadas en los mismos, no es necesario abonar tasa.

8. LA CUANTÍA DE LA DEMANDA Y LAS COSTAS PROCESALES

Dado que el proceso de incapacitación viene regulado en la LEC con una tramitación específica por razón de la materia, la determinación de la cuantía no es relevante a los efectos de determinar el cauce procesal, que será en todo caso y según el art. 753 LEC, el juicio verbal especial con contestación escrita a la demanda y conclusiones orales tras la vista; tampoco es determinante de la competencia objetiva, que como hemos visto viene atribuida expresamente por el art. 756 LEC a los Juzgados de Primera Instancia.

La demanda de incapacitación es de cuantía indeterminada, por lo que a efectos de imposición de las costas procesales, se valorará en 18.000 euros, salvo que, en razón de la complejidad del asunto, el tribunal disponga otra cosa (art. 394.3 LEC).

El artículo 394.1 LEC establece que «en los procesos declarativos, las costas de la primera instancia se impondrán a la parte que haya visto rechazadas todas sus pretensiones, salvo que el tribunal aprecie, y así lo razone, que el caso presentaba serias dudas de hecho o de derecho. Para apreciar, a efectos de condena en costas, que el caso era jurídicamente dudoso se tendrá en cuenta la jurisprudencia recaída en casos similares».

Por tanto, en materia de imposición de las costas del procedimiento devengadas en la primera instancia, rige el principio objetivo del vencimiento; siendo de preceptiva imposición a la parte cuyas pretensiones han sido totalmente rechazadas, por imperativo de lo dispuesto en artículo 394.1 LEC. Como ha declarado la Audiencia Provincial de La Coruña[115], «que las peticiones tendentes a la declaración de la incapacidad civil de una persona se tramiten por un procedimiento establecido por razón de la materia no supone que no deba aplicarse dicho criterio de imposición de costas. La Ley de

115. Audiencia Provincial de La Coruña (Sección 3ª) Sentencia núm. 73/2013 de 8 febrero (JUR 2013, 126977).

Enjuiciamiento Civil no exime de tal pronunciamiento, ni de la aplicación de las reglas generales. Por lo que la desestimación de la demanda conlleva la imposición de costas al demandante. Desde la óptica contraria, no se advierte el motivo por el que una persona deba soportar los gastos y molestias que conlleva tener que defenderse de una solicitud de incapacitación ¿Cuál es la razón para tener que soportar demandas infundadas?».

La Audiencia Provincial de Barcelona explica que «Aún cuando, la jurisprudencia había venido interpretando, –con mayor frecuencia hasta la entrada en vigor de la presente Ley de Enjuiciamiento Civil–, que el criterio del vencimiento objetivo que rige en materia de costas , ha de ser mitigado cuando constituyen objeto del proceso materias propias del derecho de Familia en cuyo debate han de tomarse en consideración la tensionalidad y subjetividad que lo impregnan, y también en aquellos procesos que afectan a la capacidad de la persona en los que en ocasiones la actividad probatoria que conduzca al convencimiento sobre el auténtico estado de aquél cuya incapacidad se pretende sólo se puede obtener a través del proceso, tal doctrina no es de aplicación automática sino excepcional. Antes al contrario, deberá hacerse aplicación del denominado criterio del vencimiento subjetivo, que se encuadra con mayor rigor en el deber de indemnizar que nace del artículo 1902 del Código Civil, en casos como el que nos ocupa en los que , como dice la sentencia del Tribunal Constitucional de 1 de diciembre de 1988, las costas no constituyen una sanción al que pierde sino una contraprestación por los gastos ocasionados al que obtuvo una victoria fundada»[116].

No obstante, el art. 394.1 LEC establece, como hemos visto, la salvedad a la regla general del criterio del vencimiento en materia de imposición de costas, de modo que no se condenará a la parte vencida a su abono en el caso de que «el tribunal aprecie, y así lo razone, que el caso presentaba serias dudas de hecho o de derecho. Para apreciar, a efectos de condena en costas, que el caso era jurídicamente dudoso se tendrá en cuenta la jurisprudencia recaída en casos similares». Esta posibilidad se configura como una facultad del Juez[117], discrecional aunque no arbitraria, ya que se exige que se expongan en la sentencia cuáles son esas dudas, y siempre sometidas a revisión en el recurso de apelación (artículo 397 LEC). Es una facultad del Juez no sometida a la petición de parte[118].

116. Audiencia Provincial de Barcelona (Sección 18ª), Sentencia núm. 728/2004 de 20 octubre (JUR 2004, 306621).
117. SSTS 7743/2010 de 10 de diciembre, y 4450/2009 de 30 de junio.
118. STS 7743/2010 de 10 de diciembre.

Se señala en el art. 394.2 que «si fuere parcial la estimación o desestimación de las pretensiones, cada parte abonará las costas causadas a su instancia y las comunes por mitad, a no ser que hubiere méritos para imponerlas a una de ellas por haber litigado con temeridad».

El concepto de temeridad tiene su fundamento en que, pese a no estimarse la demanda o la contestación en su totalidad, la actitud de una de las partes, con su malicia, bien hizo inevitable el litigio, bien hizo incurrir a la otra en innecesarios gastos durante la tramitación, que se hubiesen podido evitar si hubiese mantenido una postura procesal acorde con los principios de la buena fe. Así que se considera temerario a quien teniendo conciencia de lo improsperable de su pretensión u oposición, sabiendo que no tiene razón, decide demandar u oponerse[119]; o cuando se falta claramente a la verdad[120].

En el párrafo segundo del artículo 394.3 LEC, se dispone que cuando conforme al criterio del vencimiento objetivo se impusieren las costas al litigante vencido, «éste sólo estará obligado a pagar, de la parte que corresponda a los abogados y demás profesionales que no estén sujetos a tarifa o arancel, una cantidad total que no exceda de la tercera parte de la cuantía del proceso, por cada uno de los litigantes que hubieren obtenido tal pronunciamiento; a estos solos efectos, las pretensiones inestimables se valorarán en 18.000 euros, salvo que, en razón de la complejidad del asunto, el tribunal disponga otra cosa».

Pero se establece a continuación en el siguiente párrafo que tal límite no operará «cuando el tribunal declare la temeridad del litigante condenado en costas». Como ha resaltado recientemente la Audiencia Provincial de La Coruña en relación con un proceso de incapacitación, «en este contexto, la temeridad no es un criterio para la imposición de las costas, sino una especie de "agravante" en lo que se refiere a la cuantía que deberá abonar el condenado a su pago. Criterio que nada tiene que ver con la imposición, sino que se vincula a los mandatos de litigar con buena fe, consagrados en el artículo 11.1 de la Ley Orgánica del Poder Judicial y 247 de la Ley de Enjuiciamiento Civil»[121].

119. SSTS de 11 de julio de 1986 y 21 de abril de 1950.
120. STS de 9 de diciembre de 1986.
121. Audiencia Provincial de La Coruña (Sección 3ª) Sentencia núm. 73/2013 de 8 febrero (JUR 2013, 126977).

Visto lo anterior, podemos afirmar que en la jurisprudencia menor se viene entendiendo que en los procesos de incapacitación, procede la imposición de costas a la parte demandante cuando la demanda se desestima íntegramente, no estimándose siquiera parcialmente[122], siguiéndose así el criterio general del vencimiento recogido en la LEC.

Asimismo, procede la condena en costas al actor cuando la demanda carece de justificación por no acreditarse, junto con la demanda, que la enfermedad mental padecida sea actual e incapacitante, como impone el art. 200 CC[123]. Cabe señalar que para acreditar la buena fe a la hora de litigar, así como para poder defender que el caso presentaba serias dudas de hecho o de derecho que permitan evitar una eventual condena en costas, lo más práctico será adjuntar a la demanda un informe médico actualizado donde conste la concreta enfermedad o deficiencia que sufre la persona cuya incapacitación se pretende.

122. Audiencia Provincial de Barcelona (Sección 18ª), Sentencia núm. 728/2004 de 20 octubre (JUR 2004, 306621) antes citada. Podemos también referirnos a la Sentencia núm. 12/2003 de la Audiencia Provincial de Navarra (Sección 2ª), de 31 enero (JUR 2003, 45510), en la que se alude a la falta de urgencia y de necesidad de interponer la demanda de incapacitación que fue ya desestimada en la primera instancia, por lo que no se estima que haya razón para desviarse de la regla general de la imposición de las costas por razón del vencimiento.

123. Audiencia Provincial de Murcia (Sección 5ª), Sentencia núm. 170/2006 de 18 abril JUR (2006, 159317): «En efecto, junto con la demanda no se aportó documento alguno que justificase la situación de enfermedad mental en los términos del artículo 200 del Código Civil que impidiesen al demandado gobernarse por sí mismo. Simplemente se aportó un parte de consulta, que se desconoce si es del médico de cabecera del demandado, que a su vez se remite a un informe de psiquiatría del Hospital Morales Meseguer, que ni se ha acompañado ni se ha solicitado como prueba por la parte actora. Junto a este documento se aportó otro fechado en el año 1998, informe de alta del Hospital General Universitario de Murcia, del que se deriva que el demandado estuvo ingresado en la unidad de Psiquiatría de dicho centro desde el 2 de noviembre de 1998 al 9 de diciembre de 1998, del que tampoco se establece situación alguna incapacitante, pues se limita a fijar un tratamiento y revisiones por su psiquiatra y que además se refiere a un periodo seis años anterior a la interposición de la demanda, por lo que ninguna prueba del estado actual del demandado se acompaña con la demanda, lo que ya de por si demuestra la falta de base de la misma y la ausencia de dudas sobre el estado mental del demandado, pues no se trata de que pueda estar diagnosticado de una enfermedad mental, sino que como consecuencia de dicha enfermedad no pueda gobernarse por sí mismo, lo que en modo alguno se deriva de los hechos señalados en la demanda, corroborándose por la prueba posterior celebrada la ausencia de todo tipo de base en la pretensión ejercitada. Por ello la imposición de costas en primera instancia es correcta y procede su confirmación».

Cuando no haya existido oposición por parte del presunto incapaz a la pretensión de incapacitación y la demanda haya sido estimada, no procederá hacer en la sentencia pronunciamiento alguno sobre las costas.

Sin embargo, para el demandado, aun habiéndose opuesto a la pretensión de incapacitación, bien en la contestación a la demanda, bien recurriendo la sentencia estimatoria, se considera que la naturaleza de este tipo de procesos y la multiplicidad de circunstancias personales, familiares y económicas concurrentes, constituyen circunstancias excepcionales que impiden hacer expresa imposición de las costas procesales causadas conforme a los principios objetivo y de causalidad[124]. También en estos casos se ha estimado que la peculiaridad de este tipo de procesos, que se sustraen propiamente de un procedimiento contencioso, es causa bastante para no hacer pronunciamiento en cuanto a las costas[125].

Finalmente, encontramos alguna resolución en la que se acuerda no imponer las costas al demandante cuando éstesolicita el desistimiento por fallecimiento del presunto incapaz durante la tramitación del proceso de incapacitación[126]. Tampoco procede la condena en costas cuando los actores desisten por haber cambiado la situación personal del presunto incapaz y considerar en consecuencia que ya no necesario que se siga adelante con el proceso[127].

9. ACUMULACIÓN OBJETIVA DE ACCIONES

Con anterioridad a la LEC de 2000, la jurisprudencia del Tribunal Supremo venía considerando que en el proceso de incapacitación había un único objeto y que éste consistía en la declaración de que concurren en la persona las causas para declarar su incapacitación, sin que cupiera la posibilidad

124. Audiencia Provincial de Islas Baleares (Sección 5ª), Sentencia núm. 261/2005 de 14 junio (JUR 2005, 176409).
125. Audiencia Provincial de Barcelona (Sección 18ª), Sentencia de 17 marzo 2004 (JUR 2004, 120864).
126. Así, Audiencia Provincial de Burgos (Sección 2ª), Auto núm. 49/2000 de 27 enero (AC 2000, 355): «han sido hechos producidos con posterioridad a la formulación de la demanda, la muerte de la demandada cuya incapacidad se solicitaba, los que han determinado el desistimiento de la acción ejercitada, como no podía ser de otra manera, por lo que no sólo es evidente que no ha concurrido mala fe o temeridad en su actuación sino más bien un cumplimiento estricto de sus obligaciones, con lo que concurren las circunstancias que justifican la no imposición de costas».
127. Audiencia Provincial de Las Palmas (Sección 5ª), Auto núm. 164/2006 de 1 septiembre (JUR 2007, 2577).

de acumular acciones ni de plantear reconvención. Según esta doctrina, la sentencia debía limitar su contenido a este objeto, es decir a la pretensión de la incapacitación de la persona de que se trate, no pudiendo extenderse a cuestiones propias de otros procesos como por ejemplo la esterilización a la que se refiere el art. 156 CP, el internamiento del 763 LEC o la tutela[128].

Del mismo modo, se sostenía que el nombramiento del tutor no debía hacerse en la misma sentencia de incapacitación, sino posteriormente en acto de jurisdicción voluntaria, una vez hubiera adquirido firmeza la sentencia de incapacitación[129]; aunque existía ya una línea jurisprudencial que, basándose en que la reforma operada en el Código Civil en 1983 orientaba la nueva regulación en un aumento de la intervención judicial en beneficio del declarado incapaz, sostenía que en aras de la economía procesal era posible hacer la designación de tutor en la misma sentencia[130].

---

128. La STS de 22 de julio de 1993 (RJ 1993, 6277), siguiendo esta doctrina anterior a la LEC 2000, afirmaba que «los Tribunales de instancia debieron limitar el contenido de sus resoluciones a la única cuestión que les fue sometida: la declaración de incapacidad de doña Narcisa, determinando la extensión y los límites de ésta, así como el régimen de tutela a que debiera quedar sometida en su caso (art. 210 del Código Civil). La constitución del organismo tutelar se integra en un procedimiento de jurisdicción voluntaria (art. 231 del Código Civil) que debe iniciarse a partir de la firmeza de la sentencia donde se declara la incapacidad».
En STS de 10 de febrero de 1986 (RJ 1986, 520), se señala la diferencia existente entre la solicitud de incapacitación de una persona y la solicitud de su internamiento, que pueden considerarse por tanto dos acciones distintas (cuya acumulación permite la LEC de 2000): «El internamiento en un Establecimiento Psiquiátrico no es una normal consecuencia de la expresada incapacitación conferible a quien sea encargado de la custodia del incapacitado, ni en consecuencia emana de la normativa contenida en el artículo 200 del Código Civil con su complemento del artículo 208 del mismo Cuerpo legal, sino de una específica regulación establecida en el artículo 211 del referido Código, para el caso de que un incapaz requiera internamiento, y cuya facultad no viene encomendada al órgano de guarda constituido, sino exclusivamente al juez correspondiente, con acomodo a la expresada normativa contenida en el citado artículo 211, a la que, en su caso y momento, de estimarse que se dan las circunstancias para su aplicación, habrá de acudirse y mucho más en cuanto que las limitaciones de índole personal, como son las de internamientos en Centros psiquiátricos, no pueden establecerse «a priori» y genéricamente, sino en el momento y concretamente para cuando se dé la causa que requiera tan extraordinaria medida afectante a la personalidad».
129. Tribunal Supremo (Sala de lo Civil), Sentencia núm. 24/1998 de 27 enero (RJ 1998, 552) y Tribunal Supremo (Sala de lo Civil), Sentencia núm. 461/1998 de 19 mayo (RJ 1998, 3378).
130. Como recopila esta sentencia de la Audiencia Provincial de Burgos: «La procedencia del nombramiento de tutor en la sentencia que declara la incapacidad, es una cuestión jurisprudencialmente admitida ya desde antiguo, así STS de 22 de julio de 1993, que, en beneficio del incapacitado, aconseja reducir los trámites procesales. Tal y como la Sentencia del Tribunal Supremo de 20 de mayo de 2003 destaca, este criterio de

La regulación actual contenida en la LEC de 2000 acaba con la controversia suscitada, al admitir la posibilidad de acumular acciones, aunque limitadamente, de modo que sólo podrán ejercerse junto con la acción de incapacitación, las relativas al régimen de tutela o guarda y a la necesidad de internamiento[131]. El art. 760.1 LEC establece que «la sentencia que declare la incapacitación determinará la extensión y los límites de ésta, así como el régimen de tutela o guarda a que haya de quedar sometido el incapacitado, y se pronunciará, en su caso, sobre la necesidad de internamiento, sin perjuicio de lo dispuesto en el artículo 763». Dicho artículo es concreción del art. 71.1 LEC, según el cual «la acumulación de acciones admitida producirá el efecto de discutirse todas en un mismo procedimiento y resolverse en una sola sentencia».

9.1. Acumulación de la acción de nombramiento del tutor a la solicitud de incapacitación

Una de las importantes novedades introducidas por la LEC de 2000 en relación con la anterior regulación es la posibilidad de acumular al proceso de incapacitación la acción de nombramiento de las personas que vayan a ejercer la tutela o curatela (art. 759.2 LEC), de manera que la sentencia se pronuncie también sobre este extremo.

A continuación, establece el art. 760.2 que «en el caso a que se refiere el apartado 2 del artículo anterior (esto es, cuando se hubiera solicitado en la demanda de incapacitación el nombramiento de la persona o personas que hayan de asistir o representar al incapaz y velar por él) si el tribunal accede a la solicitud, la sentencia que declare la incapacitación o la prodigalidad nombrará a la persona o personas que, con arreglo a la Ley, hayan de asistir o representar al incapaz y velar por él».

La posibilidad de nombrar tutor o curador en la propia sentencia de incapacitación, pese a ser en general bien acogida por el principio de economía procesal que recoge, con la reducción de molestias en beneficio de

economía procesal ha transcendido a la vigente Ley de Enjuiciamiento Civil, que en su Art. 759.2 contempla la petición de nombramiento de persona o personas que hayan de asistir o representar al incapaz». Audiencia Provincial de Burgos (Sección 2ª), Sentencia núm. 366/2008 de 11 noviembre (JUR 2009, 104919).

131. En la jurisprudencia menor anterior a la LEC, encontramos sin embargo algún caso en que se admite la acumulación objetiva de otras acciones, como en la SAP Barcelona, secc. 18, de 19 octubre 1999, que más adelante se comentará.

los incapaces, fue criticada sin embargo por parte de la doctrina procesalista. Así, Aparicio Auñón[132], estima que más allá de las aparentes bondades de esta previsión, ésta puede convertirse en un «semillero de apelaciones inútiles». Y sostiene que, dado el efecto característico de la sentencia, consistente en excluir un ulterior proceso sobre lo mismo, la previsión del art. 760.2 LEC se aviene mal con el carácter transitorio y de constante revisión que normalmente tiene la designación de curador, advirtiendo que el nombramiento de los representantes o asistentes del declarado incapaz (total o parcialmente), hecho en la sentencia, no tiene ni puede tener carácter definitivo, por lo que no será infrecuente que haya que remover del cargo tutelar al que dice la sentencia y nombrar en su lugar a otro tutor distinto; y ello mediante acto de jurisdicción voluntaria. Señala también Aparicio Auñón que un segundo problema se producirá con motivo de la apelación de sentencias, pues muchas vendrán inducidas por la disconformidad no con la declaración de incapacidad sino con el tutor o curador nombrados. Echa en falta este autor, en el art. 760.2 LEC, una previsión análoga a la del art. 774.5 LEC[133], en el sentido de que cuando la apelación afecte sólo al nombramiento de los cargos tutelares, se declarará la firmeza del pronunciamiento sobre declaración de incapacidad.

Apuntada la anterior crítica, podemos continuar analizando el contenido del artículo 760.2 LEC aquí comentado, que, por remisión al art. 759.2 LEC, impone que para el nombramiento del tutor deban practicarse las pruebas siguientes:

1. se oirá a los parientes más próximos del presunto incapaz,
2. se oirá al presunto incapaz, si tuviera suficiente juicio,
3. se oirá a las demás personas que el tribunal considere oportuno.

Por lo tanto, la audiencia de los parientes más próximos y del presunto incapaz (si éste tuviera suficiente juicio) se configura como obligatoria, si bien el Tribunal podrá además oír a las personas que considere oportuno. Esta audiencia está dirigida a apreciar la idoneidad para el ejercicio de las

132. Aparicio Auñón, E.: *Comentarios a la Ley de Enjuiciamiento Civil,* op. cit.
133. El citado artículo, referido a las medidas definitivas en los procesos matrimoniales, establece que «los recursos que, conforme a la ley, se interpongan contra la sentencia no suspenderán la eficacia de las medidas que se hubieren acordado en ésta. Si la impugnación afectara únicamente a los pronunciamientos sobre medidas, se declarará por el Secretario judicial la firmeza del pronunciamiento sobre la nulidad, separación o divorcio».

funciones tutelares, para lo que deberá tenerse siempre en cuenta el superior interés del incapacitado.

El contenido del precepto estudiado deberá complementarse con lo dispuesto en el art. 231 CC, según el cual «el Juez constituirá la tutela, previa audiencia de los parientes más próximos, de las personas que considere oportuno, y, en todo caso, del tutelado si tuviera suficiente juicio y siempre si fuera mayor de doce años». Entendemos que de la previsión de este art. 231 CC se desprende que el presunto incapaz deberá ser oído siempre si fuese mayor de doce años, salvo que estuviese impedido de hecho para hacer por cualquier medio la declaración o que manifiestamente (con apoyo en la pericial médica) careciese de juicio suficiente.

Cabe preguntarse si la opinión que manifieste en esta audiencia el todavía presunto incapaz (pues de ordinario la audiencia se llevará a cabo simultáneamente con el examen judicial personal y directo del presunto incapaz) vincula al Tribunal.

En primer lugar, se da por sentado que si la preferencia por persona concreta para ejercer el cargo tutelar se ha manifestado previamente en documento público notarial conforme al art. 223 CC[134], dicha disposición vincula al Juez, salvo que el beneficio del menor o incapacitado exija otra cosa, en cuyo caso lo hará mediante decisión motivada (art. 224 CC).

Sin embargo, pudiera ocurrir que, habiéndose designado a esta persona por el propio supuesto incapaz en documento público, en el momento de constituirse la tutela, decidiera que prefiere que se designe tutor a otra persona. En este caso, y partiendo del entendimiento de que lo dispuesto en dicho documento público es esencialmente revocable, entendemos que lo primero que deberá hacer el Juez es valorar si la causa de incapacitación

134. El art. 233 CC, tras la redacción dada por la Ley 41/2003, de 18 de noviembre, de protección patrimonial de las personas con discapacidad, dispone que «los padres podrán en testamento o documento público notarial nombrar tutor, establecer órganos de fiscalización de la tutela, así como designar las personas que hayan de integrarlos u ordenar cualquier disposición sobre la persona o bienes de sus hijos menores o incapacitados. Asimismo, cualquier persona con la capacidad de obrar suficiente, en previsión de ser incapacitada judicialmente en el futuro, podrá en documento público notarial adoptar cualquier disposición relativa a su propia persona o bienes, incluida la designación de tutor. Los documentos públicos a los que se refiere el presente artículo se comunicarán de oficio por el notario autorizante al Registro Civil, para su indicación en la inscripción de nacimiento del interesado. En los procedimientos de incapacitación, el juez recabará certificación del Registro Civil y, en su caso, del registro de actos de última voluntad, a efectos de comprobar la existencia de las disposiciones a las que se refiere este artículo».

que afecta a la persona le afecta a su entendimiento, apoyándose para ello en los peritos médicos y en lo que manifiesten las partes. En caso de que se determinase que su voluntad pudiera estar afectada por la enfermedad que padezca, deberá el Juez sujetarse a la designación hecha previamente por el presunto incapaz en el documento público notarial, salvo que entienda, practicada la audiencia valorada la capacidad de juicio del presunto incapaz, que su beneficio exija otra cosa, debiendo en todo caso motivar esta imposición (art. 224 CC). Pero si este cambio de parecer no se debe a vicio de la voluntad, por ejemplo, por tratarse de una enfermedad de carácter exclusivamente físico, es claro que deberá respetarse la opinión manifestada en el juicio, que, por ser posterior, deberá prevalecerá sobre la manifestada en el documento público notarial.

Pudiera ocurrir, incluso, que en el citado documento público notarial no se hubiera hecho designación nominal de tutor para el caso de una incapacitación futura, sino que se acuda a una fórmula genérica. En este caso, siempre que la persona que vaya a ser sometida a tutela no pueda ser oída por razón de la enfermedad que padezca o que pudiendo ser oída, la enfermedad afectase a su inteligencia o voluntad, se impone la necesidad de una interpretación de la disposición, indagando el verdadero sentido y alcance de la voluntad del presunto incapaz. Por analogía, pueden aplicarse las reglas que el Código Civil establece para la interpretación del testamento y de las cláusulas de los contratos. Nos referimos a la regla general del art. 675 CC, que establece que «toda disposición testamentaria deberá entenderse en el sentido literal de sus palabras, a no ser que aparezca claramente que fue otra la voluntad del testador. En caso de duda se observará lo que aparezca más conforme a la intención del testador según el tenor del mismo testamento». También los artículos siguientes del Código Civil, relativos a la interpretación de los contratos: el art. 1.281CC, que ordena estar al sentido literal de las palabras salvo cuando sean contrarias a la intención; el art. 1.282 CC, para determinar la intención de los contratantes atenerse a sus actos coetáneos y posteriores al mismo contrato (también anteriores); el art. 1.283 CC que impide comprender en la generalidad de los términos que se han empleado cosas distintas ni casos diferentes de los que haya contemplado el disponente; el art. 1.284 CC, que impone entender las cláusulas en el sentido más adecuado para que produzcan efectos y el art. 1.285 CC, según el cual las cláusulas de los contratos deberán interpretarse las unas por las otras, atribuyendo a las dudosas el sentido que resulte del conjunto de todas.

Entre las demás personas que el tribunal considere oportuno oír antes de proceder al nombramiento de la persona o personas que hayan de asistir o representar al incapaz y velar por él (art. 759.2 LEC), puede encontrarse un perito que asesore al Juez acerca de quién es la persona más adecuada para ostentar el cargo. ESBEC RODRÍGUEZ[135] señala que la idoneidad para la tutela se basa fundamentalmente en la constatación por parte del perito de quién es el pretendiente con una personalidad más equilibrada y saludable, que pueda proporcionar no sólo comodidades materiales, sino, especialmente una más rica red de apoyo social, mayor nivel de afecto y mejor estimulación al incapaz. El perito deberá, para ello, examinar a los posibles tutores y al incapaz teniendo en cuenta las preferencias de éste, y estará alerta ante conductas manipuladoras y/o actitudes gananciales. Indica el Médico Forense y Psicólogo que las posibilidades en la práctica serán las siguientes:

- Que exista mutuo acuerdo razonable y justo entre los familiares respecto a quién y en qué circunstancias debe ostentar la tutela, en cuyo caso el juez aprobará la propuesta.
- Que exista desacuerdo entre los familiares, en cuyo caso el juez decidirá sobre quién habrá de recaer la tutela.
- Que no haya candidato, por no existir familiares o éstos no quieran o se dispensen alegando justa causa, en cuyo caso el juez ordenará la tutela comunitaria o a cargo de instituciones.

Considera asimismo este autor que de acuerdo con el principio del mejor interés del incapaz, el perito forense debe considerar diversos factores al otorgar la idoneidad, como son:

- El amor y otros lazos emocionales con el incapaz.
- La capacidad de las partes en conflicto para dar al incapaz amor, afecto, orientación, estabilidad y estimulación.
- La cantidad de tiempo que ha vivido en un entorno estable satisfactorio y la deseabilidad de mantener esa continuidad.
- La permanencia como unidad familiar del hogar custodio.
- La idoneidad psicológica de las partes en conflicto.
- La edad, salud mental y física de las partes en conflicto.
- La preferencia razonable del incapaz.

135. ESBEC RODRÍGUEZ, E., en ponencia publicada en *Revisión de los procedimientos relativos a la incapacidad. Jornadas Fundación Aequitas, Madrid, 8 y 9 de marzo de 2004*. Fundación Aequitas, Madrid, 2004, págs. 181 y ss.

- La disposición-capacidad de cada parte para facilitar y fomentar relaciones óptimas con la familia extensa.

Cabe añadir, por último, que no deberá proceder el Juez a la constitución del órgano tutelar en la misma sentencia que declare la incapacidad si no le hubiera pedido en la demanda (arts. 759.2 y 760.2 *a sensu contrario*). No obstante, en este caso, deberá ordenar el Juez la deducción del oportuno testimonio para iniciar de oficio el expediente de constitución de la tutela o curatela, en virtud del art. 228 CC, que dispone que «si el Ministerio Fiscal o el Juez competente tuvieren conocimiento de que existe en el territorio de su jurisdicción alguna persona que deba ser sometida a tutela, pedirá el primero y dispondrá el segundo, incluso de oficio, la constitución de la tutela». Lo mismo deberá hacerse cuando el incapacitado quede sometido a curatela, por aplicación del art. 291 CC, según el cual «son aplicables a los curadores las normas sobre nombramiento, inhabilidad, excusa y remoción de los tutores».

9.1.1. *El nombramiento del tutor fuera del proceso de incapacitación*

Para el nombramiento del tutor fuera del proceso de incapacitación, se aplicarán las normas sobre jurisdicción voluntaria contenidas en los arts. 1.833 a 1.840 de la LEC de 1881, vigentes hasta tanto se dicte una nueva ley sobre jurisdicción voluntaria[136], conforme establece la Disposición Derogatoria única de la LEC de 2000:

«Art. 1.833. Acreditado el nombramiento de tutor, hecho en disposición testamentaria por el padre o la madre del menor, mandará el Juez que se le discierna el cargo sin exigirle fianzas, si se le hubiera relevado de darlas.

Art. 1.834. También se mandará discernir el cargo de tutor al nombrado por cualquiera persona que haya instituido heredero al menor, o dejándole manda o legado de importancia; pero la relevación de fianza, en su caso, sólo se entenderá a los bienes en que consista la herencia o legado.

Art. 1.835. No obstante lo dispuesto en los dos artículos anteriores, cuando sobrevengan razones muy fundadas, que el Juez apreciará atendidas las circunstancias especiales que en su caso ocurran, podrá exigir la presta-

136. En la página web del Ministerio de Justicia, puede consultarse, a fecha de cierre de esta obra, el Anteproyecto de Ley de Jurisdicción Voluntaria, de fecha 31 de octubre de 2013.

ción de fianza aun al tutor o curador nombrado por el padre o la madre, o por otra persona que haya dejado al menor manda o legado de importancia.

Art. 1.836. No habiendo tutor nombrado por el padre, la madre u otra persona que haya instituido heredero al menor, o dejándole manda de importancia, designará el Juez para este cargo al pariente a quien corresponda con arreglo a la Ley.

Art. 1.837. Previa la aceptación del designado y la prestación de fianza en su caso, se le discernirá el cargo.

Art. 1.838. A falta de pariente a quien designar, o no reuniendo el que hubiere las cualidades que exigen las leyes, lo cual se hará constar en el expediente, el Juez nombrará para el desempeño del cargo a la persona que merezca su confianza.

Art. 1.839. Si se hiciere oposición al nombramiento, se discutirá y resolverá por los trámites de los incidentes entre el que la promueva y el tutor nombrado, representando los intereses del menor el Ministerio Fiscal.

Durante la sustanciación del juicio quedará a cargo del tutor electo la custodia del menor y la administración de su caudal, bajo las garantías que parecieren suficientes al Juez.

Art. 1.840. Oponiéndose el tutor elegido a aceptar el cargo, se oirá al Ministerio Fiscal; y si éste está conforme, nombrará el Juez nuevo tutor.

Si el Ministerio Fiscal no se conformare, se discutirá y resolverá la oposición por los trámites de los incidentes, observándose lo prevenido en el párrafo segundo del artículo anterior».

Debe tenerse en cuenta también la Disposición Adicional 3ª de la Ley Orgánica 1/1996, de 15 de enero, de Protección Jurídica del Menor:

«Con excepción de las declaraciones de incapacitación y de prodigalidad, las demás actuaciones judiciales previstas en los Títulos IX y X del Libro I del Código Civil se ajustarán al procedimiento previsto para la jurisdicción voluntaria, con las siguientes particularidades:

1.ª Tanto el Juez como el Ministerio Fiscal actuarán de oficio en interés del menor o incapaz, adoptando y proponiendo las medidas, diligencias y pruebas que estimen oportunas. Suplirán la pasividad de los particulares y les asesorarán sobre sus derechos y sobre el modo de subsanar los defectos de sus solicitudes.

2.ª No será necesaria la intervención de Abogado ni de Procurador.

3.ª La oposición de algún interesado se ventilará en el mismo procedimiento, sin convertirlo en contencioso».

Lógicamente, tratándose de incapacitados, debe partirse del presupuesto de una previa sentencia declarando la incapacidad de la persona, su extensión y límites y la necesidad de que sea sometida a tutela. Así, según las normas contenidas en los arts. 1.833 a 1.840 antes transcritos, se dictará auto susceptible de recurso de apelación que será admitido en ambos efectos cuando se interponga por el promotor del expediente y en un solo efecto cuando se presenta por persona que haya venido al expediente. En este caso, será de aplicación lo dispuesto en los arts. 218 y 219 CC.

El art. 218 CC dispone que «las resoluciones judiciales sobre los cargos tutelares y de curatela habrán de inscribirse en el Registro Civil. Dichas resoluciones no serán oponibles a terceros mientras no se hayan practicado las oportunas inscripciones». En el mismo sentido se pronuncia el art. 73 de la nueva Ley 20/2011, de 21 de julio, del Registro Civil.

Y el art. 219 CC que «la inscripción de las resoluciones a que se refiere el artículo anterior, se practicará en virtud de la comunicación que la Autoridad judicial deberá remitir sin dilación al Encargado del Registro Civil». Función que tras la Ley 13/2009, de 3 de noviembre, de reforma de la legislación procesal para la implantación de la nueva Oficina judicial, corresponde a los Secretarios judiciales.

9.2. Acumulación de otras acciones. En especial, la de nulidad de los actos de disposición previos a la declaración de incapacidad

Cabe preguntarse si, procesalmente, es posible acumular a la pretensión de incapacitación otras acciones distintas, como por ejemplo la de impugnación de un acto de disposición realizado por el incapaz antes de que se hubiera presentado la demanda de incapacitación o la reivindicación de la propiedad.

Se han pronunciado en sentido contrario autores como MARTÍNEZ DÍEZ[137], para quien el proceso de incapacitación es de objeto único, por lo que no parece que puedan acumularse otras acciones. También DÍEZ-PICAZO afirma que resulta difícilmente aceptable que en un proceso de incapacita-

137. MARTÍNEZ DÍEZ, R.: *Discapaces no incapacitados. Situaciones especiales de desamparo,* CGPJ, 1999.

ción se acumulen acciones diferentes a las de incapacitación[138]. Y pueden verse en el mismo sentido, CABRERA MERCADO[139] y BANACLOCHE PALAO[140], que justifica la improcedencia de la acumulación de acciones, no sólo en su genérica regulación legal, sino también en la lógica de las instituciones.

APARICIO AUÑÓN[141] cree también que no es posible esta acumulación, pues le parece evidente que cuando el legislador habla, en plural de «las pretensiones de la demanda» en el art. 759.1 LEC, se está refiriendo a las pretensiones que traigan causa de la acción de estado civil, como la de nombrar tutor o curador en la sentencia o la de que se extienda la incapacitación a determinados actos o que por el contrario no se extienda, etc. Añade además que la acumulación objetiva de acciones está impedida por el art. 73.1.2ª LEC (según el cual para que sea admisible la acumulación de acciones será preciso que las acciones acumuladas no deban, por razón de su materia, ventilarse en juicios de diferente tipo) considerando este autor que, efectivamente, tendrán que ventilarse necesariamente en juicios de diferente tipo: la acción de estado, en el proceso especial; y la acumulada en el ordinario que corresponda.

Por nuestra parte, consideramos que no cabe dicha acumulación de acciones, pero el fundamento de esta respuesta negativa se encuentra en la finalidad exclusivamente protectora que debe presidir el proceso de incapacitación, y no meramente en el argumento del art. 73.1.2ª LEC (prohibición de acumular acciones que, por razón de su materia, ventilarse en juicios de diferente tipo) que, aplicado al caso que nos ocupa, no deja de ser una tautología.

El proceso de incapacitación está orientado a la protección jurídica del presunto incapaz, y como ha declarado el Tribunal Supremo, en modo alguno puede concebirse como un conflicto de intereses privados y contrapuestos entre dos partes litigantes (que es lo que, generalmente, caracteriza a los procesos civiles), «pues en el mismo está en juego nada menos que la pretendida negación a un ciudadano o ciudadana mayor de edad de su ca-

138. DÍEZ-PICAZO GIMÉNEZ, I.: *La acumulación de acciones en el Proceso civil, Cuadernos de Derecho judicial,* CGPJ, XXIII, Madrid, 1996, pág. 73.
139. CABRERA MERCADO, R.: *El proceso de incapacitación,* Madrid, 1997, pág. 247.
140. BANACLOCHE PALAO, J.: *El proceso de reintegración de la capacidad de obrar,* Pamplona, 1998, pág. 32.
141. APARICIO AUÑÓN, E.: *Comentarios a la Ley de Enjuiciamiento Civil,* op. cit.

pacidad para regir su persona y administrar sus bienes del modo que tenga por conveniente (capacidad jurídica)»[142].

Podemos también fijarnos en cómo la regulación legal busca no dejar desprotegida jurídicamente a la persona, de modo que cualquier persona pueda poner los hechos en conocimiento del Ministerio Fiscal, al que se le reconoce legitimación como demandante. Y puede comprenderse que no es viable que el Ministerio Fiscal promueva la impugnación de un negocio jurídico dispositivo, pues en este proceso especial regido por el principio de oficialidad y donde no caben actos de disposición del objeto del proceso, la misión del Ministerio Fiscal es tomar parte, en defensa de la legalidad y del interés público o social, e intervenir por estar comprometido el interés social y afectar a personas menores, incapaces o desvalidas en tanto se provee de los mecanismos ordinarios de representación (arts. 3.6 y 3.7 EOMF).

Por otra parte, permitir acumular acciones sobre objetos disponibles a la acción de incapacitación produciría, en nuestra opinión, efectos nefastos, pues en lugar de ser el proceso un mecanismo para la protección jurídica de los que lo necesiten, podría utilizarse como instrumento de presión o amenaza contra estas personas, motivando demandas de incapacitación infundadas o con fines espurios. Debe tenerse además en cuenta que la eficacia de la sentencia de incapacitación no es retroactiva, por lo que la incapacitación declarado sólo tendrá efectos *ex nunc*, y por lo tanto no podrá declararse nulo un acto de disposición anterior con el solo argumento de que el otorgante ha sido ahora incapacitado[143].

En la jurisprudencia menor anterior a la LEC, encontramos sin embargo algún caso en que se admitía la acumulación objetiva de otras acciones, como en la SAP Barcelona (Sección 18), de 19 octubre 1999. La actora pretendía la declaración de incapacidad total de su madre y al mismo tiempo ejercitaba la acción de nulidad de la escritura de donación. El Juzgado de Primera Instancia había denegado la acumulación, por considerar que la acción de incapacidad era una acción de carácter personalísimo que afecta

142. Tribunal Supremo (Sala de lo Civil), Sentencia núm. 1155/1995 de 30 diciembre (RJ 1995, 9664).

143. Gordillo Cañas comenta la STS de 1 de febrero de 1986, sobre el caso del recurrente que no consigue probar la falta de discernimiento del sujeto en el momento de realizar el acto en cuestión, y frente a su pretensión de impugnar el acto alegando que, con posterioridad, el contratante fue incapacitado, el TS, afirma que «no es esa causa de impugnación puesto que la sentencia no tiene eficacia retroactiva». Gordillo Cañas, A.: «Comentario a la STS de 1 de febrero de 1986», CCJC, nº 10, enero-marzo, 1986, pág. 3405.

a la capacidad de obrar exclusivamente, siendo la acción de nulidad obviamente distinta y por tanto no acumulable. Sin embargo, la Audiencia concluye que ambas acciones eran perfectamente acumulables: «tanto la declaración de incapacidad como la de declaración de nulidad de la donación habrán de ventilarse en el mismo tipo de procedimiento, el declarativo de menor cuantía, y siendo también otro de los presupuestos exigibles el de la competencia del órgano jurisdiccional para conocer de todas las acciones acumuladas, también en este caso ha de declararse la competencia del Juzgado que conoce de la incapacidad para conocer del declarativo acumulado», razonando que «ningún obstáculo procesal puede existir en principio a la acumulación si con el conocimiento de un asunto no se infringen los principios y características que son propias al proceso de incapacidad... El cumplimiento de los indicados principios se ha observado en el proceso que nos ocupa, garantizando así la protección de los intereses tanto personales como patrimoniales de la declarada incapaz, posibilitándose también el pleno conocimiento de la posible nulidad de la escritura de donación otorgada en fecha 4 de septiembre de 1996 a favor del codemandado, hijo de la codemandada Sra. C. y hermano del demandante, nulidad que se basa precisamente en la falta de capacidad de la donante, evidenciándose la conexión entre ambas acciones». No obstante, la Audiencia desestimó el recurso por falta «de una completa y evidente prueba de que la Sra. Juana al tiempo de firmar la escritura de donación, tenía enervadas las facultades mentales», citando que «como recuerda la reciente sentencia del Tribunal Supremo de fecha 4 de mayo de 1998, recogiendo la consolidada doctrina jurisprudencial existente al respecto, los juicios del notario sobre la realidad de hechos no sensibles como es la del juicio de capacidad mental del otorgante, la prueba de contrario para destruir tal presunción *iuris tantum* no deberá dejar margen racional de duda, puesto que la adveración del fedatario autorizante reviste especial relevancia de certidumbre»[144].

Tras la LEC de 2000, aunque en ocasiones se permite la acumulación de estas acciones, la doctrina de nuestras Audiencias es contraria a estimar la nulidad de los negocios jurídicos realizados antes de la sentencia de incapacitación. Se alega sin embargo, más que los distintos principios a que obedecen los procesos en que deben ventilarse estas distintas acciones o el criterio de beneficio y protección del incapaz que exclusivamente debiera regir en el proceso sobre capacidad –y que no obstante se viene proclamando más enérgicamente desde la LEC de 2000–, la imposibilidad de recono-

144. SAP Barcelona, Secc. 18, de 19 octubre 1999.

cer a la sentencia de incapacitación efectos retroactivos que se extiendan al momento en que se prestó el consentimiento, como reiteradamente viene estableciendo el Tribunal Supremo.

Así, la Sentencia del Tribunal Supremo de 10 de noviembre de 2005 acerca de la pretensión de declaración de nulidad de una serie de contratos fundándose, entre otros motivos, en la falta de capacidad de uno de los contratantes. Razona el Tribunal Supremo que «a juicio de la Sala la parte demandante no ha acreditado que la parte vendedora en las correspondientes escrituras de venta actuara en el negocio jurídico con una capacidad viciada. Don Ismael padeció etapas de reconocimientos médicos, pero no fue hasta el 13 de noviembre de 1992 cuando fue declarado judicialmente incapaz. La capacidad de una persona se presume y el notario ha de dar fe de la capacidad del otorgante. La incapacidad debe ser declarada mediante sentencia judicial, como dice el art. 199 del Código civil y en todo caso la incapacidad debe interpretarse restrictivamente. No puede decirse que al momento del otorgamiento las escrituras el vendedor fuera incapaz y por tanto las ventas son válidas»[145].

Dictada antes de que entrase en vigor la actual LEC, pero negando igualmente efectos retroactivos a la sentencia de incapacitación, puede citarse la Sentencia de 19 de febrero de 1996, en la que el Tribunal Supremo señala que «el artículo 200 del Código Civil contempla como supuestos de incapacitación los determinados por enfermedades psíquicas o mentales, las psicofísicas y las deficiencias o alteraciones de carácter físico, siempre que sean constantes, lo que hay que entender como de permanencia hacia el futuro y no hacia el pasado , como pretenden los recurrentes». Y añade que «pretender el traslado de todas estas deficiencias a diez años antes, simplemente por el interés patrimonial de los que recurren, resulta improcedente, ya que lo que debe tenerse en cuenta es el estado de la enferma en el momento de su reconocimiento judicial y pruebas periciales practicadas en el pleito, que no autorizan para nada la retroactividad pretendida, sobre todo cuando ninguna probanza convincente se aportó en este sentido, con lo que el motivo ha de ser rechazado»[146].

Asimismo, en la jurisprudencia menor encontramos cómo directamente se niega la posibilidad de acumulación de la acción de anulación de nego-

145. Tribunal Supremo (Sala de lo Civil, Sección1ª), Sentencia núm. 836/2005 de 10 noviembre (RJ 2005, 7725).
146. Tribunal Supremo (Sala de lo Civil), Sentencia núm. 119/1996 de 19 febrero (RJ 1996, 1413).

cios dispositivos a la acción de incapacitación, a nuestro juicio acertadamente. Reproduciremos, por ilustrativa, la doctrina de la Audiencia Provincial de Las Palmas en Auto núm. 174/2001 de 17 septiembre (JUR 2001, 315327). Si bien se refiere a un proceso iniciado antes de la LEC de 2000, expone didácticamente los principios que regían ya con anterioridad el proceso de incapacitación y que fueron incorporados la LEC vigente, por lo que lo que expresamente se establece en el auto que los razonamientos en él contenidos son aplicables al nuevo proceso «especial» de la LEC de 2000. Destaca en el texto que pasamos a reproducir el reconocimiento de la naturaleza del proceso en el que se pretende la declaración de incapacidad (donde hay un interés público y rige el principio de protección del incapaz, versando además sobre materia no dispositiva, lo que justifica el que rija el principio de oficialidad). Dicha naturaleza es diametralmente opuesta de la del proceso en que se pretenda la anulación de un negocio dispositivo (donde el interés es privado y rige el principio dispositivo). Esta naturaleza radicalmente opuesta de los procesos en que se ventilan estas dos acciones –que precisamente ha dado lugar a que en la LEC de 2000 el proceso de incapacitación se configure como un proceso «especial» regido por principios distintos a los que rigen en la generalidad de los procesos civiles– hace que se niegue la posibilidad de acumular ambas acciones en un mismo proceso, con apoyo, en definitiva, en el art. 73.1 2º LEC, que impide acumular acciones que deban, por razón de su materia, ventilarse en juicios de diferente tipo:

«El objeto del proceso de incapacitación no son las cosas, no se resuelven cuestiones patrimoniales, sino la persona misma y mediante dichos trámites procesales se declara si se le reconoce o priva de la capacidad jurídica de obrar, que es aptitud innata para ser sujeto de derechos y obligaciones, determinada por el nacimiento (art. 29 CC) STS 31 de Dic. 19991 Las peculiaridades del juicio de incapacitación vienen determinadas por los principios que lo informan inspirados en la obtención de la verdad material. El juicio de menor cuantía al igual que los demás procesos civiles ordinarios se rigen por el principio dispositivo y de aportación de parte, de modo que los jueces sólo acuerdan aquellas tutelas jurídicas que expresamente pidan los particulares y con el alcance que éstos soliciten. En cambio, el juicio de incapacitación está presidido por los principios contrarios de oficialidad de la acción e investigación de oficio. Y así resulta preceptiva la intervención del Ministerio Fiscal (art. 206 CC). A los litigantes le está prohibido realizar actos de disposición sobre el objeto del proceso (el allanamiento, la transacción, el desistimiento y renuncia a la acción no están permitidos). El juez tiene completa libertad para adoptar la práctica de cuantas pruebas estime convenientes (art. 208 CC). La demanda no es preciso que llene completamente los requisitos del art. 524 de la LEC. No cabe en este proceso declaración de rebeldía procesal y el Juez debe oír a los parientes más próximos y examinar al presunto incapaz, entre otras especialidades. Es por ello que la STS de 20 de feb de 1989 expresa que «el proceso sobre incapacitación presenta unos caracteres especiales que lo distancian notablemente de los demás procesos civiles, pues aparte de repudiar en gran medida el principio dispositivo, rehuye de la verdad formal, para desplazarse al de verdad material, con la obligada adscripción al principio de libertad en materia de pruebas; dados los términos en que se pronuncia el art. 208 CC resulta evidente que el Juez o Tribunal que declare la incapacidad ha de oír a los parientes más próximos y examinar por sí mismo al incapaz, para que en consecuencia el Tribunal de apelación pueda formar una opinión distinta a la del Juez, pero examinando previamente al demandado para poder declarar su incapacidad» De modo que el proceso de incapacitación está regido por principios contrarios a los que informan el proceso de menor cuantía y ello a causa de que en su seno no existe un conflicto de intereses privados contrapuestos, sino un único interés de carácter público. Al respecto la STS de 20 de marzo de 1991, expresa «al establecer ...el procedimiento de menor cuantía para toda declaración como la que se impugna, buscaron el proceso ordinario declarativo tipo, con plenitud de garantías, ...pero con quiebra de los principios dispositivo y de aportación de parte, introduciendo el inquisitivo y la investigación de oficio por parte de los órganos jurisdiccionales, que deben llevar al proceso cualquier medio de prueba destinado a determinar la concurrencia o no de las circunstancias determinantes de la incapacidad...».

SEGUNDO.– El proceso de incapacitación a la vista de lo anterior debe ser un proceso de objeto único, la declaración judicial de incapacidad de la persona y por ello debe ser ajeno a la resolución de cuestiones patrimoniales. Por ello entendemos que no cabe la acumulación de las acciones ejercitadas por los apelantes, la de incapacitación y la de nulidad contractual, pues el objeto del proceso de incapacitación es tan específico que excluye cualquier otra pretensión dentro del mismo ya que las particularidades procesales contenidas en el Código Civil hacen de él un proceso realmente especial.

Las razones de economía procesal alegadas por los apelantes no se justifican puesto que la introducción de un objeto procesal distinto presidido por diferentes principios distorsiona y complica, no simplifica, el litigio. Para que proceda la acumulación de acciones es necesaria su compatibilidad procesal y así el apartado 3 del art. 154 de la LEC establece que será incompatible el ejercicio de dos o más acciones en un mismo juicio, y no podrán, por tanto, acumularse, 3° Cuando, con arreglo a la ley, deban ventilarse y decidirse las acciones en juicios de distinta naturaleza». Y en consideración a cuanto se ha dicho resulta difícilmente aceptable permitir la acumulación de acciones diferentes de la incapacitación, pese a que se trata de un proceso de menor cuantía, porque sus especialidades son tan notables que difícilmente se podrán cumplir de modo simultáneo las normas comunes de un menor cuantía con las específicas del proceso de incapacitación. Ni se justifica tampoco su tratamiento unitario por razones de conexidad impropia en cuanto para postular la nulidad de los contratos otorgados por el presunto incapaz alegando vicios del consentimiento no es necesaria su previa declaración judicial de incapacidad.

La nueva LEC acentúa esta incompatibilidad configurando el proceso que versa sobre la capacidad de las personas no ya como un proceso ordinario con especialidades, el menor cuantía, sino como un auténtico proceso especial (art. 748) cuya acumulación a un juicio declarativo (ordinario o verbal) viene vetada por el art. 73.2, de la vigente LEC, cuando como en el caso las acciones acumuladas, por razón de la materia, deben ventilarse en juicios de diferente tipo. Es por ello que procede desestimar el recurso de apelación interpuesto contra el auto de 21 de diciembre de 1999 y confirmar la resolución recurrida en todos sus extremos sin que proceda hacer especial pronunciamiento en cuanto al pago de las costas procesales devengadas en esta alzada, dada la especial índole de la cuestión jurídica debatida, en la que no faltan resoluciones judiciales que avalan la pretensión procesal sostenida por los apelantes y sin embargo esta Sala no comparte»[147].

No obstante lo hasta aquí expuesto, cabe hacer mención de la doctrina del Tribunal Supremo respecto de la presunción de existencia de capacidad negocial hasta tanto haya sido declarada judicialmente la incapacidad, y cómo esta presunción de capacidad puede destruirse mediante prueba en contrario, aunque nunca mediante el reconocimiento de efectos retroactivos a la sentencia de incapacitación. Así, ha puesto de manifiesto que «el que una persona no haya sido incapacitada no significa que sean válidos los actos que realice sin la capacidad natural precisa en cada caso. En particular, no cabe considerar existente una declaración de voluntad contractual (de cuya coincidencia plena con la de la otra parte sobre cosa y precio nace

147. Audiencia Provincial de Las Palmas (Sección 4ª), Auto núm. 174/2001 de 17 septiembre. JUR (2001, 315327).

el contrato de compraventa: artículos 1.258, 1.262 y 1.450 del Código Civil), cuando falte en el declarante la razón natural, ya que dicha carencia excluye la voluntad negocial e impide que lo hecho valga como declaración (la Sentencia de 4 de abril de 1984 [RJ 1984, 1926] precisa que la incapacidad mental determina que el negocio sea radicalmente nulo o inexistente por falta de un requisito esencial y que esa inexistencia es perpetua e insubsanable). Claro está, que al presumirse la capacidad del no incapacitado, la falta de capacidad natural debe probarse cumplidamente.

En ese sentido, la jurisprudencia (Sentencias de 17 de diciembre de 1960, 28 de junio de 1974, 23 de noviembre de 1981 [RJ 1981, 4543]) ha destacado de modo reiterado la validez de los actos ejecutados por el incapaz antes de que su incapacidad sea judicialmente declarada (o aunque no lo sea nunca), a menos que, concreta y específicamente, se obtenga la declaración de nulidad del acto de que se trate. También ha precisado que la capacidad de la persona se presume siempre, mientras que su incapacidad, como excepción, no sea probada de modo evidente y completo (Sentencias de 7 de febrero de 1967 y 10 de abril de 1987 [RJ 1987, 2549]).

Por lo expuesto la Audiencia Provincial, al declarar la nulidad del contrato de compraventa celebrado por la madre de la actora con sus hermanos, no ha infringido el artículo 210 del Código Civil, pese a que no hubiera sido previamente declarada incapaz por resolución judicial. Como se ha dicho, la causa de la nulidad no es el estado civil de la vendedora, sino la demostración de una falta de entendimiento y voluntad que son precisos para consentir, destruida con prueba bastante la presunción iuris tantum de la capacidad de obrar de que se trata»[148].

Por último, conviene señalar cómo la reforma operada en el Código Civil en materia de incapacitación y tutela por la Ley 13/1983 no tuvo en cuenta el art. 665 CC, que seguía refiriéndose al «demente que pretenda hacer testamento en un intervalo lúcido». Este artículo fue posteriormente reformado por la Ley 30/1991, de 20 de diciembre, pasando a disponer que «siempre que el incapacitado por virtud de sentencia que no contenga pronunciamiento acerca de su capacidad para testar pretenda otorgar testamento, el Notario designará dos facultativos que previamente le reconozcan y no lo autorizará sino cuando éstos respondan de su capacidad».

148. Tribunal Supremo (Sala de lo Civil, Sección1ª), Sentencia núm. 1101/2004 de 19 noviembre (RJ 2004, 6910).

A modo de cierre de este apartado, entendemos que bastará con recordar, como ha señalado ROMERO COLOMA[149], que «la principal diferencia que existe entre el enfermo mental que ha sido declarado judicialmente incapaz, y el que, sin haber sido declarado tal, padece, sin embargo, una enfermedad o alteración mental, sea habitual o transitoria, es, meramente, que, en el primer supuesto, hay una presunción absoluta de incapacidad desde que se pronunció la sentencia, y siempre que esta resolución le declare incapacitado para la testamentifacción activa, y contra esta presunción no se admite más prueba en contrario que la de haber otorgado testamento en un intervalo lúcido, ya que el principio general, en este supuesto, es la incapacidad, y la excepción es la capacidad. En el segundo supuesto, en cambio, rigen principios distintos y contrapuestos, ya que la persona que no haya sido declarada judicialmente incapacitada para testar, se presume que goza de una mente sana y no se admite más prueba en contrario que la de haber otorgado testamento en un momento en el que no gozaba de cabal juicio. El principio general, aquí, es la capacidad –con presunción *iuris tantum*–, y la excepción es la incapacidad, que ha de ser probada fehacientemente».

9.3. Acumulación a la pretensión de incapacitación de la solicitud de esterilización

La Real Academia Española[150] define la esterilización como «hacer infecundo y estéril lo que antes no lo era». En la actualidad, y a los efectos normativos aquí considerados, por esterilización se entiende la funcional, esto es, la intervención o procedimiento que ocasione a una persona la pérdida de la posibilidad de reproducirse, pero sin extirpación o ablación de los órganos sexuales y manteniendo, por tanto, su capacidad para copular. Puede llevarse a efecto mediante una intervención quirúrgica, o suministrando sustancias bioquímicas u hormonales o radiaciones, si bien en la práctica los métodos empleados con mayor frecuencia serán la vasectomía en los hombres y la ligadura de trompas en las mujeres.

La esterilización de las personas incapacitadas se permite en España desde 1989, cuando la Ley Orgánica 3/1989 de 21 de junio, de actualización

149. ROMERO COLOMA, A. Mª: *Testamento e intervalos lúcidos,* Actualidad Jurídica Aranzadi núm. 860/2013 parte Comentario. Editorial Aranzadi, SA, Pamplona. 2013. También en www.aranzadidigital.es con ref. BIB 2013\724.

150. Real Academia Española: *Diccionario de la lengua española (DRAE)* edición 22 ª, publicada en 2001.

del Código Penal, introdujo un inciso en el art. 428 del Código Penal de 1973 en ese momento vigente, permitiendo la esterilización del incapaz de forma no punible[151].

Actualmente, esta posibilidad se recoge en el art. 156 CP de 1995, que esencialmente recoge la regulación citada, configurando igualmente la esterilización de incapacitados como causa de exención de la punibilidad de las lesiones, y permitiendo, a efectos del proceso, la acumulación de ambas acciones, al establecer que «...no será punible la esterilización de persona incapacitada que adolezca de grave deficiencia psíquica cuando aquélla, tomándose como criterio rector el del mayor interés del incapaz, haya sido autorizada por el Juez, bien en el mismo procedimiento de incapacitación, bien en un expediente de jurisdicción voluntaria, tramitado con posterioridad al mismo, a petición del representante legal del incapaz, oído el dictamen de dos especialistas, el Ministerio Fiscal y previa exploración del incapaz».

La medida podrá, por tanto, autorizarse dentro del mismo proceso de incapacitación (a cuyo efecto se acumularán ambas acciones) o en procedimiento de jurisdicción voluntaria independiente, pero debe tenerse en cuenta que ha de tratarse de una persona que presente «grave deficiencia psíquica», no siendo suficiente que el incapaz se encuentre legalmente incapacitado[152].

---

151. Así, disponía este inciso que «...no será punible la esterilización de persona incapaz que adolezca de grave deficiencia psíquica cuando aquélla haya sido autorizada por el Juez a petición del representante legal del incapaz, oído el dictamen de dos especialistas, el Ministerio Fiscal y previa exploración del incapaz» (art. 428 CP 1973 tras LO 3/1989 de 21 de junio).

152. A modo de ejemplo, la Audiencia Provincial de Sevilla ha considerado procedente la esterilización mediante ligadura de trompas, al constatar los siguientes hechos: «En efecto, las concretas circunstancias personales y familiares de Lucía son las siguientes: a) Nacida en 1987, fue declarada en situación de desamparo el 24 de mayo de 1999; b) Su madre falleció en julio de 2000 a consecuencia de un infarto de miocardio; c) Al producirse el cierre del centro residencial en que se encontraba acogida, pasó a residir con su abuela materna, formalizándose el acogimiento familiar con consentimiento del padre el 16 de mayo de 2002; d) Presenta un retraso mental crónico y permanente, que merma sustancialmente su capacidad intelecto-volitiva teniendo reconocida una minusvalía del 70%; tal discapacidad psíquica, determinante de su incapacitación jurídica, le impide conocer y entender el alcance y las consecuencias de sus actos, y le hace incapaz de autodisciplinarse y de actuar críticamente, así como de asumir la responsabilidad de una eventual maternidad; e) Siente una irrefrenable atracción por el sexo masculino y una desmesurada ansiedad sexual, actitud hipersexualizada que la coloca en situación de riesgo ante posible embarazo, f) Dada su obesidad y sus antecedentes familiares de patologías coronarias, otros métodos anticonceptivos retrocedibles y menos agresivos que la esterilización como el implante de gestágenos presentan severas contraindicaciones». Audiencia Provincial de Sevilla (Sección 2ª), Sentencia núm. 377/2006 de 29 septiembre (JUR 2007, 76905).

La intervención debe autorizarse según el criterio del «mayor interés del incapaz». Con la inclusión de este principio rector, se elimina de la letra de la ley toda posibilidad de que la medida sea autorizada con fines eugenésicos o de política social. Entiende FÁBREGA RUIZ[153] que ello es porque no está probado que la condición de discapaz psíquico se herede necesariamente, y porque lo que se busca es permitir a los discapaces vivir su sexualidad con normalidad, sin provocarles cargas que no puedan soportar. No se busca, por tanto, la protección de la sociedad o de los familiares de los disminuidos (que serían de hecho quienes asumirían las cargas), sino garantizar su propio derecho a una vida plena sin consecuencias no deseables. En el fondo, de lo que se trata es de hacer efectivo lo indicado en el Programa de Acción Mundial para los Impedidos de las Naciones Unidas, que establece que los afectados de incapacidades mentales necesitan de las relaciones personales y sociales, incluso de las sexuales. Pero en todo caso, en opinión de este autor, de ser posible, debe buscarse la posibilidad de otros medios de contracepción, menos traumáticos, antes de la esterilización.

La facultad de solicitar esta medida queda transferida al representante legal del incapaz, que será el tutor del incapacitado o quien ejerza la patria potestad, pudiendo entenderse también incluido, a juicio de FÁBREGA RUIZ[154], el guardador de hecho, al que el art. 304 CC le permite realizar cuantos actos redunden en el interés del incapaz, si bien, como este mismo autor señala, esta posibilidad es rechazada por la mayoría de la doctrina. Asimismo, señala que quien no podrá nunca solicitar esta medida será el Ministerio Fiscal, pues como se desprende de la lectura del artículo habilitante, la Ley trata de excluir la intervención estatal en la materia, pudiendo, no obstante el Fiscal, tratar de dotar a esa persona de representante legal lo antes posible.

En cuanto al dictamen de los dos especialistas, lo cierto es que la Ley no es todo lo clara que sería deseable, si bien la lectura de numerosas resoluciones de nuestras Audiencias pone de manifiesto que es habitual admitir a estos efectos el dictamen de los Médicos Forenses adscritos al órgano jurisdiccional[155].

153. FÁBREGA RUIZ, C.F.: *Protección de incapaces: actuaciones previas del Fiscal. Medidas cautelares y de protección*, op. cit.
154. Ibídem.
155. Por citar algunas: Audiencia Provincial de Sevilla (Sección 2ª) Sentencia núm. 377/2006 de 29 septiembre (JUR 2007, 76905); AP Gerona (Sección 2ª), Auto núm. 86/2005, de 11 mayo (AC 2005, 1203); AP Álava (Sección 2ª), Auto núm. 21/2004, de 30 marzo (AC 2004, 1871) y AP Zaragoza (Sección 2ª), Auto de 9 abril 2001 (AC 2001, 1524) y Auto núm. 205/2001 también de 9 abril. (AC 2001, 1068).

Para FÁBREGA RUIZ[156], lo idóneo sería que informara un urólogo o ginecólogo, dependiendo del sexo, sobre la existencia de capacidad para procrear, puesto que, en otro caso, la esterilización sería innecesaria. El urólogo o ginecólogo deberá informar sobre la conveniencia del método propuesto frente a otros métodos anticonceptivos, riesgos de la intervención y posibles consecuencias negativas de la operación para la salud, y un psicólogo o psiquiatra sobre la gravedad de la deficiencia psíquica para comprender la esterilización y para asumir el cuidado de la descendencia y el riesgo que una hipotética concepción y embarazo pueda suponer para la estabilidad psíquica de la incapaz. Además, serían convenientes otros informes de asistentes sociales sobre el entorno social y forma de vida del discapaz, pues habrá que tener en cuenta la edad, personalidad, comportamiento sexual, etc.

La doctrina ha criticado la ubicación sistemática del precepto legal relativo a la esterilización del incapaz en el Código Penal[157], no sólo por considerar que no se trata de una cuestión de carácter penal sino civil, sino también porque la ubicación de este precepto en el Código Penal y su configuración como causa de exención de la responsabilidad penal plantea dudas acerca de si la no penalización de la esterilización del incapaz supone la existencia de un derecho a esta práctica, así como determinación de quién sea el titular de este derecho.

A este respecto, tanto la Circular 1/1991 de la Fiscalía General del Estado como la STC 215/1994 de 14 julio (RTC 1994, 215), que seguidamente comentaremos con detenimiento, señalaron en relación con el anterior art. 428 CP de 1973, que se trata de un derecho del incapaz necesario para su integración personal y el desarrollo de su personalidad, incluida su faceta sexual, en un plano de igualdad con las demás personas.

9.3.1. La constitucionalidad de la esterilización de los incapaces

El Tribunal Constitucional ha tenido oportunidad de establecer su doctrina en relación con el contenido de la norma comentada en Sentencia

156. Añade este autor, en apoyo de esta sugerencia, que «no es los mismo un incapaz con personalidad retraída, que no sale de casa y no muestra interés por los temas sexuales, que otro que carece del debido del adecuado control y muestra un comportamiento sexual desinhibido». FÁBREGA RUIZ, C.F.: *Protección de incapaces: actuaciones previas del Fiscal. Medidas cautelares y de protección,* op. cit.

157. Así, DELGADO LÓPEZ, L.M.: *La esterilización del incapaz, en Estudios Jurídicos del Ministerio Fiscal,* VII/1997, Madrid, págs. 102 y ss.

215/1994, de 14 de julio de 1994 (RTC 1994, 215), que resuelve de la cuestión de inconstitucionalidad que interpuso el Juzgado de Primera Instancia núm. 5 de Barcelona respecto de la Ley Orgánica de 21 de junio de 1989, anteriormente citada, en la parte de la misma en que se autoriza la esterilización de los declarados incapaces mediante consentimiento de sus representantes legales. El planteamiento de la cuestión de inconstitucionalidad se basaba en la observancia de que esta medida era obviamente contraria al derecho fundamental proclamado en el art. 15 de la Constitución, en cuya virtud «todos tienen derecho a la vida y a la integridad física y moral, sin que, en ningún caso, puedan ser sometidos a... tratos inhumanos o degradantes».

El núcleo de la cuestión planteada está referido, como ha observado el Tribunal Constitucional, a la posibilidad o imposibilidad de arbitrar una fórmula que, sin vulnerar el art. 15 de la Constitución, permitiera suplir o sustituir el consentimiento consciente de las personas capaces, por una autorización judicial que, a solicitud de los representantes legales y ante la imposibilidad de ser prestada por una persona incapaz que adolezca de grave deficiencia psíquica, cumpliera la misma finalidad despenalizadora que se establece en la primera parte del párrafo segundo del art. 428 del CP para las personas capaces.

Razona el Tribunal Constitucional que «En principio, si respecto de los disminuidos psíquicos existe el deber constitucional de ampararles especialmente para el disfrute de los derechos que el Título I de la Constitución otorga a todos los ciudadanos (art. 49 CE), precepto éste que concuerda con el art. 1 de la Declaración de los Derechos del Retrasado Mental, aprobada por la Asamblea General, de las Naciones Unidas el 20 de diciembre de 1971 ("El retrasado mental debe gozar, hasta el máximo grado de viabilidad, de los mismos derechos que los demás seres humanos"), habrá de concluirse que el inciso cuestionado del art. 428 del CP no plantea realmente un problema de posible vulneración del art. 15 CE en lo concerniente al derecho "a la integridad física y moral" –aunque ciertamente afecta a ese derecho–, sino que tiene una dimensión diferente: precisar si el derecho a la autodeterminación que a las personas capaces reconoce el párrafo segundo del art. 428 del CP, es susceptible de ser otorgado también a solicitud de sus representantes legales y en los términos que establece el inciso cuestionado, a las personas incapaces que, a causa de una grave deficiencia psíquica, no pueden prestar un consentimiento válido».

A continuación, y basándose en lo anterior, el Tribunal Constitucional pondera principalmente la cuestión relativa a las garantías que la norma establece para que la autorización judicial, llamada a sustituir el consentimiento de las personas capaces, llegando a las siguientes conclusiones:

- Tal disposición, referida siempre a un supuesto concreto y excepcional, excluye radicalmente cualquier política gubernamental sobre la esterilización de los deficientes psíquicos, ya que la prevista en el precepto sólo puede autorizarse a solicitud de parte legítima por el Juez. La intervención judicial, por tanto, es inexcusable para que pueda otorgarse la autorización.

- La necesaria iniciativa de los representantes legales del incapaz asegura que la medida no responderá a intereses o directrices exclusivos de los poderes públicos.

- La deficiencia psíquica del incapaz cuya esterilización se interesa debe ser una deficiencia «grave» y, consecuentemente, generadora de la imposibilidad de comprender los aspectos básicos de su sexualidad y de la medida de intervención corporal cuya autorización su representante legal promueve. La grave deficiencia psíquica ha de ser verificada por el juzgador no sólo a través de los dictámenes de los especialistas que exige el precepto sino también por la propia exploración judicial del incapaz.

- Prevista en el precepto la inexcusable intervención de la familia a través del representante legal del incapaz; del Juez mediante su autorización que puede o no otorgar y que está precedida de la exploración del enfermo y de una previa declaración de incapacidad también judicialmente acordada; de los especialistas que habrán de informar sobre la gravedad de la enfermedad psíquica del incapaz y sobre las consecuencias que para su salud física y mental podrá producir la esterilización y, finalmente, la intervención del Ministerio Fiscal sobre el cumplimiento de todas y cada una de las garantías previstas en la norma, permite afirmar que tales garantías son suficientes para conducir a una resolución judicial que, sin otra mira que el interés del incapaz, favorezca sus condiciones de vida.

Se concluye, en definitiva, que es indudable que la esterilización cuya autorización contempla la norma cuestionada afecta al derecho fundamental a la integridad física que consagra el art. 15 de la Constitución, puesto que se trata de una intervención corporal, ablativa de potencialidades genéticas e impeditiva, y por tanto, del ejercicio de su libertad de procreación, que se deriva del libre desarrollo de la personalidad proclamado en el art. 10.1 de la Constitución.

Pero que se justifica por la finalidad buscada, que no es otra que mejorar las condiciones de vida y bienestar del incapaz, toda vez que quienes padecen una grave deficiencia psíquica no pueden cumplir adecuadamente las obligaciones que a los padres impone el art. 39.3 CE y que son explicitadas en los deberes y facultades que el Código Civil (art. 154) señala a los que ejercen la patria potestad.

De este modo, la esterilización del incapaz le permite no estar sometido a una vigilancia constante que podría resultar contraria a su dignidad (art. 10.1 CE) y a su integridad moral (art. 15.1 CE), haciendo posible el ejercicio de su sexualidad, si es que intrínsecamente lo permite su padecimiento psíquico, pero sin el riesgo de una posible procreación cuyas consecuencias no puede prever ni asumir conscientemente en razón de su enfermedad psíquica y que, por esa misma causa, no podría disfrutar de las satisfacciones y derechos que la paternidad y maternidad comportan, ni cumplir por sí mismo los deberes (art. 39.3 CE) inherentes a tales situaciones.

Se añade que en el caso de la mujer deficiente mental, esta medida está aún más justificada, para evitar unas consecuencias que, incomprensibles para ella, pueden dañar más aún su estado psíquico por las consecuencias físicas que produce el embarazo.

Finalmente, tratándose de una intervención corporal, añade el Tribunal Constitucional que en cualquier caso se hace necesario que en la aplicación de esta medida se dé la necesaria proporcionalidad, que desaparecería si al margen del riesgo normal que comporta toda intervención quirúrgica, constase en el dictamen de los especialistas la existencia de grave riesgo para la salud del incapaz.

10. ACUMULACIÓN SUBJETIVA DE ACCIONES

Se plantea la doctrina, ante el vacío legal existente, si es posible la acumulación subjetiva de acciones en el proceso de incapacitación, esto es, si es posible solicitar en un mismo proceso la incapacitación de más de una misma persona de forma simultánea.

Es de destacar el resumen del estado doctrinal que ofrece FERNÁNDEZ APARICIO[158], abordando los pros y los contras de esta posibilidad, y pensan-

158. FERNÁNDEZ APARICIO, J.M.: *¿Es posible la acumulación subjetiva de acciones en el procedimiento de incapacidad?, El Derecho Editores / Diario de Jurisprudencia El Derecho,* n° 2463, pág. 1, publicado el 17 de octubre de 2007.

do, por ejemplo, en el caso de padres que deseen incapacitar a dos o más hijos que por taras físicas o psíquicas no pueden gobernarse por sí mismos. También en el caso inverso, en que hijos que con padres muy ancianos o con enfermedades degenerativas (por ejemplo, Alzheimer) deseen incapacitar a sus padres ante la imposibilidad de valerse por sí mismos. Por último, piensa que puede darse el supuesto en familias numerosas en que un hermano desee la incapacitación de varios por concurrir en ellos causa de incapacitación. Y estima este autor que existen una serie de argumentos a favor de dicha opción, que podemos resumir en los siguientes:

a) Los parientes de los presuntos incapaces que han de ser oídos serán los mismos.

b) En ocasiones, además será el mismo facultativo el que los ha visto y el mismo forense el que ha dictaminado sobre sus patologías y consecuencias.

c) Que igualmente será tutor el mismo para los dos o más incapaces. Que además ese tutor previamente había sido el mismo guardador de hecho para los dos futuros incapaces.

d) El art.73.2 LEC recuerda que la acumulación no es posible en los casos en los que expresamente lo indique, no siendo éste el caso.

Por último, se esgrimen razones prácticas y de justicia material, a nuestro juicio no carentes de importancia. Así, señala que Fernández Aparicio[159] que desde el punto de vista del ciudadano resulta difícil de explicarle que siendo idéntica la relación parental (padre respecto a hijos o viceversa hijo respecto a padres y hermano respecto a hermanos) con los presuntos incapaces, padeciendo idéntica enfermedad y estando en definitiva en similar situación tenga que iniciar dos procedimientos que podrán recaer en juzgados distintos y por tanto con periodos de duración en la tramitación del expediente también distintos. Lo que podría provocar la paradoja de que uno de los presuntos incapaces ya esté legalmente incapacitado y con su tutor y el otro, pese a la evidente semejanza, no. O también podría ocurrir que la llevanza en dos procedimientos separados provocase sentencias contradictorias, de tal modo que padeciendo similar enfermedad con idénticos efectos, uno se incapacitara y otro no. Y aunque, en principio, esta situación no debería darse, lo cierto es que es posible dada la libre valoración de la prueba por el juez.

159. Ibídem.

Por otra parte, desde la óptica económica que no debe ser desdeñable los costos de abogado y procurador, perito, etc., serán más reducidos si se tramitan conjuntamente que si tienen que tramitarse separadamente. En definitiva, el argumento de la economía procesal que desde el punto de vista de la Administración de Justicia es lo que fundamenta la acumulación de acciones, se convierte en un argumento de economía pura y simple desde el punto de vista de la familia que se vea en tal tesitura. En efecto, puede decirse que la acumulación de acciones encuentra su fundamento último en la tutela judicial efectiva, pues no deben ponerse trabas innecesarias a quien se ve obligado a acudir a la Justicia, obligándole a desplegar el doble de actividad e incurrir en el doble de gastos para obtener un resultado justo que el ordenamiento ampara y que podría lograrse con menos sacrificio.

Pese a lo expuesto, en contra de la posibilidad de acumulación, señala nuestro autor el argumento de que, en los casos planteados, aun habiendo homogeneidad, no existe una autentica conexidad jurídica que justifique la acumulación, pues cada persona es distinta, como distinta será la relación de cada demandante con cada uno de los demandados, que no tienen por qué sufrir exactamente la misma enfermedad en el mismo grado. Argumentos éstos, que no obstante deberían ceder a juicio de nuestro autor ante la problemática social que puede suscitarse en casos como los planteados, no pareciendo justificado a primera vista que, estando el proceso orientado precisamente a la protección jurídica de los que lo necesitan, cuando sean más de uno, la familia tenga que incurrir en el doble de costes y atender a una multiplicidad de procesos, cada uno con sus propias vicisitudes, en plazos distintos y que pueden resolverse con pronunciamientos dispares, todo lo cual es indudable que afectará negativamente a las personas a las que la Ley trata de proteger.

Sin embargo, una razón a nuestro parecer de mucho más peso en contra de la posibilidad de la acumulación subjetiva de acciones es que ésta puede afectar al derecho a la intimidad de los presuntos incapaces, aunque al respecto recuerda FERNÁNDEZ APARICIO[160] que «la posible intimidad a proteger es teórica ya que lo que se pueda manifestar en presencia del otro presunto incapaz es sobradamente conocido por el otro. Además no olvidemos que en muchas ocasiones lamentablemente por el estado físico o mental del que va a ser incapacitado privado incluso de sentidos fundamentales como la vista o el oído hace estéril considerar que se viola su intimidad porque el otro

160. Ibídem.

incapaz se puede enterar de lo que allí se dice. Desgraciadamente en estos casos no es posible violación alguna de la intimidad».

No obstante, entendemos que la práctica forense no puede abrirse, con la regulación actual, a la posibilidad de acumular subjetivamente acciones de incapacitación, que según el art. 72 LEC se fundamenta en la existencia de un «nexo por razón del título o causa de pedir». La causa de pedir en el proceso de incapacitación viene constituida por la concurrencia de una enfermedad o deficiencia que impide a la persona gobernarse por sí misma, que la Ley prevé como causa de incapacitación, pero en cada persona concurrirá una enfermedad o deficiencia que será única, la suya propia, aunque la Medicina haya emitido el mismo diagnóstico, pues caben además distintos grados de evolución de la enfermedad.

Pero más allá de la razón apuntada, que daría para un extenso debate, nuestro parecer es que el respeto a la dignidad e intimidad de las personas es lo que impide, con la regulación actual, la acumulación subjetiva de acciones de incapacitación. Ciñéndonos al ejemplo del progenitor que pretende incapacitar a dos hijos que sufren similar (no será exactamente igual) discapacidad, aunque el grado de parentesco del progenitor respecto de cada hijo sea el mismo, y en ese caso concreto el concepto de intimidad pueda aparecer ciertamente diluido, lo cierto es que estas dos relaciones no son idénticas, y por supuesto será distinta de la relación de los dos hijos entre sí. Visto esto, es claro cómo puede sufrir el derecho a la intimidad de cada hijo, al poder conocer su hermano, con ocasión del procedimiento, hechos o circunstancias que no desearía que supiera.

Por otro lado, al igual que no existe norma legal que impida esta acumulación, tampoco existe ninguna que establezca que todos los presuntos incapaces demandados deben mantener con el demandante el mismo grado de parentesco. Así, con la genérica regulación del art. 72 LEC, y a falta de previsión expresa en sede de incapacitación, no habría motivo para impedir, por ejemplo, que una persona demande de incapacidad a un ascendiente propio y a un ascendiente por afinidad del cónyuge, supuesto en el que claramente se observa cómo sufre el derecho fundamental a la intimidad. En este caso, además, puede entenderse que no existe en principio motivo para que ambas personas padezcan la misma enfermedad, tampoco coincidirán los parientes que han de llamarse para ser oídos, (por lo que no se gana en agilidad del procedimiento), ni tampoco ambos incapacitados tienen por qué ser sometidos a la tutela de la misma persona (por lo que habrá que practicar doblemente las audiencias necesarias para el nombramiento del tutor o curador).

Con parecidos argumentos, la Audiencia Provincial de Guadalajara[161] ha señalado la falta de conexión jurídica en el caso de una madre que pretendía acumular la incapacitación de sus dos hijos. Alegaba la madre, en favor de la acumulación, que serían los mismos parientes de los presuntos incapaces los que habrán de ser oídos en los dos expedientes e incluso el mismo facultativo el que extendió los informes médicos acompañados a la demanda; añadiendo que ambos hermanos padecen igual enfermedad y que su custodia de hecho viene siendo ostentada por su madre, a la que se propone como tutora en los dos casos. La Audiencia señala el criterio para proceder a la acumulación no puede responder a razones de mera conveniencia, y que «el título en que se apoya es distinto, al tratarse de relaciones eminentemente personales; siendo diversa la relación materno filial mantenida con cada uno de los descendientes, siendo obvio que también son distintas las causas de pedir, al ser igualmente diferentes las personas afectadas y las dolencias y extensión de los padecimientos que a cada una pueden afectar y que son la base de las acciones deducidas y ello aunque el diagnóstico teórico de la enfermedad pueda ser semejante; pudiendo ser también discrepantes el alcance y los efectos de las posibles declaraciones sobre la capacidad de los afectados que puedan acordarse en la sentencia definitiva».

Además, indica la Audiencia que se la acumulación es difícilmente compatible con la necesaria intimidad de los hijos que se quiere en incapacitar «pudiendo, por el contrario, verse afectada la intimidad de los presuntos incapaces, los cuales, aun cuando sean hermanos, tienen derecho a la reserva frente al otro de las actuaciones que puedan referirse a temas estrictamente personales como los que afectan a su capacidad; encontrándonos ante un tipo de procedimiento en el que expresamente se contempla en el art. 754 LEC la exclusión de la publicidad».

Concluye en definitiva la Audiencia de Guadalajara que lo que concurre son «razones de mera conveniencia, que no justifica la tramitación conjunta ni el tratamiento y decisión unitarias de cuestiones claramente diferentes entre las que no existe conexidad jurídica, razones de mera practicidad que han de ceder ante los valores superiores antes expuestos, sin perjuicio de que se pueda solicitar del Jugado el señalamiento el mismo día para evitar, de ser posible, desplazamientos innecesarios, por todo lo cual, procede desestimar el recurso», si bien «atendidos la naturaleza de los intereses en litigio y

161. Audiencia Provincial de Guadalajara (Sección 1ª), Auto núm. 9/2004 de 21 enero (JUR 2004, 61754).

el hecho de que el asunto, escasamente tratado en la doctrina, podía revestir dudas de Derecho», decide no hacer imposición de costas en la alzada.

En el mismo sentido, se ha pronunciado la Audiencia Provincial de Barcelona[162], recordando que dicha problemática había sido ya resuelta por la misma Sala en auto de fecha 21 de julio de 2004 en sentido negativo, denegando la acumulación por entender que no concurren los requisitos del art. 72 LEC , ya que los procedimientos de incapacitación se refieren a personas distintas, y como tales acciones de carácter personal, deben seguirse por separado, no existiendo identidad de razón que justifique la acumulación que se solicita.

La misma Audiencia de Barcelona se ha mostrado también en contra de la acumulación, en este caso de procesos, en otro auto[163] que deniega la acumulación de dos procesos de incapacitación seguidos contra dos per-

162. Audiencia Provincial de Barcelona (Sección 18ª), Auto núm. 217/2007 de 8 noviembre (JUR 2008\31384), con cita del anterior auto de la Audiencia de Guadalajara y de otro auto de la Audiencia Santa Cruz de Tenerife de 26 de abril de 2004 (Auto núm. 61/2004 de 26 abril, [JUR 2004, 150708]).
En éste último, se expresa que «En el caso sometido a la consideración de la Sala, con la aplicación pertinente de la doctrina expuesta a la regulación contenida hoy en los artículos 72 y 73 de la Ley de Enjuiciamiento Civil de 2000, resulta evidente que los fundamentos de hecho de las acciones deducidas en la demanda son distintos, para lo que basta con la circunstancia de ser referidos a dos personas distintas y afectantes a la esfera de su capacidad, a la inexistencia de ésta propiamente, y, por tanto, de su intimidad, de modo que no se cumplen los presupuestos finalísticos de la acumulación ni es la misma viable atendiendo a la materia objeto del procedimiento, por lo que es lo procedente la confirmación de la resolución recurrida, al no poder ser otras las consecuencias de la inviabilidad de la solicitud que las acordadas en dicha resolución». Se basa este razonamiento en que «debe puntualizarse, con la doctrina más generalizada, que por la misma causa debe entenderse el mismo fundamento de pedir, tanto de hecho como jurídico. El artículo 72 de la Ley de Enjuiciamiento Civil de 2000 ya dice en su último párrafo que se entenderá que el título o causa de pedir es idéntico o conexo cuando las acciones se funden en los mismos hechos. En términos de la STS de 20-2-1986, la causa de pedir al respecto es el acaecimiento de cuya existencia o inexistencia pretende el actor deducir las consecuencias jurídicas determinantes en su petición, y es diferente siempre que el fundamento de hecho que se hace valer en cada pretensión es diferente, lo que conduce a la no posibilidad de acumulación y ejercicio simultáneo de ambas acciones, cual se deduce, a sensu contrario, de lo normado en el artículo 156 de la Ley de Enjuiciamiento Civil; o como dice la STS de 7-12-1987, con cita de la de 12-6-1985, la conexión causal mencionada en el artículo 156 de la Ley de Enjuiciamiento Civil ha de ser reconducida a los fundamentos de hecho aducidos por la parte en cuanto definen el acaecimiento básico de la pretensión, que por razones de economía procesal y de conveniente examen en un solo litigio justifican el tratamiento unitario y la resolución conjunta evitando decisiones discrepantes».
163. Audiencia Provincial de Barcelona (Sección 18ª), Auto de 21 julio 2004 (JUR 2004, 217640).

sonas distintas en dos juzgados diferentes, acumulación que se pedía para facilitar la realización de inventarios. Así, consideró ajustada a Derecho la decisión del tribunal de primera instancia de no acumular, «al no concurrir los requisitos del art. 71 LEC, ya que los procedimientos de incapacitación se refieren a personas distintas, y como tales acciones de carácter personal deben seguirse por separado, no existiendo identidad de razón que justifique la acumulación que se solicitaba, ni problema alguno para la realización de los inventarios, como causa que para que se acordase aquella se alegaba, dado que en cada uno se haría constar los bienes de los que son titulares, no existiendo tampoco riesgo de sentencias contradictorias».

Por todo ello, nos posicionamos hoy por hoy en contra de la posibilidad de acumulación subjetiva de acciones, sin perjuicio de que, de *lege ferenda*, sería deseable prever la posibilidad de esta acumulación subjetiva, limitada a casos concretos en que el derecho a la intimidad no se vea afectado y siempre que con la acumulación se obtenga un beneficio para los presuntos incapaces o para sus familias.

11. LEGITIMACIÓN PASIVA Y POSIBILIDADES DE DEFENSA DEL DEMANDADO

El tema de la legitimación pasiva no plantea problemas en cuanto a la determinación de quién la ostenta, pues corresponderá a la persona contra quien se dirija la demanda, por entender el demandante que concurre en ella alguna causa de incapacitación. Así lo viene entendiendo el Tribunal Supremo, que niega la legitimación pasiva de otras personas, como los familiares del presunto incapaz, cualquiera que sea su grado de parentesco, sin perjuicio de que deban ser oídos en el proceso[164].

164. Tribunal Supremo (Sala de lo Civil), Sentencia núm. 1155/1995 de 30 diciembre (RJ 1995, 9664): «tiene que haber necesariamente, y no puede haber otro (aparte del Ministerio Fiscal , al que ahora nos referiremos en la medida de lo aquí necesario) un único sujeto pasivo o demandado, que ha de ser inexorablemente la persona a la que se trata de incapacitar, la cual intervendrá en dicho proceso en alguna de estas tres formas: 1) compareciendo con su propia defensa y representación, nombradas por él mismo (párrafo segundo del artículo 207 del Código Civil); 2) teniendo un defensor designado por el Juez (defensor judicial) si el Ministerio Fiscal hubiese promovido el proceso de incapacitación y el presunto incapaz no actúa en la forma dicha en el apartado anterior –con sus propias defensa y representación– (inciso primero del párrafo primero del citado precepto); y 3) siendo defendido por el Ministerio Público, si éste no es el que ha promovido el proceso de incapacitación y el presunto incapaz no actúa en la forma dicha en el apartado 1) –con sus propias defensa y representación– (inciso

Cabe aquí precisar que no obstante, los parientes del presunto incapaz, si acreditan un interés directo y legítimo en el resultado del proceso, previo cumplimiento de los trámites para la intervención procesal, pueden ser considerados como terceros con derecho o interés en el pleito[165].

Bajo la rúbrica «personación del demandado» el art. 758 LEC se refiere, con evidente impropiedad a juicio de Gimeno Sendra[166], al «presunto incapaz» como la única persona pasivamente legitimada, y ello con independencia del grado de incapacitación que sufra y de que se halle o no en el pleno ejercicio de sus derechos civiles (en el caso de ser menor de edad).

Estima, no obstante, Aparicio Auñón[167], que en el juicio sobre incapacidad habrá de demandarse también al Ministerio Fiscal (cuando no sea demandante), de conformidad con el art. 749 LEC. Si bien advierte que la omisión es inocua, porque de todas formas, en virtud del propio art. 749 LEC hay que darle traslado de oficio al Ministerio Fiscal. Por ello, dada la peculiar naturaleza de este proceso, y por encima de discusiones doctrinales acerca del concepto de parte que ostentará o no el Ministerio Fiscal, debe concluirse que es irrelevante designarle o no como demandado, pues como venimos diciendo, el Ministerio Fiscal actuará estrictamente en defensa de la legalidad, y no necesariamente oponiéndose a la pretensión. En la práctica, lo normal será pedir simplemente en el suplico de la demanda que se cite al Ministerio Fiscal, como establece el art. 749 LEC, y éste adoptará la postura que estime correcta en función de los indicios que acrediten la concurrencia de causa de incapacitación.

Es conveniente aclarar que cuando se habla del «presunto incapaz» es porque quien dirige contra él la demanda entiende o presume que concu-

---

segundo del párrafo primero del mismo precepto). Lo que no es permisible, en modo alguno, es que sean sujetos pasivos o demandados en dicho proceso los parientes del presunto incapaz (cualquiera que sea su grado de parentesco), ello sin perjuicio, como es obvio, de que el Juez habrá de oír necesariamente a los parientes más próximos de dicho presunto incapaz (artículo 208 del Código Civil)».

165. Audiencia Provincial de Jaén (Sección 3ª), Sentencia núm. 13/2005, de 25 enero (JUR 2005, 146188): «la especial naturaleza del procedimiento que nos ocupa, lleva implícita la interpretación estricta de sus preceptos. Así, la personación que en su día se llevó a cabo de D. Emilio, sobrino de la presunta incapaz, no debía haberse admitido, porque su legitimación no era factible, ni en el lado activo, ni en el pasivo de la relación jurídica procesal. Podría haberse dado la intervención procesal, al amparo de lo dispuesto en el artículo 13 de la Ley de Enjuiciamiento Civil, si hubiera acreditado tener interés directo y legítimo en el resultado del pleito, debiendo el Juzgado haber resuelto, previa Audiencia de las partes personadas, en el plazo correspondiente».
166. Gimeno Sendra, V.: *Derecho procesal civil II, Los procesos especiales,* op. cit.
167. Aparicio Auñón, E.: *Comentarios a la Ley de Enjuiciamiento Civil,* op. cit.

rren ya en él las enfermedades o deficiencias graves a que se refiere el art. 200 CC. Sin embargo, a efectos del proceso y hasta que se dicte sentencia se trata de un «presunto capaz», pues, como ha expresado el Tribunal Supremo, «se parte de la idea de que la capacidad de una persona mayor de edad se presume, por lo que la demostración de su incapacidad ha de ser acreditada mediante una actividad probatoria adecuada»[168]. En el mismo sentido, la Audiencia Provincial de Córdoba, se ha referido a la práctica de las pruebas tendentes a la averiguación de la verdad material que «puedan desvirtuar la presunción de capacidad que a toda persona corresponde por el mero hecho de serlo»[169].

El artículo 757.1 LEC, en su nueva redacción dada por la Ley 41/2003, de 18 de noviembre, de protección patrimonial de las personas con discapacidad, permite que el presunto incapaz promueva su propia declaración de incapacidad. Pero incluso aunque sea él mismo quien haya iniciado el proceso, coincidiendo en ese caso ambas posturas procesales en la misma persona, está claro que ostentará la legitimación pasiva, al haberse dirigido contra sí mismo la demanda de incapacitación[170].

Lo cierto es que la peculiar configuración del proceso de incapacitación, inspirado en principios distintos de los que inspiran los procesos civiles comunes, da lugar a la posibilidad de una variedad de combinaciones generadoras de un panorama procesal complejo, que Gimeno Sendra[171] ha llegado a calificar de «galimatías procesal», advirtiendo, no obstante, que deberá resolverse en el sentido de la efectiva protección del presunto incapaz, incluso a pesar de su propia petición de incapacitación. En efecto, pueden darse las siguientes situaciones:

168. STS núm. 448/2003 de 14 mayo (RJ 2003, 4853).

169. SAP Córdoba (Sección 3ª) núm. 182/2003 de 30 junio (JUR 2003, 184722).

170. No obstante, como señalábamos al referirnos a la legitimación activa del presunto incapaz, en este caso deberá ser defendido en principio, y para respetar la distribución de papeles en el proceso, por el Ministerio Fiscal (art. 758 LEC). Pero entendiendo que el Ministerio Fiscal no vendrá obligado a oponerse en todo caso a la pretensión, sino que en su función de defensa de la legalidad, deberá posicionarse a favor o en contra de lo pedido, de forma similar a como interviene el Ministerio Público en el proceso penal, donde no viene obligado a acusar sino a velar por el cumplimiento de la ley. Cuando el presunto incapaz se demanda a sí mismo, lo que origina, en definitiva, es un evidente acto de jurisdicción voluntaria en el que no se promueve cuestión entre partes conocidas y determinadas, sino que se solicita la intervención de un Juez que declare que concurren las enfermedades o deficiencias de carácter físico o psíquico que le impiden gobernarse por sí mismo.

171. Gimeno Sendra, V.: *Derecho procesal civil II, Los procesos especiales,* op. cit.

a) Que el presunto incapaz haya instado su propia incapacitación, debiendo ser defendido contra sí mismo por el Ministerio Fiscal (art. 758 LEC).

b) Que el presunto incapaz, habiendo sido demandado, se oponga a la pretensión restrictiva de su capacidad y decida comparecer en juicio con su propia defensa y representación.

c) Que el presunto incapaz, mayor de edad, habiendo sido demandado no comparezca ni se defienda por sí mismo (por su enfermedad o deficiencia física o psíquica o por cualquier otra causa), y en consecuencia deba ser representado y defendido por el Ministerio Fiscal (art. 758 LEC). Pero si el Ministerio Fiscal fuera el actor (en los casos del art. 757.2), el presunto incapaz deberá ser defendido por un defensor judicial que integre su capacidad procesal (art. 8.1 LEC).

d) Que el presunto incapaz demandado sea un menor de edad sujeto a patria potestad o a tutela, en cuyo caso será el titular de una u otra quien le represente (art. 8.1 LEC). Pero si el titular de la patria potestad o tutela fuese quien hubiera promovido la incapacidad, el presunto incapaz deberá ser defendido por el defensor judicial que el Tribunal nombre, asumiendo el Ministerio Fiscal la representación y defensa del menor hasta que se produzca el nombramiento (art. 8.2 LEC).

11.1. La personación del demandado

Como venimos viendo, mientras la incapacidad no haya sido declarada, no puede privarse al demandado de la capacidad para realizar cuantos actos entienda pertinentes en relación con la pretensión ejercitada contra él. Pero al mismo tiempo, la posibilidad de que la causa de incapacitación invocada concurra efectivamente conlleva el riesgo de que el propio demandado no pudiera ejercitar eficazmente su derecho a defenderse en el proceso.

Esto ha conducido a una solución legislativa criticada por considerarse técnicamente poco precisa, pero a la que se reconoce la virtud de respetar tanto el derecho de quien todavía ha de considerarse capaz a adoptar la defensa que estime pertinente, como el interés público de que esa defensa conduzca a una real protección de los intereses del demandado.

Así, establece la LEC que «el presunto incapaz o la persona cuya declaración de prodigalidad se solicite pueden comparecer en el proceso con su propia defensa y representación», y «si no lo hiciere, será defendida por el Ministerio Fiscal[172], siempre que no haya sido éste el promotor del procedimiento. En ese caso, el Tribunal designará un defensor judicial, a no ser que ya estuviera nombrado» (art. 758 LEC). El incumplimiento de garantía supondrá la nulidad de las actuaciones practicadas, dado el carácter de orden público del estado civil de las personas[173]. Pese a que resulta plausible que la Ley introduzca las máximas garantías para evitar situaciones de indefensión, lo cierto es que la personación del presunto incapaz en calidad de parte en el proceso es una posibilidad procesal que, aunque contemplada en la LEC, no será frecuente en la práctica. Y, doctrinalmente, plantea el problema de si hay que entender que el presunto incapaz es siempre parte demandada en este tipo de procesos o no.

Quizás lo más acertado sea entender que en estos procesos no existe una parte demandada en sentido estricto, por más que el escrito iniciador se sujete a la forma general prevista en el art. 399 LEC y haya de dirigirse contra persona determinada, pues incluso se permite al supuesto incapaz demandarse a sí mismo, precisamente para lograr alcanzar, mediante la declaración de incapacidad, la protección de su persona y patrimonio.

En definitiva puede decirse, con DÍEZ-PICAZO que, teniendo en cuenta el carácter formal que la cualidad de parte tiene en este tipo de procesos, y que lo que principalmente pretende el legislador es que la incapacitación se declare en su caso a través de un proceso contradictorio, tampoco hay inconveniente en entender que en realidad el proceso de incapacitación, aun dotado de esa forma contradictoria para mayor garantía de éxito de la actividad jurisdiccional, es un proceso sin partes en el sentido que al término parte se le da en la generalidad de los procesos civiles. Cabe poner de relieve que la propia LEC evita hablar de demandante y demandado (salvo en el art. 758). Prefiere referirse al promotor del procedimiento, dice que el presunto incapaz puede comparecer y que si no lo hace, será defendido. Así, lo que se quiere señalar es que en puridad resulta dudoso que el Ministerio Fiscal o el defensor judicial actúan propiamente como representante del presunto incapaz.

172. El Ministerio Fiscal estará «encargado de la defensa de la incapaz y de la pureza del procedimiento». Audiencia Provincial de Almería (Sección 2ª), Sentencia núm. 27/2004 de 11 febrero (AC 2004, 534).

173. En este sentido, Audiencia Provincial de Valencia (Sección 10ª), Sentencia núm. 242/2003 de 8 mayo (JUR 2003, 171669).

11.2. La imposibilidad de la rebeldía procesal

En caso de no comparecer en el proceso la persona contra la que se dirige la pretensión de incapacitación, no se producirá la situación de rebeldía procesal con sus efectos característicos de perder el demandado la posibilidad de realizar los actos procesales que le correspondan y el especial régimen de notificaciones previsto por el art. 497 LEC, así como, en su caso, la posibilidad de interponer en su día el recurso de rescisión de sentencias firmes a instancias del rebelde previsto por la LEC. De un lado, el art. 752.1 LEC excluye de estos procesos especiales la regla general de la preclusión que recoge el art. 136 LEC, previendo además el art. 758 LEC que en caso de que el presunto incapaz no comparezca con su propia defensa y representación, sea defendido por el Ministerio Fiscal siempre que no haya sido éste el promotor del procedimiento y en otro caso, el Tribunal designará un defensor judicial, a no ser que estuviere ya nombrado. Y de otro, la obligatoriedad de que el presunto incapaz sea examinado directamente por parte del Tribunal para poder declarar la incapacitación (art. 759 LEC) exige que el presunto incapaz se encuentre a disposición del órgano jurisdiccional. Por eso, aunque el presunto incapaz no conteste a la demanda, la situación procesal que se crea por la falta de contestación a la demanda de incapacitación dista mucho de lo que, en los procesos civiles «no especiales» se denomina «rebeldía», no siendo aplicables los efectos previstos en la LEC para dicha situación procesal. Aunque ciertamente pueden verse resoluciones de Juzgados de Primera Instancia en las que la rebeldía procesal se declara[174], dicha declaración no deja de ser, en nuestra opinión, un mero formalismo, pues a dicha declaración no se anudan los efectos típicos de la rebeldía procesal, por los motivos expuestos.

Apoya esta tesis el razonamiento de MARIMÓN DURÁ[175], que señala cómo el presunto incapaz no puede ser siquiera demandado si no es hallado, estimando esta Autora que a pesar de la previsión del art. 50 LEC, referente al fuero general de las personas físicas[176], en los procesos de incapacitación no

174. Como por ejemplo Juzgado de Primera Instancia núm. 2 de Medio Cudeyo, en la Provincia de Cantabria, Sentencia núm. 122/2011 de 23 septiembre (JUR 2014, 92622),

175. MARIMÓN DURÁ, Mª C.: *El Proceso Civil VIII.* op. cit.

176. Establece el art. 50 LEC, en sus dos primeros apartados, que «Salvo que la Ley disponga otra cosa, la competencia territorial corresponderá al tribunal del domicilio del demandado y si no lo tuviere en el territorio nacional, será Juez competente el de su residencia en dicho territorio». Y que «Quienes no tuvieren domicilio ni residencia en España podrán ser demandados en el lugar en que se encuentren dentro del territorio nacional o en el de su última residencia en éste y, si tampoco pudiera determinarse así la competencia, en el lugar del domicilio del actor».

rigen las normas generales contenidas en este artículo y que disponen que «salvo que la Ley disponga otra cosa, la competencia territorial corresponderá al tribunal del domicilio del demandado y si no lo tuviere en el territorio nacional, será Juez competente el de su residencia en dicho territorio» y «quienes no tuvieren domicilio ni residencia en España podrán ser demandados en el lugar en que se encuentren dentro del territorio nacional o en el de su última residencia en éste y, si tampoco pudiera determinarse así la competencia, en el lugar del domicilio del actor». Estima esta autora que si no existe domicilio ni residencia conocido, nada impide que el presunto incapaz pueda ser demandado en el lugar donde se encuentre. Pero que lo que no podrá ocurrir en ningún caso es que sea demandado cuando no sea hallado, pues la especialidad del proceso requiere la presencia física de la persona, al constituir el propio objeto del proceso de incapacitación, y exigirse el examen personal del tribunal y los preceptivos informes facultativos. Nunca podrá operar, pues, el criterio de la competencia del lugar del domicilio del actor, siendo asimismo necesaria la presencia del presunto incapaz en el proceso para que éste pueda seguir adelante[177].

177. Más problemáticas para la teoría procesal pueden resultar situaciones como la planteada en la Sentencia núm. 167/2006 de 25 octubre de la Audiencia Provincial de Teruel (Sección 1ª) (AC 2006, 2047). Se trata del caso en que habiendo sido emplazada la presunta incapaz con traslado del escrito de la demanda y la advertencia de que podía comparecer en el proceso con su propia representación y defensa, ésta no comparece dentro del plazo concedido, por lo que se procede a nombrar, mediante providencia, un defensor judicial que, habiendo jurado el cargo, no comparece dentro del plazo señalado para contestar a la demanda de incapacitación, por lo que es al defensor judicial a quien se declara en rebeldía,, continuándose la tramitación del juicio hasta el dictado de la sentencia. En realidad, el derecho a la tutela judicial efectiva con prohibición de la indefensión que consagra el art. 24 CE fue observado al dar a la demandada el traslado de la demanda, como apunta la Sentencia comentada. Aclara también la Audiencia, frente al recurso del Ministerio Fiscal que, conforme al tenor literal de la LEC, no se trata de que el presunto incapaz deba necesariamente comparecer en el proceso con su propia defensa y representación, sino simplemente de que puede hacerlo. En realidad, estimamos que cuando el estado de salud mental de la persona demandada no le permita siquiera comprender el sentido y alcance del proceso de incapacitación y en consecuencia oponerse si no está de acuerdo por considerar que no concurren en ella las enfermedades o deficiencias que justifican la declaración de incapacidad, esto es ya es un síntoma de que posiblemente concurren estas causas (lo cual deberá también valorar el Juez) y de que procede seguir adelante. Lo cual encaja bien con el principio de oficialidad y búsqueda de la verdad material que acertadamente rige en este proceso. Pese a lo criticable de la actuación del defensor judicial en el caso comentado –que no obstante llevar este nombre no defiende, y que ni siquiera comparece en el proceso para manifestar, en su caso, que de acuerdo con el mayor interés del incapaz está conforme con la solicitud de incapacitación, por lo que debería incurrir en responsabilidad si obró con malicia o negligencia–, tampoco esto tampoco dará lugar a que en el proceso de incapacitación sean de aplicación las previsiones de la LEC para el caso de rebeldía (pre-

Para GIMENO SENDRA[178], la singularidad de los procesos sobre capacidad de las personas se manifiesta en que su objeto se refiere a la condición misma de la persona humana, a su libertad de disposición de ella misma y de su patrimonio en condiciones de igualdad con los demás sujetos individuales, aunque la actuación jurisdiccional se hace con fines exclusivamente protectores y tuitivos. Entiende incluso GIMENO que, por estas características, en estos procesos no existe en puridad parte demandada (hasta el punto de que el propio afectado por la medida puede constituirse en el demandante de la misma, sino que, al igual que ocurre en el proceso penal, lo que existe es un sujeto pasivo de la restricción de derechos que se pretende con base en una situación física o mental que le impide regir su persona o bienes. Recuerda además el Autor que este sujeto pasivo del proceso, en caso de no comparecer en el proceso, será defendido por el Ministerio Fiscal o por el defensor judicial (art. 758 LEC), por lo que también entiende que en ningún caso es posible una situación legal de rebeldía.

No obstante, y a pesar de no ser procedente la declaración de rebeldía procesal con los efectos típicos que esta institución conlleva, creemos que esta idea debe ponerse en relación con el art. 759 LEC, según el cual «en los procesos de incapacitación, además de las pruebas que se practiquen de conformidad con lo dispuesto en el artículo 752, el tribunal oirá a los parientes más próximos del presunto incapaz, examinará a éste por sí mismo y acordará los dictámenes periciales necesarios o pertinentes en relación con las pretensiones de la demanda y demás medidas previstas por las leyes. Nunca se decidirá sobre la incapacitación sin previo dictamen pericial médico, acordado por el tribunal».

Y llegados a este punto, debemos distinguir entre la personación del presunto incapaz demandado (contestando a la demanda por escrito en el plazo de veinte días o compareciendo a la vista aun sin haber contestado a la demanda)[179] y su estancia a disposición del Tribunal para ser objeto de la prueba a la que la LEC se refiere como «examen del presunto incapaz» (art. 759.1).

---

clusión, régimen especial de notificaciones y posibilidad de que el rebelde interponga en su caso recurso de rescisión de la sentencia firme), pues éstas están pensadas para los procesos dispositivos y además, en todo caso, en el proceso de incapacitación el demandado tiene que estar presente para ser examinado por el tribunal, aunque no conteste a la demanda, quizás por no poder física o psíquicamente hacerlo, lo cual nos coloca ya en un supuesto de hecho que difiere bastante del general, en el que se presume la plena capacidad de obrar del demandado.

178. GIMENO SENDRA, V.: *Derecho procesal civil II, Los procesos especiales,* op. cit.

179. En este caso, no se alzaría ninguna rebeldía, pues como se ha explicado, no ha lugar a que se haya declarado. Ni tampoco se habrá producido la preclusión que imposibilite

Por tanto, parece claro que si la persona cuya incapacitación se pretende no se encuentra a disposición del Juzgado para ser examinada por el propio Juez y por el perito médico correspondiente, no podrá ser en ningún caso declarada incapaz, por no haberse practicado (o no haberse podido practicar) las pruebas que imperativamente impone la LEC[180]. Y ello aunque con las previsiones del art. 758 LEC se evite la declaración de rebeldía procesal, pues dicho artículo tiene por finalidad evitar la indefensión del presunto incapaz en el proceso, pero no permite en ningún caso que se dicte sentencia declarando la incapacidad de una persona sin que ésta haya sido examinada por el tribunal ni por el perito médico.

La clave del problema radica, en definitiva, en que cuando la LEC, en sus arts. 496 y ss. regula los efectos de la rebeldía refiriéndose con carácter general al «demandado que no comparezca en forma en la fecha o en el plazo señalado en la citación o emplazamiento», está suponiendo que éste tiene plena capacidad de obrar y, en consecuencia, que por parte del órgano jurisdiccional se ha hecho todo lo posible para que el demandado haya tenido o podido tener conocimiento de las actuaciones mediante los actos de comunicación previstos. A partir de ahí, le corresponde al demandado la carga de comparecer por sí mismo o de contratar abogados y procuradores si fuese necesario, o solicitar su designación por el Turno de Oficio. Pero cuando de hecho concurren en el demandado enfermedades o deficiencias psíquicas graves que le impidan realizar estas acciones y que son las que precisamente sustentan la declaración de incapacitación y de las cuales el Juzgado tiene conocimiento a través de la demanda, aunque el demandado sea traído al proceso para ser examinado, no puede decirse que el órgano jurisdiccional que lo declara en rebeldía haya hecho todo lo posible por salvaguardar su derecho a la tutela judicial efectiva si no le nombra, al

---

hacer alegaciones a lo expuesto en la demanda de incapacitación, pues los procesos a que se refiere el Título I LEC, «se decidirán con arreglo a los hechos que hayan sido objeto de debate y resulten probados, con independencia del momento en que hubieren sido alegados o introducidos de otra manera en el procedimiento» (art. 752).

180. En el mismo sentido, Aparicio Auñón, para quien la obligatoriedad del examen del presunto incapaz hace que no sea posible declarar la incapacidad de un ausente, ni de quien esté ilocalizable en paradero desconocido. Ni, por supuesto, tampoco al fallecido, trayendo a colación una vieja sentencia del Tribunal Supremo según la cual «ocurrido el fallecimiento del presunto incapaz, deben declararse fenecidas las actuaciones, ya que los reconocimientos y formalidades previos que exige la declaración de incapacidad y por su excepcional importancia no puede dictarse, ni tendría objeto ya después de extinguida la personalidad» (STS de 6 de abril de 1892), que Aparicio Auñón toma de los Comentarios al Código Civil de M. SCAEVOLA. Aparicio Auñón, E.: *Comentarios a la Ley de Enjuiciamiento Civil,* op. cit.

menos, como establece la LEC, un defensor judicial en caso de que el demandado no se persone en forma con su defensa y representación (cuando ésta no deba ser asumida, conforme a la Ley, por el Ministerio Fiscal). Y ello porque en estos casos, el demandado puede estar presente en el proceso de incapacitación *en cuerpo* pero no *en alma*, puede que ya no tenga conciencia de la realidad suficiente para comprender lo que significa el proceso al que se ve sometido, y por eso no le pueden ser aplicables las disposiciones de la rebeldía previstas por la Ley para litigantes que ostentan plena capacidad de obrar. Si bien en el proceso civil general diseñado por la LEC, el demandado no tiene la obligación legal de defenderse, pero la notificación de la demanda arroja sobre él la carga de comparecer para evitar la declaración de rebeldía y los efectos que lleva aparejados, dicha carga procesal sólo podrá recaer sobre él si de hecho tiene aptitud para asumirla[181]. Y precisamente, en el caso que nos ocupa, la posibilidad de que le falte esta aptitud, además de ser el fundamento del propio proceso de incapacitación, es lo que justifica además que la LEC, para salvaguardar el derecho de defensa del presunto incapaz, prevea el nombramiento supletorio de defensores si aquél no los designa bien directamente (quedando personado con la contestación escrita a la demanda firmada por Abogado y Procurador) o bien pidiendo la designación de estos profesionales por el Turno de Oficio.

Podemos concluir este apartado indicando que la falta de disponibilidad de la presencia física del presunto incapaz (ante la inmediación judi-

181. Merece la pena llamar aquí la atención sobre la notificación de la demanda al presunto incapaz, que es el acto de comunicación procesal con el que se trae al demandado al proceso para que pueda ejercitar su derecho de defensa. Dado que en no pocas ocasiones, el presunto incapaz no se encontrará en condiciones psíquicas de recibir y firmar por sí el emplazamiento con comprensión de lo que ello significa, se acepta en la práctica que este acto de comunicación se practique con persona que conviva con él en su domicilio (por lo general su guardador de hecho) o, si el presunto incapaz se encuentra en una residencia o centro geriátrico, con el personal que se encuentre al cargo. El ejercicio del derecho de defensa del todavía presunto incapaz en el proceso queda en todo caso garantizado con el nombramiento de los defensores previstos por la Ley para el caso de que no conteste a la demanda en el plazo de 20 días y, además, por la necesidad de que sea directamente examinado por el Juez, ante el que podría alegar lo que tuviese por conveniente. Por las particularidades dichas, en la medida de lo posible, es deseable que la diligencia de notificación de la demanda y emplazamiento para contestarla se practique mediante entrega conforme al art. 161 LEC, para así poder recoger en la diligencia cualquier incidencia que pudiera darse, personándose en el lugar correspondiente el funcionario del Cuerpo de Auxilio judicial o, más raramente, aunque también permitido por la LEC, el Procurador del demandante a su costa, conforme autoriza el art. 152.1.2ª LEC tras su reforma por Ley 13/2009, de 3 de noviembre, de reforma de la legislación procesal para la implantación de la nueva Oficina judicial.

cial, que no necesariamente tiene por qué darse en la sede del Juzgado)[182] habrá de conducir a una sentencia desestimatoria de la pretensión constitutiva de incapacitación por no haberse acreditado los hechos en que se funda la demanda, dada la imposibilidad de practicar las pruebas obligatorias que impone el art. 759, y ello con independencia de que haya contestado o no a la demanda. Esta solución nos parece más razonable que esperar al transcurso de los plazos de caducidad de la instancia establecidos en el art. 237 LEC para cerrar el proceso, sobre todo si se tiene en cuenta que la sentencia desestimatoria –lo mismo que si hubiese sido estimatoria–, carecerá de fuerza de cosa juzgada (toda vez que es posible que en el futuro cambien las circunstancias) y no impide que en el futuro se pueda instar un nuevo proceso solicitando la incapacitación de la misma persona.

11.3. ¿Es posible apreciar la falta de capacidad del presunto incapaz demandante una vez iniciado el proceso?

Entiende Aparicio Auñón[183] que, una vez personado el demandado en el juicio de incapacidad con su propia defensa y representación, la falta de capacidad natural puede serle apreciada todavía por el tribunal en cualquier momento del proceso (art. 9 LEC); en cuyo caso deberá acordar que le defienda el Ministerio Fiscal, o si éste fuera demandante, el defensor judicial que al efecto se le nombre inmediatamente.

Sin embargo, no podemos estar de acuerdo con esta postura, pues aunque se apoye en un precepto legal como es el art. 9 LEC, éste se encuentra contradicho por el 758 LEC, que en virtud del principio de especialidad, es el que debe imperar. Como hemos visto, a los efectos del proceso y hasta que no se dicte sentencia, se considera que la persona mayor de edad es capaz. Por tanto, deberá entenderse válida la defensa que pueda hacer con su propia defensa y representación cuando sea demandado (derecho que le reconoce el art. 758 LEC) y también (y con más motivo atendiendo al principio de búsqueda de la verdad

182. Evidentemente, en caso de imposibilidad física de la persona cuya incapacitación se pretende para acudir a la sede del Tribunal, por ejemplo por su deteriorado estado de salud, o por haber sido ingresada en un centro por razones de urgencia, podrá el Juez desplazarse hasta el lugar en que se encuentre para practicar este reconocimiento. Obviamente, esta naturaleza especial no significa que no le sean de aplicación al reconocimiento del art. 759 las normas generales de la LEC, como la del art. 129, que establece que «las actuaciones judiciales se realizarán en la sede de la Oficina judicial, salvo aquellas que por su naturaleza se deban practicar en otro lugar», máxime teniendo en cuenta los principios de actividad de oficio y búsqueda de la verdad material que rigen en estos procesos especiales.

183. Aparicio Auñón, E.: *Comentarios a la Ley de Enjuiciamiento Civil,* op. cit.

material en estos procesos) deberá considerarse válida la demanda del presunto incapaz contra sí mismo, que quizás no se encuentre plenamente capacitado para otras facetas de la vida, pero sí para entender la conveniencia de instar el proceso. Es por ello por lo que el art. 757 LEC le reconoce legitimación activa.

La postura defendida por el citado autor –esto es, la necesidad de que apreciada por parte del Juez la incapacidad antes de la sentencia (claro está, indiciariamente y, al igual que la posible sentencia que declarase la incapacidad, sin efectos retroactivos), el presunto incapaz comparecido en el proceso, bien haya sido demandado por otro, bien comparezca como demandante de sí mismo, haya de ser defendido por el Ministerio Fiscal o por defensor judicial–, supondría, en primer lugar, expulsar del proceso al Abogado y Procurador del presunto incapaz, que además, en caso de que el presunto incapaz actúe como demandante, serán quienes hayan firmado la demanda y quienes mayor conocimiento tengan de los hechos en que se basa la pretensión de incapacitación. Ello, lógicamente, con los naturales reparos que tendrían en lo sucesivo estos profesionales a la hora de presentar una demanda de incapacitación en nombre de un presunto incapaz contra sí mismo (posibilidad, insistimos, admitida expresamente y fomentada así por la LEC), pues paradójicamente, sólo cuando no llevasen razón en lo que piden (es decir, cuando no existiera la causa de incapacidad psíquica) seguirían la tramitación hasta el final del proceso, siendo en caso contrario expulsados y pudiendo incluso encontrar dificultades para cobrar por su trabajo.

En cualquier caso, la presunción de capacidad de la persona hasta que tal incapacidad (en el caso de que sea psíquica) sea declarada en sentencia, subyacente en la regulación de los arts. 757 y 758 LEC impide estimar que el presunto incapaz (resaltamos el adjetivo presunto) no pueda mantener en el proceso su propia defensa y representación, por muy evidentes que sean sus síntomas de incapacidad, quizás agravados decisivamente en el tiempo transcurrido tras la presentación de la demanda si actúa como demandante o tras su personación si actúa como demandado. Finalmente, el principio de oficialidad y de búsqueda de la verdad material que rige en estos procesos evitará que de la evidente incapacidad aún no declarada puedan derivarse durante el proceso efectos no queridos por la Ley, pues el Juez no se verá vinculado a actos dispositivos, podrá solicitar la práctica de cuantas pruebas considere con independencia del parecer de las partes, etc.

En cambio, sí parece claro que la LEC ha querido que el presunto incapaz pueda usar de su defensa y representación propia con independencia de la incapacidad que presente, siempre y cuando, claro está, ésta le permita, al menos, otorgar un poder para pleitos a su Procurador, lo cual hará ante fedatario público (Notario o Secretario judicial) que deberá previamente valorar la capacidad de la persona en cuestión para otorgar dicho poder.

Una vez personado en el proceso el presunto incapaz, cuya capacidad psíquica para comparecer sea como demandante o como demandado habrá sido valorada indiciariamente por dichos fedatarios públicos, en caso de que su situación empeorase durante el proceso, lo deseable será que éste concluya, sin merma de las garantías procesales, con la máxima celeridad posible, evitándose toda dilación innecesaria.

11.4. La imposibilidad del reconocimiento de legitimación pasiva a personas distintas del presunto incapaz

El Tribunal Supremo ha negado que personas distintas del presunto incapaz puedan ostentar legitimación pasiva, salvo en lo referente a la defensa del demandado por el Ministerio Fiscal, lo cual no le confiere tampoco la condición de sujeto demandado.

En este sentido, la Sentencia del Tribunal Supremo 1155/1995 de 30 diciembre (RJ 1995, 9664), deja claramente establecida la imposibilidad de demandar a otras personas distintas de aquella a la que se pretende incapacitar. Por ello, no cabe dirigir la demanda contra los familiares del presunto incapaz, sin perjuicio de que el Juez habrá de oírlos. Esta doctrina, plenamente válida en la actualidad es expuesta de la siguiente manera:

«En todo proceso de incapacitación que, en modo alguno puede concebirse como un conflicto de intereses privados y contrapuestos entre dos partes litigantes (que es lo que, generalmente, caracteriza a los procesos civiles), pues en el mismo está en juego nada menos que la pretendida negación a un ciudadano o ciudadana mayor de edad de su capacidad para regir su persona y administrar sus bienes del modo que tenga por conveniente (capacidad jurídica), en dicho proceso o relación jurídico-procesal, decimos, tiene que haber necesariamente, y no puede haber otro (aparte del Ministerio Fiscal, al que ahora nos referiremos en la medida de lo aquí necesario) un único sujeto pasivo o demandado, que ha de ser inexorablemente la persona a la que se trata de incapacitar, la cual intervendrá en dicho proceso en alguna de estas tres formas:

1) compareciendo con su propia defensa y representación, nombradas por él mismo (párrafo segundo del artículo 207 del Código Civil)[184];

184. Cabe indicar que el contenido del art. 207 CC ha pasado a recogerse en la LEC, pues los artículos 202 a 214 CC fueron vaciados de contenido por el apartado 2.1. ° de la

2) teniendo un defensor designado por el Juez (defensor judicial) si el Ministerio Fiscal hubiese promovido el proceso de incapacitación y el presunto incapaz no actúa en la forma dicha en el apartado anterior –con sus propias defensa y representación– (inciso primero del párrafo primero del citado precepto); y

3) siendo defendido por el Ministerio Público, si éste no es el que ha promovido el proceso de incapacitación y el presunto incapaz no actúa en la forma dicha en el apartado 1) –con sus propias defensa y representación–.

Lo que no es permisible, en modo alguno, es que sean sujetos pasivos o demandados en dicho proceso los parientes del presunto incapaz (cualquiera que sea su grado de parentesco), ello sin perjuicio, como es obvio, de que el Juez habrá de oír necesariamente a los parientes más próximos de dicho presunto incapaz (artículo 208 del Código Civil). Por tanto, carece del más elemental sentido jurídico el que en este proceso de incapacitación (que, correctamente, ha sido promovido por un hijo del presunto incapaz) haya sido demandada una hermana de dicho demandante e hija también del referido presunto incapaz, cuando éste (al no haber nombrado, por sí, sus propias representación y defensa) ha estado representado y defendido por el Ministerio Fiscal, cuya hija del presunto incapaz, por tanto, carecía en absoluto de legitimación pasiva (*legitimatio ad processum*) para figurarse como demandada en dicho proceso».

12. EL CASO ESPECIAL DE LA PERSONACIÓN DE LOS MENORES DE EDAD

Los menores de edad podrán ser incapacitados cuando concurra en ellos causa de incapacitación y se prevea razonablemente que la misma persistirá después de la mayoría de edad (art. 201 CC).

Sin embargo, en tal caso la incapacitación sólo podrá ser solicitada por quienes ejerzan la patria potestad o la tutela, de acuerdo con el art. 757.4. LEC. Se trata, por tanto, de una norma especial que excluye la legitimación de los demás parientes mencionados en el art. 757.1 LEC, de modo que sólo podrán interponer la demanda los padres (que ostentan la patria potestad

Disposición Derogatoria Única de la Ley 1/2000, 7 enero, de Enjuiciamiento Civil). La sentencia del Tribunal Supremo aquí traída a colación, si bien es anterior a la LEC de 2000, contiene doctrina plenamente aplicable al proceso actual, pues, como venimos indicando, la regulación de la LEC en este sentido coincide en lo sustancial con la anterior regulación contenida en los artículos del CC, que quedaron vaciados de contenido.

de los hijos no emancipados según el art. 154 CC) o en su caso el tutor. La patria potestad se ejercerá conjuntamente por ambos progenitores o por uno solo con el consentimiento expreso o tácito del otro. Serán válidos los actos que realice uno de ellos conforme al uso social y a las circunstancias o en situaciones de urgente necesidad (art. 156 CC).

Aunque el menor de edad tiene ya limitada su capacidad de obrar de manera similar a la de un incapacitado, esta posibilidad está pensada para evitar que en aquellos casos en los que el menor sufre una enfermedad o deficiencia persistente y grave de carácter físico o psíquico que le impida gobernarse por sí mismo y que se prevea que persistirá una vez alcanzada la mayoría de edad, se produzcan supuestos en que ese menor alcance la mayoría de edad sin haber sido incapacitado, pues en tal caso se produciría un lapsus temporal en el cual esta persona debería haber sido tenida por capaz.

Iniciado por los padres o por el tutor el proceso de incapacitación del menor, surge un claro conflicto de intereses que impide que éstos puedan ejercer sus funciones de representación respecto del menor bajo su potestad o tutela, lo que hace necesario proveer a la representación y defensa del menor cuya declaración de incapacidad se postula.

Podemos distinguir varios supuestos:

1) Que la demanda se haya interpuesto por ambos progenitores cuando ninguno de ellos esté privado de la patria potestad o cuando la patria potestad sea ostentada por un solo progenitor y sea éste quien interponga la demanda[185]. En este supuesto, el conflicto de intereses existe entre ambos progenitores y el menor, pues la LEC establece en su art. 7 que «sólo podrán comparecer en juicio los que estén en el pleno ejercicio de sus derechos civiles. Y que "las personas físicas que no se hallen en el caso del apartado anterior habrán de comparecer mediante la representación o con la asistencia, la autorización, la habilitación o el defensor exigidos por la ley" que precisamente en el caso de los menores no emancipados serán los padres, pues "los padres que ostenten la patria potestad tienen la representación legal

185. Esta circunstancia puede darse en los casos que prevé el art. 156 CC, que en sus párrafos cuarto y quinto establece que «En defecto o por ausencia, incapacidad o imposibilidad de uno de los padres, la patria potestad será ejercida exclusivamente por el otro. Si los padres viven separados, la patria potestad se ejercerá por aquel con quien el hijo conviva. Sin embargo, el Juez, a solicitud fundada del otro progenitor, podrá, en interés del hijo, atribuir al solicitante la patria potestad para que la ejerza conjuntamente con el otro progenitor o distribuir entre el padre y la madre las funciones inherentes a su ejercicio».

de sus hijos menores no emancipados" según el art. 162 CC. Para estos casos, el primer párrafo del art. 163 CC prevé que siempre que en algún asunto el padre y la madre tengan un interés opuesto al de sus hijos no emancipados, se nombrará a éstos un defensor que los represente en juicio y fuera de él. Se procederá también a este nombramiento cuando los padres tengan un interés opuesto al del hijo menor emancipado cuya capacidad deban completar».

2) Que la demanda se haya interpuesto por uno solo de los progenitores, cuando ambos ostenten la patria potestad. En este caso, corresponde la representación del menor presunto incapaz al otro progenitor, pues «si el conflicto de intereses existiera sólo con uno de los progenitores, corresponde al otro por Ley y sin necesidad de especial nombramiento representar al menor o completar su capacidad» según el párrafo segundo del art. 163 LEC. Se trata de supuestos muy delicados en los que el Ministerio Fiscal deberá estar especialmente atento para que evitar que, mediante una oposición fingida por parte de aquel de los progenitores que debe representar al menor en juicio al no haber actuado como demandante, se actúe en fraude de ley y en contra de los intereses del menor.

3) Que la demanda se haya interpuesto por el tutor o tutores (en los casos de tutela conjunta a que se refiere el art. 236 CC). En este supuesto, por existir asimismo conflicto de intereses, deberá procederse igualmente al nombramiento de defensor judicial.

4) Que la demanda se haya interpuesto por uno solo de los tutores en el caso de que la tutela estuviese atribuida conjuntamente a varias personas. En este caso, corresponderá la representación en juicio del menor tutelado a los demás tutores en quienes no se dé incompatibilidad u oposición de intereses, pues según el art. 237 bis CC, «si los tutores tuvieren sus facultades atribuidas conjuntamente y hubiere incompatibilidad u oposición de intereses en alguno de ellos para un acto o contrato, podrá éste ser realizado por el otro tutor, o, de ser varios, por los demás en forma conjunta».

13. REGLAS DE APLICACIÓN A LA TRAMITACIÓN DEL PROCESO

De acuerdo con el art. 753 LEC, salvo que expresamente se disponga otra cosa, los procesos a que se refiere este título se sustanciarán por los trámites del juicio verbal, pero el Secretario judicial dará traslado de la demanda al

Ministerio Fiscal, cuando proceda, y a las demás personas que, conforme a la Ley, deban ser parte en el procedimiento, hayan sido o no demandados, emplazándoles para que la contesten en el plazo de veinte días.

Así pues, se trata de un juicio verbal con contestación escrita, que es un híbrido entre el juicio verbal y el ordinario. Con ello, la LEC pretende alcanzar la celeridad y agilidad propias de un juicio verbal, pero evitando que el demandante deba comparecer al acto de la vista desconociendo las alegaciones de la parte demandada, lo que le privaría de una defensa reposada de sus posiciones en los procesos en los que está en juego, ordinariamente, cuestiones de notoria importancia vital y frecuentemente con un considerable grado de complejidad.

Y aunque en la LEC no se especifique, hay que entender que la demanda habrá de ser redactada de forma ordinaria establecida en el art. 399 LEC, y no debería bastar con la demanda sucinta propia del verbal, pues en caso contrario se frustraría la finalidad de emplazar al Ministerio Fiscal y a las demás partes para que contesten por escrito, pues difícilmente podrán dar una contestación adecuada por escrito si desconocen los hechos en que se funda la demanda.

Una vez contestada la demanda o precluido el plazo para su contestación (que no obstante en estos procesos no impedirá que el Juez pueda apreciar todos los hechos que debe en todo caso tener en cuenta)[186], el Secretario judicial citará a las partes para la celebración de vista en el día y hora que a tal efecto señale, debiendo mediar diez días, al menos, desde el siguiente a la citación y sin que puedan exceder de veinte (art. 440.1 LEC). Seguidamente, continuará el procedimiento en la forma prevenida para el juicio verbal, aunque no serán de aplicación las normas relativas a los apercibimientos en caso de incomparecencia que prevé el art. 440.2 LEC, o los efectos de la inasistencia previstos en el 442 en cuanto sean incompatibles con las normas expuestas sobre la indisponibilidad del proceso y sobre la prueba.

Cabe señalar que la falta de citación del Ministerio Fiscal para la celebración de la vista es motivo de nulidad de las actuaciones, como se ha reconocido en nuestra jurisprudencia menor[187].

---

186. El proceso, en todo caso, se decidirá con arreglo a los hechos que hayan sido objeto de debate y resulten probados, con independencia del momento en que hubieren sido alegados o introducidos de otra manera en el procedimiento (art. 752 LEC). Deberán asimismo practicarse las pruebas y audiencias preceptivas previstas en el art. 759 LEC.
187. Así, Audiencia Provincial de Córdoba (Sección 3ª), Auto núm. 3/2005 de 16 diciembre (JUR 2006, 161984).

La vista, según establece el art. 443 LEC, comenzará con exposición por el demandante de los fundamentos de lo que pida o ratificación de los expuestos en la demanda si ésta se hubiera formulado conforme a lo previsto para el juicio ordinario. Acto seguido, el demandado podrá formular las alegaciones que a su derecho convengan, comenzando, en su caso, por las cuestiones relativas a la acumulación de acciones que considerase inadmisible, así como a cualquier otro hecho o circunstancia que pueda obstar a la válida prosecución y término del proceso mediante sentencia sobre el fondo. El demandado no podrá impugnar en este momento la falta de jurisdicción o de competencia del tribunal, que hubo de proponer en forma de declinatoria según lo dispuesto en el artículo 64 LEC, sin perjuicio de lo previsto sobre apreciación de oficio por el tribunal de su falta de jurisdicción o de competencia.

Oído el demandante sobre las cuestiones a que se refiere el apartado anterior, así como las que considerare necesario proponer acerca de la personalidad y representación del demandado, el tribunal resolverá lo que proceda y, si manda proseguir el juicio, el demandado podrá pedir que conste en acta su disconformidad, a los efectos de apelar contra la sentencia que en definitiva recaiga.

Si no se suscitasen cuestiones procesales o si, suscitadas, se resolviese por el tribunal la continuación del juicio, se dará la palabra a las partes para fijar con claridad los hechos relevantes en que fundamenten sus pretensiones, debiendo ceñirse la cuestión litigiosa a la capacidad de la persona demandada, el régimen de tutela aplicable en su caso y, si así se hubiera solicitado, la persona que debe asumir el cargo tutelar (arts. 759.2 y 760 LEC).

No cabiendo conformidad sobre los hechos, se propondrán a continuación las pruebas y, una vez admitidas las que no sean impertinentes o inútiles, se practicarán seguidamente no se hubiera realizado ya, pues suele ocurrir que el Juez haya explorado ya al presunto incapaz antes de la vista y recabado el informe médico que exige el art. 759 LEC. Debe tenerse en cuenta la facultad del Tribunal para practicar pruebas de oficio, así como la obligatoriedad de llevar a cabo las pruebas referidas en el art. 759 LEC.

A diferencia de lo que ocurre en los juicios verbales no especiales, una vez practicadas las pruebas, el Tribunal permitirá a las partes formular oralmente sus conclusiones, del mismo modo que en el juicio ordinario. Estas conclusiones versarán sobre los hechos controvertidos, exponiendo cada parte de forma ordenada, clara y concisa, si, a su juicio, los hechos relevantes han sido o deben considerarse admitidos y, en su caso, probados o inciertos. A tal fin, harán un breve resumen de cada una de las pruebas practicadas sobre aquellos hechos, con remisión pormenorizada, en su caso, a los autos del juicio. Si entendieran que algún hecho debe tenerse por cierto en virtud de presunción, lo manifestarán así, fundamentando su criterio. Podrán, asimismo, alegar lo que resulte de la carga de la prueba sobre los hechos que reputen dudosos.

En relación con el resultado de las pruebas y la aplicación de las normas sobre presunciones y carga de la prueba, cada parte principiará refiriéndose a los hechos aducidos en apoyo de sus pretensiones y seguirá con lo que se refiera a los hechos aducidos por la parte contraria.

Expuestas sus conclusiones sobre los hechos controvertidos, cada parte podrá informar sobre los argumentos jurídicos en que se apoyen sus pretensiones, que no podrán ser alteradas en ese momento.

Si el tribunal no se considerase suficientemente ilustrado sobre el caso con las conclusiones e informes, podrá conceder a las partes la palabra cuantas veces estime necesario para que informen sobre las cuestiones que les indique.

Sólo en el caso en que no se hubiera podido practicar alguna prueba exigida por la Ley o que el Juez estime necesaria, podrá señalarse para su práctica dentro del plazo de 30 días, por aplicación analógica de lo dispuesto en el art. 770.4ª LEC para los procesos matrimoniales. Del resultado de estas pruebas habrá que dar traslado a las partes para que las partes puedan, dentro del quinto día, presentar escrito en que resuman y valoren el resultado (art. 436.1 LEC).

El juicio quedará a continuación concluso para sentencia, que deberá dictarse en el plazo de diez días (art. 447.1 LEC).

14. PRUEBAS

14.1. Generalidades sobre la práctica de la prueba en el proceso de incapacitación

Hemos visto ya, dentro de las consideraciones generales comunes a los procesos especiales del Título I del Libro IV de la LEC, las reglas generales en materia de prueba aplicables a todos ellos, entre los cuales se encuentra este proceso de incapacitación. Pasamos a continuación a exponer las especialidades específicamente previstas para este proceso dentro del Capítulo II de dicho Título I.

Si bien en todos los procesos del Título I del Libro IV de la LEC (capacidad, filiación, matrimonio y menores), el Tribunal tiene la facultad de proponer de oficio las pruebas que considere pertinentes, en los procesos de incapacitación, no se trata ya de que la Ley faculte al Tribunal para proponer pruebas, sino que expresamente le impone la obligación de practicar determinadas pruebas y audiencias, sin perjuicio de que puedan además practicarse las propuestas por el Ministerio Fiscal y las partes, así como otras que el propio tribunal pueda decretar de oficio (cfr. art. 752 LEC).

Y así, el art. 759 LEC, que lleva por rúbrica «pruebas y audiencias preceptivas en los procesos de incapacitación», establece en su apartado primero (art. 759.1 LEC) que «en los procesos de incapacitación, además de las pruebas que se practiquen de conformidad con lo dispuesto en el artículo 752, el tribunal oirá a los parientes más próximos del presunto incapaz, lo examinará por sí mismo y acordará los dictámenes periciales necesarios o pertinentes en relación con las pretensiones de la demanda y demás medidas previstas por las leyes». Añadiendo que «nunca se decidirá sobre la incapacitación sin previo dictamen pericial médico, acordado por el tribunal», aunque obviamente las conclusiones de los dictámenes profesionales médicos no vinculen al juzgador, que es a quien corresponde en exclusiva determinar las consecuencias jurídicas de la valoración que el mismo haga de dichos informes.

De este modo, como ha señalado la Audiencia Provincial de Ávila, en Sentencia núm. 184/2011 de 16 septiembre (JUR 2011, 387120), «el art. 759 de la LEC añade unas exigencias específicas a las del art. 752 respecto a la actividad probatoria en el proceso de incapacitación que se derivan del papel que el Tribunal representa como garante de los derechos e intereses legítimos de los ciudadanos que le atribuye el art. 24 CE. No solamente insiste en el principio de la inmediación de la prueba que proclaman el art. 229.2 de la LOPJ y arts. 137.1 y 289.2 de la LEC, sino en el ámbito de la actividad probatoria requiriendo unas audiencias preceptivas que se concretan en tres medios de prueba *ad hoc* para decidir sobre la incapacitación pretendida:

1) Audiencia de los familiares más allegados.

2) El examen directo del demandado por el Juez.

3) El dictamen pericial médico.

Esta actividad probatoria, regida por los principios de investigación de oficio, complementaria de la prueba aportada por las partes, búsqueda de la verdad material y consiguiente ausencia de preclusión, requiere una práctica bajo una rigurosa aplicación del principio de inmediación, en la que el Juzgador tratará de cerciorarse por sí mismo, mediante el examen directo del incapaz y de las personas allegadas, sobre la realidad y extensión de la incapacitación».

Asimismo, la doctrina de otras Audiencias ha establecido que en caso de omitirse la práctica de las pruebas señaladas en el art. 759 LEC, la sentencia que se dictara sería nula de pleno derecho, que podrá ser declarada conforme a las normas previstas en la LEC (arts. 225 y ss.)[188].

Y el Tribunal Supremo ha declarado que es uniforme y consolidada la doctrina de que la inobservancia de los trámites esenciales y previos a toda declaración de incapacidad (audiencia de los parientes más próximos, al presunto incapaz y examen de éste por el propio juez), en cuanto cuestión de orden público e incluso de trascendencia constitucional, puede ser apreciada incluso de oficio[189].

El art. 759.2 LEC dispone que «Cuando se hubiera solicitado en la demanda de incapacitación el nombramiento de la persona o personas que hayan de asistir o representar al incapaz y velar por él, sobre esta cuestión se oirá a los parientes más próximos del presunto incapaz, a éste, si tuviera suficiente juicio, y a las demás personas que el tribunal considere oportuno». Y a este respecto, la misma Sentencia de la Audiencia Provincial de Ávila de 16 septiembre de 2011 (JUR 2011, 387120) (anteriormente citada) señala cómo también, respecto del problemático tema del nombramiento del tutor para el ya declarado incapaz, conforme a los arts. 229 y 287 del Código Civil, el mismo art. 759.2 de la LEC prevé sobre la específica cuestión del nombramiento de la persona o personas que hayan de asistir o representar al incapaz y velar por él, unas pruebas también preceptivas y regidas por idénticos principios. Éstas consisten en las audiencias de los parientes más próximos del presunto incapaz y de éste, si tuviera suficiente juicio, y de

188. Así la SAP Cádiz (Sección 1ª), de 8 de mayo de 2001 (JUR 2001, 197432): «El Art. 208 del Código Civil, como reiteradamente ha mantenido la jurisprudencia (Sentencias del Tribunal Supremo de 20 de febrero de 1989 y 9 de junio de 1997, entre otras, y en este sentido se recoge en el Art. 759 de la vigente Ley de Enjuiciamiento Civil) establece como norma de ius cogens, tres pruebas que debe practica el Juez en el proceso de incapacitación, con independencia de que sean o no propuestas por las partes y, en el presente supuesto ninguna de ellas se ha practicado (pese a estar propuestas y admitidas) obviándose la práctica de unas pruebas que, con carácter imperativo exige la Ley, prescindiéndose total y absolutamente de forma, por lo que procede, conforme establece el Art. 238 de la Ley Orgánica del Poder Judicial, declarar la nulidad de la Sentencia hoy impugnada, retrotrayendo las actuaciones a la fase probatoria a fin de que se practiquen las pruebas a que se refiere el Art. 208 del Código Civil».

189. Tribunal Supremo (Sala de lo Civil), Sentencia núm. 185/2000 de 4 marzo (RJ 2000, 1342), con reiteración de varias.

las personas que el Tribunal considere oportuno. Y recuerda esta sentencia cómo la Jurisprudencia del Tribunal Supremo sienta como doctrina que el reconocimiento del presunto incapaz por el Tribunal no puede catalogarse como trámite procesal, sino como requisito de fondo[190]. El interrogatorio a los parientes más próximos del presunto incapaz también es considerado como un trámite esencial, debiendo acordarse, caso de no haberse hecho, de oficio, la nulidad de actuaciones[191].

Por último, el art. 759.3 LEC dispone que «si la sentencia que decida sobre la incapacitación fuere apelada, se ordenará también de oficio en la segunda instancia la práctica de las pruebas preceptivas a que se refieren los apartados anteriores». La LEC, en definitiva, impone la práctica de estas pruebas en las dos instancias, como ha recordado la Audiencia Provincial de Barcelona[192].

Esta disposición está encaminada a garantizar la necesaria inmediación en este tipo de procesos, ya que sería absurdo que si la ley considera necesario que el Juez de Primera Instancia practique obligatoriamente esas pruebas, la decisión pudiera ser alterada por un Tribunal de segunda instancia que no hubiera presenciado las mismas. Y el propio Tribunal Supremo ha reiterado en su doctrina la obligatoriedad de practicar estas pruebas también en una eventual segunda instancia, con las mismas consecuencias (nulidad de lo actuado) en caso de incumplimiento[193].

190. Tribunal Supremo (Sala de lo Civil), Sentencia de 20 febrero 1989 (RJ 1989, 1214) y Tribunal Supremo (Sala de lo Civil), Sentencia núm. 185/2000 de 4 marzo (RJ 2000, 1342).
191. Tribunal Supremo (Sala de lo Civil), Sentencia núm. 185/2000 de 4 marzo (RJ 2000, 1342); SAP Alicante (Sección 4ª) de 1 de octubre de 1998; Audiencia Provincial de Córdoba (Sección 3ª), Sentencia núm. 248/1998 de 2 octubre (AC 1998, 1998)y AP de Burgos (Sección 3ª) en Auto de 11 de enero de 2001.Audiencia Provincial de Islas Baleares (Sección 5ª), Sentencia núm. 182/2004 de 7 mayo (AC 2004, 865).
192. Audiencia Provincial de Barcelona (Sección 18ª), Sentencia núm. 240/2007 de 18 mayo (JUR 2007, 269061).
193. La STS núm. 610/2005 de 15 julio (RJ 2005, 6531)recuerda que: «El procedimiento de incapacitación en que ha recaído la sentencia impugnada se siguió por los trámites establecidos en los arts. 756 y siguientes de la Ley 1/2000, de 7 de enero, de Enjuiciamiento Civil por lo que era aplicable, en la segunda instancia, lo dispuesto con carácter imperativo en el art. 759.3. (...) Cualquiera que sea la crítica que doctrinalmente pueda merecer el precepto (se refiere al art. 759.3 LEC), la obligación que impone al Tribunal de apelación es de estricta observancia por constituir una norma esencial en esta clase de procesos, cuya omisión constituye causa de nulidad de acuerdo con el art. 238.3° de la Ley Orgánica del Poder Judicial. En el presente caso, la Audiencia Provincial, al conocer del recurso de apelación contra la sentencia del Juzgado, no dio cumplimiento a lo prevenido en el art. 759.3 de la Ley de Enjuiciamiento Civil, resultando así infringida una norma esencial del procedimiento

A pesar de las garantías de inmediación que impone la LEC, la doctrina de las Audiencias ha admitido que la audiencia sea celebrada por un Juez adjunto y que la sentencia haya sido dictada por el Juez titular, sin que por ello sea nula la sentencia, siempre que éste haya estado presente en el acto de la vista[194].

Por último, se ha destacado cómo el material probatorio debe ser objeto de una interpretación rigurosa y restrictiva, de modo que sólo podrá declararse la incapacitación de una persona cuando de la prueba practicada se desprenda fehacientemente la concurrencia de los requisitos necesarios para la incapacitación, de modo que quede acreditada la inidoneidad natural de la persona para regirse ella misma y administrar y disponer de sus bienes, debiendo denegarse la incapacitación pedida en otro caso[195].

---

de incapacitación, lo que aboca a la nulidad de pleno derecho de la sentencia impugnada, solicitada por el Ministerio Fiscal, de acuerdo con el art. 238.3° de la Ley de Enjuiciamiento Civil, siendo evidente la indefensión producida atendida la especial finalidad protectora de la persona que caracteriza esta clase de procesos».

Las dudas surgen porque con la regulación que contenía el ahora derogado art. 208 CC (con anterioridad a la entrada en vigor de la LEC 2000), fue controvertido si el Tribunal de apelación venía obligado a la práctica de estas diligencias ya realizadas en la primera instancia, entendiendo el TS en varias sentencias que el tribunal de apelación debía practicar esas pruebas cuando disintiese del criterio del juzgados re primara instancia y declarase la incapacitación o incrementase la gradación de la misma, es decir, cuando su resolución era la que constituía el estado de incapacitación. Sin embargo, con la actual regulación contenida en el art. 759.3 LEC no cabe duda de la obligatoriedad en todo caso de estas pruebas en la segunda instancia. A este respecto, la STS de 15 julio de 2005 aquí comentada vino a señalar que *«el art. 759.3 de la Ley de Enjuiciamiento Civil ha supuesto una transcendental modificación respecto el derogado art. 208 del Código Civil, al imponer, expresamente y para todo caso, la práctica de las pruebas a que se contrae su apartado 1, extendiendo así el principio de inmediación, de especial relevancia en estos procesos, al Tribunal de apelación»*.

194. Audiencia Provincial de Álava (Sección 1ª), Sentencia núm. 114/2002 de 17 abril (AC 2003, 1499): «lo cierto es que la previsión legal relativa a este extremo contenida en los arts. 194.1 y 200 LEC. hace exclusiva referencia a los asuntos que deban fallarse "después de la celebración" de una vista o juicio, supuesto en el que el Juez que haya asistido a la vista o juicio ha de ser quien redacte y firme la resolución, resultando que en el presente caso ha sido la Juez titular que asistió —acompañando al Juez adjunto— al acto de la vista (arts. 753 LEC) celebrada justo antes de quedar el asunto pendiente de resolución (véanse los folios 226 y 422, así como los dos soportes informáticos audio y vídeo en los que quedó grabado dicho acto) quien ha dictado la Sentencia apelada».

195. Así la Audiencia Provincial de Cáceres (Sección 1ª), en Sentencia núm. 269/2009 de 17 junio (JUR 2009, 310040), deja sin efecto la incapacitación previamente declarada por el Juzgado de primera instancia, razonando como sigue: «debe afirmarse, de manera categórica, que, en el presente Proceso, no ha quedado debidamente acreditada la situación de inidoneidad natural (o, si se prefiere, de incapacidad —total ni parcial—) de Dª. Noelia para regir su persona y administrar y disponer de sus bienes impeditiva de sus facultades de autogobierno. Y, así, en la audiencia de la presunta in-

A continuación, examinaremos el contenido de cada una de estas pruebas peculiares que la LEC impone como obligatorias, tratando de determinar cuál es la naturaleza jurídica de las mismas y, en consecuencia, el régimen jurídico supletorio aplicable a cada una de ellas.

14.2. Audiencia de los parientes más próximos del presunto incapaz

La audiencia a los parientes más próximos del presunto incapaz es una prueba de obligado cumplimiento, cuya omisión también determina la nulidad de las actuaciones[196].

El legislador exige una particular inmediación en la práctica de esta prueba, extendiendo el estricto cumplimiento de esta previsión, como hemos visto, también a la segunda instancia.

Cabe observar que la LEC no precisa quiénes son estos parientes más próximos que han de ser oídos, de modo que no hay por qué entender que el mandato se limita a los enumerados en el art. 757.1 LEC (esto es, a los que se reconoce legitimación activa para solicitar del Juez la incapacitación, incluida la persona en situación de hecho asimilable a la de cónyuge). Por eso, y atendiendo además a la finalidad de esta audiencia (que no es otra

---

capaz celebrada en fecha 16 de Junio de 2.009, la Sala pudo apreciar que Dª. Noelia se encontraba perfectamente orientada contestando racionalmente a las preguntas que le fueron formuladas, si bien –como con anterioridad se significó– pudo advertirse la manifestación de unas ideas de perjuicio –en su ámbito laboral o profesional y vecinal– sin entidad bastante, que en ningún caso pueden justificar tan grave sanción, cual es la declaración de incapacidad parcial que se pretende. En segundo lugar, la audiencia de los parientes más próximos de la presunta incapaz (su hermano, D. Julián) no reveló objetivamente la existencia de una necesidad real y objetiva que fundamentara la declaración de incapacidad parcial. Finalmente, los Informes Médicos incorporados a las actuaciones no dejan de ofrecer un cierto grado de contradicción sobre el que no se ha dado una explicación razonable en este Proceso».

196. Audiencia Provincial de Pontevedra (Sección 3ª), Sentencia núm. 330/2006 de 17 julio (JUR 2006, 224876): «En el caso analizado no se produce la comentada audiencia de parientes se constata el dictado de sentencia por juez distinto al que intervino en diligencia de examen de la presunta incapaz (fs. 36 ss., 63 y 74), truncándose así la posibilidad de debatir sobre importante prueba directa y personal, y dictándose sentencia en valoración de simples impresiones o percepciones ajenas al órgano sentenciador, lo que repercute en evidente indefensión para la parte actora que, a la postre, vio desestimada su pretensión.
Ello propicia la declaración de nulidad de la sentencia, sin entrar a resolver sobre el fondo enjuiciado, para que se obtenga con la debida inmediación la doble prueba reseñada, de acuerdo a los arts. 238 ss. LOPJ y 759 LEC, y conforme a lo también peticionado por la parte apelante y el Ministerio Fiscal».

que suministrar elementos de juicio al juzgador sobre el estado del presunto incapaz), no hay razón por la cual el Juez no pueda oír a otros parientes más lejanos, e incluso a otras personas aunque no sean parientes en sentido propio (así amigos, un cuidador, un vecino, etc.). Y ello, sobre todo, si se tiene en cuenta que, en estos procesos especiales, en virtud de lo dispuesto en el art. 752.1 LEC, el Tribunal podrá decretar de oficio cuantas pruebas estime pertinentes, por lo que también podrá oír a otras personas cuando así lo estime. Cosa distinta es que, como se ha señalado, la LEC sólo reconozca legitimación activa para entablar la demanda a las personas citadas en el art. 757.

La omisión de la audiencia a los parientes del presunto incapaz determinará la nulidad de las actuaciones, como ha declarado la Audiencia Provincial de Alicante, en una sentencia que incluso califica este trámite de «requisito de fondo previo a la decisión y que no puede catalogarse ni como trámite procesal ni como prueba»[197].

En efecto, se discute en la doctrina acerca de la naturaleza de esta prueba obligatoria, señalándose que no se trata propiamente de un interrogatorio de parte ni de una prueba testifical, sino de una audiencia en la que el Juez indagará sobre las deficiencias físicas o psíquicas que sean impedimento para que el presunto incapaz pueda gobernarse por sí mismo y cualesquiera otros datos que el Juez considere conveniente preguntar a los parientes.

Lo anterior no significa sin embargo que, existiendo varios parientes de igual grado, deban ser oídos todos y cada uno de ellos. La Audiencia Provincial de Asturias ha señalado que «no existe una orden legal de llamar a todos los parientes de igual grado sino, en cuanto a la incapacitación, a los más próximos, y respecto de la elección de tutor, a éstos y a quien, además, el Tribunal considere oportuno (art. 759 LEC)», señalando en la misma sen-

197. Audiencia Provincial de Alicante (Sección 6ª), Sentencia núm. 171/2003 de 31 marzo (JUR 2003, 203367): «El artículo 208 del Código Civil cuando en el mismo se dice que el juez oirá a los parientes más próximos del presunto incapaz, "examinará a éste por sí mismo", oirá el dictamen de un facultativo y sin perjuicio de las pruebas practicadas a instancia de parte, podrá decretar de oficio cuantas estime pertinentes. Este precepto, como se decía en la sentencia de esta Sala de 4 de julio de 1997, impone al juez una serie de actuaciones, so pena de nulidad, en garantía del proceso de incapacitación, y en suma, del presunto incapaz, y si bien alguna de estas actuaciones corresponden al campo de la prueba estrictamente, otras, como es el examen del incapaz ola audiencia de los parientes más próximos, constituyen un requisito de fondo previo a determinada decisión y que no puede catalogarse ni como trámite procesal ni como prueba, poniéndose de manifiesto en el precepto la desvirtuación del principio dispositivo, del de aportación de parte y del de la verdad formal que rige el proceso civil en aras de la búsqueda de la verdad material de la incapacitación».

tencia la innecesaridad de llamar a parientes cuyo examen se considera innecesario por falta de contacto con el presunto incapaz puesta de manifiesto por no figurar tales personas en la narración de los hechos de la demanda, así como tampoco a los familiares que se hallen impedidos por sus propias condiciones personales o de salud[198].

Y lógicamente, en los casos en que los familiares citados en forma conforme a los preceptos de la LEC no han comparecido, la jurisprudencia menor ha considerado que esta incomparecencia no es un obstáculo insalvable que impida, en su caso, declarar la incapacidad pedida[199].

El Tribunal Supremo, por su parte, ha declarado que no procede la audiencia de aquellos parientes que intervinieron en el proceso como demandantes, por ser ya conocido su criterio respecto de la concurrencia de causa de incapacitación[200]. Esto no obstante, la jurisprudencia menor ha señalado que si además del promotor del proceso consta la existencia de otros parientes con circunstancias y domicilio conocidos, deben éstos ser llama-

198. Audiencia Provincial de Asturias (Sección 5ª), Sentencia núm. 82/2012 de 6 marzo (JUR 2012, 111490).

199. Audiencia Provincial de Palencia (Sección 1ª), Sentencia núm. 214/2004 de 29 junio (JUR 2004, 203160): «Cierto es que el artículo 759 de la LEC impone la audiencia a los parientes más próximos de aquel que se pretenda declarar su incapacidad, como requisito necesario para que pueda efectuarse un pronunciamiento al respecto, más como en el presente caso sucede que intentada la comunicación con los dos hijos de Dª Catalina, ésta resulta imposible como ya ha quedado descrita, habiendo utilizado de forma razonable los medios que la LEC pone a disposición y permite en su utilización a los órganos judiciales para la citación de aquellos que haya de comparecer a su presencia, sin que los implicados hayan comparecido, debe entenderse cumplido el requisito en cuestión tanto en su forma como en su espíritu y en consecuencia y dado que además por el Ministerio Fiscal se solicitó la confirmación de la sentencia recurrida, dictar sentencia en tal sentido.
Además de lo anterior, ninguna duda cabe de la situación mental en la que en la actualidad se encuentra Dª Catalina verificada por el Sr. Médico Forense del Juzgado a quo, que la inhabilita para regir su persona y bienes, y como quiera que ello es lo que debe de ponderarse a efectos de declaración de incapacidad, está suficientemente demostrado y procede sin más la confirmación de la sentencia recurrida».

200. Así la STS de 30 de diciembre de 1995 (RJ 1995, 9664), al señalar que «es, indudablemente, obligatorio para el Juez el oír a los parientes más próximos del presunto incapaz, pues así lo establece con carácter imperativo ("oirá") el artículo 208 del Código Civil, siendo la "ratio" normativa de dicho precepto, en lo referente a ese extremo, la de que el Juez pueda conocer el criterio de esos parientes más próximos del presunto incapaz, acerca de si estiman que el mismo padece alguna enfermedad o deficiencia persistente de carácter físico o psíquico que le impidan gobernarse por sí mismo, de cuya audiencia, obviamente, queda excluido el pariente que promueva (como demandante) el proceso de incapacitación, pues con la formulación de su demanda ya está dando explícitamente a conocer al Juez cuál es su criterio acerca de dicho extremo».

dos para ser oídos, o en caso contrario procederá acordar la nulidad de las actuaciones[201].

14.3. Examen del presunto incapaz

Hemos dicho que el art. 759.1 LEC ordena al Tribunal examinar por sí mismo al presunto incapaz, lo que constituye un medio de prueba peculiar, que no encaja en los medios de prueba regulados en la LEC para la generalidad de los procesos.

El Tribunal Supremo ha declarado que «el examen o inspección personal del demandado, constituye, de una parte, un valioso elemento probatorio, y sobre todo, una garantía en previsión de abusos y maquinaciones, y, en otro aspecto, una importante ayuda al pronunciamiento de meditadas decisiones constitutivas en una materia que no se halla reservada estrictamente a la Medicina o a la Psiquiatría, sino que presenta un carácter multidisciplinar y ha de tener en cuenta criterios sociales carentes de rigurosa fijación»[202].

También ha aclarado el Tribunal Supremo que en esta prueba «se busca que el Juez o Tribunal no describan hechos, como en las pruebas de reconocimiento judicial o inspección ocular, sino que emitan una opinión, con el valor que la opinión del Juzgador tiene en aquellos conceptos a los que las normas jurídicas se refieren, pero se abstienen, prudentemente, de definir»[203]. Parece esta doctrina tratar de evitar el indeseable automatismo consistente en que el juez simplemente constate la existencia de enfermedad para poder dictar la sentencia de incapacitación, cuando la voluntad de la Ley es que esta prueba, sirva, conjuntamente con las demás que deban practicarse tanto imperativamente por así disponerlo la propia LEC como a petición de parte o incluso de oficio, para formar un juicio acerca de la incapacidad de la persona examinada.

201. Audiencia Provincial de Cádiz (Sección 5ª), Sentencia núm. 356/2012 de 17 julio (JUR 2012, 353630): «en el presente supuesto únicamente se ha oído a una hermana de la presunta incapaz, precisamente quien instó la incapacidad, pese a conocerse desde el principio la existencia de otra hermana de la que se sabían e indicaban sus circunstancias y domicilio, por lo cual resulta clara la existencia de una causa de nulidad».

202. Tribunal Supremo (Sala de lo Civil, Sección1ª), Sentencia núm. 716/2004 de 7 julio (RJ 2004, 5001).

203. Tribunal Supremo (Sala de lo Civil), Sentencia núm. 520/1997 de 9 junio (RJ 1997, 4735).

La doctrina de nuestras Audiencias en ocasiones ha destacado la peculiar naturaleza de la prueba del examen del presunto incapaz del art. 759 LEC, que se ha configurado, según la opinión mayoritaria, como una prueba de carácter autónomo que no coincide estrictamente con la previsión del art. 355 LEC sobre el reconocimiento judicial de personas. Así, la Audiencia Provincial de Barcelona ha declarado que se trata de una actuación que no puede calificarse propiamente de reconocimiento judicial (art. 353 de la LEC actual), sino que se trata de una prueba directa, legal, autónoma y obligada, que junto con las que refiere el citado artículo 759 y las que suministren las partes, componen el material probatorio suficiente para pronunciar la decisión judicial[204].

La Audiencia Provincial de Pontevedra, sin embargo, ha llegado a admitir sin rodeos que «se trata, en realidad, de una modalidad específica de reconocimiento judicial previsto en el art. 355 de la LEC»[205]. Esta opinión parece contradecir la doctrina del Tribunal Supremo, para quien el examen del presunto incapaz no puede equipararse a un reconocimiento judicial: «El examen directo del presunto incapaz, tanto por el juez de la instancia, como por el tribunal, si éste es el que declara la incapacidad es una actuación que ni puede calificarse de reconocimiento judicial (art. 634 LEC 1881), ni de inspección personal (art. 1.240 y 1.241 del CC) y menos una mezcla de ambos, como sostiene la sentencia impugnada, sino que se trata de una prueba legal, autónoma y obligada, que junto con las que refiere el citado art. 208 y las que suministren las partes, componen el material probatorio suficiente para dictar la decisión judicial que, en el ámbito civil, se presenta como una de las más trascendentales, ya que afecta a la libertad propia de los seres humanos, por lo que estas cuestiones no deben permanecer lejanas a la sensibilidad y carga humana de los juzgadores a los que corresponde emitir la respuesta-sentencia adecuada»[206].

Sin embargo, tal contradicción se disipa si se tiene en cuenta que la citada sentencia del Tribunal Supremo se dictó bajo la vigencia de la LEC de 1881, que regulaba en sus arts. 633 y ss. el modo de practicar un reconocimiento judicial pensado para que «el Juez examine por sí mismo algún sitio o la cosa litigiosa», y en cuya regulación legal no se recogían expresamente los principios de humanidad y de respeto a la dignidad de la persona que

204. Audiencia Provincial de Barcelona (Sección 18ª), Sentencia núm. 355/2006 de 11 mayo (AC 2006, 1844).

205. Audiencia Provincial de Pontevedra (Sección 1ª), Sentencia núm. 379/2003 de 29 octubre (JUR 2006, 24229).

206. Tribunal Supremo (Sala de lo Civil), Sentencia de 31 diciembre 1991 (RJ 1991, 9483).

son los que el Tribunal Supremo, en la sentencia traída a colación, pretende introducir en la práctica de esta prueba, a la que califica de «prueba legal, autónoma y obligada», reconociéndole una naturaleza propia.

En cambio, con la vigente LEC, una persona (o su estado físico o psicológico) puede ser objeto de reconocimiento judicial según el mencionado art. 355 LEC[207], que posibilita además que el reconocimiento judicial de la persona pueda practicarse, si las circunstancias lo aconsejaren, a puerta cerrada o fuera de la sede del tribunal y que en todo caso establece que «en la práctica del reconocimiento judicial se garantizará el respeto a la dignidad e intimidad de la persona».

No obstante, en nuestra modesta opinión, el examen del presunto incapaz no es propiamente un interrogatorio de una de las partes en el proceso. Ni tampoco un reconocimiento judicial de personas tal y como este medio de prueba viene regulado en el en el 355 LEC, que configura a su vez el reconocimiento judicial como «un interrogatorio realizado por el tribunal, que se adaptará a las necesidades de cada caso concreto». Pensamos, por ejemplo, en una persona en estado de coma que no pueda ser interrogada. Podría llegar incluso a decirse en este caso que, dada la imposibilidad de interrogar, no se ha practicado la prueba que impone el art. 759 LEC, por lo que no podrá dictarse sentencia que declare la incapacitación, a pesar de lo evidente de la concurrencia de causa que impida a la persona gobernarse y de la necesidad de su protección jurídica.

Existe en la LEC un precepto expreso, especialmente previsto para el proceso de incapacitación: el art. 759 LEC, que impone que el Tribunal «examinará» al presunto incapaz por sí mismo. Nótese que no se emplea el término «reconocerá», quizás, precisamente, para señalar la autonomía de esta prueba en relación con la de reconocimiento judicial del art. 335 LEC, que ha de practicarse a través de un interrogatorio, y salvar así la posibilidad de que surjan dificultades como la anteriormente apuntada. El Tribunal Supremo, por su parte, ha calificado este trámite de «cumplimiento de una norma específica que no puede catalogarse como trámite procesal ni como prueba y que tiene el alcance de un requisito de fondo previo a determinada decisión»[208]. No obstante lo cual, consideramos que en la medida en que

207. Escuetamente se refiere la Exposición de Motivos de la LEC 2000 a este giro, cuando señala en su bloque XI que «La Ley, que concibe con más amplitud el reconocimiento judicial...».

208. Tribunal Supremo (Sala de lo Civil), Sentencia de 20 febrero 1989 (RJ 1989, 1214), doctrina jurisprudencial más recientemente citada, ya bajo la vigencia de la LEC de

se trata de una diligencia dirigida a formar el convencimiento del juzgador sobre la concurrencia de la causa de incapacidad, no hay problema en considerar que se tratará de una prueba, si bien presenta la particularidad de la obligatoriedad de su práctica, teniendo en cuenta asimismo que rige aquí el principio de oficialidad.

En cualquier caso, el reconocimiento de la especial naturaleza jurídica del examen del presunto incapaz no significa que la práctica de esta prueba no sean analógicamente aplicables las previsiones de la LEC para el reconocimiento de personas en la medida en que ello sea posible, sobre todo en lo que se refiere al «respeto a la dignidad e intimidad de la persona».

Tampoco significa la especial naturaleza de esta diligencia de prueba que no le sea de aplicación la norma del art. 129 LEC, que posibilita la salida del Juez al establecer que «las actuaciones judiciales se realizarán en la sede de la Oficina judicial, salvo aquellas que por su naturaleza se deban practicar en otro lugar», máxime teniendo en cuenta los principios de actividad de oficio y búsqueda de la verdad material que rigen en estos procesos especiales. Piénsese en el caso de la persona hospitalizada o incluso en estado de coma o que necesite estar continuamente conectada a una máquina para vivir.

No obstante, deben tenerse en cuenta las normas que fijan imperativamente la competencia territorial en favor del lugar donde tenga su residencia el demandado (arts. 756 y concordantes LEC), para precisamente favorecer la inmediación del Juez y evitar que se ocasionen mayores perjuicios al presunto incapaz, por lo que no nos parece posible que el Juez tenga que desplazarse fuera del territorio de su jurisdicción como autoriza el art. 275 LOPJ.

En cualquier caso, es de destacar la obligatoriedad de la práctica de esta prueba, de modo que no puede ser sustituida por otra distinta, por así imponerlo la LEC. Cabe interpretar que cuando la LEC emplea aquí el término «tribunal» y no el de «juez», lo hace para comprender también a los integrantes del tribunal superior que en su caso deban conocer de la segunda instancia (art. 759.3 LEC). Lo cual no significa, en ningún caso, que esta labor de «examinar por sí mismo» pueda ser realizada por persona distinta en la que hubieran podido delegar el Juez o los Magistrados que deban en definitiva fallar, y a quienes les corresponde valorar la prueba, que deberá haberse practicado necesariamente ante su inmediación. Así, en la jurisprudencia del Tribunal Supremo y en la doctrina de nuestras Audiencias se ha señala-

2000, en la Sentencia de 7 febrero de 2002 de la Audiencia Provincial de Pontevedra (Sección 4ª) (JUR 2002, 113344).

do que si el Juez que dicta la sentencia no es el mismo que ha practicado el reconocimiento, tal vicio es determinante de la nulidad de actuaciones[209].

El Tribunal Supremo ha declarado, no obstante, que es válido el reconocimiento judicial llevado a cabo en pieza separada de medidas cautelares, siempre que se hubiera practicado con las garantías exigibles en el art. 759 LEC, de modo que en este caso el Juez puede valerse del resultado de esta diligencia en el proceso principal, trayendo a ésta el resultado de aquélla, pues sólo se exige el examen personal del Juez, sin atenerse a formalismo alguno, no siendo esencial la presencia de las partes, siendo suficiente con que tengan la oportunidad de hacer alegaciones antes de dictarse sentencia[210].

Por último, señalar que el examen del presunto incapaz, al igual todas las pruebas practicadas en este proceso, será libremente valorado por el Tribunal (art. 752.2 LEC), lo cual no implica arbitrariedad, pues en sentencia deberá razonarse la valoración que se haga de dicho examen. Sí habrá sido necesario en todo caso, insistimos, que el Juez o Tribunal hayan «realizado por sí» el examen del presunto incapaz.

14.4. Dictamen pericial médico

El art. 339.5 LEC establece, con carácter general, que «el tribunal podrá, de oficio, designar perito cuando la pericia sea pertinente en procesos sobre declaración o impugnación de la filiación, paternidad y maternidad, sobre la capacidad de las personas o en procesos matrimoniales».

En el proceso de incapacitación, esta facultad del Tribunal se convierte en una obligación de acordar dicho dictamen pericial, a la vista de los términos empleados por el art. 759.1, reforzado por el inciso final que establece que

209. Audiencia Provincial de Jaén (Sección 1ª), Sentencia núm. 25/2001 de 19 enero (AC 2001, 508), con cita de otras del Tribunal Supremo: «En los autos, consta el reconocimiento realizado por el Juez de Primera Instancia, pero efectivamente, el Juez que dictó la Sentencia recurrida no fue el mismo que realizó el reconocimiento, lo que en principio determinaría la nulidad de actuaciones solicitada, pues como el Tribunal Supremo ha declarado en SS. de 9-6-1997 (RJ 1997, 4735), o 24-5-1991 (RJ 1991, 3833), por citar dos de ellas, el examen personal del presunto incapaz es, en primer lugar, un deber de alcance constitucional, y en segundo lugar, que se aplica no sólo al Juez, como dice literalmente el artículo 208 del Código Civil, sino también al Tribunal que constituye el estado de incapacitación, sin que ningún órgano jurisdiccional pueda constituir una incapacitación sin haber examinado personalmente al presunto incapaz; tratándose de una norma imperativa de orden público, debiendo ordenarse la nulidad de todo lo actuado a partir del momento en que puede entenderse cometida la infracción por omisión».

210. STS núm. 947/2002 de 14 octubre (RJ 2002, 10126).

«nunca se decidirá sobre la incapacitación sin previo dictamen pericial médico, acordado por el tribunal». En la doctrina de las Audiencias se ha destacado la importancia de esta prueba, habiendo llegado a señalarse que los informes médicos –no vinculantes– constituyen la base misma de la incapacitación[211].

Es de tener en cuenta que, aunque la figura del Médico Forense no aparece como tal en la legislación civil, este dictamen será elaborado de ordinario por el Médico Forense adscrito al correspondiente Instituto de Medicina Legal, como puede constatarse en innumerables sentencias[212], y no por el profesional sacado por sorteo de una lista actualizada de colegiados o asociados dispuestos a actuar como peritos que remitan los Colegios profesionales en el mes de enero de cada año (art. 341 LEC). El Tribunal Supremo ha respaldado esta posibilidad, entendiendo que no es necesaria la intervención de un médico Psiquiatra, aunque haya sido solicitada por alguna de las partes, bastando con el dictamen del Médico Forense[213].

Al no requerir la LEC una determinada especialización en un ramo concreto de la medicina, la doctrina entiende que será suficiente que el perito tenga conocimientos médicos necesarios para apreciar las anormalidades físicas o psíquicas en que se basa la petición de incapacitación. APARICIO AUÑÓN[214], en cambio, considera que el perito habrá de poseer título oficial correspondiente a la materia objeto del dictamen, y ciertamente así se desprende del art. 340 LEC. Es decir, habrá de ser médico. Y

211. Audiencia Provincial de Málaga (Sección 5ª), Sentencia núm. 933/2005 de 15 septiembre (JUR 2006, 30510).
212. Entre otras muchas que confirman la habitualidad de esta práctica: Sentencia de la Audiencia Provincial de Cantabria de 11 de enero de 1994 (AC 1994, 19); Sentencia de la Audiencia Provincial de Granada de 18 de abril de 1994 (AC 1994, 574); Sentencia de la Audiencia Provincial de Burgos de 15 de mayo de 1995 (AC 1995, 1665); Sentencia de la Audiencia Provincial de Palencia de 30 de octubre de 1995 (AC 1995, 2506); Sentencia de la Audiencia Provincial de Segovia de 24 de abril de 1996 (AC 1996, 646); Sentencia de la Audiencia Provincial de Guadalajara de 10 de octubre de 1996 (AC 1996, 1967); Sentencia de la Audiencia Provincial de Burgos de 4 de marzo de 1997 (AC 1997, 652); Sentencia de la Audiencia Provincial de Cantabria de 4 de septiembre de 1997 (AC 1997, 1773); Sentencia de la Audiencia Provincial de Gerona de 16 de febrero de 1998 (AC 1998, 3671); Sentencia de la Audiencia Provincial de Madrid de 3 de marzo de 1998 (AC 1998, 5172); Sentencia de la Audiencia Provincial de Huelva de 14 de marzo de 1998 (AC 1998, 3844); Sentencia de la Audiencia Provincial de Barcelona (Sección 18ª) de 14 de febrero de 2003 (JUR 2003, 198517), etc.
213. STS núm. 448/2003 de 14 mayo (RJ 2003, 4853), que señala cómo «se argumenta con acierto por la Audiencia que aunque dicho Médico carezca de una especialización en psiquiatría ello no significa que no posea los conocimientos necesarios para detectar cualquier anomalía psíquica que hubiese podido presentar la interesada y aconsejar, en tal caso, que fuese reconocida por un especialista».
214. APARICIO AUÑÓN, E.: *Comentarios a la Ley de Enjuiciamiento Civil,* op. cit.

si es posible, médico-psiquiatra. Aunque considera que para los trastornos psíquicos que esté autorizado a tratar el psicólogo clínico, también podrá emitir éste el dictamen. Pero no cree, en cambio, que quepa sustituir el dictamen del psiquiatra, del médico o del psicólogo especialista, por el de otros profesionales involucrados en el tratamiento de enfermos mentales, tales como trabajadores sociales, pedagogos, monitores y expertos de educación especial, ATS, etc.

Quizás la corriente doctrinal que entendía que era suficiente que el perito tuviese conocimientos médicos generales se basara en el artículo 208 del CC, que imponía al Juez la necesidad de oír el dictamen de un facultativo. Lo que en opinión de MARIMÓN DURÁ[215] llevó a la doctrina a afirmar que no únicamente estaban capacitados los médicos para emitir este tipo de dictámenes, sino que también lo podían estar los psicólogos. Pero la LEC de 2000 exige en su art. 759, como mínimo, el dictamen pericial de un médico, estableciendo también este artículo que el tribunal «acordará los dictámenes necesarios o pertinentes en relación con las pretensiones de la demanda y demás medidas previstas por las leyes». Por tanto, observa la citada autora que con la regulación de la LEC se ha ampliado el objeto de la prueba pericial: de un lado, habrá de dictaminarse sobre la capacidad de la persona, lo cual deberá efectuarse por un Médico (aunque pueden darse también otros dictámenes de otros especialistas); y de otro lado, habrá de dictaminarse sobre otras pretensiones contenidas en la demanda y demás medidas previstas por las leyes, como pudiera ser la pretensión de medida de internamiento.

Por otra parte, a la vista de los términos en que se manifiesta el inciso final del art. 759.1 LEC –«Nunca se decidirá sobre la incapacitación sin previo dictamen pericial médico, acordado por el tribunal»–, queda claro que este dictamen pericial no podrá ser omitido por el hecho de haberse aportado ya por las partes al proceso informes médicos (por lo general junto con la demanda), incluso aunque éstos hayan sido ratificados ante el Tribunal, y sin perjuicio de que puedan ser también valorados.

Si bien, como venimos observando en relación con la elección del perito, parece que no siempre se aplicará lo dispuesto en el art. 341 LEC en cuanto a la designación, siendo preferido habitualmente el Médico forense, sí parece en cambio que, en cuanto a la emisión del dictamen, habrá que estar a lo dispuesto en el art. 346 LEC. De este modo, «el perito que el Tribunal designe emitirá por escrito su dictamen, que hará llegar al Tribunal

215. MARIMÓN DURÁ, Mª C.: *El Proceso Civil VIII,* op.cit.

en el plazo que se le haya señalado. De dicho dictamen se dará traslado por el Secretario judicial a las partes por si consideran necesario que el perito concurra al juicio o a la vista a los efectos de que aporte las aclaraciones o explicaciones que sean oportunas. El Tribunal podrá acordar, en todo caso, mediante providencia, que considera necesaria la presencia del perito en el juicio o la vista para comprender y valorar mejor el dictamen realizado».

Los peritos tendrán en el juicio o en la vista la intervención solicitada por las partes, que el tribunal admita, pudiendo denegar el tribunal estas peticiones sólo cuando, por su finalidad y contenido, estime impertinente o inútil la comparecencia del perito (art. 347 LEC), pudiendo hacer las partes y sus defensores las peticiones que se detallan en dicho artículo.

En especial, las partes y sus defensores podrán pedir:

1. Exposición completa del dictamen, cuando esa exposición requiera la realización de otras operaciones, complementarias del escrito aportado, mediante el empleo de los documentos, materiales y otros elementos a que se refiere el apartado 2 del artículo 336.
2. Explicación del dictamen o de alguno o algunos de sus puntos, cuyo significado no se considerase suficientemente expresivo a los efectos de la prueba.
3. Respuestas a preguntas y objeciones, sobre método, premisas, conclusiones y otros aspectos del dictamen.
4. Respuestas a solicitudes de ampliación del dictamen a otros puntos conexos, por si pudiera llevarse a cabo en el mismo acto y a efectos, en cualquier caso, de conocer la opinión del perito sobre la posibilidad y utilidad de la ampliación, así como del plazo necesario para llevarla a cabo.
5. Crítica del dictamen de que se trate por el perito de la parte contraria.
6. Formulación de las tachas que pudieren afectar al perito.

El tribunal podrá también formular preguntas a los peritos y requerir de ellos explicaciones que considere oportunas en virtud de los principios de búsqueda de la verdad material y práctica de pruebas de oficio que rigen este proceso, por lo que no será aplicable la prohibición general contenida en el art. 347.2 LEC de acordar de oficio que se amplíe el informe.

Por último, el tribunal valorará los dictámenes periciales según las reglas de la sana crítica (art. 348 LEC).

Resaltaremos que del informe pericial tiene que darse traslado a las partes en el proceso, con todas las garantías que recoge la LEC, de modo que puedan hacer las alegaciones que consideren oportunas. La omisión de este traslado es constitutiva de nulidad de actuaciones[216].

14.5. Audiencias en caso de acumulación a la petición de incapacitación del nombramiento de la persona o personas que hayan de asistir o representar al incapaz y velar por él

La LEC permite pedir en la misma demanda la declaración de incapacitación de una persona y el nombramiento de la persona o personas que hayan de asistir o representar al incapaz y velar por él.

Como vimos más detenidamente al tratar sobre la acumulación de la acción de nombramiento de tutor a la de incapacitación, el art. 759.2 LEC establece que «cuando se hubiera solicitado en la demanda de incapacitación el nombramiento de la persona o personas que hayan de asistir o representar al incapaz y velar por él, sobre esta cuestión se oirá a los parientes más próximos del presunto incapaz, a éste, si tuviera suficiente juicio, y a las demás personas que el tribunal considere oportuno». Por lo tanto, la audiencia de los parientes más próximos y del presunto incapaz se configura como obligatoria, si bien el Tribunal podrá además oír a las personas que considere oportuno. Esta audiencia está dirigida a apreciar la idoneidad para el ejercicio de las funciones tutelares, para lo que deberá tenerse siempre en cuenta el superior interés del incapacitado.

15. SENTENCIA

15.1. Regulación legal

El proceso de incapacitación termina de forma normal, como la generalidad de procesos, mediante sentencia. Por tratarse de un juicio verbal –pese a sus especialidades– la sentencia deberá dictarse dentro de los 10 días siguientes (art. 447 LEC)[217].

---

216. Así, Audiencia Provincial de Sevilla (Sección 6ª), Sentencia núm. 120/2005 de 31 marzo JUR (2005, 144041).

217. Se trata, no obstante, de un plazo impropio. Es preciso distinguir entre plazos propios e impropios. Siguiendo a BARONA VILAR, podemos decir que son plazos propios los que se confieren a las partes o a las personas que sin ese carácter intervienen en el

El art. 760.1 LEC establece que «la sentencia que declare la incapacitación determinará la extensión y los límites de ésta, así como el régimen de tutela o guarda a que haya de quedar sometido el incapacitado, y se pronunciará, en su caso, sobre la necesidad de internamiento, sin perjuicio de lo dispuesto en el artículo 763».

De esta forma, la LEC de 2000 recoge el contenido del anterior art. 210 CC, al que añade la posibilidad de pronunciarse, en su caso, sobre la necesidad de internamiento. Aparicio Auñón[218] considera que esta novedad debe ser cohonestada con el ensanchamiento que hace la ley de las pretensiones procesales, de modo que antes de la LEC de 2000 había pronunciamientos declarativos, constitutivos y de condena; pero ahora hay además medidas cautelares y cualquier otra clase de tutela que esté expresamente prevista en la ley (art. 5 LEC). Aunque el internamiento podría considerarse una de estas medidas cautelares, señala este autor que sólo un tribunal penal puede ordenar un internamiento como medida cautelar; y que el civil no ordena, sino sólo autoriza el internamiento que ha prescrito un médico, tras hacer determinadas comprobaciones para asegurarse de que no se está vulnerando injustificadamente la libertad del enfermo. Sin embargo, pueden verse resoluciones de nuestras Audiencias en las que se autoriza el ingreso como medida cautelar, supeditada a que en el plazo de 6 meses (por analogía con el plazo establecido en el art. 763.4 LEC), se acredite la iniciación del procedimiento destinado a declarar la incapacidad, con la advertencia de que si no se inicia, quedará sin efecto la medida adoptada[219].

Continúa diciendo la LEC en su art. 760.2 que «en el caso a que se refiere el apartado 2 del artículo anterior (esto es, cuando se hubiera solicitado en la demanda de incapacitación el nombramiento de la persona o personas que hayan de asistir o representar al incapaz y velar por él), si el tribunal accede a la solicitud, la sentencia que declare la incapacitación o la prodigalidad nombrará a la persona o personas que, con arreglo a la Ley, hayan

---

proceso para la realización de un acto procesal; el efecto principal de su inobservancia es que precluye el trámite pasándose, por el impulso de oficio, al trámite siguiente, con pérdida de la posibilidad de realizar el acto (art. 136 LEC). Los plazos impropios o judiciales son los establecidos para la realización de actos por el personal de los órganos jurisdiccionales; su inobservancia no implica preclusión, de modo que el sujeto sigue obligado a realizar el acto, si bien queda la posibilidad de exigir responsabilidad disciplinaria (art. 132 LEC). Barona Vilar, S.: *El proceso Civil,* Tomo II, Tirant Lo Blanch, Valencia 2001, epígrafe 486. También disponible en Tirantonline (TOL62.308).

218. Aparicio Auñón, E.: *Comentarios a la Ley de Enjuiciamiento Civil,* op. cit.

219. Así en Audiencia Provincial de Lugo (Sección 1ª), Auto núm. 152/2012 de 17 octubre (AC 2013, 341).

de asistir o representar al incapaz y velar por él». Se trata de la designación de tutor o curador, figuras a las que dedicamos específicamente otro capítulo de este libro.

15.2. Contenido de la sentencia

Siguiendo en este punto a GIMENO SENDRA[220], podemos señalar que la sentencia de incapacitación ha de contener la causa que la origina, su alcance en la esfera jurídica del demandado, así como los efectos jurídicos que para él comporta atendiendo su estado físico y mental, en cada caso, el régimen de la guarda y protección de la persona y bienes del incapacitado (art. 215 CC), sobre la sujeción a una tutela (art. 222 CC) o curatela (arts. 286 y ss. CC), sobre la determinación de la extensión de la tutela, para la representación del menor en los actos que no puede realizar por sí solo (art. 267 CC) o de la curatela, «en atención a su grado de discernimiento» (art. 287 CC), o sobre la necesidad del internamiento del menor en el centro correspondiente, sin perjuicio de lo dispuesto para el internamiento cautelar o transitorio por razón del trastorno psíquico (arts. 762 y 763 CC) y , si lo solicitare el demandante, sobre el nombramiento del tutor o curador (art. 760.2 LEC).

En consecuencia, como apunta GIMENO, la sentencia de incapacitación habrá de contener los pronunciamientos siguientes:

1. La declaración del estado civil de incapacitación y la persistencia de la causa legal que la origina (arts. 199 y 200 CC).
2. El alcance de la incapacitación declarada, con determinación de los actos que el incapaz no puede realizar por sí mismo.
3. El régimen de tutela o de la curatela a que queda sometido el incapaz atendiendo el grado de su incapacidad física o mental o de su discernimiento.
4. Eventualmente, para el caso de solicitud en la demanda, se pronunciará sobre el nombramiento de la persona o personas que han de asistir o representar al incapaz y velara por él.
5. Y cuando así lo aprecie el Tribunal, se pronunciará sobre la necesidad de internar al incapaz para su guarda y tratamiento médico, atendida la enfermedad o deficiencia persistente que padece.

---

220. GIMENO SENDRA, V.: *Derecho procesal civil II, Los procesos especiales,* op. cit., pág. 295.

FERNÁNDEZ LÓPEZ[221] señala que la sentencia que determine la incapacitación absoluta de una persona supondrá, a partir de su firmeza, que ésta no pueda ejercitar sus derechos personalísimos, esto es, aquéllos que sólo la persona puede realizar por sí y en cuyo ejercicio no puede ser sustituida por otra.

15.2.1. El derecho de sufragio del declarado incapaz

La Ley Orgánica 5/1985, de 19 de junio, del Régimen Electoral General establece en su art. 2 que «el derecho de sufragio corresponde a los españoles mayores de edad que no estén comprendidos en ninguno de los supuestos previstos en el artículo siguiente». Seguidamente, en el art. 3.b) se determina que carecen de derecho de sufragio «los declarados incapaces en virtud de sentencia judicial firme, siempre que la misma declare expresamente la incapacidad para el ejercicio del derecho de sufragio». Por tanto, la primera consideración a tener en cuenta será que cuando la sentencia no contenga tal pronunciamiento expreso, deberá entenderse que no se ha privado al incapacitado de tal derecho.

En la práctica, cuando la persona incapacitada haya sido privada de tal derecho de sufragio, esta privación se llevará a efecto librando el Juzgado o Tribunal un oficio a la Oficina del Registro Electoral para que se tome la oportuna nota.

Con la Instrucción número 3/2010, de la Fiscalía General del Estado sobre la necesaria fundamentación individualizada de las medidas de protección o apoyo en los procedimientos sobre determinación de la capacidad de las personas, se ha tratado de poner fin a la costumbre de incluir la incapacidad para el sufragio activo de modo casi automático, tanto en el *petitum* de la demanda como luego en la sentencia. Establece la citada Instrucción que «para que proceda decretar la pérdida del derecho de sufragio, no basta con acreditar que una persona está impedida para regir su persona y bienes, sino que es preciso probar algo más, es decir, que la persona sometida al proceso de determinación de su capacidad no puede ejercitar su derecho de sufragio, en función de una especial discapacidad para ello. Esta posibilidad debe contemplarse con carácter restrictivo dada la importancia del derecho que se limita, que, además, incide negativamente en la integración social que se pretende respecto de las personas con deficiencias o disminuciones psíquicas».

221. FERNÁNDEZ LÓPEZ, J.M.: *El procedimiento de incapacitación,* op. cit.

La Conclusión Sexta de la instrucción establece que «los Sres. Fiscales cuidarán especialmente de que la privación del derecho de sufragio únicamente se lleve a efecto cuando resulte necesario en atención a la situación de la persona cuya capacidad se cuestiona. Dicha medida requerirá el pronunciamiento expreso en la sentencia, en la cual deberá razonarse acerca de la valoración de las circunstancias en las que se fundamenta la privación del derecho de sufragio».

La privación del derecho de sufragio, se plantea ahora por tanto como «excepcional» y, a juicio de GANZENMÜLLER ROIG[222], Fiscal del Tribunal Supremo y coordinador de incapacidades del Ministerio Público para toda España, «difícilmente aplicable, al tener que repercutir en el "exclusivo interés" de la persona con capacidad modificada».

Señala también el Fiscal del Tribunal Supremo cómo a petición de la Fiscalía, se cursó a la Presidencia de la Junta Electoral Central, «solicitud del número de personas privadas por sentencia judicial del derecho de voto en las elecciones generales de 20 de Noviembre de 2011, con especificación de la edad, sexo y circunscripción electoral, para dar cumplimiento a la misión encomendada al M. Fiscal por el art. 124 de la CE, desarrollado el Estatuto Orgánico del M. Fiscal, y en su caso para instar judicialmente la reintegración del ejercicio de derecho a voto, reconocido en el art. 23 de la CE».

Solicitud que fue atendida, comunicándose lo siguientes datos:

Elecciones a Cortes Generales 2.011.

Incapacitados por edad (en años cumplidos el 20-11-2011) y sexo.

Total: 79.398

Mujeres: 42.475

Varones: 36.923

Edad

18 a 30 años: 10.119

31 a 64 años: 38.329

65 a 109 años: 30.950

222. GANZENMÜLLER ROIG, C.: *Cinco años después de la Convención de los Derechos de las Personas con Discapacidad,* op. cit.

A la vista de estos datos, Ganzenmüller Roig[223] deduce que el fenómeno de la privación del derecho de sufragio activo ha sido muy generalizado en las sentencias de los Tribunales, lo que determinará un nuevo planteamiento en la rehabilitación de este derecho, y obligará ahora a los Fiscales a intervenir activamente en la restauración de este derecho fundamental del artículo 23 de la Constitución Española y aplicar la Convención de Naciones Unidas sobre los derechos de las personas con discapacidad, y a tener que solicitar la modificación y reintegración de la capacidad del sufragio de derecho activo en multitud de procesos en los que se ha privado del mismo sin fundamento alguno y esta privación no era acorde con la Constitución Española y con los Convenios internacionales.

Cabe destacar que para la mejor observancia de las obligaciones del Ministerio Fiscal expuestas en relación con el derecho de sufragio de las personas con discapacidad, en el «Curso sobre el ámbito de protección civil y penal de la persona con discapacidad», celebrado en Valencia en mayo de 2013, se llegó a la conclusión de que en la actuación del Ministerio Fiscal se deberán observar las indicaciones siguientes:

«1.– En la formulación de la demanda, y sobre la base de lo expuesto en el párrafo 5 de la Instrucción 3/2010, no se efectuará ninguna solicitud relativa a la privación del Derecho de Sufragio, debiéndose observar la CONCLUSIÓN SEXTA que señala, que "Los Sres. Fiscales cuidarán especialmente de que la privación del derecho de sufragio únicamente se lleve a efecto cuando resulte necesario en atención a la situación de la persona cuya capacidad se cuestiona. Dicha medida requerirá el pronunciamiento expreso en la sentencia, en la cual deberá razonarse acerca de la valoración de las circunstancias en las que se fundamenta la privación del derecho de sufragio".

2.– En el trámite previsto en el punto cuatro del art. 269 del CC, que impone al tutor, la obligación de informar al Juez cada año de la situación personal del incapacitado, se requerirá expresamente a éste, a fin de que informe necesariamente sobre la rehabilitación del derecho de sufragio de la persona con discapacidad a su cargo, conforme al punto tercero del citado artículo, sin perjuicio de lo dispuesto en los art. 232 CC o en el último inciso del art. 233 CC, respectivamente, de exigir del tutor que informe sobre la situación del menor o de la persona con capacidad modificada.

223. Ganzenmüller Roig, C.: *Cinco años después de la Convención de los Derechos de las Personas con Discapacidad*, op. cit.

3.– En la Memoria Anual se informará en apartado específico, sobre los expedientes de tutela o curatela examinados y de las rehabilitaciones del Derecho de Sufragio llevadas a término»[224].

Para concluir este apartado, se hace preciso señalar que con fecha 23 de octubre de 2013, la Comisión Constitucional del Congreso aprobó por unanimidad una iniciativa por la que se insta al Gobierno a elaborar un informe, en el plazo de seis meses, con propuestas concretas de adecuación de la legislación española a la Convención de Naciones Unidas sobre Discapacidad de 2006, ratificada por España en 2008, entre las que se encuentre una reforma de la Ley Orgánica del Régimen Electoral General para que puedan votar todas las personas con discapacidad. Se trata de una enmienda transaccional alcanzada por PP y CiU, a instancias de estos últimos, y que responde a una de las peticiones formuladas por el Comité Español de Representantes de Personas con Discapacidad (CERMI). No obstante, a fecha de cierre de esta obra, aún no se ha producido dicha modificación.

15.2.2. La preferencia por la curatela y el reconocimiento expreso de derechos en la sentencia

Últimamente, como estamos comprobando, se observa una tendencia a mantener al incapacitado en el disfrute de todos los derechos cuya privación no sea estrictamente necesaria para su protección, de modo que, en armonía con lo acordado en la Convención sobre los derechos de las personas con discapacidad, hecho en Nueva York el 13 de diciembre de 2006, en lugar de la incapacitación total, se prefiere establecer, siempre que ello sea posible, un *«apoyo»* que se pueda graduar caso por caso. Éste es también, como se ha visto, el criterio seguido por la Instrucción número 3/2010, de la Fiscalía General del Estado. Todo ello supone que en la práctica judicial más reciente sea preferida la designación de curador a la de tutor, sobre todo cuando la falta de capacidad de la persona para autogobernarse se manifieste en el ámbito patrimonial más que en el estrictamente personal[225], estableciendo específicamente en la sentencia los actos para los cuales el incapaz necesitará de asistencia.

224. Conclusiones expuestas en la ponencia de Ganzenmüller Roig, C.: *Cinco años después de la Convención de los Derechos de las Personas con Discapacidad,* op. cit.

225. Así por ejemplo, puede verse cómo en la Sentencia de 25 de marzo de 2013 del Juzgado de Primera Instancia e Instrucción núm. 2 de Medio Cudeyo (Provincia de Cantabria) (JUR 2014, 93229) que declara la incapacitación parcial de una persona que padece Alzheimer en grado leve, se establece la obligatoriedad de la intervención del curador limitada a los actos de naturaleza patrimonial de cuantía que exceda de 600 €.

Especialmente significativa es la Sentencia núm. 47/2011 de 11 febrero de la Audiencia Provincial de Guipúzcoa (Sección 3ª) (AC 2011, 45), que resuelve el recurso de apelación interpuesto por el Ministerio Fiscal frente a la sentencia de instancia que incapacitaba totalmente a un chico con síndrome de Down que se ha probado que trabaja, tiene amigos y sale con ellos y es capaz de realizar las acciones normales de la vida cotidiana. Se rehabilita la patria potestad de los progenitores, y se reconocen expresamente al parcialmente incapacitado (ésta es la novedad fundamental) el derecho de sufragio, el derecho a contraer matrimonio y el derecho a otorgar testamento[226].

También la Sentencia núm. 551/2012 de 5 diciembre de la Audiencia Provincial de Islas Baleares (Sección 4ª) (JUR 2013, 8829), que estima parcialmente el recurso interpuesto por la representación procesal de la incapacitada, y considera que en lugar de una incapacitación total, lo que procede es una incapacitación parcial, y que por lo tanto, para completar la

226. Audiencia Provincial de Guipúzcoa (Sección 3ª), Sentencia núm. 47/2011 de 11 febrero (AC 2011, 45): «Estimamos el recurso de apelación interpuesto por el Ministerio Fiscal contra la sentencia de 29 de octubre de 2010 dictada por el Juzgado de Primera Instancia número 3 de Irún en el procedimiento de incapacitación número 33/2010 y, en consecuencia, revocamos parcialmente la declaración de incapacitación civil total y nombramiento de Defensor Judicial recogido en la sentencia recurrida declarando en su lugar lo siguiente
1°.
— La incapacitación parcial de D. Salvador alcanzando la misma al aspecto patrimonial de su autogobierno y especialmente a los actos de administración patrimonial extraordinarios entendiendo por tales los enumerados en el artículo 271 del CC.
2°.
— La rehabilitación de la patria potestad de sus progenitores mediante la atribución a los mismos de:
— La representación del demandado para la realización de los actos de administración extraordinarios de su patrimonio entendiendo por estos los enumerados en el artículo 271 del CC.
— La asistencia y apoyo del demandado en la administración ordinaria de su patrimonio, que conservará el demandado, en particular la administración de las rentas que perciba por razón de su trabajo,
— La asistencia y apoyo del demandado en las decisiones personales de especial trascendencia que afecten a la fijación de su residencia o a sus relaciones laborales.
3°.
— La conservación y no afectación de los siguientes derechos civiles del demandado
— Derecho de sufragio.
— Derecho a contraer matrimonio en relación con el cual el otorgamiento del consentimiento válido se regirá por sus normas específicas y sin perjuicio de eventuales medidas de protección de su patrimonio en relación con el régimen económico matrimonial.
— Derecho a disponer de sus bienes mortis causa que igualmente se regirá por sus normas específicas en cuanto a la validez de tales disposiciones».

capacidad de la recurrente, lo procedente será la curatela. Ordena además esta sentencia que se reconozca expresamente a la recurrente su derecho al sufragio activo y pasivo, al no haberse probado que ésta no pueda discernir el sentido de su voto[227].

15.3. ¿Sentencia declarativa o constitutiva?

Como hemos apuntado anteriormente, la regulación del art. 760 LEC tiene su precedente en el anterior art. 210 CC, que se refería también, en los mismos términos, a «la sentencia que declare la incapacitación».

Se plantea sin embargo la cuestión de si se trata de una sentencia declarativa o constitutiva, esto es, si en la expresión citada el verbo «declarar» se emplea en sentido técnico, por lo que la sentencia será meramente declarativa o, en cambio, la sentencia puede tener efectos constitutivos. La importancia del asunto radica en que si se entendiese que la sentencia que declare la incapacitación es declarativa, el Juez podría declarar la incapacidad de forma retrospectiva, retrotrayéndose al momento del nacimiento de la persona o a otro posterior, siempre que se probasen en el proceso los hechos constitutivos de tal pretensión. Si se considera que la sentencia es constitutiva, no puede desplegar sus efectos sino hacia el futuro.

Esta última es la postura adoptada por nuestra jurisprudencia, que entiende que la sentencia es constitutiva del estado civil de incapacidad de la persona, por lo que tendrá eficacia *ex nunc*, esto es, estrictamente prospectiva y sin incidencia alguna sobre los actos llevados a cabo anteriormente por el incapaz[228].

La Audiencia Provincial de Gerona resume perfectamente la doctrina del Tribunal Supremo al respecto: «La jurisprudencia se ha pronunciado en sentido contrario a los efectos retroactivos de una sentencia de incapacitación, sin

227. Audiencia Provincial de Islas Baleares (Sección 4ª), Sentencia núm. 551/2012 de 5 diciembre: «También consideramos que Dª Águeda debe conserva su derecho al sufragio activo y pasivo (cuestión a la que no se aludía en la sentencia de instancia) pues nada se ha probado respecto de que la recurrente no pueda discernir el sentido de su voto. La Sra. Águeda no padece una profunda afectación mental, sino un leve o moderado deterioro cognitivo, si bien matizado y agravado por las circunstancias personales y sociales en las que se desenvuelve. Por lo tanto, si es capaz de regir su persona, aunque sea parcialmente, hemos de suponer que también lo es para participar, si así es su deseo, en la vida política del grupo en el que se encuentra integrada».

228. En este sentido, la Audiencia Provincial de Barcelona (Sección 18ª), en Sentencia de 26 octubre 2000.

perjuicio, de que puedan ser impugnados los actos o contratos que haya podido realizar la incapaz con anterioridad. Dijo esta propia Sala en sentencia de 14 de julio de 1999 (AC 1999, 7735) que "las sentencias dictadas estableciendo un estado civil, y la incapacidad lo es, tiene siempre carácter constitutivo y su eficacia es *ex nunc* y así lo ha mantenido el Tribunal Supremo en sentencia del 19 de febrero de 1996 (RJ 1996, 1413). Ello supone que todos los actos y negocios jurídicos realizados por el incapaz con anterioridad a la firmeza de la sentencia son válidos, sin perjuicio de su impugnación por la parte que pueda tener algún interés, bien, por falta de consentimiento, o bien, porque éste esté viciado". También, la sentencia del Tribunal supremo del 11 de junio del 2001 (RJ 2001, 4335) que cita la Juzgadora y el Ministerio Fiscal estableció que "Mantiene el motivo la preeminencia de un diagnóstico de enfermedad mental frente a una declaración de incapacidad en la incidencia que ello pueda tener en contrato celebrado, y en esto se prescinde –después de presentar aquella como una agravación del riesgo asegurado, lo que no admite la sentencia recurrida pese a lo dicho en el recurso– de que el art. 83.4 invocado lo que prohíbe es la contratación de un seguro para caso de muerte sobre 'incapacitados', como no podía menos ante lo que dispone el art. 199 del Código Civil supeditando a declaración judicial por sentencia la restricción de la capacidad de obrar de forma que en tanto no se diga así señalando su alcance la persona seguirá gozando de facultad para ejercitar sus derechos y cumplir sus obligaciones sin perjuicio de la posibilidad de impugnar sus actos anteriores por otras razones según su naturaleza, en una relatividad apreciativa que no deja de precisar la sentencia de 28 de julio de 1998 (RJ 1998, 6134) y ya había aclarado la de 23 de noviembre de 1981 (RJ 1981, 4543)".

Igualmente, la sentencia de 19 de febrero de 1996 de dicho alto Tribunal declaró que "pretender el traslado de todas estas deficiencias a diez años antes, simplemente por el interés patrimonial de los que recurren, resulta improcedente, ya que lo que debe tenerse en cuenta es el estado de la enferma en el momento de su reconocimiento judicial y pruebas periciales practicadas en el pleito que no autorizan para nada la retroactividad pretendida, sobre todo cuando ninguna probanza convincente se aportó en este sentido, con lo que el motivo ha de ser rechazado".

Y la sentencia del Tribunal Supremo de 27 de enero de 1998 (RJ 1998, 552) dijo que "La sentencia de incapacitación, dictada en proceso declarativo de menor cuantía (tal como estableció la disposición adicional de la Ley 13/1983, de 24 octubre, de reforma del Código Civil en materia de tutela, que recoge actualmente el número 2º del artículo 484 de la Ley de Enjuiciamiento Civil), es sentencia constitutiva que, cuando en el demandado concurre una de las causas que prevé el artículo 200 del Código Civil, le constituye en el estado civil de incapacitado y debe marcar el alcance de la incapacitación, tal como ordena el artículo 210: determinará la extensión y los límites de ésta, así como el régimen de tutela o guarda a que haya de quedar sometido el incapacitado"»[229].

No obstante, la negación de eficacia retroactiva a la sentencia de incapacitación no impide reconocer, como hace CALVO SAN JOSÉ[230], que, en un momento anterior, también podía haber «incapacidad» y que por ello la sentencia no es prueba de la ausencia anterior de la enfermedad o anomalía, sino sencillamente, constitutiva de la situación de incapacitado, que permite impugnar sin más los actos celebrados por él, prescindiendo de su capacidad en ese momento. Y por eso, cuando se impugna con éxito la validez del acto realizado por quien después fue incapacitado es, sencillamente, porque se entiende probado que al tiempo de la actuación litigiosa el posteriormente incapacitado se encontraba ya afectado por la enfermedad mental. En este caso, la acción no se funda en la incapacitación (en la declaración judicial de incapacidad) del sujeto, sino sencillamente en la falta de discernimiento.

En sentido similar, DÍEZ-PICAZO y GULLÓN[231] explican que a partir de la sentencia que modifica el estado civil, queda constatada *erga omnes* la incapacidad, lo que no quiere decir que, si no existe, el realmente loco sea una persona capaz. Lo que ocurre es que ha de probarlo quien lo alegue para la obtención de unos concretos fines.

En este orden de cosas, es de destacar el estudio de GORDILLO CAÑAS[232] defendiendo, en definitiva, que la sentencia de incapacitación es declarativa de la incapacidad y constitutiva sólo de la tutela, lo que permite aceptar que aun antes de estar declarada judicialmente, la incapacidad natural de una persona puede ser notoria, y el tercero que contrata con quien es manifiestamente incapaz no puede escudarse en los efectos constitutivos de la declaración de incapacidad para defender la validez del acto. Y de este modo, los actos anteriores serán anulables siempre que la incapacidad de hecho sea notoria o conocida por el declaratario, considerándose notoria cuando una persona de normal diligencia la habría podido advertir.

229. Audiencia Provincial de Gerona (Sección 1ª), Sentencia núm. 214/2006 de 7 junio (AC 2006, 2160).
230. CALVO SAN JOSÉ, Mª J.: *La incapacitación de las personas físicas,* Publicación: Sentencias de TSJ y AP y otros Tribunales núm. 20/2006 parte Artículo. Editorial Aranzadi, SA, Pamplona. 2006. También en www.aranzadidigital.es con referencia BIB 2006\2092.
231. DÍEZ-PICAZO, L. y GULLÓN, A.: *Sistema de Derecho Civil,* op. cit., pág. 246.
232. GORDILLO CAÑAS, A.: *Capacidad, incapacidad y estabilidad en los contratos,* op. cit.

Por nuestra parte, podemos añadir, en apoyatura de la tesis que defiende la naturaleza declarativa de la sentencia de incapacitación, que el artículo 25 del Código penal, por su parte, considera que «a los efectos de este Código se considera incapaz a toda persona, haya sido o no declarada su incapacitación, que padezca una enfermedad de carácter persistente que le impida gobernar su persona o bienes por sí misma». De este modo, en Derecho Penal, para calificar a una persona como incapaz a los efectos de que el delito cometido contra ésta lleve aparejada mayor pena, no es necesario que haya sido declarada esta incapacidad en un proceso de incapacitación como el que se trata en esta obra, bastando, a los efectos del proceso penal, con que se compruebe que concurren en ella las circunstancias expresadas por el art. 25 CP, coincidentes con las del art. 200 CC. Y así, a efectos penales, puede considerarse incapaz a una persona sin necesidad de la previa declaración judicial, simplemente apreciando la realidad. Por tanto, la declaración de incapacidad realizada en el proceso civil correspondiente no es requisito imprescindible para poder considerar incapaz a la persona cuando de hecho, concurren las razones que fundamentarían dicha declaración si se hubiera instado oportunamente el proceso civil. Esta apreciación vendría a poner de manifiesto que la declaración judicial de incapacidad, pese a que debe hacerse en una sentencia que, por suponer una modificación de la capacidad de obrar de la persona se considera constitutiva, es en realidad declarativa. Sin embargo, entendemos que tampoco puede obviarse que la citada previsión del Código Penal tiene su propio ámbito de aplicación, y está dictada con la finalidad de que el Juez pueda apreciar, en su caso, una circunstancia eximente de responsabilidad penal o atenuante de la misma (cuando concurre en el sujeto activo del delito) o una agravante (cuando se trata del sujeto pasivo) amparándose en la concurrencia real de enfermedad o deficiencia con relevancia penal y prescindiendo de la información que publique el Registro, pues ésta depende de que alguien haya tenido conocimiento de la concurrencia de la causa de incapacitación y haya promovido el proceso, cosa que puede no haber ocurrido. Pero la disposición del Código Penal no es aplicable directamente al ámbito de la contratación civil, pues el propio art. 25 CP deja claro que dicha previsión se hace «a los efectos de este Código».

Sin embargo, en la tesis de Gordillo parece haber algo que no casa, a juicio de Calparsoro Damián[233]. Señala este autor que en efecto, «si la sentencia afecta a la capacidad de la persona retroactivamente, también la tutela

233. Calparsoro Damián, J.: *La actuación del Ministerio Fiscal en defensa de las personas declaradas incapaces,* op. cit.

o curatela tendría que constituirse con efectos retroactivos. No sería de buen sentido que el ordenamiento jurídico se interpretara como si permitiere que una persona fuese incapacitada desde una fecha anterior a la sentencia, y, no obstante, la tutela o curatela no se podría constituir sino después de ésta. La declaración de incapacidad va siempre ligada con el sometimiento de la persona al tutor o curador que suple la falta de capacidad. Por tanto, si se admite que la sentencia es constitutiva respecto a esto, la disociación que permite la tesis de GORDILLO supone que esa persona ha estado incapacitada durante un tiempo anterior a la sentencia, pero que durante él podría obrar libremente como si fuese capaz».

APARICIO AUÑÓN[234] entiende que habría que reconsiderar todo el asunto de nuevo, desde la perspectiva de la protección del tráfico y la estabilidad de los contratos, y resume el estado de la cuestión, tratando de ponerla en orden teniendo en cuenta los siguientes puntos:

- La jurisprudencia es constante en considerar a la sentencia de incapacitación como constitutiva, y por lo tanto irretroactiva (SSTS de 9 de febrero de 1943, 23 de marzo de 1994, 19 de febrero de 1996 y 19 de mayo de 1998).
- Los contratos celebrados por el incapacitado son anulables a instancias del representante legal del incapacitado, pero no a petición del contratante capaz (art. 1302 CC). Los contratantes habrán de restituirse las prestaciones, pero el incapaz sólo estará obligado a restituir la parte en que se enriqueció (art. 1304 CC).
- Los actos y contratos celebrados por los incapaces no incapacitados, son igualmente anulables, pero demostrando que la persona carecía de capacidad en el momento de otorgarlos, salvo que fueran personas notorias y visiblemente incapaces.
- La sentencia de incapacidad supone una excepción a la presunción general de capacidad del art. 322 CC, estableciendo la presunción contraria y dispensando para lo sucesivo de la necesidad de tener que probar la incapacidad del demandado.
- En suma, puede decirse que la sentencia de incapacidad bloquea el juego de la presunción legal según la cual toda persona mayor de edad es capaz (invirtiendo dicha presunción con efectos *ex nuc* para una persona dada).

234. APARICIO AUÑÓN, E.: *Comentarios a la Ley de Enjuiciamiento Civil,* op. cit.

Para clarificar la cuestión, conviene señalar que para la generalidad de la doctrina, la sentencia de incapacitación es, sin más, una sentencia constitutiva. Así, afirma O'Callaghan[235] que «cuando a una persona, con capacidad jurídica, se le priva total o parcialmente de la capacidad de obrar, se ve afectado su estado civil y ello no se declara, sino que se constituye». Coincide la postura del Magistrado del Tribunal Supremo con la de la jurisprudencia menor, que, sin mayores complicaciones, acude a la teoría de los estados civiles, entendiendo que mediante la sentencia se constituye a la persona en un estado civil con su propio status[236].

La nueva Ley del Registro Civil de 2011, de aplicación a partir del 22 de julio de 2014, no ha zanjado la cuestión, aunque parece, sin embargo, que ahonda en la idea de que lo que verdaderamente se constituye con la sentencia es la tutela, pero que la incapacitación simplemente se declara. Dispone su art. 73, referido a la inscripción de tutela, curatela y sus modificaciones, que «Se inscribirán en el registro individual de la persona con capacidad modificada judicialmente las resoluciones judiciales en las que se nombre tutor o curador. Asimismo, tendrán acceso al Registro Civil las medidas judiciales sobre guarda o administración y sobre vigilancia o control de dichos cargos tutelares. Dichas resoluciones solo serán oponibles frente a terceros cuando se hayan practicado las oportunas inscripciones» (en el mismo sentido, el art. 218 CC). Sin embargo, el art. 72 de la nueva Ley del Registro Civil, en relación con la modificación judicial de la capacidad y declaración del concurso de persona física, se limita a decir que «la declaración judicial de modificación de la capacidad, así como la resolución que la deje sin efecto o la modifique, se inscribirán en el registro individual del afectado. La inscripción de la modificación judicial de la capacidad expresará la extensión y límites de ésta, así como si la persona queda su-

235. O'Callaghan Muñoz, X.: «La declaración de incapacidad», *en La protección Jurídica de discapacitados, incapaces y personas en situaciones especiales,* dirigida por Martínez Díe, R., Civitas, Madrid, 2000.

236. Así, para Gimeno Sendra, la sentencia que declara la incapacitación de una persona es constitutiva en cuanto restringe su capacidad de obrar, privándole de actuar por sí misma. Entiende Gimeno que esta naturaleza constitutiva es consecuencia de los pronunciamientos que el art. 760 LEC impone al Tribunal en la sentencia estimatoria de la pretensión del actor, y cita la SAP Valladolid, Sección 1ª, de 6 de mayo de 2004, que se refiere a sus sentencias anteriores de 7 de febrero de 1994 , 25 de febrero de 1995 y 21 de julio de 1999, y declara del mismo modo que «la sentencia de incapacitación tiene carácter constitutivo, de forma que cuando en el demandado concurre una de las causas que prevé el art. 200 del Código Civil, le constituye en estado civil de incapacitado y debe marcar la extensión y límites de tal incapacitación, así como el régimen de tutela y guardia en que haya de quedar el incapacitado». Gimeno Sendra, V.: *Derecho procesal civil II, Los procesos especiales,* op. cit., pág. 294.

jeta a tutela o curatela según la resolución judicial». Como puede apreciarse, si bien respecto de la legitimación de quienes ejerzan las instituciones de guarda se establece expresamente la necesidad de que sean inscritas como condición de su oponibilidad a terceros, no se hace lo mismo respecto de la inscripción de la modificación de la capacidad. Esto apoya la tesis de que lo correcto será entender que la sentencia que declare la incapacitación de una persona establece una presunción iuris tantum de su incapacidad para los actos que se hayan establecido en la resolución, lo cual no significa que los actos que haya realizado con anterioridad a dicha declaración deban ser necesariamente eficaces por ser plenamente capaz (y sin perjuicio claro está, de que pudieran ser nulos o anulables por concurrir algún otro vicio).

En definitiva y para concluir este apartado, siendo lo determinante si la incapacidad puede declararse o no con efectos retroactivos, cabe insistir en que la jurisprudencia, como hemos visto, ha negado tal posibilidad. De ahí que la doctrina dominante estime que la sentencia es, sin más, constitutiva. Lo cual no impide reconocer que la sentencia que se dicta en el proceso especial de incapacitación no hace sino corroborar formalmente, con plenos efectos desde entonces en el mundo jurídico, que una persona viene ya sufriendo de hecho, desde hace más o menos tiempo, una enfermedad o deficiencia que le impide total o parcialmente autogobernarse. Lo que ocurre es que la necesaria seguridad jurídica para terceros (que se consigue con la inscripción de la declaración de incapacitación en los correspondientes Registros) exige que el Juez establezca una concreta fecha (la de la sentencia) a partir de la cual la persona deba considerarse legalmente incapacitada (aunque dicha incapacitación no pueda tener efectos erga omnes hasta su inscripción en el Registro). Asimismo, la exigencia de seguridad en el tráfico jurídico desaconseja que el Juez pueda aventurarse a señalar que la causa de incapacidad concurría ya en una fecha anterior a la de la sentencia, sin que esto le haya sido expresamente pedido y, sobre todo, teniendo en cuenta la finalidad protectora del proceso, incompatible, a nuestro juicio, con la posibilidad de que pueda acumularse, a la acción de incapacitación, la acción de anulabilidad de algún acto dispositivo de quien todavía no había sido declarado judicialmente incapaz.

15.4. Recurso de apelación contra la sentencia

Contra la sentencia que se dicte en el proceso de incapacitación, cabe interponer recurso de apelación, pues «las sentencias dictadas en toda clase de juicio, los autos definitivos y aquéllos otros que la ley expresamente señale, serán apelables, con excepción de las sentencias dictadas en los juicios verbales por razón de la cuantía cuando ésta no supere los 3.000 euros» (art. 455.1 LEC).

Conocerá del recurso de apelación las Audiencia Provincial de la circunscripción correspondiente al Juzgado de Primera Instancia que haya dictado la sentencia (art. 455.2 LEC).

Dicho recurso se tramitará conforme a las normas establecidas en los arts. 455 y ss. LEC, cuya exposición excede de las pretensiones de este trabajo. Debe mencionarse la especialidad impuesta por el art. 759.3 LEC, según el cual si la sentencia que decida sobre la incapacitación fuere apelada, se ordenará también de oficio en la segunda instancia la práctica de las mismas pruebas preceptivas que para decidir en la primera instancia, esto es, audiencia de los familiares más allegados, examen directo del demandado por parte del Tribunal y dictamen pericial médico.

Capítulo III

Las medidas cautelares en el proceso de incapacitación

1. REGULACIÓN LEGAL Y TRAMITACIÓN DE LAS MEDIDAS CAUTELARES

La LEC de 2000 ha optado por una regulación unitaria de las medidas cautelares, que se recoge en los arts. 721 y ss., recogiendo el art. 727 una serie de medidas cautelares específicas pensadas primordialmente para su uso en procesos que versen sobre pretensiones de contenido patrimonial. El apartado 11° de dicho art. 727 deja la puerta abierta a la posibilidad de que puedan acordarse otras medidas distintas que prevean expresamente las leyes, o que se estimen necesarias para asegurar la efectividad de la tutela judicial que pudiere otorgarse en la sentencia estimatoria que recayere en el juicio. Rige, por tanto, lo que la doctrina ha venido tradicionalmente a llamar un sistema de *numerus apertus.*

Dentro ya de la regulación específica de los procesos sobre la capacidad de las personas, el art. 762 LEC lleva por rúbrica «Medidas cautelares» y, a fin de evitar los riesgos que para el presunto incapaz pudieran derivarse de la tardanza que pueda haber en declarar la incapacidad, dispone que

«1. Cuando el tribunal competente tenga conocimiento de la existencia de posible causa de incapacitación en una persona, adoptará de oficio las medidas que estime necesarias para la adecuada protección del presunto incapaz o de su patrimonio y pondrá el hecho en conocimiento del Ministerio Fiscal para que promueva, si lo estima procedente, la incapacitación.

2. El Ministerio Fiscal podrá también, en cuanto tenga conocimiento de la existencia de posible causa de incapacitación de una persona, solicitar del tribunal la inmediata adopción de las medidas a que se refiere el apartado anterior.

Las mismas medidas podrán adoptarse, de oficio o a instancia de parte, en cualquier estado del procedimiento de incapacitación.

3. Como regla, las medidas a que se refieren los apartados anteriores se acordarán previa audiencia de las personas afectadas. Para ello será de aplicación lo dispuesto en los artículos 734, 735 y 736 de esta Ley».

Se refieren estos tres últimos artículos respectivamente a la vista para la audiencia de las partes, al auto que acuerde las medidas solicitadas y al auto que las deniegue. No obstante, el Tribunal Supremo ha entendido que no es procedente la audiencia previa de la afectada cuando concurren circunstancias de enfermedad, acreditadas claramente con la documentación que acompaña a la solicitud[1].

A diferencia de lo que ocurre en el régimen general previsto en la LEC, donde las medidas cautelares adoptadas con anterioridad a la demanda quedarán sin efecto si ésta no se presenta dentro de los 20 días siguientes a su adopción (art. 730), en el proceso de incapacitación no se fija un plazo para presentar la demanda. Entiende GIMENO SENDRA[2] que esto se debe a que la Ley impone al Tribunal la obligación de comunicar la existencia de la causa de la adopción de las medidas al Ministerio Fiscal para que pro-

1. Así, por ejemplo, en Auto de 6 octubre 2003, sobre medidas cautelares núm. 1601/2001, adoptadas con carácter urgente (JUR 2003, 231021).
2. GIMENO SENDRA, V.: *Derecho procesal civil II,* Los procesos especiales, op. cit.

mueva, en su caso, la declaración de incapacidad o de la prodigalidad, a lo que cabe añadir que la previsión de dejar sin efecto las medidas por no interponerse la demanda en plazo no tendría sentido en este tipo de procesos. La especial naturaleza de las medidas cautelares a adoptar, que tienen por finalidad la protección del incapaz o de su patrimonio, pudiendo consistir, por ejemplo, y más allá de las medidas cautelares típicas recogidas en el art. 762 LEC, en que el presunto incapaz sea asistido o sometido a tratamiento médico o asistencial, hacen aconsejable que la posible tardanza del promotor en formular su escrito de demanda, justificada o no, no se traduzca en dejar nuevamente al presunto incapaz sin tal protección.

Es de destacar que en el artículo 762 LEC antes transcrito se contempla la posibilidad de que de oficio o a instancia de parte el tribunal adopte las medidas cautelares necesarias en cualquier estado del procedimiento, habiendo declarado la jurisprudencia menor que esta facultad subsiste a lo largo de todo el procedimiento y en la tramitación de las sucesivas instancias, aun cuando con anterioridad no se hubiera solicitado la medida, o hubiese sido solicitada y se hubiera denegado[3].

No obstante, recuerda GIMENO SENDRA[4] que la posibilidad de que el Tribunal acuerde medidas cautelares de oficio no implica, sin embargo, que éste pueda promover de oficio la incapacitación, pues también lo prohíbe expresamente el art. 762.1 en línea con el art. 757 sobre legitimación activa. Lo que deberá hacer en ese caso el Tribunal será poner los hechos determinantes de la incapacitación en conocimiento del Ministerio Fiscal para que éste la promueva si lo estima procedente, evitando así que el mismo juez actúe como juez y parte.

3. El auto núm. 66/2002 de 22 abril de la Audiencia Provincial de Islas Baleares (Sección 4ª) AC (2002, 1669) lo expresa así: «hemos de señalar, en primer lugar, que la medida cautelar adoptada consistente en el nombramiento de un Administrador Judicial para el patrimonio del señor F., no resulta extemporánea. Ello es así, por cuanto, el artículo 762 LEC permite al Juez, incluso de oficio, adoptar las medidas que estime necesarias para la adecuada protección del presunto incapaz o de su patrimonio en cualquier estado del procedimiento, precepto de redacción similar al derogado artículo 209 del CC. Por lo que, existiendo en el caso que nos ocupa, un proceso de incapacitación en curso, es evidente que, dicha medida puede ser solicitada o adoptada en el momento en que nos encontramos, si a ello ha lugar, por concurrir la necesidad de su adopción para proteger al presunto incapaz durante la tramitación del recurso de casación, aun cuando, con anterioridad, no se hubiere accedido a ella».

4. GIMENO SENDRA, V.: *Derecho procesal civil II, Los procesos especiales,* op. cit., pág. 284.

2. PRESUPUESTOS PARA LA ADOPCIÓN DE LAS MEDIDAS CAUTELARES

La adopción de medidas cautelares exige la concurrencia de los requisitos citados en la propia Exposición de Motivos de la LEC, cuando en ésta se afirma que el *fumus boni iuris* o apariencia de buen derecho, el peligro de la mora procesal y la prestación de caución son, desde luego, factores fundamentales imprescindibles para la adopción de medidas cautelares. Requisitos que son luego exigidos por el articulado de la LEC.

Examinaremos a continuación cada uno de estos presupuestos.

2.1. Apariencia de buen derecho

La apariencia de buen derecho hace referencia a la pretensión principal del solicitante, de modo que sólo quien tenga aparentemente posibilidades de que su pretensión sea estimada puede pedir que se asegure la efectividad de la sentencia favorable. Para la adopción de medidas cautelares no basta la mera posibilidad, sino que se requiere algo más que esta posibilidad y algo menos que la certeza.

A este requisito se refiere la LEC cuando en su art. 728.2 establece que «el solicitante de medidas cautelares también habrá de presentar con su solicitud los datos, argumentos y justificaciones documentales que conduzcan a fundar, por parte del Tribunal, sin prejuzgar el fondo del asunto, un juicio provisional e indiciario favorable al fundamento de su pretensión. En defecto de justificación documental, el solicitante podrá ofrecerla por otros medios de prueba, que deberá proponer en forma en el mismo escrito».

Para la adopción de las medidas cautelares en los procesos de incapacitación, es necesario que se den dudas razonables[5] acerca de la concurrencia de las circunstancias a que se refiere el art. 200 CC, esto es, «enfermedades o deficiencias persistentes de carácter físico o psíquico, que impidan a la per-

5. Audiencia Provincial de Castellón (Sección 2ª), Auto núm. 113/2008 de 2 octubre (JUR 2009, 66268): «Dada la causa de incapacitación (fundada básicamente en el "importante deterioro cognitivo" que el Sr. Benito, de 91 años de edad, sufre), no es ni mucho menos inopinado o infundado que se puedan suscitar razonables dudas sobre la capacidad mental del Sr. Benito en la época en la que celebró el contrato de compraventa y otorgó amplios poderes de representación. En estas circunstancias, no resulta inadecuado adoptar la medida cautelar impugnada al objeto de evitar que pueda continuarse el negocio dispositivo convenido el 7 de mayo de 2007».

sona gobernarse por sí misma». Así se deduce de los apartados 1 y 2 del art. 762 LEC, cuando se dice que el Tribunal adoptará de oficio las medidas que estime necesarias para la protección del incapaz y de su patrimonio cuando «tenga conocimiento de la existencia de posible causa de incapacitación en una persona» y que el Ministerio Fiscal podrá solicitar la adopción de estas medidas «en cuanto tenga conocimiento de la existencia de posible causa de incapacitación de una persona».

Por eso mismo, cuando ya exista una previa sentencia de incapacitación y lo que se pretenda sea iniciar un proceso de reintegración de la capacidad, lo normal será que no proceda la adopción de medidas cautelares, pues éstas tienen la finalidad de proteger al presunto incapaz y/o a su patrimonio, y esta finalidad ya se habrá logrado con la anterior sentencia que haya declarado la incapacitación.

2.2. Peligro por la mora procesal

La concurrencia de sólo la apariencia de buen derecho no es suficiente para la adopción de medidas cautelares. Es necesario también que exista un riesgo de que el fallo no pueda ser llevado a efecto en su debido momento.

En el proceso de incapacitación, regido por el principio rector del beneficio y protección jurídica del incapaz, tal peligro puede concretarse, por ejemplo, en la posibilidad de disposiciones patrimoniales que el (todavía) presunto incapaz pudiese hacer en su propio perjuicio.

A esta posibilidad de perjuicio se refiere la LEC cuando señala, en su art. 728.1 que «sólo podrán acordarse medidas cautelares si quien las solicita justifica, que, en el caso de que se trate, podrían producirse durante la pendencia del proceso, de no adoptarse las medidas solicitadas, situaciones que impidieren o dificultaren la efectividad de la tutela que pudiere otorgarse en una eventual sentencia estimatoria».

2.3. Proporcionalidad de las medidas

Aunque la LEC no prevé expresamente entre los presupuestos de las medidas cautelares el de la proporcionalidad, este requisito se encuentra implícitamente reconocido en el art. 721.1 LEC, cuando habla de la adopción de las «medidas necesarias». Serán asimismo de aplicación a las medidas cautelares a adoptar en el proceso de incapacitación las reglas que establece con carácter general el art. 726 LEC, recogiendo las exigencias del principio de proporcionalidad. Esto es, que las medidas deberán:

«1.ª Ser exclusivamente conducentes a hacer posible la efectividad de la tutela judicial que pudiere otorgarse en una eventual sentencia estimatoria, de modo que no pueda verse impedida o dificultada por situaciones producidas durante la pendencia del proceso correspondiente.

2.ª No ser susceptibles de sustitución por otra medida igualmente eficaz, a los efectos del apartado precedente, pero menos gravosa o perjudicial para el demandado».

2.4. Prestación de caución

Por lo general, la adopción de medidas cautelares supone una injerencia en el patrimonio del demandado, aunque dadas las peculiares características del proceso de incapacitación, caben también, como veremos, medidas de carácter personal.

Es por ello por lo que la Ley exige para la adopción de las medidas que el solicitante preste caución para responder de los posibles perjuicios que cause al demandado para el caso de que se demuestre que la medida era equivocada y en consecuencia se revoque.

El art. 728.3 LEC dispone que «salvo que expresamente se disponga otra cosa, el solicitante de la medida cautelar deberá prestar caución suficiente para responder, de manera rápida y efectiva, de los daños y perjuicios que la adopción de la medida cautelar pudiera causar al patrimonio del demandado. El tribunal determinará la caución atendiendo a la naturaleza y contenido de la pretensión y a la valoración que realice, según el apartado anterior, sobre el fundamento de la solicitud de la medida. La caución a que se refiere el párrafo anterior podrá otorgarse en cualquiera de las formas previstas en el párrafo segundo del apartado 3 del artículo 529», esto es, en dinero efectivo, mediante aval solidario de duración indefinida y pagadero a primer requerimiento emitido por entidad de crédito o sociedad de garantía recíproca o por cualquier otro medio que, a juicio del tribunal, garantice la inmediata disponibilidad, en su caso, de la cantidad de que se trate.

No obstante, en el proceso de incapacitación, dado que las medidas que puedan adoptarse al amparo del art. 762 tienen su razón de ser en la protección de la persona o del patrimonio del presunto incapaz o de ambas cosas, entiende Xiol Ríos[6] que resulta anómalo hablar de que las medidas que se puedan adoptar con esa finalidad puedan causar un perjuicio al patrimonio del presunto incapaz.

Así, se ha reseñado en la jurisprudencia menor que esta finalidad de cuidar la persona y el patrimonio del presunto incapaz, en el exclusivo interés de este último, confiere a las medidas cautelares un cariz tuitivo, lo que explica que puedan ser adoptadas de oficio y sin exigir caución[7].

Es claro, en cualquier caso, que no deberá prestar caución el Ministerio Fiscal, que actúa en defensa de la legalidad y del interés público. Tampoco el propio tribunal cuando adopte las medidas cautelares de oficio, como le autoriza el art. 762.1 LEC.

Pero como también advierte Xiol Ríos[8], procederá la prestación de caución en este proceso especial cuando las medidas cautelares hayan sido pedidas por quien es parte en el proceso de incapacitación en virtud de la legitimación que le reconoce el art. 757.1 LEC, esto es el presunto incapaz, el cónyuge o quien se encuentre en una situación de hecho asimilable, los descendientes, los ascendientes, o los hermanos del presunto incapaz.

La caución puede resultar gravosa en el caso de que el demandante cuente con escasos recursos económicos, no eximiéndole de la obligación de prestar caución el hecho de ser beneficiario del derecho a la asistencia jurídica gratuita, que sólo dispensa del pago de tasas judiciales, así como del pago de depósitos necesarios para la interposición de recursos (art. 6.5 de la Ley 1/1996, de 10 de enero, de Asistencia Jurídica Gratuita, redactado por el número cinco del artículo 2 del Real Decreto-ley 3/2013, de 22 de febrero, por el que se modifica el régimen de las tasas en el ámbito de la Administración de Justicia y el sistema de asistencia jurídica gratuita).

Por ello, teniendo en cuenta precisamente la finalidad protectora del proceso de incapacitación, deberá valorarse la situación económica del demandante, así como su relación con el demandado, las concretas medidas cautelares que se soliciten, etc.[9].

---

6. Xiol Ríos, J.A.: *Enjuiciamiento Civil, Comentarios y Jurisprudencia,* op. cit.
7. Audiencia Provincial de Murcia (Sección 5ª), Auto núm. 32/2012 de 28 de febrero (JUR 2012, 130520).
8. Xiol Ríos, J.A.: *Enjuiciamiento Civil, Comentarios y Jurisprudencia,* op. cit.
9. A modo de ejemplo, puede verse el Auto núm. 278/2010 de 12 julio, de la Audiencia Provincial de Valencia (Sección 10ª) (JUR 2010, 310790), donde atendidas las circunstancias expresadas, se considera excesiva una caución de 500 euros cuando las medidas pedidas se limitaban a la anotación preventiva de la demanda y la limitación

2.5. Finalidad de las medidas cautelares

Afirmaba Guasp que la idea esencial que caracteriza en general a las medidas cautelares, a las que consideraba una clase de proceso, es intentar que no se disipe la eficacia de una eventual resolución judicial, todavía no obtenida, y por lo tanto, de adoptar precauciones, cautelas o aseguramientos frente a posible ineficacia de la misma. Xiol Ríos[10] acepta este punto de partida, señalando que aunque la Ley de Enjuiciamiento Civil de 2000 no acepta esa configuración como proceso de las medidas cautelares, les atribuye la misma finalidad preventiva de «asegurar la efectividad de la tutela judicial que pudiera otorgarse en la sentencia estimatoria que se dictare» (art. 721 LEC).

Centrándonos ahora en las concretas medidas cautelares que pueden adoptarse en el proceso de incapacitación, a la vista del contenido del art. 762.1 LEC observamos que prima la finalidad protectora del presunto incapaz, y no la protección de ningún eventual derecho de los demandantes en el proceso de incapacitación, pues la sentencia que declare la incapacidad tiene un contenido tasado que se recoge en el art. 760 LEC, y no contendrá ningún pronunciamiento de condena a favor de los demandantes que exija o justifique la adopción de medidas cautelares en orden a asegurar su efectividad.

Como apunta la Audiencia Provincial de Salamanca, «la finalidad de las medidas cautelares relativas a las personas, gira, *ex* art. 762 LEC, en torno a la evitación de cualquier peligro que pueda afectar a las mismas, y a sus bienes, durante la pendencia y tramitación del procedimiento principal que se sigue en paralelo»[11].

Señala Gimeno Sendra[12] que el tratamiento legal de las medidas previstas en el art. 762 LEC responde a una finalidad tuitiva, aseguradora de la persona y bienes del demandado (presunto incapaz), que añade un interés público de protección a la común finalidad de garantizar la eficaz ejecución de la futura sentencia del proceso de incapacitación frente al *periculum in mora* del proceso y partiendo del también común presupuesto

de disposición por la demandada, a pesar de que el Ministerio Fiscal, por su parte, había solicitado nombramiento de administrador para los fondos de inversión y cuentas corrientes en la persona de la demandante.

10. Xiol Ríos, J.A.: *Enjuiciamiento Civil, Comentarios y Jurisprudencia,* op. cit.
11. Audiencia Provincial de Salamanca (Sección 1ª), Auto núm. 60/2007 de 21 mayo (JUR 2007, 277834).
12. Gimeno Sendra, V.: *Derecho procesal civil II, Los procesos especiales,* op. cit.

de todas las medidas cautelares de un *fumus boni iuris* de la pretensión de incapacitación. Este plus protector se manifiesta –como en los demás procesos sobre la capacidad de las personas físicas– en la actuación *ex officio* del Tribunal y en la intervención del Ministerio Fiscal como promotor de estas medidas y defensor y representante de la legalidad de la medida en el proceso de su adopción.

La finalidad de protección de las medidas cautelares en el proceso de incapacitación difiere por tanto de la finalidad preventiva que con carácter general la LEC otorga a las medidas cautelares en su art. 721, para asegurar la efectividad de la tutela judicial que pudiera otorgarse en la sentencia estimatoria que se dictare.

A juicio de XIOL RÍOS[13], cuando se trata de la incapacitación de un menor sometido a patria potestad o tutela, no cabe la adopción de medidas cautelares, pues si la finalidad fundamental de tales medidas es la protección del presunto incapaz, tal finalidad ya está cumplida mediante el ejercicio de la patria potestad de las funciones tutelares. Y a este respecto recuerda que el objeto de la declaración de incapacitación en estos casos es la prórroga de la patria potestad o de la tutela cuando el incapacitado alcance la mayoría de edad, sin que sea necesario proveer a un nuevo sistema de guarda. No obstante, cita XIOL que autores como ORTELL RAMOS y CUCARELLA GALIANA admiten la posibilidad de medidas cautelares incluso cuando se trate de menores, pues el art. 762 LEC no distingue en función de la persona cuya declaración de incapacitación se insta, por lo que a juicio de estos autores podrá aplicarse tanto si se insta la incapacitación de un mayor de edad, como de un menor emancipado o incluso también de un menor sometido a patria potestad o a tutela.

A nuestro juicio, la norma procesal debe ponerse en conexión con el Derecho sustantivo, por lo que parece más correcto pensar en el caso de los menores sometidos a patria potestad, la finalidad de protección que busca el art. 762 LEC debe entenderse ya conseguida por el ejercicio de los deberes y facultades que comprende la patria potestad según el art. 154 CC, «que se ejercerá siempre en beneficio de los hijos». En consecuencia, desaparecería el *periculum in mora* y con éste la posibilidad de adopción de medidas cautelares cuando se trate de incapacitar a un menor.

---

13. XIOL RÍOS, J.A.: *Enjuiciamiento Civil, Comentarios y Jurisprudencia*, op. cit.

3. COMPETENCIA PARA LA ADOPCIÓN DE MEDIDAS CAUTELARES

Según el art. 756 LEC, «será competente para conocer de las demandas sobre capacidad y declaración de prodigalidad el Juez de Primera Instancia del lugar en que resida la persona a la que se refiera la declaración que se solicite».

Poniendo este precepto en relación con el art. 723.1 LEC, que dispone que «será tribunal competente para conocer de las solicitudes sobre medidas cautelares el que esté conociendo del asunto en primera instancia o, si el proceso no se hubiese iniciado, el que sea competente para conocer de la demanda principal», llegamosa la conclusión lógica de que el Tribunal competente para conocer de la adopción de medidas cautelares en un proceso de incapacitación, será el de Primera Instancia del lugar de residencia del presunto incapaz, que será a su vez quien conozca de la pretensión principal del proceso.

4. PERSONAS LEGITIMADAS PARA SOLICITAR MEDIDAS CAUTELARES Y MOMENTO EN QUE PUEDE SOLICITARLAS CADA UNA DE ELLAS

Además de la legitimación que ostentan las mismas personas legitimadas para interponer la demanda según el art. 757.1 LEC (el presunto incapaz, el cónyuge o quien se encuentre en una situación de hecho asimilable, los descendientes, los ascendientes, o los hermanos del presunto incapaz), destaca en el proceso de incapacitación la posibilidad de que el Tribunal pueda adoptar de oficio en cualquier momento las medidas cautelares cuando tenga conocimiento de la existencia de posible causa de incapacitación en una persona (art. 762.1 LEC).

También podrá solicitar estas medidas el Ministerio Fiscal en cuanto tenga conocimiento de esas mismas circunstancias (art. 762.2 LEC, párrafo primero).

Sin embargo, establece el art. 762.2 en su segundo párrafo que «las mismas medidas podrán adoptarse, de oficio o a instancia de parte, en cualquier estado del procedimiento de incapacitación». De ello, se deduce que los legitimados para interponer demanda conforme al art. 757.1 LEC (recordamos: el presunto incapaz, el cónyuge o quien se encuentre en una situación de hecho asimilable, los descendientes, los ascendientes, o los hermanos del presunto incapaz) podrán solicitar medidas cautelares una vez iniciado el proceso, pero no antes.

Cabe concluir, por tanto, lo siguiente:

- El Juez puede adoptar las medidas cautelares en cualquier momento, tanto antes del proceso como una vez iniciado éste.
- El Ministerio Fiscal, que no puede adoptar medidas, podrá solicitarlas del Juez en cualquier momento, tanto antes del proceso como una vez iniciado éste.
- El resto de partes legitimadas para incoar el proceso de incapacitación, sólo podrán pedir la adopción de medidas cautelares, como decimos, una vez iniciado el procedimiento, pero no antes. No obstante, nada impide que si hubiera causa de urgencia que lo hiciera conveniente, lo pongan en conocimiento del Ministerio Fiscal para que éste lo solicite al Juez o incluso, si existe gran urgencia, que lo pongan en conocimiento del Juez para que éste las adopte de oficio. A primera vista, podría pensarse que lo mismo da que los familiares puedan directamente pedir al Juez la adopción de medidas cautelares o que simplemente pongan en su conocimiento las circunstancias para que sea éste quien las adopte. Sin embargo, se desprende de la Ley una cierta desconfianza hacia el resto de legitimados para instar la incapacitación conforme al art. 757.1 LEC (el presunto incapaz, el cónyuge o quien se encuentre en una situación de hecho asimilable, los descendientes, los ascendientes, o los hermanos del presunto incapaz). Así, no se les permite a éstos pedir al Juez las medidas cautelares que consideren oportunas con anterioridad al inicio del proceso, sino que sólo se les permite en este momento poner las circunstancias en conocimiento del Ministerio Fiscal o directamente del Juez, para que éste adopte las que estime convenientes, pues la LEC no les legitima para pedir expresamente medidas concretas si no piden simultáneamente la incoación del proceso. Además, aunque las personas del art. 757.1 LEC hayan puesto en conocimiento del Juez la existencia de una posible causa de incapacitación de una persona, si el Juez decide no adoptar ninguna medida cautelar, estas personas no podrán interponer el recurso de apelación al que se refiere el art. 736 LEC insistiendo en la adopción de medidas, pues el Juez no les ha desestimado ninguna petición (que, por otro lado, no estaban legitimados por la Ley para realizar).

La LEC parece querer evitar con ello que se solicite la adopción de medidas cautelares, principalmente respecto de una persona (y de su patrimonio), cuando el solicitante no tiene la intención sana de solicitar conjuntamente la incapacitación (con la finalidad protectora inherente a la misma), sino sólo de lograr los efectos derivados de la adopción de las medidas cautelares. Estas medidas anteriores a la demanda, aunque de corta duración (veinte días conforme al régimen general de las medidas cautelares del art. 730.2 apartado 2°), pueden suponer el reconocimiento al propio solicitante o a terceras personas de facultades suficientes como para realizar actos de administración del patrimonio del presunto incapaz que, lejos de tener por finalidad protegerle, le causen grave perjuicio, cuando no la total ruina económica. Se evita de este modo que pueda lograrse la adopción de estas medidas con fines fraudulentos[14]. No obstante, nada impide que los legitimados por el art. 757.1 LEC soliciten medidas cautelares junto con la demanda en la que pidan la incapacitación, en cuyo caso sí se les abriría la posibilidad de recurrir en apelación el auto que desestimara la petición de medidas cautelares, aunque esta afirmación debe ser matizada: Si bien la remisión expresa que el art. 762 LEC hace al 736 LEC puede fundar este parecer, no debe olvidarse que el proceso de incapacitación es un proceso especial en el que el principio dispositivo se encuentra eclipsado por el de oficialidad, y que el propio art. 762 LEC autoriza al Juez para adoptar de oficio las medidas que estime necesarias para la adecuada protección del presunto incapaz o de su patrimonio. No parece, por tanto, que el Juez se encuentre vinculado a la concreta petición que le realice alguno de los legitimados según el art. 757.1 LEC, si bien, dado que el art. 736 LEC, al que se remite el 762 contiene esta expresa previsión, lo lógico será dejar abierta la posibilidad de apelar el auto denegatorio de las medidas cautelares. No obstante, debido a esta facultad del Juez de Primera Instancia para adoptar de oficio las medidas que estime necesarias, parece que este recurso de apelación tendrá alguna posibilidad de prosperar únicamente en el caso de que, habiéndose solicitado la adopción de alguna medida cautelar, el Juez no haya adoptado ninguna en absoluto. Pero si adopta otras distintas de las

14. No obstante, es de destacar el punto de vista menos desconfiado pero no por ello falto de razón de Fábrega Ruiz, que estima que puede ocurrir, y sólo a título de ejemplo, que la medida provoque la recuperación de la capacidad (lo que puede ocurrir a través del internamiento involuntario) o que la acción protectora se haya agotado con la medida adoptada (por ejemplo, en el caso de que se hubiera solicitado autorización judicial para llevar a cabo una intervención quirúrgica) sin que sea precisa ninguna otra. Fábrega Ruiz, C.F.: *Protección de incapaces: actuaciones previas del Fiscal. Medidas cautelares y de protección,* op. cit.

pedidas, la facultad del Juez de Primera Instancia para acordar de oficio las que considere oportunas no parece que pueda ser negada por la Audiencia por vía de la resolución del recurso de apelación. En este caso, el recurso debería ser desestimado, con expresa condena en costas (art. 736.1 LEC) en cuanto se hubieran generado, por ejemplo en el caso de que se hubiera denegado la solicitud de medidas concretas pedidas por un familiar (se hayan acordado o no otras distintas) y este familiar hubiese reiterado su solicitud en apelación, oponiéndose el presunto incapaz al recurso.

5. MEDIDAS CAUTELARES CONCRETAS QUE PUEDEN ADOPTARSE

La LEC contiene en su art. 727 una lista abierta de posibles medidas cautelares que, con carácter general, podrán acordarse en los procesos civiles:

1. Embargo preventivo de bienes.
2. Intervención o administración judiciales de bienes productivos.
3. Depósito de cosa mueble.
4. Formación de inventario de bienes.
5. Anotación preventiva de la demanda.
6. Otras anotaciones registrales.
7. Orden judicial de cesar provisionalmente en una actividad, de abstenerse temporalmente de llevar a cabo una conducta, o la prohibición temporal de interrumpir o de cesar.
8. La intervención y depósito de ingresos obtenidos mediante una actividad que se considere ilícita y cuya prohibición o cesación se pretenda en la demanda.
9. El depósito temporal de ejemplares de las obras u objetos que se reputen producidos con infracción de las normas sobre propiedad intelectual e industrial.
10. La suspensión de acuerdos sociales impugnados.
11. Aquellas otras medidas que, para la protección de ciertos derechos, prevean expresamente las leyes, o que se estimen necesarias para asegurar la efectividad de la tutela judicial que pudiere otorgarse en la sentencia estimatoria que recayere en el juicio.

En relación con la incapacitación, salvo en lo referente al internamiento del incapaz, la LEC no establece qué tipo de medidas pueden adoptarse, dejando al arbitrio del Juez la elección de las que considere más adecuadas en atención a las circunstancias de cada caso y que sean necesarias para la adecuada protección del presunto incapaz y su patrimonio. De este modo, el art. 762.1 LEC reconoce al Tribunal una amplia discrecionalidad, al referirse a «las medidas que estime necesarias para la adecuada protección del presunto incapaz o de su patrimonio». Y también cabe la posibilidad, como hemos visto, de que estas medidas sean solicitadas a instancia del Ministerio Fiscal o del resto de legitimados (aunque éstos no puedan hacerlo antes de presentar demanda), como prevé el art. 762.2 LEC.

Señala GIMENO SENDRA[15] que «en la determinación del ámbito de estas medidas cautelares especiales, su sentido y finalidad reclaman una interpretación extensiva de la escueta redacción del art. 762 LEC para comprender no solamente el proceso de incapacitación por deficiencia o enfermedad física o mental persistentes (art. 200 CC), que incluyen las causadas por toxicomanías, sino los demás procesos de incapacitación parcial, en particular la declaración de prodigalidad, para no frustrar la virtualidad de la sentencia en que pudiera ser declarada, así como los de cesación o modificación de las sentencia de incapacitación».

Veremos a continuación las concretas medidas cautelares que serán las más habitualmente acordadas en el proceso de incapacitación.

5.1. Medidas cautelares de carácter personal

Como medidas de carácter personal, cabrá en el proceso de incapacitación la adopción de medidas de carácter médico y asistencial que el Tribunal considere convenientes de acuerdo con su finalidad protectora, pudiendo consistir, por ejemplo, en la autorización por parte del Juez de tratamientos médicos o intervenciones quirúrgicas, en el traslado provisional a una residencia para acondicionamiento del domicilio, en el tratamiento médico psiquiátrico en el caso de toxicomanías o enfermedades degenerativas persistentes, e incluso el internamiento a que se refiere el art. 763 LEC. Igualmente, si el presunto incapaz viviera en una residencia o centro geriátrico, podrían prohibírsele o limitársele las salidas al exterior.

15. GIMENO SENDRA, V.: *Derecho procesal civil II, Los procesos especiales,* op. cit.

Pese a alguna opinión doctrinal en contrario[16], cabe también el internamiento no voluntario del presunto incapaz, en el caso de que se viese aquejado de alguna enfermedad psíquica que lo hiciese necesario y siempre que se cumplan los requisitos necesarios para dicho internamiento (cuyo estudio se hará en el apartado correspondiente). Pueden verse resoluciones de nuestras Audiencias en las que se autoriza dicho ingreso cautelar en centro psiquiátrico, supeditando la continuidad de la medida en el tiempo a que en el plazo de 6 meses (por analogía con el plazo establecido en el art. 763.4 LEC), se acredite la iniciación del procedimiento destinado a declarar la incapacidad, con la advertencia de que si no se inicia, quedará sin efecto la medida adoptada[17].

Cabe también el nombramiento de defensor judicial o la constitución de la llamada tutela provisional, como señala DÍEZ-PICAZO[18], sacando al incapaz de la zona de influencia de determinadas personas o colocándolo bajo la dependencia directa de otras, lo que supone el nombramiento de un guardador de carácter interino, lo cual no parece que pueda tratarse de una anticipación de la tutela en sentido estricto, pero será una situación análoga o próxima a ella, con mayor o menor extensión.

En relación con la figura de esta tutela provisional, resulta ilustrativo el Auto núm. 117/2000 de 5 junio de la Audiencia Provincial de Asturias (AC 2000, 1275), que explica cómo «en el ámbito de la llamada jurisprudencia menor, el auto de la Audiencia Provincial de Barcelona de 8 de abril de 1999 (AC 1999, 886) abordó la figura del "tutor cautelar" y tras señalar que la misma no existe ni en el Derecho catalán ni en el Derecho común del Código Civil, manifiesta que ello sin embargo no significa que no se haya previsto por el Legislador ni impide que se puedan adoptar durante la pendencia del procedimiento de incapacitación o –con mayor fundamento incluso– de constitución de la tutela o curatela determinadas medidas encaminadas a proteger la persona y/o el patrimonio del presunto incapaz en tanto se soluciona definitivamente la controversia en torno a su capacidad y se le provee definitivamente de un organismo tutelar. Así el Código Civil preveía la instauración de un defensor judicial con funciones solamente de estricta representación y defensa en la esfera procesal, representación que corresponde al Ministerio Fiscal cuando no sea actor, arts. 207 y 299.3 del CC y 299 bis y 300, y el nom-

16. Como la de APARICIO AUÑÓN, E., en *Comentarios a la Ley de Enjuiciamiento Civil,* op. cit.
17. Así en Audiencia Provincial de Lugo (Sección 1ª), Auto núm. 152/2012 de 17 octubre (AC 2013, 341).
18. DÍEZ-PICAZO, L.: *Comentarios a las reformas de la Nacionalidad y la Tutela,* Tecnos, Madrid, 1986.

bramiento de un Administrador cuando "además del cuidado de su persona hubiera de procederse al de los bienes" señalando en los arts. 301 y 302 CC no sin suscitar cierto confusionismo que el defensor tendrá –además de sus funciones procesales propias, debe entenderse– "las atribuciones que le haya concedido el Juez al que deberá rendir cuentas de su gestión una vez concluida", de donde debemos deducir que como medida cautelar el Juez puede nombrar un defensor propio y un administrador, o ese defensor con funciones de tal y de administrador que aparece en los arts. 300 y 302 y al que le son de aplicación las causas de inhabilidad, excusa y remoción de los tutores y curadores. Este estado de cosas ha propiciado que algunos Juzgados como el de Barcelona vengan designando «tutores cautelares» en realidad defensores judiciales con funciones de cierto control sobre la persona y de verdaderos administradores judiciales sobre el patrimonio del presunto incapaz»[19].

5.2. Medidas cautelares de carácter patrimonial

Vistas hasta aquí las medidas de carácter personal, haremos una breve referencia a las distintas medidas de carácter patrimonial que más habitualmente serán adoptadas en el proceso de incapacitación, siguiendo en lo principal la clasificación apuntada por Aparicio Auñón[20]:

Cabe, en primer lugar, el embargo preventivo de bienes, si bien la doctrina se encuentra dividida acerca de la conveniencia de su aplicación en los procesos de incapacitación[21].

Cabe también la intervención y la administración del patrimonio del presunto incapaz, que el autor seguido considera que será la medida cautelar típica del proceso de incapacitación en lo concerniente a la protección del patrimonio del demandado. Esta medida se encuentra recogida en el art. 299

19. Audiencia Provincial de Asturias (Sección 5ª), Auto núm. 117/2000 de 5 junio (AC 2000, 1275).
20. Aparicio Auñón, E.: *Comentarios a la Ley de Enjuiciamiento Civil,* op. cit.
21. A Aparicio Auñón le resulta difícil imaginar su aplicación a un proceso cuyo objeto es la declaración de incapacidad de una persona, si bien entiende que mayores visos de realidad puede tener esta cautela en el proceso de declaración de prodigalidad promovido por un pariente al que el presunto pródigo no le está pagando los alimentos vencidos. Pero aún así le parece que la medida es innecesaria, al poderse pedir directamente la ejecución de la sentencia de alimentos futuros, conforme al art. 578.2 LEC. Aparicio Auñón, E.: *Comentarios a la Ley de Enjuiciamiento Civil,* op. cit.
Postura contraria es la de Reverte Navarro, que menciona los embargos preventivos como posibles medidas cautelares del proceso de incapacitación. Reverte Navarro, A.: *Comentarios al Código Civil,* Ministerio de Justicia, I, pág. 655.

bis CC, que establece que «cuando se tenga conocimiento de que una persona debe ser sometida a tutela y en tanto no recaiga resolución judicial que ponga fin al procedimiento, asumirá su representación y defensa el Ministerio Fiscal. En tal caso, cuando además del cuidado de la persona hubiera de procederse al de los bienes, el Juez podrá designar un Administrador de los mismos, quien deberá rendirle cuentas de su gestión una vez concluida». Señala nuestro Autor que la administración provisional no es una tutela patrimonial anticipada. Las facultades del administrador judicial son más limitadas que las del tutor. No detenta la representación del presunto incapaz, mientras que el tutor tiene en cambio esa representación conforme al art. 267 CC. En consecuencia, no podrá enajenar ni realizar actos dispositivos de los bienes, ni incluso con autorización judicial, pues al administrador no le son de aplicación las normas del art. 271 CC, referidas estrictamente al tutor representante del menor. Las renuncias de derechos, los gastos extraordinarios, las enajenaciones y gravámenes de inmuebles y objetos de valor pertenecientes al patrimonio en administración, sólo las podrá realizar el demandado o su representante legal con autorización judicial. Pero bien entendido que el administrador judicial no es representante legal del demandado.

De este modo, la jurisprudencia menor ha entendido que el ejercicio de acciones judiciales en nombre del presunto incapaz excede del ámbito de actuación del administrador a que se refieren los arts. 299.2 y 299 bis CC[22].

Señala nuestro Autor que la gestión de este administrador judicial debe limitarse a la administración ordinaria de conservación del patrimonio mientras se decide acerca de la capacidad del titular[23].

22. Puede aquí citarse cómo la Audiencia Provincial de Castellón (Sección 3ª), en Auto núm. 390/2006 de 31 julio (JUR 2007, 55914), desestima la petición de la actora de ser nombrada defensora judicial con el objeto de interponer demanda de nulidad de donación de los inmuebles que se refieren en la demanda de incapacitación: «nos parece claro que no nos encontramos en el supuesto expresamente previsto en el artículo 299 bis del Código Civil que se invoca por la apelante, ya que no pretende ser designada administradora judicial del patrimonio del demandado, sino que se le nombre defensora judicial para iniciar un proceso judicial en que se ejercitará la acción de nulidad de la donación de inmuebles otorgada a favor de su hermano, existiendo intereses contrapuestos entre ambos que hacen que no se considere conveniente proceder al nombramiento de la actora para promover ese litigio en el momento inicial del proceso de declaración de incapacidad del padre, cuando no se da el supuesto previsto en el artículo 299.2º del Código Civil, también invocado en el recurso, ya que ni se ha declarado la incapacidad ni se ha designado tutor, por lo que procede desestimar el recurso y mantener la resolución que inadmite su pretensión».

23. Apunta Aparicio Auñón que al acordar la administración judicial como medida cautelar, será práctico indicar en la resolución, aunque sea someramente, las facultades y deberes del administrador. Entre ellos, hacer inventario, rendir cuenta y constituir fianza,

Por otro lado, también podrá adoptarse la medida de depósito de bienes muebles, que estará referida normalmente al dinero, títulos y objetos de valor que puedan desaparecer. La medida habrá de ir acompañada del nombramiento de un depositario (persona física o establecimiento público o privado) que tendrá las responsabilidades señaladas en el art. 627 LEC, entendiendo el autor seguido que el depósito provisional de los bienes muebles en poder del propio demandado no cumpliría con la finalidad de aseguramiento.

Podemos apuntar, no obstante, que el dinero y los títulos podrán ingresarse en la Cuenta de Depósitos y Consignaciones Judiciales o en una cuenta a nombre del presunto incapaz intervenida judicialmente.

El inventario de bienes es considerado por APARICIO AUÑÓN una cautela casi obligada en esta clase de procedimientos, ya se acuerde como medida autónoma, ya como complementaria de una administración judicial. Lo normal, dice, será reflejar en autos un rudimentario inventario de los bienes del demandado y del estado de su economía, obtenido de la información facilitada en la audiencia de parientes y en la del incapaz. Sin esta información no se sabría si deben tomarse otras medidas cautelares, ni se podría decidir la fianza que deberá prestar el tutor ni la retribución de éste.

Cabe también la anotación preventiva de la demanda en el Registro de la Propiedad donde el demandado tenga inmuebles, medida que está prevista en el art. 42.5 de la Ley Hipotecaria, siendo comúnmente aceptado por la doctrina que la anotación preventiva de la demanda sirve para destruir la buena fe del tercero cuando el negocio en que haya intervenido el incapaz sea atacado por nulo.

Sin embargo, podemos citar en contra de esta eficacia destructora de la buena fe que tendría la anotación preventiva de la demanda, la tesis de GORDILLO CAÑAS[24], para quien, dentro de la sentencia de incapacitación, se da

en su caso. Si el administrador judicial es, como será lo normal, el familiar próximo que vive con el demandado (cónyuge, padre o hermano, por ejemplo), el control de la administración se simplifica con la fórmula de «frutos por alimentos», admitida en el art. 290.3 del RRC. Lo mismo que el administrador judicial no es tutor del patrimonio nombrados por anticipado, el interventor judicial tampoco es un curador nombrado antes de tiempo. El optar por una intervención mejor que por una administración, supone que el juzgador aprecia en principio un *fumus boni iuris* de cierta capacidad de autogobierno en el demandado. De nada serviría, por ejemplo, nombrarle interventor para que le asista en ciertos actos de disposición, a una persona notoriamente inválida o privada del uso de la razón, porque de todas formas no iba a poder realizar tampoco ninguno de los actos sujetos a intervención. APARICIO AUÑÓN, E.: *Comentarios a la Ley de Enjuiciamiento Civil,* op. cit.

24. GORDILLO CAÑAS, A.: *Capacidad, incapacidad y estabilidad en los contratos,* op. cit.

un efecto constitutivo de la tutela y un efecto declarativo de la existencia de la causa de incapacitación, de modo que quien contrató con quien manifiestamente era incapaz, por haber podido advertirlo una persona con una diligencia normal, no podrá excusarse, para sostener la validez del acto, en que la persona con quien contrató no había sido declarada incapacitada mediante sentencia. GORDILLO basa también esta tesis en el régimen de publicidad registral de la sentencia de incapacitación, alegando, como hemos dicho, que la sentencia no es constitutiva, y que los terceros que contraten con el declarado incapaz posteriormente pueden estar protegidos, de modo que la anotación de la demanda no tendría otra finalidad, según GORDILLO, que la de avisar la posibilidad de un hecho a cuyos efectos habrá de estarse si se comprueba su anunciada realidad.

Sin embargo, no nos parece que esta tesis case con la mentalidad subyacente en las leyes, que amparan con efusividad la anotación preventiva de la demanda de incapacitación en los Registros públicos.

En el mismo sentido, nuestra jurisprudencia menor se muestra proclive a la admisión de anotaciones preventivas en el Registro de la Propiedad en los proceso de incapacitación, considerando que se trata de una medida de protección del patrimonio del presunto incapaz[25].

25. Así, la Audiencia Provincial de Barcelona, resolviendo mediante auto la apelación interpuesta contra el auto acordando ha declarado que «La regulación de la anotación preventiva en la Ley de Enjuiciamiento Civil no altera ni deroga la concreta regulación anterior que se refiere a dicha medida. Es por ello que la anotación preventiva que se solicite debe ajustarse a las exigencias concretas de la legislación registral vigente. El artículo 42 de la Ley Hipotecaria establece que "podrán pedir anotación preventiva de sus respectivos derechos en el Registro correspondiente:... 5°) El que propusiere demanda con objeto de obtener alguna de las resoluciones judiciales expresadas en el núm. 4° art. 2 de esta ley". Y dicho precepto se refiere precisamente a «Las resoluciones judiciales en que se declare la incapacidad legal para administrar. La medida cautelar solicitada esta por tanto contemplada en la Ley Hipotecaria. Asimismo el artículo 762 de la LEC contempla la posibilidad de adoptar medidas cautelares tendentes a la adecuada protección del presunto incapaz o de su patrimonio, de oficio o a instancia de parte. La anotación preventiva de la demanda, en un supuesto como el de autos, en el que la demandada, cuya incapacitación se solicita, ha realizado actos que comprometen su patrimonio, actos que han quedado debidamente relacionados en el auto que se recurre, se constituye como una medida de protección del patrimonio de la misma en tanto alerta a terceros de la existencia de un procedimiento de incapacidad. La finalidad de la anotación preventiva de demanda es evitar que, se lleven a cabo en el Registro de la Propiedad inscripciones contrarias o irreversibles que dificulten o impidan la ejecución de la sentencia si la misma resultara estimatoria de las peticiones de la demanda, todo ello mientras se tramita el proceso, alertando a terceros que pudieran verse afectados por su contenido. Sus efectos son de mero aseguramiento de la efectividad de la sentencia. Y como se ha señalado en el presente supuesto se dan suficientes

La demanda de incapacitación puede también anotarse en el Registro Civil del lugar del nacimiento del demandado (arts. 46 y 38.1 Ley del Registro Civil de 1957) y de su domicilio (arts. 38.1 y 89.1). En su caso, si la demanda se dirige contra un extranjero no nacido en España, la demanda puede anotarse en el Registro Civil Central (art. 18 en relación con el 38.1 de la Ley del Registro Civil de 1957) y en el de su domicilio en España o en donde tuviere la mayor parte de sus bienes (art. 285 Reglamento del Registro Civil)[26]. En la nueva Ley del Registro Civil de 2011, en vigor desde el 22 de julio de 2014, esta posibilidad se reconoce en el art. 40.3.1°.

Cuando el demandado sea un empresario individual, la demanda podrá anotarse en el Registro Mercantil (arts. 87.4°, 33.1 y 37 del Reglamento del Registro Mercantil).

Recuerda por último APARICIO AUÑÓN que con arreglo a la Ley Hipotecaria, art. 26.2°, las prohibiciones de disponer o enajenar que deban su origen inmediato a alguna resolución judicial será objeto de anotación preventiva, posibilidad que reitera el art. 42.4° para quien demanda en juicio el cumplimiento de una obligación y obtiene del tribunal una medida cautelar «prohibiendo la enajenación de bienes inmuebles». El efecto fundamental de esta anotación será impedir «la inscripción o anotación de los actos dispositivos que respecto de la finca o del derecho sobre los que haya recaído la anotación hubiese realizado posteriormente a ésta su titular» (art. 145 Reglamento Hipotecario).

Es decir, el Registro se cierra para todos los actos dispositivos que pueda llevar a cabo el titular mientras duran los efectos de la anotación (DGRN, Resolución de 10 de julio de 1992).

---

elementos objetivos para adoptar la medida que se solicita, compartiendo la Sala de forma plena todas las consideraciones y argumentos de la resolución recurrida por lo que procede su confirmación». Audiencia Provincial de Barcelona (Sección 18ª), Auto núm. 33/2007 de 8 febrero (JUR 2007, 205090).

26. Tras el Curso sobre el ámbito de protección civil y penal de la persona con discapacidad celebrado en Valencia en mayo de 2013, los Jueces y Magistrados asistentes llegaron, entre otras, a la conclusión de que «Es necesaria la comunicación del Registro Civil con los registros de la propiedad y el mercantil en aras a garantizar posibles situaciones de abusos patrimoniales, incluso mediante la inscripción preventiva de los procesos sobre modificación de la capacidad».
El documento completo que recoge estas conclusiones puede consultarse en *http://www.poderjudicial.es/cgpj/es/Poder_Judicial/En_Portada/Conclusiones_del_curso_sobre_el_ambito_de_proteccion_civil_y_penal_de_la_persona_con_discapacidad.*

En cambio, el Registro seguirá abierto para los actos dispositivos anteriores, aunque accedan al Registro después (STS de 22 de marzo de 1943).

Podemos añadir aquí, como medida típica a adoptar en estos procesos, el bloqueo de cuentas corrientes con la finalidad de evitar su expoliación por terceras personas. El bloqueo podrá ser total o limitarse a determinados movimientos o cargos (por ejemplo, prohibiendo la disposición por ventanilla o a través de cajero automático pero permitiendo el pago de determinados recibos cuyo abono resulte del interés del presunto incapaz).

Para finalizar, podemos referirnos a la determinación de medidas de control y vigilancia de la actuación del guardador de hecho al que se refiere el art. 303 CC, que establece que cuando la autoridad judicial tenga conocimiento de la existencia de un guardador de hecho, sin perjuicio de que se promueva la constitución de la tutela o la declaración de incapacitación, podrá requerirle para que informe de la situación de la persona y los bienes del menor o del presunto incapaz y de su actuación en relación con los mismos, pudiendo establecer asimismo las medidas de control y vigilancia que considere oportunas. El Código Civil añade que los actos realizados por el guardador de hecho en interés del menor o del presunto incapaz no podrán ser impugnados si redundan en su utilidad (art. 304 CC) y concede al guardador de hecho el mismo derecho que tienen los tutores a ser indemnizados de los daños y perjuicios sufridos, con cargo a los bienes de la persona sujeta a protección (art. 306 CC).

Lógicamente, la resolución sobre medidas cautelares podrá ser modificada si se produce un cambio en las circunstancias que se tuvieron en cuenta para su adopción.

Las medidas cautelares subsistirán durante la tramitación del procedimiento, en tanto no recaiga resolución que establezca el régimen tutelar o de guarda y custodia del incapacitado.

6. MOMENTO DE ADOPCIÓN DE LAS MEDIDAS CAUTELARES

Cabe resaltar que las medidas cautelares pueden adoptarse antes de que exista proceso de incapacitación o durante el trascurso de éste, en cualquier momento, de oficio o a instancia de parte, aunque los legitimados para promover el proceso conforme al art. 757.1 LEC (el presunto incapaz, el cónyuge o quien se encuentre en una situación de hecho asimilable, los descendientes, los ascendientes, o los hermanos del presunto incapaz) sólo podrán solicitarlas con la demanda o después, pero no antes, como se deduce de la redacción del art. 762.2 LEC. Un análisis más detallado sobre esta cuestión se ha hecho en el apartado que trata sobre las personas legitimadas para solicitar medidas cautelares y el momento en que puede solicitarlas cada una de ellas.

Si antes de iniciado el juicio de incapacitación, el Juez competente tuviera conocimiento por razón de su cargo de la existencia de alguna posible causa de incapacitación en una persona, adoptará de oficio las medidas que estime necesarias y pondrá el hecho en conocimiento del Ministerio Fiscal para que promueva si fuese posible la incapacitación (art. 762.1 LEC).

También el Ministerio Fiscal podrá, en cuanto tenga conocimiento de la existencia de posibles causas de incapacitación de una persona, solicitar del tribunal la inmediata adopción de las medidas cautelares necesarias (art. 762.2 LEC).

Las mismas medidas podrán adoptarse, de oficio o a instancia de parte, en cualquier estado del procedimiento de incapacitación (art. 762.2 *in fine*).

7. PROCEDIMIENTO PARA LA ADOPCIÓN DE MEDIDAS CAUTELARES

El art. 762.3 LEC establece la regla general consistente en que las medidas cautelares se acordarán previa audiencia de las personas afectadas, remitiendo a continuación a los arts. 734, 735 y 736 de la LEC, artículos que tratan respectivamente de la vista para la audiencia de las partes, al auto acordando medidas cautelares y al auto denegatorio de las medidas cautelares y la reiteración de la solicitud si cambian las circunstancias.

En cuanto a la audiencia a cuya vista se refiere el art. 734 LEC, Xiol Ríos[27] entiende que ésta será necesaria tanto si las medidas van a adoptarse de forma previa al proceso de incapacitación como si se pretende su adopción durante la tramitación del mismo. Sin embargo, observa que este art. 734 LEC está pensado para un litigio en el que se da contradicción entre partes y en el que el Juez es ajeno a la promoción de las me-

27. Xiol Ríos, J.A.: *Enjuiciamiento Civil, Comentarios y Jurisprudencia,* op. cit.

didas que se interesan. En cambio, en los procesos de incapacitación, las medidas pueden ser acordadas de oficio por el Tribunal. Por eso, entiende este autor que cuando las medidas se adoptan antes del inicio del proceso de incapacitación, la vista debe reducirse a la audiencia del presunto incapaz con intervención del Ministerio Fiscal y sin perjuicio de la práctica de las pruebas que el Tribunal estime pertinentes o que disponga el presunto incapaz.

No obstante lo dicho, el Tribunal Supremo ha entendido que no es procedente la audiencia previa de la afectada cuando concurren circunstancias de enfermedad, acreditadas claramente con la documentación acompañada a la solicitud[28]. Aunque no hay motivo para descartar que incluso en los casos en que las medidas cautelares hayan sido adoptadas sin la previa audiencia del demandado éste pueda oponerse a las mismas conforme a los arts. 739 y 740 LEC. Y es que, aunque el art. 762 LEC, al regular las especificidades de las medidas cautelares en el proceso de incapacitación, no aluda expresamente a esta posibilidad de oposición, lo cierto es que en el apartado 3 de dicho artículo se establece que estas medidas se acordarán, como regla, previa audiencia de las personas afectadas, lo cual no excluye (más bien lo contrario) que pueda haber excepciones a dicha regla, de modo que las medidas cautelares se adopten sin la previa audiencia del demandado, como confirma además la jurisprudencia del Tribunal Supremo. En ese caso, no se aprecia motivo para que el demandado de incapacitación pueda oponerse, (aunque ciertamente será un supuesto poco habitual), si se tiene además en cuenta cómo la LEC facilita en todo momento la posibilidad de defensa del demandado de incapacitación, permitiéndole incluso comparecer con su propia defensa y representación.

Para finalizar este apartado, en cuanta a la prestación de caución, establece el art. 735.2 LEC, en sede general de medidas cautelares, que cuando el Tribunal accediera a la solicitud de medidas, decidirá «en su caso, la forma, cuantía y tiempo en que deba prestarse caución por el solicitante». La caución tiene como finalidad la de «responder, de manera rápida y efectiva, de los daños y perjuicios que la adopción de medida cautelar pudiera causar al patrimonio del demandado» (art. 728.3 LEC). En el proceso de incapacitación, dado que las medidas que puedan adoptarse al amparo del art. 762 tienen su razón de ser en la protección de la persona o del patrimonio del presunto incapaz o de ambas cosas, entiende XIOL RÍOS que resulta anóma-

28. Así, por ejemplo, en Auto de 6 octubre 2003, sobre medidas cautelares núm. 1601/2001, adoptadas con carácter urgente (JUR 2003, 231021).

lo hablar de que las medidas que se puedan adoptar con esa finalidad puedan causar un perjuicio al patrimonio del presunto incapaz. Por eso, para este autor, sólo procederá la prestación de caución en este proceso especial cuando las medidas cautelares hayan sido pedidas por quien es parte en el proceso de incapacitación en virtud de la legitimación que le reconoce el art. 757.1 LEC, esto es el presunto incapaz, el cónyuge o quien se encuentre en una situación de hecho asimilable, los descendientes, los ascendientes, o los hermanos del presunto incapaz[29].

29. XIOL RÍOS, J.A.: *Enjuiciamiento Civil, Comentarios y Jurisprudencia,* op. cit.

Capítulo IV

El proceso de reintegración de la capacidad y modificación del alcance de la incapacitación

SUMARIO: 1. CONSIDERACIONES GENERALES.—2. LEGITIMACIÓN ACTIVA.—3. LEGITIMACIÓN PASIVA.—4. COMPETENCIA.—5. ROCEDIMIENTO Y NECESIDAD DE PRUEBA.—6. SENTENCIA.—7. RECURSO DE APELACIÓN CONTRA LA SENTENCIA.

1. CONSIDERACIONES GENERALES

Por motivos obvios, la sentencia de incapacitación de una persona no puede tener efectos de cosa juzgada para siempre. Si la incapacidad se ha declarado por la concurrencia de las causas legalmente previstas, la desaparición de estas causas debe dejar sin efecto la declaración de incapacitación[1]. Por los mismos motivos, una alteración de aquellas causas debe también incidir en la declaración anterior[2].

1. Aunque se suele decir que la sentencia declara la incapacitación (así el art. 760 LEC), hemos dicho que la mayor parte de la doctrina, junto con la jurisprudencia, está de acuerdo en que la sentencia es constitutiva, pues con ella se constituye un estado civil distinto, con eficacia *ex nunc,* esto es, estrictamente hacia el futuro.
2. Como manifiesta Díez-Picazo, citado por Xiol Ríos, las nuevas circunstancias parecen dotar a la declaración de incapacitación de una implícita condición *rebus sic statntibus* y determinar una eficacia de cosa juzgada con limitación al mantenimiento de las condiciones. En Xiol Ríos, J.A.: *Enjuiciamiento Civil, Comentarios y Jurisprudencia,* op. cit.

En ambos casos, por verse afectado el estado civil de las personas, debe mediar una nueva declaración judicial que produzca las consecuencias antedichas. De ahí que la LEC se refiera al proceso de reintegración de la capacidad y de modificación del alcance de la incapacitación en su art. 761, estableciendo su apartado primero que «la sentencia recaída en un proceso de incapacitación no impedirá que, sobrevenidas nuevas circunstancias, pueda instarse un nuevo proceso que tenga por objeto dejar sin efecto o modificar el alcance de la incapacitación ya establecida».

Esta modificación podrá consistir bien en la reducción o ampliación de los límites de la incapacidad anteriormente declarada, bien en el cambio de régimen al que está sometido el incapacitado (pasando de la tutela a la curatela o viceversa).

La incapacidad de la persona es, por tanto, esencialmente revisable, de forma que la desaparición sobrevenida de los presupuestos que dieron lugar a la incapacitación ha de provocar, necesariamente, que se restituya la capacidad del sujeto mediante el proceso que explicamos a continuación. Es el caso, por ejemplo, de quien fue declarado incapaz debido a una grave adicción al alcohol u otras drogas que le impidiera gobernar su persona y bienes y que ya se encuentra rehabilitado, o que ha salido del estado de coma en que se encontraba o que, en definitiva, ha recuperado la salud, no necesitando más de la protección jurídica que le confería la declaración de incapacitación y el nombramiento de personas que le asistan y debiendo, por tanto, ver reintegrada su capacidad de obrar.

Aunque también cabe, si hubo empeoramiento, ampliar las actuaciones para las que el incapacitado necesitará asistencia. En este caso, dadas las semejanzas con el proceso de incapacitación, y aunque la Ley no lo prevea expresamente, entendemos que será posible la adopción de medidas cautelares siempre que concurran los presupuestos requeridos por la Ley. Así, es posible que a una persona incapacitada se le haya nombrado un curador que deba asistirle sólo para realizar actos de disposición de bienes inmuebles. Pero la enfermedad mental ha podido avanzar hasta el punto de ser necesario ampliar los actos en que debe intervenir el curador, o incluso de que deba nombrársele un tutor. Y hasta que se resuelva este proceso de modificación de la capacidad, puede ser conveniente, por ejemplo, bloquear cuentas corrientes del incapaz para evitar que, en su perjuicio, pueda disponer de cantidades elevadas de dinero en efectivo.

Cabe añadir que el proceso de reintegración de la capacidad o de modificación del alcance de la incapacitación previamente declarada no es un proceso de revisión de sentencias firmes, pues no se trata de ninguno de los supuestos a que se refiere el art. 510 LEC y que se basan, en definitiva, en la injusticia de la sentencia dictada en su día. Con el proceso de reintegración de la capacidad o de modificación del alcance de la incapacitación, de lo que se trata es de adaptar la declaración judicial a las nuevas circunstancias, lo que no significa, claro está, que la primera sentencia no haya sido correctamente dictada.

2. LEGITIMACIÓN ACTIVA

En este caso, el círculo de personas legitimadas para interponer la demanda se amplía en relación con las que podían instar el proceso de incapacitación. Además del propio incapacitado, su cónyuge, descendientes, ascendientes o hermanos y del Ministerio Fiscal (en este caso en grado de igualdad y no en defecto de los familiares) se faculta también a las personas que ejercieren cargo tutelar o tuvieren bajo su guarda al incapacitado (art. 761.2 LEC). Cabe resaltar que dicho artículo emplea la expresión «corresponde formular la petición a», lo que plantea la duda de si se trata de una obligación o de una facultad. Parece que salvo para el tutor, dado que el Código Civil no impone una específica obligación de promover este proceso, se tratará de una facultad. No obstante, para el tutor se tratará de una obligación, pues establece el art. 269.3 CC que el tutor está obligado a velar por el tutelado y, en particular, «a promover la adquisición o recuperación de su capacidad y su mejor inserción en la sociedad».

Aunque el art. 761.2 cita expresamente también al propio incapacitado como persona legitimada activamente, advierte a continuación de que «si se hubiere privado al incapacitado de la capacidad de comparecer en juicio, deberá obtener autorización judicial expresa para actuar en el proceso por sí mismo».

Reverte Navarro[3] entiende, con Ortells, que este precepto debe interpretarse desde una doble perspectiva: por una parte, no negando *a priori* al incapacitado la capacidad de obrar en este proceso, pero por otro, teniendo en cuenta, no obstante, que el posible reconocimiento de esta capacidad no puede hacerse de forma incondicionada o indiscriminada a todo incapacitado, sino mediante la apreciación judicial del estado psicofísico.

3. Citados en Xiol Ríos, J.A.: *Enjuiciamiento Civil, Comentarios y Jurisprudencia,* op. cit.

APARICIO AUÑÓN[4], por su parte, señala que el incapacitado, sin autorización judicial, siempre podrá promover el juicio representado o asistido por su guardador, conforme al art. 7.2 LEC. Sólo cuando el guardador rehúse plantear la demanda, podrá el incapacitado todavía pedir autorización judicial para plantearla por sí solo, entendiendo el citado autor que la denegación sólo podrá estar motivada por la inexistencia de hechos nuevos sobrevenidos después de la sentencia. Hechos nuevos que no tienen por qué consistir en una curación completa de la enfermedad, pareciéndole suficiente una sensible mejoría con pronósticos de evolución favorable.

En cuanto a la legitimación del Ministerio Fiscal en estos procesos, cabe destacar que es más amplia aquí que en el anterior proceso de incapacitación, pues su legitimación no se encuentra ahora subordinada a la inexistencia o inactuación de las personas que estaban legitimadas para instar la incapacitación.

Respecto de las personas que ejercieren cargo tutelar, al recogerlas entre los legitimados para promover el proceso de reintegración de la capacidad, refleja la LEC el mandato del art. 269.3° CC, que, como se ha dicho, establece la obligación del tutor de velar por el tutelado y, en particular, de promover la adquisición o recuperación de la capacidad del tutelado y su mejor inserción en la sociedad. También debe entenderse que dentro de este grupo de personas se incluye al titular o titulares de la patria potestad en el caso de que haya sido prorrogada de acuerdo con el art. 171 CC.

Por último, obsérvese que la LEC no legitima para promover el proceso de reintegración o modificación del alcance de la incapacitación al director del centro en que, en su caso, hubiera sido internado el incapacitado, ni tampoco a los facultativos de dicho centro. Estas personas, si no ostentan la tutela o curatela del incapacitado, deberán poner los hechos en conocimiento del Ministerio Fiscal para que inste el debido proceso.

3. LEGITIMACIÓN PASIVA

La LEC no establece contra quién debe dirigirse la demanda en este caso.

4. APARICIO AUÑÓN, E.: *Comentarios a la Ley de Enjuiciamiento Civil,* op. cit.

No obstante, a efectos de redactar en forma el escrito de demanda, podemos sintetizar como sigue la opinión de la doctrina mayoritaria:

- Si la demanda es planteada directamente por el propio incapacitado, estará legitimado pasivamente el Ministerio Fiscal.
- Si la demanda es interpuesta por persona distinta del incapacitado, habrá de dirigirse conjuntamente contra el incapacitado, su tutor y el Ministerio Fiscal.
- Y si la demanda se interpone por el Ministerio Fiscal, habrá de dirigirse contra el propio incapacitado y contra su tutor.

Estas previsiones no dejan de ser, hasta cierto punto, un formalismo a cumplimentar debido a la forma contradictoria bajo la que se configuran en la LEC estos procesos, y que deriva de su art. 5, cuando establece que las pretensiones «se formularán ante el tribunal que sea competente y frente a los sujetos a quienes haya de afectar la decisión pretendida». No obstante, su cumplimiento ayudará al Tribunal a la hora de tramitar estos procesos, y por eso no está demás hacer esta designación de las personas que ostentan la legitimación pasiva en este proceso, aunque bastaría con una designación genérica, por ejemplo, dirigiendo la demanda contra las personas que hayan sido parte en el proceso anterior que finalizó con la declaración de incapacitación.

En cualquier caso, aunque se omitiera dirigir la demanda expresamente contra el Ministerio Fiscal, tal omisión no tendrá mayores consecuencia, pues cumpliendo con la función integradora de la litis que el art. 754 LEC encomienda al tribunal en estos procesos, «el Secretario judicial dará traslado de la demanda al Ministerio Fiscal, cuando proceda, y a las demás personas que, conforme a la ley, deban ser parte en el procedimiento, hayan sido o no demandados, emplazándoles para que la contesten en el plazo de veinte días».

Es evidente que en todo caso en que el incapacitado no sea el promotor, deberá dirigirse contra él la demanda por afectarle directamente la resolución que se pretenda;pero aunque la demanda no se dirigiese expresamente contra él, deberá ser traído en cualquier caso al proceso para la práctica de las mismas pruebas que para el proceso e incapacitación, con las mismas exigencias probatorias.

La omisión del tutor en el escrito de demanda quedará siempre suplida, pues de existir el tutor, éste será el representante del incapacitado tutelado conforme al art. 267 CC. Ahora bien, si existiese conflicto de intereses entre el incapacitado y su tutor o curador, o éstos no cumpliesen debidamente con sus funciones, deberá nombrarse un defensor judicial que represente y ampare los intereses del incapacitado (art. 299 CC).

En definitiva, si bien se mira, las previsiones expuestas no son más que una forma de asegurar la presencia en el proceso de todas las partes interesadas, pues en principio, y hasta que haya oposición a la pretensión por alguna de las partes, se trata de un procedimiento similar a un acto de jurisdicción voluntaria que la LEC ha regulado dándole forma contenciosa.

Finalmente, puede traerse a colación la postura de GIMENO SENDRA[5], que entiende que la legitimación pasiva la ostentan, en principio, todas las demás personas que, no habiendo promovido el juicio de reintegración o modificación de la capacidad, están legitimadas para iniciarlo, pues todas ellas tienen un interés legítimo propio –incluso en los supuestos de tutela, curatela o defensor judicial del incapacitado– en la alteración solicitada. Aunque advierte que el Ministerio Fiscal, con independencia de que haya iniciado o no este proceso, ocupará su típica posición de «parte imparcial» en defensa de los intereses públicos en juego. Pero en cualquier caso, como se ha expuesto, la cuestión de quién ostente la legitimación pasiva en el proceso de reintegración o modificación del alcance de la incapacitación no deja de ser una cuestión menor si se tiene en cuenta que el tribunal tiene el deber de integrar la litis, emplazando a todos los que pudieran tener interés en el asunto[6], y también que rige el principio de oficialidad, por lo que el objeto del proceso no está sujeto a actos de disposición de las partes, siendo igualmente obligatoria la práctica de las mismas pruebas que para declarar la incapacidad, y sin perjuicio de las que puedan practicarse de oficio.

4. COMPETENCIA

Será competente para conocer de este proceso «el Juez de Primera Instancia del lugar en que resida la persona a la que se refiera la declaración

5. GIMENO SENDRA, V.: *Derecho procesal civil II, Los procesos especiales,* op. cit., pág. 300.
6. En este sentido, debe recordarse que el art. 13 LEC establece que «Mientras se encuentre pendiente un proceso, podrá ser admitido como demandante o demandado, quien acredite tener interés directo y legítimo en el resultado del pleito». Claro que tal apreciación queda a criterio del tribunal, y el principio rector de la búsqueda del mayor beneficio del incapaz limita en gran medida la posibilidad de reconocer tal interés directo y legítimo a personas distintas del propio incapaz, (en cuyo nombre deberá comparecer el tutor si se hubiese designado) y del Ministerio Fiscal como defensor del interés público en juego.

que se solicite», que según el art. 756 LEC será el competente «para conocer de las demandas sobre capacidad».

No coincidirá, por tanto, con el juzgado o tribunal que en su día hubiese declarado la incapacitación si posteriormente el incapacitado hubiese cambiado de residencia.

5. PROCEDIMIENTO Y NECESIDAD DE PRUEBA

El procedimiento a seguir es el juicio verbal, en el cual habrán de practicarse las mismas pruebas de audiencia de parientes, examen por el Juez del incapacitado y dictámenes periciales que se exigen para la declaración de incapacidad (art. 761.3 LEC, que remite al 759). Estas pruebas deberán practicarse tanto en la primera como, en su caso, en la segunda instancia.

Aunque, del mismo modo que en el anteriormente visto proceso de incapacitación, rige el principio de oficialidad y de búsqueda de la verdad material en cuanto a la prueba, para que proceda la reintegración de la capacidad o la modificación del alcance de la anterior declaración deberán quedar acreditados expresamente los nuevos hechos que motiven la modificación del anterior pronunciamiento. Como señala la Audiencia Provincial de Valencia, «si bien el art. 761 de la Ley de Enjuiciamiento Civil permite bien reintegrar en la capacidad al que ha sido declarado incapaz, o bien moderar su incapacidad a las nuevas circunstancias sobrevenidas, la aplicación de dicho precepto conlleva la previa acreditación de esas nuevas circunstancias favorables a la reintegración o moderación de la situación de incapacidad previamente declarada. Circunstancias nuevas que constituyen el presupuesto fáctico de la consecuencia prevista en la norma, que exige su cumplido acreditamiento a través de la carga de la prueba que para las partes deriva de lo dispuesto en el art. 217 de la LEC»[7].

En caso de no quedar probados los hechos que justifiquen el nuevo pronunciamiento, la sentencia será desestimatoria y se mantendrán las condiciones establecidas por la sentencia anterior[8].

---

7. Audiencia Provincial de Valencia (Sección 10ª), Sentencia núm. 512/2009 de 16 julio (JUR 2010, 72732).
8. Como muestra, el razonamiento de la Audiencia Provincial de Guadalajara (Sección 1ª), en Sentencia núm. 126/2013 de 8 mayo (AC 2013, 1142): «no se aprecia razón o motivo alguno para dejar sin efecto lo acordado en la sentencia recurrida; y es así, porque la misma se fundamenta en la exploración personal que hace el Juez de Instancia

6. SENTENCIA

Tras la celebración de la vista y la práctica de las pruebas, se dictará sentencia dentro de los 10 días siguientes (art. 447 LEC)[9]. Establece la LEC que «la sentencia que se dicte habrá de pronunciarse sobre si procede o no dejar sin efecto la incapacitación o sobre si deben o no modificarse la extensión y límites de ésta» (art. 761.3 párrafo 2º).

Por tanto, dicha sentencia puede:

a) dejar sin efecto la anterior declaración de incapacitación y poner fin a las instituciones de guarda y protección que estuvieran constituidas, o bien

b) mantener la declaración de incapacitación, pero alterando su alcance. En este caso, el alcance de la incapacitación podrá ser extendido si las nuevas circunstancia aconsejaran privar al incapacitado de facultades que antes se le reconocían, bien mantenido el mismo régimen de guarda (tutela o curatela) que estuviere establecido o bien modificando dicho régimen, pasando del de curatela a tutela. El alcance también se podrá restringir si las nuevas circunstancias permitieran pasar del régimen de tutela al de curatela o, aun manteniendo el régimen establecido, facultar al incapaz para realizar por sí solo determinada clase de actos.

---

el cual recoge en la resolución recurrida su apreciación sobre la persona del apelante, además de lo informado por el Médico Forense en donde de forma clara y contundente se manifiesta que se encuentra totalmente anulada la capacidad de autogobierno de sus bienes y su persona, informe este que se emite (Folio 80) a instancia del Juzgado; conclusión esta que se alcanza después de referir los antecedes, las características externas y exploración física, exploración psíquica y las capacidad adaptativas. Por tanto, las objeciones que se formulan por la parte, no se comparte por esta Sala, pues no deja de ser una mera alegación que carece de fundamento necesario para que tenga relevancia jurídica. Por todo ello, el recurso debe ser desestimado y la resolución recurrida debe ser confirmada».

9. Reiteraremos aquí lo dicho respecto del mismo plazo para dictar la sentencia del proceso de incapacitación, esto es, que se trata de un plazo impropio. Es preciso distinguir entre plazos propios e impropios. Siguiendo a Barona Vilar, podemos decir que son plazos propios los que se confieren a las partes o a las personas que sin ese carácter intervienen en el proceso para la realización de un acto procesal; el efecto principal de su inobservancia es que precluye el trámite pasándose, por el impulso de oficio, al trámite siguiente, con pérdida de la posibilidad de realizar el acto (art. 136 LEC). Los plazos impropios o judiciales son los establecidos para la realización de actos por el personal de los órganos jurisdiccionales; su inobservancia no implica preclusión, de modo que el sujeto sigue obligado a realizar el acto, si bien queda la posibilidad de exigir responsabilidad disciplinaria (art. 132 LEC). Barona Vilar, S.: *El proceso Civil,* op. cit.

7. RECURSO DE APELACIÓN CONTRA LA SENTENCIA

Al igual que respecto de la sentencia que decida sobre la incapacitación, contra la sentencia que se dicte en el proceso de reintegración de la capacidad y modificación del alcance de la incapacitación, cabe interponer recurso de apelación, pues «las sentencias dictadas en toda clase de juicio, los autos definitivos y aquéllos otros que la ley expresamente señale, serán apelables, con excepción de las sentencias dictadas en los juicios verbales por razón de la cuantía cuando ésta no supere los 3.000 euros» (art. 455.1 LEC).

Conocerá del recurso de apelación la Audiencia Provincial de la circunscripción correspondiente al Juzgado de Primera Instancia que haya dictado la sentencia (art. 455.2 LEC).

El recurso se tramitará conforme a las normas establecidas en los arts. 455 y ss. LEC, con la especialidad impuesta por el art. 759.3 LEC, según el cual si la sentencia que decida sobre la incapacitación fuere apelada, se ordenará también de oficio en la segunda instancia la práctica de las mismas pruebas preceptivas que para decidir en la primera instancia, esto es, audiencia de los familiares más allegados, examen directo del demandado por parte del Tribunal y dictamen pericial médico.

Capítulo V

Instituciones de guarda

1. CONSIDERACIONES GENERALES Y ASPECTOS REGISTRALES

Hemos visto que la sentencia que declare la incapacitación determinará la extensión y los límites de ésta, así como el régimen de tutela o guarda a que haya de quedar sometido el incapacitado (art. 760.1 LEC), y que cuando se hubiera solicitado en la demanda de incapacitación el nombramiento de la persona o personas que hayan de asistir o representar al incapaz y velar por él, sobre esta cuestión se oirá a los parientes más próximos del presunto incapaz, a éste, si tuviera suficiente juicio, y a las demás personas que el tribunal considere oportuno y que si el tribunal accede a la solicitud, la sentencia que declare la incapacitación nombrará a la persona o personas que, con arreglo a la Ley, hayan de asistir o representar al incapaz y velar por él (art. 760.2 LEC en relación con el 759.2 LEC).

En nuestro Derecho, rige el principio de pluralidad de guarda legal, de modo que junto con la tutela se reconocen la curatela y el defensor judicial. Como establece el art. 215 CC, la guarda y protección de la persona y bienes (o solamente de la persona o de los bienes) de los incapacitados se realizará mediante la tutela, la curatela o el defensor judicial, constituyendo las funciones tutelares un deber cuya excusa sólo será admisible en los casos legalmente previstos (contemplados en el artículo 251 del Código).

El Profesor LASARTE ÁLVAREZ[1] marca la frontera teórica entre los cargos citados diciendo que el tutor es el representante legal del menor o incapacitado con carácter estable, mientras que el curador, gozando igualmente de estabilidad, limita sus funciones a complementar la capacidad del sometido a curatela, sin sustituirlo, por tanto, ni ser propiamente su representante. Por su parte, el cargo del defensor judicial es asimilable tendencialmente al del curador, aunque se caracteriza por su ocasionalidad. No obstante, como señala este autor, lo dicho requeriría múltiples precisiones, ya que la Ley 13/1983, de 24 de octubre, que reformó el Código Civil en materia de tutela, se caracteriza por una enorme ductilidad en la fijación de funciones a los diversos cargos tuitivos o tutelares: puede haber uno o varios tutores; puede haber incapacitados en sentido técnico que no queden sometidos a tutela sino a curatela; las atribuciones del defensor judicial no están diseñadas legalmente, quedando encomendadas a la resolución judicial que lo designe, etc.

LASARTE, a quien seguimos en este punto, sistematiza las características comunes de los cargos tuitivos o tutelares de la siguiente manera:

1. Los cargos tutelares son de carácter obligatorio, aunque se prevén legalmente circunstancias que permiten excusarse del desempeño de los mismos.
2. El nombramiento de la persona a desempeñar el cargo tuitivo debe (salvo para el defensor judicial) y suele recaer en un familiar cercano, aunque se destaca que la reforma del art. 234 CC por Ley 41/2003 permite al propio tutelado adoptar disposiciones sobre los correspondientes órganos tutelares conforme al principio de auto-

1. LASARTE ÁLVAREZ, C.: *Derecho de Familia, Principios de Derecho Civil IV,* Marcial Pons, Madrid, 2012, págs. 359 y 360.

tutela y, por tanto, puede prever la designación de cualquier persona sea o no familiar.

3. Las resoluciones judiciales sobre los cargos tutelares deberán inscribirse obligatoriamente en el Registro Civil, a efectos de que los terceros puedan conocer las condiciones de capacidad de las personas. Por consiguiente, quien contrate con un incapacitado no podrá verse perjudicado por la falta de capacidad de éste, si la declaración judicial no ha sido inscrita en el Registro.

Una vez inscrita la resolución judicial sobre capacidad, la realización de contratos por el afectado le conllevará las siguientes consecuencias generales:

a) Los celebrados por personas sometidas a tutela son nulos de pleno derecho, pues deberían haber actuado a través de su representante: el tutor.

b) Los celebrados por personas a quienes se ha asignado un curador o defensor judicial son anulables (art. 293 CC).

c) Los actos y contratos celebrados por el tutor sin contar con la autorización judicial, cuando ésta sea preceptiva, serán radicalmente nulos.

Durante la vigencia de la Ley del Registro Civil de 1957, el organismo tutelar y las demás representaciones legales de las personas físicas y sus modificaciones, debían inscribirse en la Sección 4ª, denominada «De tutelas y representaciones legales». La nueva Ley del Registro Civil de 2011, con entrada en vigor el 22 de julio de 2014, abandona el tradicional sistema de libros y folios, que es sustituido por un sistema electrónico de registros individuales, y prevé que la tutela, la curatela y demás representaciones legales y sus modificaciones accederán al Registro Civil (art. 4.11º), al igual que la autotutela y los apoderamientos preventivos (art. 4.13º), debiendo constar en el registro individual correspondiente a la persona (art. 5). Concretamente, se establece en el art. 73 de la Ley de 2011 que «se inscribirán en el registro individual de la persona con capacidad modificada judicialmente las resoluciones judiciales en las que se nombre tutor o curador. Asimismo, tendrán acceso al Registro Civil las medidas judiciales sobre guarda o administración y sobre vigilancia o control de dichos cargos tutelares. Dichas resoluciones solo serán oponibles frente a terceros cuando se hayan practicado las oportunas inscripciones» (en el mismo sentido que el art. 218 CC).

2. LA TUTELA

2.1. Características de la tutela. El «documento de autotutela»

La tutela es la institución de guarda y protección más amplia que contempla nuestro ordenamiento jurídico, mediante la cual se encomienda y confía a una persona (tutor) la representación legal de otra (incapaz o menor). La función tutelar puede definirse, a la vista de su regulación en el Código Civil, como el conjunto de deberes que la Ley impone a una o varias personas, en beneficio y para la guarda y protección de la persona y bienes o solamente de la persona o de los bienes de los menores o incapacitados no sometidos a la patria potestad.

Para O'CALLAGHAN[2], la función tutelar tiene la misma finalidad y cumple el mismo objetivo que la patria potestad, pero resalta el Magistrado del Tribunal Supremo que mientras que la ley confía en la patria potestad y le da un amplio margen de libre arbitrio, no confía sin embargo plenamente en las instituciones tutelares, y en consecuencia las somete a control judicial.

LASARTE ÁLVAREZ[3] resalta el paralelismo y la relación de subsidiariedad de la tutela y de la patria potestad, que considera de todo punto evidente, y recuerda que con independencia de la regulación normativa que haya de considerarse, esta relación ha sido resaltada en cualquier época histórica.

Ahora bien, atendiendo a nuestra tradición, observamos que esta función tutelar puede organizarse bien conforme a un sistema de tutela de familia, según el cual la organización de la tutela es de orden privado y el Consejo de Familia desempeña un papel preponderante (siendo éste el sistema seguido en el Código Civil hasta la reforma de 24 de octubre de 1983) o bien conforme a un sistema de tutela de autoridad, en el que se confía la alta dirección a organismos administrativos o judiciales (sistema instaurado en nuestro Derecho con la citada reforma, confiando tal dirección a la autoridad judicial).

Este último sistema, el de autoridad, descansa en la idea de que a falta de los padres, solamente el Estado puede asumir el cuidado de los menores o incapaces, y ello aunque el tutor sea pariente del pupilo. Estima FERNÁNDEZ LÓPEZ[4], con GARCÍA CANTERO, que si bien hay que reconocer que en

2. O'CALLAGHAN MUÑOZ, X.: *Código Civil comentado y con jurisprudencia,* op. cit., pág. 308.
3. LASARTE ÁLVAREZ, C.: *Derecho de Familia, Principios de Derecho Civil IV,* op.cit., pág. 364.
4. FERNÁNDEZ LÓPEZ, J.M.: «El procedimiento de incapacitación», ponencia publicada en *Revisión de los procedimientos relativos a la incapacidad. Jornadas Fundación Aequitas, Madrid, 8 y 9 de marzo de 2004.* Fundación Aequitas, Madrid, 2004, págs. 271 y ss.

nuestra Constitución no existe ningún principio directo que deba inspirar la institución tutelar, su art. 49, al señalar que «los poderes públicos realizarán una política de previsión, tratamiento, rehabilitación e integración de los disminuidos físicos, sensoriales y psíquicos, a los que prestarán la atención especializada y los ampararán especialmente para el disfrute de los derechos que este título otorga a todos los ciudadanos», está apostando por el sistema de tutela de autoridad, por cuanto que son los jueces los encargados de velar por los derechos fundamentales de las personas físicas.

Aunque se haya suprimido el Consejo de Familia, el Código Civil reconoce a los padres la facultad de establecer en testamento o documento público notarial «órganos de fiscalización de la tutela y designar a las personas que hayan de integrarlos, u ordenar cualquier disposición sobre la persona o bienes de sus hijos menores o incapacitados» (art. 223 CC en la redacción que le dio la Ley 41/2003, de 18 de noviembre, de protección patrimonial de las personas con discapacidad y de modificación del Código Civil, de la Ley de Enjuiciamiento Civil y de la Normativa Tributaria con esta finalidad). De esta forma, los padres pueden, a través de esta vía, ordenar la intervención familiar en la tutela, si bien supeditada en todo caso a las decisiones de la autoridad judicial, que deberán regirse a su vez por el criterio del beneficio del menor o incapacitado.

Asimismo, el nuevo art. 223 CC introduce en nuestro Derecho el conocido como «documento de autotutela», disponiendo que «cualquier persona con capacidad de obrar suficiente, en previsión de ser incapacitada judicialmente en el futuro, podrá en documento público notarial adoptar cualquier disposición relativa a su propia persona o bienes, incluida la designación de tutor», debiendo el Notario autorizante comunicar estos documentos públicos al Registro Civil para su indicación en la inscripción de nacimiento del interesado. De este modo, en los procesos de incapacitación, el Juez recabará de dicho Registro y del Registro de actos de última voluntad la certificación correspondiente para comprobar si existen tales disposiciones. En la práctica, para comprobar la posible existencia de tales disposiciones, ha venido siendo lo habitual que el órgano judicial remita un exhorto al Registro Civil, para que éste expida y remita una certificación literal de nacimiento, si no estuviese ya aportada a los autos. Pero como hemos visto, con la nueva Ley del Registro Civil de 2011, con entrada en vigor el 22 de julio de 2014 y que abandona el tradicional sistema de libros y folios y lo sustituye por un sistema electrónico de registros individuales, se prevé que la tutela, la curatela y demás representaciones legales y sus modificaciones accedan al Registro Civil (art. 4.11°), al igual que la autotutela y los apoderamientos preventivos (art. 4.13°), debiendo constar en el registro individual correspondiente a la persona (art. 5). Prevé asimismo la Ley del Registro Civil de 2011 que las certificaciones se expedirán por medios electrónicos, aunque excepcionalmente, también se podrán expedir por medios no electrónicos (art. 81.2).

Las disposiciones realizadas al amparo del art. 223 CC, ya hayan sido hechas por los padres en testamento o documento público notarial, ya por el propio interesado en el documento de autotutela, «vincularán al Juez, al constituir la tutela, salvo que el beneficio del menor o incapacitado exija otra cosa, en cuyo caso lo hará mediante decisión motivada» (art. 224 CC).

Las funciones tutelares, según establece el Código en su art. 216 como consecuencia del principio del interés del tutelado, «constituyen un deber, se ejercerán en beneficio del tutelado y estarán bajo la salvaguarda de la autoridad judicial».

También para garantizar la protección del tutelado, se prohíbe a quien ejerza funciones tutelares que reciba liberalidades del tutelado o de sus causahabientes mientras no se hubiere aprobado definitivamente su gestión, representar al tutelado en caso de conflicto de intereses con el propio tutor, y adquirir a título oneroso bienes del tutelado o trasmitirle otros por igual título (art. 221 CC).

2.2. Capacidad para ser tutor

El Código Civil establece que pueden ser tutores tanto las personas físicas como las jurídicas.

Así, respecto de las personas físicas, se señala en el art. 241 CC, que podrán ser tutores todas las personas que se encuentren en el pleno ejercicio de sus derechos civiles y en quienes no concurra alguna de las causas de inhabilidad que seguidamente el Código establece.

También se permite, tras la reforma operada en el Código Civil en materia de tutela por Ley de 24 de octubre de 1983, que sean tutores las personas jurídicas que no tengan finalidad lucrativa y entre cuyos fines figure la protección de menores e incapacitados (art. 242). Quedan por tanto excluidas las fundaciones u asociaciones que no persigan dicho fin de interés o cuya finalidad sea lucrativa. Al final de este capítulo se hará una especial mención a esta posibilidad.

2.3. Incapacidades para ser tutor

En principio, como se ha visto, pueden ser tutores todas las personas que se encuentren en el pleno ejercicio de sus derechos civiles y no estén incursas en causa de inhabilidad (art. 241 CC). Pueden también serlo las personas jurídicas que no tengan finalidad lucrativa y entre cuyos fines figure la protección de menores o incapacitados (art. 242 CC).

Sin embargo, no puede ser tutores, según los arts. 243, 244 y 245 CC:

1. Los que estuvieran privados o suspendidos en el ejercicio de la patria potestad o total o parcialmente de los derechos de guarda y educación, por resolución judicial.
2. Los que hubieren sido legalmente removidos de una tutela anterior.
3. Los condenados a cualquier pena privativa de libertad, mientras estén cumpliendo la condena.
4. Los condenados por cualquier delito que haga suponer fundadamente que no desempeñarán bien la tutela.
5. Las personas en quienes concurra imposibilidad absoluta de hecho.
6. Los que tuvieren enemistad manifiesta con el menor o incapacitado.
7. Las personas de mala conducta o que no tuvieren manera de vivir conocida.
8. Los que tuvieren importantes conflictos de intereses con el menor o incapacitado, mantengan con él pleito o actuaciones sobre el estado civil o sobre la titularidad de los bienes, o los que le adeudaren sumas de consideración.
9. Los quebrados y concursados no rehabilitados, salvo que la tutela lo sea solamente de la persona[5].
10. Tampoco pueden ser tutores los excluidos expresamente por el padre o por la madre en sus disposiciones en testamento o documento notarial, salvo que el Juez, en resolución motivada, estime otra cosa en beneficio del menor o del incapacitado.

No obstante, conforme al art. 246 CC, las causas de inhabilidad relativas a los condenados por cualquier delito que haga suponer fundadamente que

5. Con respecto a este supuesto, hoy en día, habrá que estar a lo dispuesto en la Ley 22/2003, de 9 de julio, Concursal.

no desempeñarán bien la tutela y a los que tuvieren importantes conflictos de intereses con el menor o incapacitado, mantengan con él pleito o actuaciones judiciales sobre el estado civil o sobre la titularidad de los bienes, o los que le adeudaren sumas de consideración no se aplicarán a los tutores designados en las disposiciones de última voluntad de los padres cuando fueren conocidas por éstos en el momento de hacer la designación, salvo que el Juez, en resolución motivada, disponga otra cosa en beneficio del menor o del incapacitado.

La doctrina ha criticado la enumeración de incapacidades para ser tutor recogida en el Código Civil. Así, estima LASARTE ÁLVAREZ[6] que la relación legal de las causas de inhabilidad es extensa y tediosa, a la par que escasamente operativa, pues en definitiva requiere de la determinación complementaria del Juez competente. Por tanto, acaso podría haberse optado por lo contrario: establecer, por ejemplo, que «sólo podrán ser nombrados tutores… las personas que, a juicio del Juez, tengan una conducta ejemplar e intachable con los menores e incapacitados, etc.».

Sin embargo, no es una opción del todo desacertada que la Ley haya establecido un catálogo específico de causas de inhabilidad, pues de este modo se reduce el margen de discrecionalidad y de posible arbitrariedad del Juez a la hora de designar tutor, así como la posibilidad de designaciones caprichosas, de personas manifiestamente inidóneas o con serias dificultades de hecho para llevar a cabo sus funciones, todo lo cual supondría, en definitiva, un perjuicio para el tutelado.

2.4. Preferencia para el nombramiento del tutor. La autotutela

Para el nombramiento de tutor, se preferirá, según el art. 234 CC:

1ª. Al designado por el propio tutelado en el «documento de autotutela» del artículo 223 CC.

2ª. Al cónyuge que conviva con el tutelado.

3ª. A los padres.

4ª. A la persona designada por éstos en sus disposiciones de última voluntad.

6. LASARTE ÁLVAREZ, C.: *Derecho de Familia,* op. cit., pág. 366.

5ª. Al descendiente, ascendiente o hermano que designe el Juez; de manera que sólo excepcionalmente el Juez podrá alterar este orden, nombrando, en defecto de los anteriores, a quien, por sus relaciones con el tutelado y en beneficio de éste, considere más idóneo, siendo la regla general que las funciones tutelares se ejerzan por un solo tutor.

Excepcionalmente, el Juez, en resolución motivada, podrá alterar este orden o prescindir de todas las personas en él mencionadas, si el beneficio del menor o del incapacitado así lo exigiere.

En concreto, respecto de los menores de edad, se establece que se considera beneficiosa para el menor la integración en la vida de familia del tutor.

En defecto de las personas mencionadas, establece el art. 235 CC que el Juez designará tutor a quien, por sus relaciones con el tutelado y en beneficio de éste, considere más idóneo.

Y también podrá entrar a ejercer la tutela una persona jurídica de las facultadas para esta función. La Ley 41/2003 introdujo un tercer párrafo en el art. 239 CC, estableciendo que la entidad pública a la que, en el respectivo territorio, esté encomendada la tutela de los incapaces, cuando ninguna de las personas anteriormente citadas fuere designada tutor, asumirá por ministerio de la ley la tutela del incapaz. También cuando éste se encuentre en situación de desamparo; situación que se define como la que se produce de hecho a causa del incumplimiento o del imposible o inadecuado ejercicio de los deberes que le incumben, cuando éstos queden privados de la necesaria asistencia moral o material.

Establece el art. 236 CC que la tutela se ejercerá por un solo tutor, salvo en los casos siguientes:

1. Cuando por concurrir circunstancias especiales en la persona del tutelado o de su patrimonio[7], convenga separar como cargos distintos el de tutor de la persona y el de los bienes, cada uno de los cuales actuará independientemente en el ámbito de su competencia, si bien las decisiones que conciernan a ambos deberán tomarlas conjuntamente.

7. Estas circunstancias especiales se pueden concretar en la importancia del patrimonio (que requerirá de alguien con conocimientos adecuados para su conservación o administración) o en el hecho de que la mayor parte de éste se encuentre en lugar distinto del de la residencia del incapaz. Estas circunstancias pueden hacer conveniente separar los cargos de tutor de la persona y tutor de los bienes.

2. Cuando la tutela corresponda al padre y a la madre, será ejercida por ambos conjuntamente de modo análogo a la patria potestad.
3. Si se designa a alguna persona tutor de los hijos de su hermano y se considera conveniente que el cónyuge del tutor ejerza también la tutela.
4. Cuando el Juez nombre tutores a las personas que los padres del tutelado hayan designado en testamento o documento público notarial para ejercer la tutela conjuntamente.

En este último supuesto, si el testador lo hubiere dispuesto de modo expreso, y también en el supuesto de que la tutela corresponda al padre y a la madre (si los padres lo solicitaran), podrá el Juez, al efectuar el nombramiento de tutores, resolver que éstos puedan ejercitar las facultades de la tutela con carácter solidario.

En todos los demás casos, y sin perjuicio de que se hayan podido designar tutores distintos para la persona y para los bienes o de que se haya atribuido la tutela a ambos padres para su ejercicio de modo análogo a la patria potestad[8], las facultades de la tutela encomendadas a varios tutores habrán de ser ejercitadas por éstos conjuntamente, pero valdrá lo que se haga con el acuerdo del mayor número.

8. Esta analogía con la patria potestad, declarada por el Código, hace que sea aplicable a esta tutela lo dispuesto en el art. 156 CC, según el cual:
«La patria potestad se ejercerá conjuntamente por ambos progenitores o por uno solo con el consentimiento expreso o tácito del otro. Serán válidos los actos que realice uno de ellos conforme al uso social y a las circunstancias o en situaciones de urgente necesidad.
En caso de desacuerdo, cualquiera de los dos podrán acudir al Juez, quien, después de oír a ambos y al hijo si tuviera suficiente juicio y, en todo caso, si fuera mayor de doce años, atribuirá sin ulterior recurso la facultad de decidir al padre o a la madre. Si los desacuerdos fueran reiterados o concurriera cualquier otra causa que entorpezca gravemente el ejercicio de la patria potestad, podrá atribuirla total o parcialmente a uno de los padres o distribuir entre ellos sus funciones. Esta medida tendrá vigencia durante el plazo que se fije, que no podrá nunca exceder de dos años.
En los supuestos de los párrafos anteriores, respecto de terceros de buena fe, se presumirá que cada uno de los progenitores actúa en el ejercicio ordinario de la patria potestad con el consentimiento del otro.
En defecto o por ausencia, incapacidad o imposibilidad de uno de los padres, la patria potestad será ejercida exclusivamente por el otro.
Si los padres viven separados, la patria potestad se ejercerá por aquel con quien el hijo conviva. Sin embargo, el Juez, a solicitud fundada del otro progenitor, podrá, en interés del hijo, atribuir al solicitante la patria potestad para que la ejerza conjuntamente con el otro progenitor o distribuir entre el padre y la madre las funciones inherentes a su ejercicio».

A falta de tal acuerdo, el Juez, después de oír a los tutores y al tutelado si tuviere suficiente juicio, resolverá sin ulterior recurso lo que estime conveniente.

Pero si surgieran desacuerdos reiterados y entorpeciesen gravemente el ejercicio de la tutela, podrá el Juez reorganizar su funcionamiento e incluso proveer de nuevo tutor (art. 237 CC).

2.5. Excusa de la tutela

Una vez designado el tutor, procede la aceptación del cargo o su excusa. Señala el Código en su art. 217 CC que «sólo se admitirá la excusa de los cargos tutelares en los supuestos legalmente previstos».

Y así, establece el art. 251 CC que «será excusable el desempeño de la tutela cuando por razones de edad, enfermedad, ocupaciones personales o profesionales, por falta de vínculos de cualquier clase entre tutor y tutelado o por cualquier otra causa, resulte excesivamente gravoso el ejercicio del cargo». Como señala O'Callaghan[9], se trata de una causa no concreta; las causas concretas que se señalan en este artículo no son más que *ad exemplum.*

En la práctica, aunque las funciones tutelares constituyan un deber, como también establece el Código que deberán realizarse en beneficio del tutelado, no será habitual que la excusa sea desestimada. El art. 251 CC permite alegar «cualquier otra causa» que haga excesivamente gravoso el ejercicio del cargo, y su simple alegación ya puede hacer suponer que el designado no cumplirá adecuadamente con su cometido.

La personas jurídicas, por su parte, «podrán excusarse cuando carezcan de medios suficientes para el adecuado desempeño de la tutela» (párrafo 2º del art. 251).

El interesado que alegue causa de excusa deberá hacerlo dentro del plazo de 15 días a contar desde que tuviera conocimiento del nombramiento (art. 252 CC). El tutor podrá excusarse de continuar ejerciendo la tutela, siempre que hubiera persona de parecidas condiciones para sustituirle cuando, durante el desempeño de aquélla, le sobrevenga cualquiera de los motivos de excusa antes vistos, pero esta previsión no es aplicable cuando la tutela haya sido encomendada a una persona jurídica (art. 254 CC). Si la

9. O'Callaghan Muñoz, X.: *Código Civil comentado y con jurisprudencia,* op. cit., pág. 309.

causa de excusa fuera sobrevenida, podrá ser alegada en cualquier momento (art. 255 CC), pero mientras se resuelva acerca de la excusa, el que la haya propuesto estará obligado a ejercer la función. Y no haciéndolo así, el Juez nombrará un defensor que le sustituya, quedando el sustituido responsable de todos los gastos ocasionados por la excusa si ésta fuera rechazada (art. 256 CC.) El tutor designado en testamento que se excuse de la tutela al tiempo de su delación perderá lo que, en consideración al nombramiento, le hubiere dejado el testador (art. 257 CC). Admitida la excusa se procederá al nombramiento de nuevo tutor (art. 258 CC).

Por último, podemos señalar que serán removidos de la tutela los que después de deferida incurran en causa legal de inhabilidad, o se conduzcan mal en el desempeño de la tutela, por incumplimiento de los deberes propios del cargo o por notoria ineptitud de su ejercicio, o cuando surgieran problemas de convivencia graves y continuados (art. 247 CC) y que las resoluciones judiciales sobre los cargos tutelares y de curatela habrán de inscribirse en el Registro Civil, no siendo dichas resoluciones oponibles a terceros mientras no se hayan practicado las oportunas inscripciones (art. 218 CC). En el mismo sentido se pronuncia el art. 73 de la nueva Ley 20/2011, de 21 de julio, del Registro Civil. Así, una vez inscrita en el Registro Civil la resolución sobre cargos tutelares, tendrá eficacia legitimadora y probatoria.

2.6. Ejercicio de la tutela: obligaciones del tutor al comenzar el ejercicio de su cargo

Una vez designado tutor, «la Autoridad judicial dará posesión de su cargo al tutor nombrado» (art. 259 CC).

El tutor, al comenzar el ejercicio de su cargo, tendrá fundamentalmente dos obligaciones: hacer inventario y depósito de los bienes y, en su caso, prestar fianza.

Como establece el Código Civil, el tutor está obligado a hacer inventario de los bienes del tutelado dentro del plazo de sesenta días, a contar de aquél en que hubiese tomado posesión de su cargo (art. 262 CC).

La Autoridad judicial podrá prorrogar este plazo en resolución motivada si concurriere causa para ello (art. 263 CC). Explica LASARTE ÁLVAREZ[10]

10. LASARTE ÁLVAREZ, C.: *Derecho de Familia, Principios de Derecho Civil IV*, op. cit., pág. 368.

que, en realidad, el inventario de los bienes del tutelado viene impuesto por la rendición de cuentas, y es por eso por lo que el Código se preocupa de establecer las reglas fundamentales de su formación.

El inventario se formará judicialmente con intervención del Ministerio Fiscal y con citación de las personas que el Juez estime conveniente (art. 264 CC). El dinero, alhajas, objetos preciosos y valores mobiliarios o documentos que, a juicio de la Autoridad judicial, no deban quedar en poder del tutor serán depositados en un establecimiento destinado a este efecto. Los gastos que las anteriores medidas ocasionen correrán a cargo de los bienes del tutelado (art. 265 CC). El tutor que no incluya en el inventario los créditos que tenga contra el tutelado, se entenderá que los renuncia (art. 266 CC).

También establece el Código, en su art. 260, que el Juez podrá exigir al tutor la constitución de fianza que asegure el cumplimiento de sus obligaciones y determinará la modalidad y cuantía de la misma, quedando en consecuencia su imposición al libre arbitrio del Juez. No obstante, la entidad pública que asuma la tutela de un menor por ministerio de la Ley o la desempeñe por resolución judicial no precisará prestar fianza.

López Brouletout (Técnica de Auditoría y Control Externos del Tribunal de Cuentas), señala cómo pese a estas obligaciones legales, se suele destacar que la mayoría de los tutores no tiene por qué ser expertos en materia contable, económica o financiera, sino personas de toda condición cuya cualidad común es una buena dosis de paciencia y buena voluntad para cumplir con las funciones encomendadas. Por ello, con la finalidad de cubrir las necesidades informativas mínimas que puedan ser aplicables a una mayoría de casos, esta autora propone el contenido de inventario que a continuación se expone[11], debiendo tenerse en cuenta, no obstante, que muchos de los conceptos que se detallan no serán aplicables a una gran mayoría de casos:

1. Relación de inmuebles (pisos, casas, fincas, etc.) y de su contenido (muebles y utensilios), incluyendo localización geográfica y situación dispositiva (uso propio del tutelado, arrendada u otras situaciones que habrá que especificar).

2. Bienes muebles no vinculados a los inmuebles relacionados en el punto anterior (vehículos y otros).

---

11. En López Bruletout, E.: *Obligaciones contables y rendición de cuentas del tutor, ponencia publicada en Revisión de los procedimientos relativos a la incapacidad. Jornadas Fundación Aequitas, Madrid, 8 y 9 de marzo de 2004.* Fundación Aequitas, Madrid, 2004, págs. 160 y ss.

3. Acciones o participaciones en el capital de entidades, especificando el nombre del título o valor, número, importe de adquisición, etc.
4. Otras inversiones financieras distintas de las acciones o participaciones en capital (bonos, obligaciones, fondos de pensión o de inversión, préstamos concedidos, imposiciones a plazo) con especificación de su vencimiento y rentabilidad.
5. Cuentas corrientes bancarias con especificación de saldos y titulares o apoderados.
6. Rentas de percepción periódica para el tutelado (alquileres, pensiones, salarios, etc.)
7. Declaraciones de la renta y patrimonio del tutelado de los tres ejercicios anteriores.

2.7. Obligaciones del tutor durante el ejercicio de su cargo

Las obligaciones del tutor durante el ejercicio de su cargo se fijan en los arts. 268 y 269 CC. El primero de estos artículos, en su redacción dada por la Ley 54/2007, de 28 de diciembre, de Adopción internacional[12], establece que los tutores ejercerán su cargo de acuerdo con la personalidad de sus pupilos, respetando su integridad física y psicológica. Cuando sea necesario para el ejercicio de la tutela podrán recabar el auxilio de la autoridad. El segundo, cuya redacción actual se debe a la Ley 13/1983, 24 octubre, de reforma del Código Civil en materia de tutela, establece que el tutor está obligado a velar por el tutelado y, en particular:

1) A procurarle alimentos.
2) A educar al menor y procurarle una formación integral.
3) A promover la adquisición o recuperación de la capacidad del tutelado y su mejor inserción en la sociedad.
4) A informar al Juez anualmente sobre la situación del menor o incapacitado y rendirle cuenta anual de su administración.

12. Con respecto a la materia que aquí nos ocupa, cabe citar que esta Ley modificó el apartado primero del art. 268 CC, que antes establecía que «Los sujetos a tutela deben respeto y obediencia al tutor», suprimiendo asimismo el inciso según el cual los padres podían también corregir a los menores razonable y moderadamente.

Esta última tarea no es una facultad, sino un deber ineludible, dado que el tutor actúa como administrador de bienes ajenos, debiendo ser tal rendición de cuentas rigurosa, contable y numérica, debiendo ir asimismo acompañada de los oportunos justificantes[13]. Ante la falta de formularios que faciliten el cumplimiento de esta obligación, López Bruletout[14] propone también un modelo de cuenta anual a rendir por el tutor, que a su juicio deberá contener:

1. Declaración de la renta y del patrimonio del periodo correspondiente.
2. Copia de los extractos bancarios con los movimientos del período.
3. Descripción y justificación de las diferencias, si existieran, respecto a los bienes y derechos integrantes de la cuenta anual del ejercicio anterior o del inventario inicial, si se tratara del primer período.
4. Resumen de los gastos corrientes o básicos por cuenta del tutelado, incluyendo vestido y alimentación, educación y gastos médicos, alojamiento y gastos derivados y reparaciones imputables al tutelado en su vivienda habitual.
5. Ingresos obtenidos durante el ejercicio, incluyendo pensiones o retribuciones, rentas del capital mobiliario (dividendos, intereses, etc.),

13. La Audiencia Provincial de Vizcaya (Sección 4ª), en Auto núm. 115/2011 de 23 febrero (JUR 2011, 304192) ofrece un aclaratorio resumen de la doctrina de las Audiencias en relación con esta obligación del tutor, reiterando asimismo la doctrina expuesta en resoluciones de la misma Sala de 3 de noviembre; y 1 y 17 de Diciembre de 2010, en las que se dijo:
«Como se recoge en la Sentencia de la Audiencia Provincial de Madrid de 26 de octubre de 2005: "El principio que inspira la institución tutelar, tanto se trate de menores como de incapaces, no es otro que procurar la guardia y custodia, no sólo de sus personas sino también de sus bienes. Así, el art. 269 del Código Civil enumera las obligaciones que el tutor debe asumir en beneficio del tutelado, bajo control judicial (art. 216 del Código Civil), señalando su párrafo cuarto el deber de informar tanto el Juez como al Ministerio Fiscal (art. 232 del Código Civil) de las incidencias acaecidas en el ejercicio de la tutela y rindiendo cuentas de su gestión «anualmente»; ello es exigencia de todo administrador de bienes ajenos, rendición de cuentas que, como señala la doctrina, ha de ser rigurosa, contable, numérica y acompañada de los oportunos justificantes, debiendo distinguirse ésta de la cuenta general que el tutor debe prestar al cesar en su cargo. El precepto que establece el art. 269 , en relación con el art. 280 del Código Civil , es claro y terminante: el tutor «está obligado», dice el Texto Legal, a «rendirle cuenta anual –al Juez– de su administración»; no estamos, pues, ante una facultad, sino ante un deber ineludible –en este sentido–, AAP de Cuenca de 15 de septiembre de 1995».

14. López Bruletout, E.: *Obligaciones contables y rendición de cuentas del tutor,* op. cit.

rentas del capital inmobiliario (alquileres, etc.) y otros a especificar (como pueden ser los procedentes de la enajenación de muebles o inmuebles, valores o vencimiento de inversiones, herencias, etc.).

6. Gastos en los que se haya incurrido durante el ejercicio, incluyendo gastos del tutelado, reinversión describiendo la naturaleza e importe de la reinversión, y gastos derivados del mantenimiento de las inversiones (obras, ampliaciones de capital de sociedades, etc.).

2.8. Obligaciones del tutor al cesar en el cargo. La cuenta general justificada de la tutela

El tutor, al cesar en sus funciones, deberá rendir la cuenta general justificada de su administración ante la Autoridad judicial[15] en el plazo de tres meses, prorrogables por el tiempo que fuere necesario si concurre justa causa. La acción para exigir la rendición de esta cuenta prescribe a los cinco años, contados desde la terminación del plazo establecido para efectuarlo (art.

15. El Auto núm. 115/2011 de 23 febrero de La Audiencia Provincial de Vizcaya (Sección 4ª) (JUR 2011, 304192), traído a colación en la anterior cita, se refiere también a la cuenta general justificada al finalizar la tutela: «Aclara el AAP de Madrid, Sección 22ª, de 21 de enero de 2.000, que además de las rendiciones anuales que el tutor debe realizar de su administración, ante la Autoridad Judicial, según previene el núm. 4º del artículo 269 del Código Civil , una vez extinguida la tutela, por cualquier causa, aquél viene obligado con carácter general, y sin las excepciones que admitía con anterioridad al citado texto legal, a la rendición de cuenta general justificada de su administración en orden a la comprobación de la gestión realizada, para su aprobación definitiva, o exigencia, en su caso, de las oportunas responsabilidades, y ello ya directamente por el Juez, o a instancias del propio pupilo, o sus herederos, de conformidad con lo prevenido en los artículos 279 y siguientes del citado texto legal. Añade el AAP de Cáceres, Sección 1ª, de 9 de diciembre de 2.004, que la cuenta general debe comprender todo el período de ejercicio de la tutela, aun cuando, con anterioridad, se hubieran aprobado otras cuentas anuales, en la medida en que se trata de un cuenta general comprensiva de todo el período de administración del tutor, a fin de fijar el saldo existente que, conforme a los artículos 280 y siguientes del Código Civil , puede, incluso, devengar intereses legales a favor o en contra del tutor.
De esta forma, y a los efectos de aprobar la rendición de la cuenta general justificada, tras el fallecimiento del tutelado, obviamente que el Juez deberá oir a los herederos de que persona que hubiera estado sometida a tutela, dentro del marco de la audiencia prevista en el art. 280 del Código Civil ; sin perjuicio, evidentemente, de que frente a la aprobación judicial, puedan ejercitar las acciones que entiendan pudieran asistirsles conforme posibilita el art. 285 del Código Civil "La aprobación judicial no impedirá el ejercicio de las acciones que recíprocamente puedan asistir al tutor y al tutelado o a sus causahabientes por razón de la tutela».

279 CC). A juicio de O'CALLAGHAN[16], este precepto es una muestra más de la desconfianza con que la ley mira a la tutela.

Antes de resolver sobre la aprobación de la cuenta, el Juez oirá al nuevo tutor o, en su caso, al curador o al defensor judicial, y a la persona que hubiera estado sometida a tutela o a sus herederos (art. 280 CC).

Los gastos necesarios de la rendición de cuentas, serán a cargo del que estuvo sometido a tutela (art. 281 CC).

El saldo de la cuenta general favorable al tutor devengará el interés legal desde que el que estuvo sometido a la tutela sea requerido para el pago, previa entrega de sus bienes; y si es en contra del tutor, devengará el interés legal desde la aprobación de la cuenta (arts. 283 y 284 CC).

LÓPEZ BRULETOUT[17], cuya propuesta venimos aceptando, sugiere que en relación con la obligación establecida por el art. 279 CC, podría ser útil presentar un estado acumulado por años de toda la duración del ejercicio de la tutoría por parte del afectado, de acuerdo con el modelo propuesto para la rendición de cuentas anual, así como un estado final de acuerdo con el mismo contenido que se ha propuesto para el inventario final, de modo que así se simplificaría su elaboración e interpretación.

El cumplimiento de la obligación del tutor de rendir cuentas es también útil para facilitar las funciones del Ministerio Fiscal. La Instrucción 3/2010 de la Fiscalía General del Estado, sobre la necesaria fundamentación individualizada de las medidas de protección o apoyo en los procedimientos sobre determinación de la capacidad de las personas, establece como Conclusión Séptima, que «A través de los informes anual o extraordinario previstos en los arts. 269.4, 232 y 233 CC los Sres. Fiscales constatarán, mediante la incorporación de la documentación complementaria precisa, la situación actual de las personas cuya capacidad haya sido modificada en procedimientos judiciales previos, ponderando en virtud de su edad, deficiencia, evolución de su situación y demás circunstancias, la necesidad de ejercitar las acciones precisas para adaptar el sistema de protección respecto de la misma, a las pautas contenidas en la presente Instrucción en relación con la especificación de sus habilidades».

16. O'CALLAGHAN MUÑOZ, X.: *Código Civil comentado y con jurisprudencia,* op. cit., pág. 350.
17. LÓPEZ BRULETOUT, E.: *Obligaciones contables y rendición de cuentas del tutor,* op. cit.

Por último, para finalizar este apartado, es preciso señalar que el art. 285 CC se refiere a las acciones recíprocas por razón de la tutela, estableciendo que «La aprobación judicial no impedirá el ejercicio de las acciones que recíprocamente puedan asistir al tutor y al tutelado o a sus causahabientes por razón de la tutela».

2.9. Atribuciones del tutor

La principal facultad del tutor es representar al tutelado. Establece el Código que el tutor es el representante del menor o incapacitado salvo para aquellos actos que éste pueda realizar por sí solo, ya sea por disposición expresa de la Ley o de la sentencia de incapacitación (art. 267 CC).

Como unánimemente señala la doctrina, ésta es la característica fundamental de la tutela y que la diferencia de la curatela: el tutor es el representante del tutelado, es decir, quien puede y debe obrar en nombre de éste, por ministerio de la ley. Así el tutor, con su capacidad jurídica y de obrar, suple la absoluta incapacidad de obrar del tutelado. En cambio, en la curatela, el curador no es en ningún caso representante del pupilo, sino que se limita a completar la capacidad de obrar disminuida de éste, asistiéndole caso por caso cuando sea necesario.

El tutor tiene también la facultad de administrar el patrimonio del tutelado. El art. 270 CC establece que el tutor único y, en su caso, el de los bienes es el administrador legal del patrimonio de los tutelados y está obligado a ejercer dicha administración con la diligencia de un buen padre de familia.

Sin embargo, para llevar a cabo actos que excedan de la administración ordinaria y para la mayoría de los actos de disposición, el tutor necesitará autorización judicial. Concretamente, el tutor necesita autorización judicial, según el art. 271 CC:

1. Para internar al tutelado en un establecimiento de salud mental o de educación o formación especial[18].

18. Como explica O'CALLAGHAN, esta autorización judicial excluye la aplicación del art. 763 LEC, referente al internamiento no voluntario por razón de trastorno psíquico, ya que el Juez autoriza, el Fiscal interviene, se recaban los informes necesarios y el sujeto ya está bajo tutela, por lo que no tiene sentido repetir los trámites. Destaca también el Magistrado del Tribunal Supremo que la autorización del art. 271 CC no se refiere a un internado en colegio corriente, sino «mental» o «especial». O'CALLAGHAN MUÑOZ, X.: *Código Civil comentado y con jurisprudencia,* op. cit., pág. 345.

2. Para enajenar o gravar bienes inmuebles, establecimientos mercantiles o industriales, objetos preciosos y valores mobiliarios de los menores o incapacitados, o celebrar contratos o realizar actos que tengan carácter dispositivo y sean susceptibles de inscripción. Se exceptúa la venta del derecho de suscripción preferente de acciones.
3. Para renunciar derechos, así como transigir o someter a arbitraje cuestiones en que el tutelado estuviese interesado.
4. Para aceptar sin beneficio de inventario cualquier herencia, o para repudiar ésta o las liberalidades.
5. Para hacer gastos extraordinarios en los bienes.
6. Para entablar demanda en nombre de los sujetos a tutela, salvo en los asuntos urgentes o de escasa cuantía.
7. Para ceder bienes en arrendamiento por tiempo superior a seis años.
8. Para dar y tomar dinero a préstamo.
9. Para disponer a título gratuito de bienes o derechos del tutelado.
10. Para ceder a terceros los créditos que el tutelado tenga contra él, o adquirir a título oneroso los créditos de terceros contra el tutelado.

No obstante, no necesitarán autorización judicial la partición de herencia ni la división de cosa común realizadas por el tutor, aunque una vez practicadas requerirán aprobación judicial (art. 272 CC). Antes de autorizar o aprobar cualquiera de estos actos, el Juez oirá al Ministerio Fiscal y al tutelado, si fuese mayor de doce años o lo considera oportuno, y recabará los informes que le sean solicitados o estime pertinentes (art. 273 CC).

2.10. Derechos del tutor

El tutor tiene derecho a una retribución, siempre que el patrimonio del tutelado lo permita. Corresponde al Juez fijar su importe y el modo de percibirlo, para lo cual tendrá en cuenta el trabajo a realizar y el valor y la rentabilidad de los bienes, procurando en lo posible que la cuantía de la retribución no baje del 4 por 100 ni exceda del 20 por 100 del rendimiento líquido de los bienes (art. 274 CC). Para ello, el tutor deberá aportar los datos del tutelado que permitan analizar su situación económica, la rentabilidad de sus bienes para, en su caso, fijar su importe, o en otro caso será desestimada la petición de tal retribución[19]. Y dado que el art. 274 CC no distingue si el cargo de tutor es ejercido por una persona física o jurídica, la jurisprudencia menor ha reconocido el derecho a percibir tal retribución también a una fundación sin ánimo de lucro cuando en el patrimonio del tutelado hay patrimonio suficiente para ello[20].

También señala el Código Civil, en su art. 220, que la persona que en el ejercicio de una función tutelar sufra daños y perjuicios sin culpa por su parte, tendrá derecho a la indemnización de éstos con cargo a los bienes del tutelado, de no poder obtener por otro medio su resarcimiento.

Siguiendo de nuevo a O'CALLAGHAN[21], podemos decir que para que el cargo tutelar tenga derecho a la indemnización, es preciso que se den tres condiciones:

1. Que el tutor sufra y acredite los perjuicios.
2. Que se dé un doble nexo causal: positivo entre el desempeño del cargo tutelar y el perjuicio y negativo en el sentido de que no lo haya nexo entre una conducta culposa de quien ejerce el cargo tutelar y el perjuicio.
3. Que no se pueda obtener el resarcimiento por otro medio que el de la indemnización a cargo del patrimonio del tutelado.

2.11. Actos prohibidos al tutor

El art. 221 CC prohíbe a quien desempeñe algún cargo tutelar:

1. Recibir liberalidades del tutelado o de sus causahabientes, mientras que no se haya aprobado definitivamente su gestión.
2. Representar al tutelado cuando en el mismo acto intervenga en nombre propio o de un tercero y existiera conflicto de intereses.
3. Adquirir por título oneroso bienes del tutelado o transmitirle por su parte bienes por igual título.

---

19. En este sentido, Audiencia Provincial de Sevilla (Sección 2ª), Auto núm. 238/2010 de 15 diciembre (JUR 2011, 36856).
20. Así, en Audiencia Provincial de Burgos (Sección 2ª), Sentencia núm. 466/2008 de 23 diciembre. (JUR 2009, 286282), con cita de varias resoluciones de la misma y otras Audiencias.
21. O'CALLAGHAN MUÑOZ, X.: *Código Civil comentado y con jurisprudencia*, op. cit., pág. 311.

Recuerda O'CALLAGHAN[22] que en el contrato oneroso de más importancia económica y social, la compraventa, se prohíbe al tutor adquirir por compra bienes del tutelado (art. 1.459.1º CC), pero esta norma hoy está sustituida por unas prohibiciones mucho más amplias contenidas en este artículo 221 y con un fundamento común y una sanción unitaria.

El ordenamiento jurídico prevé incluso sanciones penales para los casos de incumplimiento de estas prohibiciones. El art. 440 del Código Penal en relación con el 439 castiga, entre otros, a los tutores y curadores que, debiendo intervenir por razón de su cargo en cualquier clase de contrato, asunto, operación o actividad, se aprovechen de tal circunstancia para forzar o facilitarse cualquier forma de participación, directa o por persona interpuesta, en tales negocios o actuaciones respecto de los bienes pertenecientes a sus pupilos, con la pena de multa de doce a veinticuatro meses e inhabilitación especial para empleo o cargo público, profesión u oficio, guarda, tutela o curatela, según los casos, por tiempo de tres a seis años.

2.12. Responsabilidad del tutor

Es de destacar que en algunos preceptos del Código aparecen tasados supuestos concretos de responsabilidades del tutor. En efecto, incluso antes de ser nombrado, el pariente llamado a la tutela que, conociendo el hecho que dé lugar a su constitución, no la promoviera, será responsable (solidariamente con los demás obligados) de los daños y perjuicios causados (art. 229 CC) y el tutor es responsable de los gastos ocasionados por la excusa alegada, si fuere rechazada (art. 256 CC).

Pero por encima de tales supuestos concretos, parece claro que si se conjugan las especiales obligaciones del tutor (como son el deber de formar inventario, de prestar fianza, de informar anualmente al Juez, de rendir cuentas anuales, etc.) con las medidas judiciales de vigilancia y control y con las causas de remoción de la tutela, resulta que el tutor está sujeto en el ejercicio de su cargo a un amplio espectro de responsabilidades, no sólo penales como hemos visto, sino también civiles, por los daños y perjuicios que pudiera haber causado. Y además debe tenerse presente que incluso la aprobación final de las cuentas de la tutela deja subsistentes las acciones que contra el tutor competan al pupilo y viceversa, pues el art. 285 CC deja claro que la aprobación judicial no impedirá el ejercicio de las acciones que

22. Ibídem, pág. 312.

recíprocamente puedan asistir al tutor y al tutelado o a sus causahabientes por razón de la tutela.

En los casos de tutela plural a que se refiere el art. 236.1 CC, esto es, cuando se hayan separado como cargos distintos el de tutor de la persona y el de los bienes, actuando cada uno de ellos independientemente en el ámbito de su competencia, parece claro que no deberá responder el tutor en cuyo ámbito no se haya producido el supuesto dañoso.

Cabe destacar, por último, que en el supuesto de que la tutela sea ejercida por el director de un establecimiento público, la responsabilidad podrá ser también en último término, del Estado o ente público del que dependa.

2.13. Extinción de la tutela

La tutela se extingue, según los arts. 276 y 277 del Código Civil:

1. Cuando el menor de edad cumple los dieciocho años, a menos que con anterioridad hubiera sido judicialmente incapacitado.
2. Por la adopción del tutelado menor de edad.
3. Por fallecimiento de la persona sometida a tutela.
4. Por la concesión al menor del beneficio de la mayor edad.
5. Cuando habiéndose originado por privación o suspensión de la patria potestad, el titular de ésta la recupere.
6. Al dictarse la resolución judicial que ponga fin a la incapacitación o que modifique la sentencia de incapacitación en virtud de la cual se sustituye la tutela por la curatela.

Como señala O'Callaghan[23], no se trata de una enumeración exhaustiva, pues puede pensarse, por ejemplo en la emancipación por matrimonio.

No obstante, señala el art. 278 CC, para el caso de los menores incapacitados, que continuará el tutor en el ejercicio de su cargo si el menor sujeto a tutela hubiese sido incapacitado antes de la mayoría de edad, conforme a lo dispuesto en la sentencia de incapacitación.

23. Ibídem, pág. 348.

Cabe referirse aquí también a la remoción de la tutela, que como explica LASARTE ÁLVAREZ[24], no equivale a la extinción de la misma, sino sencillamente al cese como tutor de la persona que previamente había sido nombrada judicialmente, por lo que propiamente hablando, como indica este autor, no hay «remoción de la tutela» sino exclusivamente «remoción del tutor».

Esta previsión se recoge en el art. 247 CC, estableciendo que «serán removidos de la tutela los que después de deferida incurran en causa legal de inhabilidad, o se conduzcan mal en el desempeño de la tutela, por incumplimiento de los deberes propios del cargo o por notoria ineptitud de su ejercicio, o cuando surgieran problemas de convivencia graves y continuados». El Código remite por tanto a las causas de inhabilidad, que hacen también en todo caso las veces de causas de remoción, pero permite no obstante a la autoridad judicial la apreciación de que, sin llegar a darse alguna de estas causas, exista una notoria ineptitud del tutor o se den problemas, a su juicio, graves y continuados.

Cuando esto ocurra, según el art. 248 CC, «el Juez, de oficio o a solicitud del Ministerio Fiscal, del tutelado o de otra persona interesada, decretará la remoción del tutor, previa audiencia de éste si, citado, compareciere. Asimismo se dará audiencia al tutelado si tuviere suficiente juicio», y como establece el art. 249 CC, «durante la tramitación del procedimiento de remoción, podrá el Juez suspender en sus funciones al tutor y nombrar al tutelado un defensor judicial». Finalmente, dispone el art. 250 CC que «Declarada judicialmente la remoción, se procederá al nombramiento de nuevo tutor en la forma establecida en este Código».

En relación con esta última previsión, debe tenerse en cuenta que el art. 1.879 de la LEC de 1881 establece que «Los tutores y curadores, ya sean para bienes, ya para pleitos, no pueden ser removidos por un acto de jurisdicción voluntaria, aun cuando sea a solicitud de los menores. Para decretar su separación después de discernido el cargo, será indispensable oírlos y vencerlos en juicio». En la jurisprudencia menor, con la actual LEC, se considera adecuado para ello el proceso ordinario[25].

24. LASARTE ÁLVAREZ, C.: *Derecho de Familia,* op. cit., pág. 370.
25. Así, en Sentencia núm. 379/2005 de 19 septiembre de la Audiencia Provincial de Sevilla (Sección 2ª) (JUR 2006, 37175).

2.14. La institución de la tutela española como medida de protección del declarado incapaz a la vista de la Convención de Nueva York de 13 de diciembre de 2006

Como se expone en el escrito del Ministerio Fiscal al Recurso de Casación núm. 1259/2006 que dio lugar a la famosa Sentencia núm. 282/2009 de 29 abril (RJ 2009, 2901), «la aplicación del art. 12 la Convención supone un desafío para nuestro sistema, pues no solo afecta a los tradicionales conceptos de capacidad jurídica y capacidad de obrar y a las consecuencias que su unificación representa, sino que incide de lleno en el proceso especial de "capacidad de las personas", fundamentalmente en la incorporación del "modelo de apoyos", que se enfrenta directamente al sistema de tutela tradicional. Sin duda, la implantación de la Convención exige soluciones frente a determinadas situaciones en las que no sea posible conocer la voluntad de la persona, y en las cuales sea necesario tomar una decisión en su nombre», para acabar proponiendo que mientras no se modifique el ordenamiento español para adaptarlo a la Convención, «[...] la curatela, reinterpretada a la luz de la Convención, desde el modelo de apoyo y asistencia y el principio del superior interés de la persona con discapacidad, parecen la respuesta más idónea».

Tras el Curso sobre el ámbito de protección civil y penal de la persona con discapacidad celebrado en Valencia en mayo de 2013 y que reunió a Magistrados, Fiscales, Abogados y Psicólogos, como pone de manifiesto Ganzenmüller Roig[26], algunos piensan que el sistema adoptado por la Convención de Nueva York de 2006 sobre los Derechos de las Personas con Discapacidad excluye todo sistema de representación y sustitución de la voluntad del discapaz, como la tutela del derecho español, ya que el art. 12.3 sólo contempla la posibilidad de «apoyo» para el ejercicio, por parte de las personas con discapacidad, de su capacidad jurídica.

Para otros, la previsión de apoyos contenida en el art. 12.3 resulta excesivamente vaga y genérica como para, sólo con ello, entender prohibido cualquier sistema de protección del discapaz que conlleve una representación legal, amén de que, en todo caso, dicho sistema es el único posible para patologías tales como demencias graves, retrasos mentales profundos, estados vegetativos y situaciones análogas o similares, para las cuales, además, el grado de incapacidad decretable no parece que pueda ser otro

26. Ganzenmüller Roig, C.: *Cinco años después de la Convención de los Derechos de las Personas con Discapacidad.* Conclusiones del curso sobre el ámbito de protección civil y penal de la persona con discapacidad, op. cit.

que el total, en el bien entendido, claro está, que la incapacitación total no significa ninguna prohibición de realización de cualquier clase de actuaciones de carácter material y de la vida cotidiana, sino únicamente la inhabilitación para aquellos actos con trascendencia jurídica que sean socialmente relevantes.

Entendemos más correcta esta segunda postura, de forma similar a como se ha expuesto al tratar sobre la posible abolición de la distinción entre capacidad jurídica y capacidad de obrar, pues el hecho de que en la Convención se emplee la palabra «apoyo», no impide reconocer que se darán casos en que el apoyo requerido sea total, como señalan sus defensores, y en este caso no hay problema en proporcional este apoyo a través de la tutela. Otra cosa es que, como señalaremos a continuación al tratar sobre la institución de la curatela, siguiendo la línea de la Fiscalía General del Estado, se prefiera, en la medida de lo posible y como ya venían haciendo nuestros juzgados, optar por la curatela en lugar de por la tutela, siempre que con la curatela puedan lograrse los fines de protección de la declaración de incapacidad, pues parece que se trata de una medida menos invasiva de la autonomía del incapacitado, cuya capacidad de obrar debe siempre reconocerse en la medida en que no haya sido privado de ella por la sentencia.

La cuestión principal se centra, por tanto, en marcar la línea divisoria entre la curatela y la tutela. Teniendo en cuenta que ambas instituciones no son de aplicación únicamente a los declarados incapaces mediante sentencia judicial, sino que la tutela también se aplica a los menores no emancipados que no estén bajo la patria potestad, a los sujetos a la patria potestad prorrogada, al cesar ésta, salvo que proceda la curatela y a los menores que se hallen en situación de desamparo (art. 222 CC), y que la curatela no sólo se aplica a los incapacitados sino también a los citados en el art. 286 CC (emancipados cuyos padres fallecieren o quedaran impedidos para el ejercicio de la asistencia prevenida por la Ley, los que obtuvieren el beneficio de la mayor edad y los declarados pródigos), una solución viable de *lege ferenda* podría ser considerar aplicable la tutela únicamente respecto de los menores incapacitados y sometidos a patria potestad prorrogada (los cuales, conforme a la legislación española, no han adquirido nunca plena capacidad de obrar y por lo tanto no significa privarles de lo que no tienen) y en todo caso respecto de aquellas personas que se encuentren en estados vegetativos o similares, con independencia de que hayan quedado en ese estado antes o después de la mayoría de edad, pues no puede hablarse de «apoyos» a una persona que técnicamente no puede decidir nada.

La Ley, en cambio, podría reservar la curatela para todas las personas cuya incapacitación haya sido declarada con posterioridad a haber alcanzado la mayoría de edad y que por lo tanto sí han ostentado en algún momento plena capacidad de obrar, que se verá ahora reducida únicamente en la medida en que sea necesario para su protección, determinando la sentencia los actos concretos para los que necesitará la asistencia del curador.

En definitiva, sería conveniente un mayor desarrollo legislativo del régimen de la curatela para adaptarlo a las múltiples necesidades de las personas declaradas incapacitadas mediante sentencia y al sistema de apoyos previsto por el art. 12 de la Convención sobre los Derechos de las Personas con Discapacidad de 13 de diciembre de 2006. No obstante, ello no puede suponer la desaparición de la institución de la tutela, que nos parece necesaria en todo caso para situaciones de discapacidad grave como las expuestas.

2.15. Especial mención del ejercicio de la tutela por personas jurídicas

Para finalizar este apartado relativo a la tutela de incapaces, debe reseñarse cómo el art. 242, en su redacción dada por la Ley núm. 13/1983, de 24 de octubre, establece que «podrán ser también tutores las personas jurídicas que no tengan finalidad lucrativa y entre cuyos fines figure la protección de menores e incapacitados». Puede observarse que este precepto no distingue entre personas jurídicas de carácter público (entidades administrativas) y carácter privado (fundaciones o asociaciones).

Esta previsión se viene aplicando en el caso de apreciar falta de idoneidad de los familiares para el desempeño de la función, por ejemplo en los casos de conflictividad entre los miembros de la familia[27].

27. Puede verse, a modo de ejemplo, la Sentencia núm. 635/2012 de 28 septiembre Audiencia Provincial de Madrid (Sección 22ª) (JUR 2012, 380936), en la que, desestimando el recurso de apelación, se ratifica el nombramiento en favor de la Agencia Madrileña para la Tutela del Adulto, por estimar falta de idoneidad de las hijas para el desempeño de la función, habiéndose acreditado una situación conflictiva familiar, hasta el punto de no permitir la solicitante que sus otras dos hermanas accedan al domicilio de su padre.
También la Sentencia núm. 211/2012, de 29 marzo, de la Audiencia Provincial de Murcia (Sección 4ª) (JUR 2012, 154740), en la que se desestiman las apelaciones interpuestas, ratificando como tutora a una institución sin ánimo de lucro: al existir un conflicto entre hermanos, de modo que no parece idóneo que cualquiera de ellos asuma la responsabilidad de la tutoría o cuidado de su madre.

Merece la pena destacar también cómo las transformaciones sociales de los últimos años así como las modificaciones legislativas llevadas a cabo por la Ley 41/2003, de protección patrimonial de las personas con discapacidad han favorecido una mayor participación las personas jurídicas en la tutela al añadir un nuevo párrafo en el art. 239 CC, según el cual «la entidad pública a la que, en el respectivo territorio, esté encomendada la tutela de los incapaces cuando ninguna de las personas recogidas en el art. 234 sea nombrado tutor, asumirá por ministerio de la ley la tutela del incapaz o cuando éste se encuentre en situación de desamparo. Se considera como situación de desamparo la que se produce de hecho a causa del incumplimiento o del imposible o inadecuado ejercicio de los deberes que le incumben de conformidad a las leyes, cuando éstos queden privados de la necesaria asistencia moral o material».

Como comenta Yáñez Vivero[28], «la introducción de esta norma en nuestro ordenamiento jurídico supone la equiparación no sólo entre los menores abandonados y los incapaces que estén en esta misma situación, sino entre incapaces y personas que se encuentren en situación de desamparo», de modo que «ya no estamos ante una tutela –la de las personas jurídicas– ejercida en último término o subsidiariamente, como se venía desenvolviendo hasta fechas recientes. En situación de desamparo, el papel de las personas jurídicas públicas es primordial. Pero, aun cuando no exista esa situación de abandono, la función de las personas jurídicas –tanto públicas como privadas– cobra un gran protagonismo, bien como apoyo, refuerzo o complemento de las personas físicas tutoras, bien por su mayor idoneidad para desempeñar el cargo. Esta mayor idoneidad la puede decidir el Juez o los padres en documento de última voluntad, o el propio sujeto en previsión de su futura incapacitación. Y, en nuestra opinión, esa idoneidad no tiene nada que ver con la idea de subsidiariedad que presidía el nombramiento de las personas jurídicas hasta hace poco. La idoneidad de una persona jurídica ya no depende, en nuestra opinión, de la ausencia o inhabilidad de las personas naturales enunciadas en el art. 234 CC, sino del máximo beneficio e interés que debe procurarse a la persona en situación de tutela. En este sentido, las entidades, públicas o privadas, disponen de importantes medios

28. Yáñez Vivero, F.: *Algunos pronunciamientos judiciales recientes sobre la tutela de la discapacidad encomendada a las personas jurídicas, en Familia, matrimonio y divorcio en los albores del Siglo XXI:* (Jornadas Internacionales sobre las reformas de Derecho de familia. Ponencias y comunicaciones. Madrid, 27, 28 y 29 junio 2005) / coord. por Fátima Yáñez Vivero, Araceli Donado Vara, María Fernanda Moretón Sanz; Carlos Lasarte Álvarez (dir. congr.), 2006, ISBN 84-609-6801-4, págs. 249-258.

materiales y humanos no sólo para ejercer la tutela sino para asesorar a los parientes o familiares del tutelado con el fin de conseguir una óptima atención personal y/o patrimonial de las personas incapaces».

3. LA CURATELA

3.1. Regulación de la institución en el Código Civil

La Ley 13/1983 de 24 de octubre introdujo en el Código Civil la figura de la curatela, conocida desde los tiempos romanos, pero que había sido rechazada por el legislador encargado de la codificación del siglo XIX, que no la incluyó en la regulación originaria del Código Civil.

Como indica FERNÁNDEZ LÓPEZ[29], al introducirse la figura de la curatela en el Código mediante la Ley 13/1983, se restableció una parte de nuestra tradición jurídica que venía olvidada. Estima no obstante este autor que su elaboración actual es muy escasa, lo que crea un foco más de dificultades. Crítica a la que nos sumamos, sobre todo teniendo en cuenta que tras la Convención de Nueva York de 13 de diciembre de 2006 se hace más necesario aún el desarrollo de esta institución, que permite una mayor autonomía al declarado parcialmente incapaz, para que pueda ser establecida en las sentencias de incapacitación con la necesaria seguridad jurídica y siguiendo criterios homogéneos en todo el país. Parte de este desarrollo habrá de consistir en delimitar con la mayor precisión posible los casos en que deba ser constituida en la sentencia, diferenciándola claramente de la tutela, que quedará como institución residual, aplicable sólo a los casos más graves.

En efecto, como destaca LASARTE ÁLVAREZ[30], en la actualidad, las fronteras entre tutela y curatela se encuentran bastante desdibujadas, dependiendo –acaso en exceso– del pronunciamiento del Juez en la correspondiente sentencia.

A la vista de la regulación legal, conjugando los arts. 216, 286, 287, 288 y 289 del Código, puede definirse la figura del curador como la persona o personas físicas o jurídicas que, bajo la salvaguarda de la Autoridad Judicial, tiene como misión la asistencia a los menores emancipados, a los incapacitados y a los pródigos en todos los actos o negocios que, por determina-

29. FERNÁNDEZ LÓPEZ, J.M.: *El procedimiento de incapacitación*, op. cit.
30. LASARTE ÁLVAREZ, C.: *Derecho de Familia, Principios de Derecho Civil IV*, Marcial Pons, Madrid, 2012, pág. 359.

ción de la ley o de la correspondientes sentencia judicial, no pueden realizar por sí solos.

Se trata de una institución de menor trascendencia que el tutor, como señala O'CALLAGHAN[31], en el sentido de que el curador no cuida de la persona sujeta a la curatela, no le representa ni cuida de su patrimonio, sino simplemente complementa su capacidad.

El Código Civil dispone que son aplicables a los curadores las normas sobre nombramiento, inhabilidad, excusa y remoción de los tutores (art. 291), con la única de especialidad de que no podrán ser curadores los concursados no rehabilitados. No obstante, hay que decir que esta especialidad es mínima, ya que los concursados no rehabilitados no pueden ser tampoco tutores de los bienes según el art. 244.5° CC.

Establece asimismo el Código que si el sometido a curatela hubiese estado con anterioridad bajo tutela, desempeñará el cargo de curador el mismo que hubiese sido su tutor, a menos que el Juez disponga otra cosa (art. 292 CC).

Cabe recordar que están sujetos a curatela, según el art. 286 CC:

1. Los emancipados cuyos padres fallecieren o quedaran impedidos para el ejercicio de la asistencia prevenida por la Ley.
2. Los que obtuvieren el beneficio de la mayor edad.
3. Los declarados pródigos.

Igualmente, establece el art. 287 que procede la curatela «para las personas a quienes la sentencia de incapacitación o, en su caso, la resolución judicial que la modifique coloquen bajo esta forma de protección en atención a su grado de discernimiento». De este modo, sirve la curatela como forma de protección en función del grado de discernimiento, en supuestos de incapacidad no total sino de grado medio o atenuada.

El contenido de la curatela se caracteriza porque el curador, a diferencia del tutor, no es el representante legal del sometido a curatela, no tampoco es el administrador de su patrimonio, sino que se limita a prestar su asistencia en aquellos actos que el incapacitado no pueda realizar por sí mismo, esto es, en todos aquellos actos en que así lo disponga la sentencia de incapacitación (art. 289 CC). Por tanto, para los incapacitados, lo mismo que para los

31. O'CALLAGHAN MUÑOZ, X.: *Código Civil comentado y con jurisprudencia*, La Ley, Madrid, 2001, pág. 355.

pródigos, la curatela tiene un contenido variable, si bien el Código Civil establece una regla supletoria en su art. 290, que dispone que «si la sentencia de incapacitación no hubiese especificado los actos en que deba ser necesaria la intervención del curador, se entenderá que ésta se extiende a los mismos actos en que los tutores necesitan, según este Código, autorización judicial».

En definitiva, el ejercicio de la curatela no es constante y permanente, sino esporádico, ya que el curador sólo actúa cuando el menor o incapaz quiere concluir un acto o negocio jurídico que no puede realizar por sí solo, según la correspondiente sentencia judicial.

La falta de intervención del curador cuando sea preceptiva, determina la anulabilidad del negocio jurídico, pues establece el art. 293 CC que dichos actos serán anulables a instancia del propio curador o de la persona sujeta a curatela, de acuerdo con los artículos 1.301 y siguientes del Código Civil.

La curatela puede también referirse al ámbito estrictamente personal, por ejemplo, para el seguimiento del tratamiento médico del incapacitado.

3.2. La preferencia por la curatela en lugar de la tutela tras la Convención de Nueva York de 2006

En general, en los últimos años se venía observando ya una tendencia de la jurisprudencia del Tribunal Supremo y de las Audiencias a optar decididamente por la curatela en lugar de por la tutela cuando se declara una incapacitación parcial, que afecte exclusivamente al gobierno de los bienes[32], así como en los casos de incapacidad atenuada[33], como son, por ejemplo, los supuestos de enfermedades mentales con substrato paranoico.

32. Así, estima el Tribunal Supremo (Sala de lo Civil, Sección1ª) en Sentencia núm. 646/2004 de 30 junio (RJ 2004, 4283), que «se aprecia en el sujeto —aparte de una importante carencia de instrucción que exige un remedio de culturización adecuado— un retraso mental discreto que precisa se complemente, integre y asista en el aspecto patrimonial mediante la institución intermedia de la curatela (art. 287 CC, SS. 24 de mayo y 31 de diciembre de 1991. Nos hallamos ante un caso de incapacidad atenuada, en que habida cuenta que el grado de discernimiento del sujeto excluye la apreciación de inhabilidad para gobernarse totalmente por sí mismo, ni afecta en medida importante, se hace innecesario establecer la tutela, bastando la protección de apoyo en el ámbito en que incide realmente la deficiencia, que es el relativo a los bienes».
33. Tribunal Supremo (Sala de lo Civil, Sección1ª), Sentencia núm. 646/2004 de 30 junio (RJ 2004, 4283): «habida cuenta que el grado de discernimiento del sujeto excluye la apreciación de inhabilidad para gobernarse totalmente por sí mismo, ni afecta en medida importante, se hace innecesario establecer la tutela, bastando la protección

Esta tendencia se ha consolidado definitivamente con la ratificación por España en 2008 de la Convención sobre los derechos de las personas con discapacidad, hecho en Nueva York el 13 de diciembre de 2006.

Como viene a explicar la Instrucción número 3/2010, de la Fiscalía General del Estado, sobre la necesaria fundamentación individualizada de las medidas de protección o apoyo en los procedimientos sobre determinación de la capacidad de las personas, con la Convención Internacional sobre Derechos de las Personas con Discapacidad se ha abandonado el llamado «modelo médico o rehabilitador», al que se confiere un carácter residual, toda vez que conlleva una limitación excesiva e incluso absoluta de la capacidad de obrar de aquellas personas con alguna deficiencia física, intelectual o psicosocial, impidiéndoles la realización de toda clase de actos de carácter personal y patrimonial, sustituyéndoles en la toma de las decisiones. Este sistema, se ha entendido contrario al que se establece en el art. 12 de la Convención, a través del cual y bajo el título «igual reconocimiento como persona ante la ley», la Convención adopta ahora el modelo denominado «social de discapacidad». Según el nuevo modelo social, las personas que resulten afectadas por la modificación de su capacidad han de disponer de los apoyos o de la asistencia necesaria para la toma de decisiones concretas, de tal modo que no se les prive de su capacidad de forma absoluta. Por todo ello, expresa la citada Instrucción que:

«La curatela interpretada a la luz de la Convención, adaptada al principio del superior interés de las personas con discapacidad, constituye el instrumento actual más idóneo para dotar del apoyo y asistencia precisos para complementar las necesidades de aquellas.

La curatela ofrece al juez un mecanismo eficaz para determinar las medidas de apoyo que permitan a las personas con discapacidad ejercer su capacidad jurídica. Esta institución está constituida por un marco graduable y abierto de posibilidades, en función de las necesidades y circunstancias precisas para la toma de decisiones. Ya no se trata de hacer un traje a medida de la persona con discapacidad, sino de hacer los trajes a medida que hagan falta.

El curador no suple la voluntad de la persona afectada, sino que complementa sus limitaciones en aquellos actos que haya de realizar la persona cuya capacidad queda modificada y que estén especificados en la sentencia,

de apoyo en el ámbito en que incide realmente la deficiencia, que es el relativo a los bienes».

por lo que su función no es de representación, sino de asistencia y protección, en tanto que presta su apoyo e intervención únicamente en aquellos actos especificados en la sentencia».

Y añade que «Nada impide que, incluso, de forma similar a la establecida en el art. 223.6 de la Ley 25/2010, de 29 de julio, del libro segundo del Código civil de Cataluña, relativo a la persona y la familia, la sentencia pueda conferir al curador funciones de administración ordinaria de determinados aspectos del patrimonio de la persona asistida, sin perjuicio de sus facultades para realizar los demás actos de esta naturaleza por ella misma».

Así, en la citada Instrucción, se concluye que «Las medidas de apoyo se deben acordar en atención a las circunstancias y necesidades concretas de la persona afectada por la modificación judicial de su capacidad, dando prevalencia a la autonomía de su voluntad, debiéndose establecer aquellas medidas de apoyo necesarias conforme al interés de la persona con discapacidad» (Conclusión Segunda) y que «La curatela constituye en la actualidad un instrumento adecuado para dar las respuestas exigidas por la Convención a las situaciones de modificación de la capacidad de la persona, toda vez que el curador no suple la voluntad de la persona con discapacidad, sino que complementa sus limitaciones en aquellos actos que haya de realizar la persona cuya capacidad queda modificada y estén especificados en la sentencia, en la cual, incluso, se puede conferir al curador funciones de administración ordinaria de determinados aspectos del patrimonio de la persona asistida, manteniendo, no obstante, sus facultades para ejecutar los demás actos de esta naturaleza por ella misma» (Conclusión Tercera).

El Tribunal Supremo viene acogiendo con agrado esta doctrina, pudiendo citarse sentencias recientes, como es la del caso de una persona con esquizofrenia paranoide y con necesidad de supervisión tanto en aspectos patrimoniales como en los afectantes a su salud, respecto de la cual el Tribunal Supremo estima que procede la constitución de la curatela, y no de la tutela, por considerar que esta última es excesivamente rígida en la negación de derechos en relación con las circunstancias acreditadas en el proceso. La curatela, en cambio, reinterpretada a la luz de la Convención de Nueva York de 2006 sobre los Derechos de las Personas con Discapacidad, supone un modelo de apoyo y de asistencia de la persona con discapacidad, que, manteniendo la personalidad, requiere un complemento de su capacidad[34].

34. Tribunal Supremo (Sala de lo Civil, Sección1ª), Sentencia núm. 421/2013 de 24 junio, con cita de otras como las Sentencias 29 de abril y del1 de octubre de 2009. La misma doctrina en STS de 11 de octubre de 2012.

4. EL DEFENSOR JUDICIAL

La figura del defensor judicial, regulada en los art. 299 ss. CC se caracteriza, como explica LASARTE ÁLVAREZ[35], por ser un cargo tuitivo ocasional o esporádico, frente a la relativa continuidad temporal de la tutela y de la curatela, y al propio tiempo compatible con la existencia de los restantes mecanismos tutelares anteriormente vistos.

En caso de inexistencia de tutela, no se nombrará un defensor judicial, sino que la representación y defensa de la persona que debería haber sido sometida a tutela la asumirá directamente el Ministerio Fiscal, mientras que en el caso de que «además del cuidado de la persona hubiera de procederse al de los bienes, el Juez podrá designar un administrador de los mismos» (como establece el art. 299 bis CC, que el autor seguido considera una numeración criticable y que hubiera podido evitarse fácilmente, dado que la Ley 13/1983 dejó vacíos de contenido los arts. 307 a 313 CC). La sustitución temporal del tutor corresponderá en todo caso, por tanto, al Ministerio Fiscal y al administrador.

Este defensor judicial al que nos estamos aquí refiriendo habrá de ser nombrado en los casos en que estos conflictos de intereses se den una vez haya sido ya declarada la incapacitación. El art. 299 CC concreta estos casos en que será necesario el nombramiento del defensor judicial:

1. Cuando en algún asunto exista conflicto de intereses entre los menores o incapacitados y sus representantes legales o el curador. En el caso de tutela conjunta ejercida por ambos padres, si el conflicto de intereses existiere sólo con uno de ellos, corresponderá al otro por ley, y sin necesidad de especial nombramiento, representar y amparar al menor o incapacitado.
2. En el supuesto de que, por cualquier causa, el tutor o el curador no desempeñare sus funciones, hasta que cese la causa determinante o se designe otra persona para desempeñar el cargo[36].
3. En todos los demás casos previstos en este Código.

Son, como decimos, situaciones en las que la incapacitación ya fue declarada, y por tanto distintas de la prevista para el supuesto de que el Ministe-

35. LASARTE ÁLVAREZ, C.: *Derecho de Familia,* op. cit., pág. 374.
36. Lo que sucederá en el procedimiento de remoción del tutor (art. 249 CC) o mientras se resuelve sobre la excusa presentada por el tutor para el ejercicio del cargo (art. 256 CC).

rio Fiscal haya interpuesto la demanda de incapacitación, en cuyo caso será obligatorio nombrar un defensor judicial al demandado si no comparece con su propia defensa y representación, según dispone el art. 758 LEC, lo cual se hará en pieza separada de los autos principales.

Por otro lado, también establece el art. 8 LEC que cuando la persona física no se encuentre en el pleno ejercicio de sus derechos civiles y no hubiere persona que legalmente la represente o asista para comparecer en juicio (como ocurrirá en el proceso de reintegración de la capacidad o de modificación del alcance de la incapacitación), el tribunal le nombrará, mediante providencia, un defensor judicial, que asumirá su representación y defensa hasta que se designe a aquella persona. En este caso, al igual que en los demás en que haya de nombrarse un defensor judicial al demandado, el Ministerio Fiscal asumirá la representación y defensa de éste hasta que se produzca el nombramiento de aquél. Debe tenerse además en cuenta que, aunque el art. 8.1 LEC atribuye al defensor judicial la defensa y representación en juicio, esto no significa que éste ostente la postulación procesal, que corresponderá a Abogado y Procurador conforme a las normas generales. Lo que el defensor judicial podrá realizar serán los actos que la persona capaz podría llevar a cabo por sí misma. Aunque cabe, no obstante, la posibilidad de que se nombre defensor judicial a un Abogado, si por ejemplo así lo solicita la familia del presunto incapaz y siempre que el Juez lo considere idóneo, en cuyo coincidirá la función de defensa judicial con la de defensa técnica en el proceso.

A efectos del proceso sobre capacidad de las personas los supuestos que recoge el art. 299 CC, estando ya la incapacitación declarada, se concretarán en los siguientes casos:

1. Cuando en algún asunto exista un conflicto de intereses entre el incapacitado y sus representantes legales (padres o tutor) o el curador.

2. Durante la tramitación del proceso de remoción del tutor o curador, mientras se nombra a otra persona para desempeñarlo (art. 249 CC).

3. Mientras se resuelva acerca de la excusa, cuando el tutor o el curador haya alegado alguna causa de excusa para no seguir ejerciendo la guarda, hasta que se nombra a otra persona que lo sustituya (art. 256 CC).

4. En el caso de que haya sido el Ministerio Fiscal quien haya interpuesto la demanda de incapacitación, se le haya notificado la demanda al presunto incapaz y éste haya dejado transcurrir los 20 días sin con-

testarla, el propio Ministerio Fiscal solicitará que se le nombre un defensor judicial, al que se dará traslado de la demanda para que intervenga como parte demandada en el proceso, debiendo valerse para ello de Abogado y Procurador (art. 758 LEC).

En todos estos caso, lo mismo que en el caso de que el ya incapacitado solicite la reintegración de su capacidad y hubiera un conflicto de intereses con su tutor, el Juez, en procedimiento de jurisdicción voluntaria que se llevará en pieza separada de los mismos autos del proceso sobre capacidad, nombrará defensor «a quien estime más idóneo para el cargo» (art. 300 CC), pudiendo incluso recaer el nombramiento en una persona jurídica de no existir persona física adecuada, como señala FERNÁNDEZ LÓPEZ[37], por aplicación analógica de lo dispuesto en al art. 242 CC.

5. LA GUARDA DE HECHO

Para finalizar este capítulo, debe mencionarse que en el Código también se encuentra una regulación legal expresa referente a la guarda de hecho, figura que queda asimismo sometida a la vigilancia y el control de la Autoridad Judicial.

Con esta regulación, el Código pretende dar cobertura jurídica a la situación de hecho que se produce cuando una persona distinta de los progenitores, sin estar designada para ello por el juez, asume la protección de la persona y bienes de un menor o de un presunto incapaz. De este modo, la regulación legal de esta situación es útil para que el Juez pueda, con pleno apoyo legal, fiscalizar la actuación de personas que ejercen la guarda de un menor o incapaz, aun cuando éstas no hayan sido nombradas tutores o curadores, pues no puede obviarse que muchos incapaces se encuentran al cuidado de familiares o de centros asistenciales que, en la práctica, ejercen las funciones propias del tutor o curador.

Conforme al art. 303 CC, cuando la autoridad judicial tenga conocimiento de la existencia de un guardador de hecho podrá requerirle para que informe de la situación de la persona y los bienes del menor o del presunto incapaz y de su actuación en relación con los mismos, pudiendo establecer asimismo las medidas de control y vigilancia que considere oportunas.

37. FERNÁNDEZ LÓPEZ, J.M.: *El procedimiento de incapacitación, ponencia publicada en Revisión de los procedimientos relativos a la incapacidad. Jornadas Fundación Aequitas, Madrid, 8 y 9 de marzo de 2004.* Fundación Aequitas, Madrid, 2004, págs. 271 y ss.

Ello sin perjuicio de que si el Ministerio Fiscal o el Juez competente tuvieren conocimiento de que existe en el territorio de su jurisdicción alguna persona que deba ser sometida a tutela, pedirá el primero y dispondrá el segundo, incluso de oficio, la constitución de la tutela (art. 228 CC).

Los actos del guardador de hecho no pueden ser impugnados si redundan en utilidad del presunto incapaz (art. 304 CC), pudiendo, al igual que el tutor o curador, ser indemnizado por los daños y perjuicios sufridos en el ejercicio de su función si no ha existido culpa por su parte (art. 306 CC, que remite al 220 CC).

Capítulo VI

El internamiento no voluntario del incapaz

SUMARIO: 1. CONSIDERACIONES GENERALES.—2. ANTECEDENTES LEGISLATIVOS.—3. REGULACIÓN ACTUAL DE LA MATERIA EN LA LEY DE ENJUICIAMIENTO CIVIL. NATURALEZA Y OBJETO DEL PROCESO.—4. DOCTRINA CONSTITUCIONAL RECIENTE SOBRE INTERNAMIENTOS NO VOLUNTARIOS. 4.1. La constitucionalidad de la normativa española sobre el internamiento no voluntario. 4.2. La constitucionalidad del internamiento urgente y del control judicial de dicho internamiento.—5. ESTUDIO DEL ART. 763 LEC. 5.1. Intervención del Ministerio Fiscal. 5.2. Competencia objetiva y territorial. 5.3. Legitimación para promover el proceso. 5.4. Trámites obligatorios. 5.5. Decisión y recursos.—6. LA PROBLEMÁTICA DEL INTERNAMIENTO DE ANCIANOS EN RESIDENCIAS PARA LA TERCERA EDAD.

1. CONSIDERACIONES GENERALES

El art. 763 LEC establece un proceso cuyo objeto es la pretensión dirigida a obtener una previa autorización judicial para el «el internamiento, por razón de trastorno psíquico, de una persona que no esté en condiciones de decidirlo por sí» o la ratificación del internamiento ya llevado a cabo cuando «razones de urgencia hicieren necesaria la inmediata adopción de la medida»[1]. Se trata de que la autoridad judicial pueda suplir la falta de consentimiento de la persona afectada por el internamiento.

1. Cabe ya adelantar que el inciso «el internamiento, por razón de trastorno psíquico, de una persona que no esté en condiciones de decidirlo por sí, aunque esté sometida a la patria potestad o a tutela, requerirá autorización judicial» del párrafo primero del artículo 763.1, así como el inciso «la autorización será previa a dicho internamiento, salvo que razones de urgencia hicieren necesaria la inmediata adopción de la medida» del párrafo segundo del artículo 763.1 han sido declarados inconstitucionales por

Por «internamiento», entiende la Real Academia Española[2] la «acción y efecto de internar o internarse», y por «internar», «disponer o realizar el ingreso de alguien en un establecimiento, como un hospital, una clínica, una prisión, etc.». Y aunque la LEC no especifique en general el tipo de establecimiento en que debe producirse el ingreso, la referencia al trastorno psíquico junto con la previsión que en el mismo artículo se hace de que el internamiento de menores se realizará siempre en un establecimiento de salud mental adecuado a su edad, deja poco margen de dudas acerca de la naturaleza de dicho centro.

Explica Gimeno Sendra[3] que en este artículo 763 LEC se regula el internamiento de una persona en un centro psiquiátrico «no voluntario» en el doble supuesto de que la persona afectada se niegue al ingreso o de que, aun cuando no se oponga o incluso esté de acuerdo, su estado psíquico le impida tener plena conciencia de su decisión, ya que el acto de voluntad libre e informado ha de ser del propio afectado, sin que, en su caso, pueda ser sustituido por el de quien ostente la patria potestad o la tutela.

El internamiento involuntario del presunto incapaz puede ser acordado mediante este proceso del art. 763 LEC, pero también, como se ha visto anteriormente, como medida cautelar mientras se tramita el proceso de incapacitación, o como medida definitiva en la propia sentencia que ponga fin al proceso de incapacitación o al de modificación de la extensión de la capacidad[4]. Por eso, a juicio de GIMENO[5], la explicación –y la justificación– del tratamiento procesal del supuesto recogido en el art. 763 LEC ha de encontrarse en que regula un supuesto distinto. Se trata aquí de la necesaria

---

Sentencia del Tribunal Constitucional (Sala Pleno) núm. 132/2010 de 2 diciembre 2010 (RTC 2010, 132), al entender que tales preceptos, por afectar a derechos fundamentales, deberían regularse mediante ley orgánica. No obstante, para no crear en el ordenamiento jurídico un indeseable vacío, no declara el Tribunal Constitucional la nulidad de tales preceptos, instando al legislador a regular la materia mediante ley orgánica a la mayor brevedad.

2. Real Academia Española: *Diccionario de la lengua española (DRAE),* op. cit.
3. Gimeno Sendra, V.: *Derecho procesal civil II, Los procesos especiales,* págs. 300 Y 301.
4. Como explica el Tribunal Constitucional, «En nuestro ordenamiento jurídico, el art. 763 LEC regula los requisitos y actos esenciales para la adopción de la medida cautelar civil de internamiento no voluntario por razón de trastorno psíquico. Ésta podría también imponerse como medida definitiva en la Sentencia que declare la incapacidad del demandado (art. 760.1 LEC), en cuyo caso el precepto es aplicable también para articular la revisión judicial de la medida cada seis meses –o plazo inferior, si así se fija– en previsión de un esperable o eventual, según el caso, cambio de circunstancias». Tribunal Constitucional (Sala Segunda), Sentencia núm. 141/2012 de 2 julio (RTC 2012, 141).
5. Gimeno Sendra, V.: *Derecho procesal civil II, Los procesos especiales,* pág. 301.

autorización o ratificación judicial requerida para un internamiento en un centro psiquiátrico, aun cuando por su propio carácter este internamiento sea temporal, en supuestos de naturaleza reversible. Esto es, se trata de una medida excepcional, necesaria y limitada en el tiempo, que debe estar motivada por razones de trastorno psíquico. Y además, para que pueda realizarse el internamiento sin previa autorización, debe concurrir una urgencia tal que haga necesaria la inmediata adopción de la medida.

Esta materia ha sido tradicionalmente una cuestión escasamente regulada en la legislación española. No obstante, podemos hacer referencia a algunos antecedentes legislativos.

2. ANTECEDENTES LEGISLATIVOS

Prescindiendo de antecedentes más remotos, entre los que destaca la Ley de Alienados francesa de 1838, y en ya en España los Reales Decretos de 12 y 19 de mayo de 1885[6], suele citarse el Decreto de 3 de julio de 1931 «sobre asistencia a los enfermos mentales», dictado poco después de proclamarse la II República, y que contemplaba cuatro tipos de internamiento: el internamiento voluntario, el internamiento por orden judicial, el internamiento por indicación médica y el internamiento gubernativo para observación.

Estas dos últimas formas recibieron duras críticas por parte de la doctrina[7], que entendía que dichas modalidades carecían de garantías suficientes, sobre todo por faltar el control judicial.

6. Aprobaban éstos, respectivamente, el Reglamento Orgánico para el régimen y gobierno interior del Manicomio de Santa Isabel de Leganés y las reglas para el ingreso de los dementes en los manicomios del Estado, provinciales y particulares, y que, como indica BARRIOS FLORES, cuyo estudio recomendamos si se desea ver un buen repaso histórico de estos antecedentes, «fueron los primeros en ocuparse en nuestro país del internamiento de los locos o dementes, (ya que el resto de la legislación hasta ahora analizada tuvo por objeto la organización asistencial y cuestiones competenciales)». BARRIOS FLORES, L. F.: *La regulación del internamiento psiquiátrico involuntario en España: carencias jurídicas históricas y actuales, en Derecho y Salud,* Vol. 22, núm. 1, Ene-Jun. 2012, pp. 31-56. ISSN 1133-7400.

7. Esta regulación ya fue criticada en su día por DE CASTRO en su *Derecho Civil de España,* así como por un amplio sector de la doctrina.
MARÍN LÓPEZ afirma que «con frecuencia se recurrió a este internamiento para reprimir conductas desviadas (homosexualidad, adulterio) que nada tenían que ver con las enfermedades psiquiátricas; lo que se encontraba propiciado por la indeterminación y ambigüedad de las razones del internamiento ("estado de peligrosidad", peligro inminente para la tranquilidad o la seguridad públicas». MARÍN LÓPEZ, J.J.: *El internamiento de incapaces,* CGPJ, 1994, pág. 148.

El Decreto de 1931 debió entenderse derogado por la Constitución de 1978, pues vulneraba lo establecido en sus artículos 53.2 y 17.1, así como lo dispuesto en el Convenio de Protección de los Derechos Humanos y de las Libertades Fundamentales hecho en Roma el 4 de noviembre de 1950, que declara que «toda persona tiene derecho a la libertad y a la seguridad. Nadie puede ser privado de su libertad, salvo en los casos siguientes y con arreglo al procedimiento establecido por la Ley», siendo tales casos «si se trata del internamiento, conforme a derecho, de una persona susceptible de propagar una enfermedad contagiosa, de un enajenado, de un alcohólico, de un toxicómano o de un vagabundo» (art. 5.1.e).

No obstante, no fue hasta 1983, cuando la Ley 13/1983 de 24 de octubre derogó expresamente el Decreto de 1931 e introdujo un nuevo texto en el art. 211 CC, hasta entonces referido a la tutela legítima:

«El internamiento de un presunto incapaz requerirá la previa autorización judicial, salvo que razones de urgencia hicieren necesaria la inmediata adopción de tal medida, de la que se dará cuenta cuanto antes al juez y, en todo caso, dentro del plazo de veinticuatro horas.

El juez, tras examinar a la persona y oír el dictamen de un facultativo por él designado, recabará información sobre la necesidad de proseguir el internamiento, cuando lo crea pertinente y, en todo caso, cada seis meses, en forma igual a la prevista en el párrafo anterior, y acordará lo procedente sobre la continuación o no del internamiento».

La Sentencia del Tribunal Constitucional 112/1988 de 8 de junio (RTC 1988, 112), siguiendo la doctrina del Tribunal Europeo de Derechos Humanos, consideró que salvo en casos de urgencia, la legalidad del internamiento de un enajenado precisaba del cumplimiento de las siguientes condiciones mínimas:

a) Haberse probado de manera convincente la enajenación mental del interesado, es decir, haberse demostrado ante la autoridad competente por medio de un dictamen pericial médico objetivo la existencia de una perturbación mental real.

b) Que ésta revista un carácter o amplitud que legitime el internamiento.

c) Dado que los motivos que originariamente justificaron esta decisión pueden dejar de existir, es preciso averiguar si tal perturbación persiste y en consecuencia debe continuar el internamiento en interés de la seguridad de los demás ciudadanos, es decir, no puede prolongarse válidamente el internamiento cuando no subsista el trastorno mental que dio origen al mismo.

Destaca en esta doctrina cómo una de las finalidades del internamiento es la protección de la comunidad. No obstante, existe una corriente doctrinal que defiende que la finalidad del internamiento involuntario por trastorno psíquico debe ser única y exclusivamente la protección del propio enfermo[8], entendiendo que en lo demás serán aplicables las normas de protección del orden público. Sin embargo, cabe señalar que en el Derecho comparado no son infrecuentes las previsiones legales que permiten el internamiento de personas que pudieran resultar peligrosas para sí mismas o para los demás[9]. Y también en nuestra jurisprudencia menor se admite la aplicación de la medida cuando el enfermo mental sea peligroso tanto para sí mismo como para otros[10].

La Ley Orgánica 1/1996, de 15 de enero, de Protección Jurídica del Menor, vino a dar una nueva redacción al art. 211 CC que esencialmente, es la que pasó luego a la LEC de 2000:

«El internamiento por razón de trastorno psíquico, de una persona que no esté en condiciones de decidirlo por sí, aunque esté sometida a la patria potestad, requerirá autorización judicial. Ésta será previa al internamiento, salvo que razones de urgencia hiciesen necesaria la inmediata adopción de la medida, de la que se dará cuenta cuanto antes al Juez y, en todo caso, dentro del plazo de veinticuatro horas. El internamiento de menores, se realizará en todo caso en un establecimiento de salud mental adecuado a su edad, previo informe de los servicios de asistencia al menor.

---

8. En este sentido, Bustos Valdivia, I.: *Consideraciones sobre el internamiento por razón de trastorno psíquico a partir de la Ley Orgánica de Protección Jurídica del Menor de 15 de mayo de 1996. Actualidad Civil,* ISSN 0213-7100, N° 4, 2000, págs. 1289-1307.
9. Puede citarse la transformación de la legislación de internamiento civil involuntario en Estados Unidos entre 1964 y 1979, que abandonó el estándar histórico de autorizar el internamiento sólo cuando fuese necesario para aplicar un tratamiento, admitiendo las legislaciones de los distintos Estados la posibilidad de internamiento de una persona en función de su peligrosidad social. Esta línea basada en la peligrosidad fue seguida por otros países como Austria, Bélgica, Alemania, Israel, Holanda, Irlanda del Norte, Rusia, Canadá y Taiwán. El Acta de Salud Mental de 1983 en Inglaterra y Gales, supone no obstante, un modelo alternativo, fijando el criterio de la necesidad de tratamiento en un hospital para garantizar la salud y seguridad del paciente, aunque también la protección de terceras personas. Encontramos un buen repaso al estado de la cuestión en el Derecho comparado en Esbec Rodríguez, E., en ponencia publicada en *Revisión de los procedimientos relativos a la incapacidad,* op. cit.
10. Así, Audiencia Provincial de Almería (Sección 3ª), Auto núm. 21/2005 de 11 mayo (JUR 2006, 31514).

El Juez, tras examinar a la persona y oír el dictamen de un facultativo por él designado, concederá o denegará la autorización y pondrá los hechos en conocimiento del Ministerio Fiscal, a los efectos prevenidos en el artículo 203.

Sin perjuicio de lo previsto en el artículo 269.4º, el Juez de oficio, recabará información sobre la necesidad de proseguir el internamiento, cuando lo crea pertinente, y, en todo caso, cada seis meses, en forma igual a la prevista en el párrafo anterior, y acordará lo procedente sobre la continuación o no de internamiento»[11].

Veamos a continuación cuál es la actual regulación contenida en la vigente LEC de 2000.

3. REGULACIÓN ACTUAL DE LA MATERIA EN LA LEY DE ENJUICIAMIENTO CIVIL. NATURALEZA Y OBJETO DEL PROCESO

En la actualidad, con la regulación establecida en la LEC de 2000, ya no hay diferencia entre los supuestos de internamiento de una persona antes y después de haber sido declarada incapaz, pues conforme a lo dispuesto en el art. 271.1 CC, el tutor necesita autorización judicial para internar al tutelado en un establecimiento de salud mental o de educación o formación especial. La regulación legal es así la misma para ambos casos.

La única diferencia viene establecida entre los internamientos normales y los internamientos excepcionales por motivo de urgencia, estableciendo el art. 763 LEC lo siguiente:

«1. El internamiento, por razón de trastorno psíquico, de una persona que no esté en condiciones de decidirlo por sí, aunque esté sometida a la patria potestad o a tutela, requerirá autorización judicial, que será recabada del tribunal del lugar donde resida la persona afectada por el internamiento. La autorización será previa a dicho internamiento, salvo que razones de urgencia hicieren necesaria la inmediata adopción de la medida. En este caso, el responsable del centro en que se hubiere producido el interna-

11. APARICIO AUÑÓN señala cómo la sustitución de la locución «internamiento... de un presunto incapaz» por la de «internamiento de una persona que no esté en condiciones de decidirlo por sí» eliminó algunos problemas interpretativos a que invitaba la expresión «presunto incapaz». APARICIO AUÑÓN, E.: *Comentarios a la Ley de Enjuiciamiento Civil*, op. cit.

miento deberá dar cuenta de éste al tribunal competente lo antes posible y, en todo caso, dentro del plazo de veinticuatro horas, a los efectos de que se proceda a la preceptiva ratificación de dicha medida, que deberá efectuarse en el plazo máximo de setenta y dos horas desde que el internamiento llegue a conocimiento del tribunal. En los casos de internamientos urgentes, la competencia para la ratificación de la medida corresponderá al tribunal del lugar en que radique el centro donde se haya producido el internamiento. Dicho tribunal deberá actuar, en su caso, conforme a lo dispuesto en el apartado 3 del artículo 757 de la presente Ley[12].

2. El internamiento de menores se realizará siempre en un establecimiento de salud mental adecuado a su edad, previo informe de los servicios de asistencia al menor.

3. Antes de conceder la autorización o de ratificar el internamiento que ya se ha efectuado, el tribunal oirá a la persona afectada por la decisión, al Ministerio Fiscal y a cualquier otra persona cuya comparecencia estime conveniente o le sea solicitada por el afectado por la medida. Además, y sin perjuicio de que pueda practicar cualquier otra prueba que estime relevante para el caso, el tribunal deberá examinar por sí mismo a la persona de cuyo internamiento se trate y oír el dictamen de un facultativo por él designado. En todas las actuaciones, la persona afectada por la medida de internamiento podrá disponer de representación y defensa en los términos señalados en el artículo 758 de la presente Ley[13]. En todo caso, la decisión que el tribunal adopte en relación con el internamiento será susceptible de recurso de apelación.

4. En la misma resolución que acuerde el internamiento se expresará la obligación de los facultativos que atiendan a la persona internada de informar periódicamente al tribunal sobre la necesidad de mantener la medida, sin perjuicio de los demás informes que el tribunal pueda requerir cuando lo crea pertinente. Los informes periódicos serán emitidos cada seis meses, a no ser que el tribunal, atendida la naturaleza del trastorno que motivó el internamiento, señale un plazo inferior. Recibidos los referidos informes,

12. Se establece aquí que «Las autoridades y funcionarios públicos que, por razón de sus cargos, conocieran la existencia de posible causa de incapacitación en una persona, deberán ponerlo en conocimiento del Ministerio Fiscal».

13. Esto es, «el presunto incapaz o la persona cuya declaración de prodigalidad se solicite pueden comparecer en el proceso con su propia defensa y representación». Y «si no lo hicieren, serán defendidos por el Ministerio Fiscal, siempre que no haya sido éste el promotor del procedimiento. En otro caso, el Tribunal designará un defensor judicial, a no ser que estuviere ya nombrado».

el tribunal, previa la práctica, en su caso, de las actuaciones que estime imprescindibles, acordará lo procedente sobre la continuación o no del internamiento. Sin perjuicio de lo dispuesto en los párrafos anteriores, cuando los facultativos que atiendan a la persona internada consideren que no es necesario mantener el internamiento, darán el alta al enfermo, y lo comunicarán inmediatamente al tribunal competente».

Cabe ya adelantar que el inciso «el internamiento, por razón de trastorno psíquico, de una persona que no esté en condiciones de decidirlo por sí, aunque esté sometida a la patria potestad o a tutela, requerirá autorización judicial» del párrafo primero del artículo 763.1, y el inciso «la autorización será previa a dicho internamiento, salvo que razones de urgencia hicieren necesaria la inmediata adopción de la medida» del párrafo segundo del artículo 763.1 han sido declarados inconstitucionales por Sentencia del Tribunal Constitucional (Sala Pleno) núm. 132/2010, de 2 diciembre 2010 (RTC 2010, 132), al entender que tales preceptos, por afectar a derechos fundamentales, deberían regularse mediante ley orgánica. No obstante, para no crear en el ordenamiento jurídico un indeseable vacío, no declara el Tribunal Constitucional la nulidad de tales preceptos, instando al legislador a regular la materia mediante ley orgánica a la mayor brevedad. En el apartado siguiente, analizaremos el mencionado pronunciamiento del Tribunal Constitucional.

Ahora, podemos concretar, en primer lugar, la naturaleza jurídica de este proceso regulado en este art. 763 LEC. Pese a que en ocasiones se ha pretendido ver en él un proceso de jurisdicción voluntaria, la necesidad de dotar al sujeto pasivo de las necesarias garantías en orden a asegurar la contradicción –como es la necesaria asistencia de Abogado y Procurador que establece el art. 758 LEC– hace que, en nuestra opinión, no pueda considerarse como tal. Al menos no según la concepción vigente de los actos de jurisdicción voluntaria según el art. 1.811 de la LEC de 1881, que dispone que «se considerarán actos de jurisdicción voluntaria todos aquellos en que sea necesaria, o se solicite la intervención del Juez sin estar empeñada, ni promoverse cuestión alguna entre partes conocidas y determinadas». Desde el momento en que se debe garantizar desde un principio la posibilidad de defensa del destinatario de la medida, el proceso se está configurando ya en forma contenciosa, y no puede por tanto hablarse de un acto inicialmente de jurisdicción voluntaria que se tornaría contencioso si hubiese oposición.

Y es que, frente a la parte que formule la solicitud, resultará obligada la audiencia del interesado, incluso desplazándose el Juzgado al centro sanitario si no resulta médicamente conveniente la comparecencia del enfermo en el órgano judicial, pues de otra manera se le causaría al enfermo una completa indefensión contraria a lo dispuesto en el art. 24 CE. Asimismo, como complemento de lo anterior, se le ha de comunicar la posibilidad de que se le nombre Abogado y Procurador de oficio, en cuyo caso el nombramiento debe hacerse de manera inmediata y sin perjuicio de que, posteriormente, se tramite el expediente de justicia gratuita, dado que así lo aconseja la urgencia del caso y que la privación de libertad de la persona enferma requiere que se actúe con la mayor rapidez[14].

El criterio para acordar el internamiento deberá ser terapéutico, con la finalidad de proporcionar el tratamiento más adecuado tendente a la curación del enfermo. Siguiendo en este punto a Gimeno Sendra[15], podemos decir que el objeto del proceso se concreta por tanto en la petición de una autorización judicial de internamiento con fines terapéuticos –no preventivos– o de una ratificación posterior que se prolonga –bajo control judicial– durante el tiempo necesario para la curación, de manera que cesa, sin intervención judicial, cuando los facultativos consideran que no es necesario mantener el internamiento.

Así, a tenor del art. 763.1 y 4, el internamiento objeto de la autorización viene determinado por tres requisitos:

1) Que la causa sea un «trastorno psíquico», concepto jurídico –y médico– mucho más indeterminado que el de «enfermedad» o «deficiencia persistente» que exige para la declaración de incapacidad el art. 199 CC.

2) Que la persona afectada «no esté en condiciones de decidir su internamiento por sí misma».

3) Que la medida sea necesaria para el tratamiento, debiendo cesar cuando los facultativos que la atiendan consideren que no es necesario mantener el internamiento «dando de alta al enfermo» (art. 763.4 *in fine*).

---

14. Esta doctrina viene avalada por la Sentencia núm. 48/2001 de 13 noviembre, del Tribunal Superior de Justicia de Madrid, (Sala de lo Contencioso-Administrativo, Sección 9ª) (RJCA 2002, 479) que, no obstante referirse a la medida cautelar de internamiento de una persona que padece una enfermedad contagiosa, aplica analógicamente, y siguiendo el criterio expuesto, el art. 763 LEC referente al internamiento no voluntario por razón de trastorno psíquico.
15. Gimeno Sendra, V.: *Derecho procesal civil II, Los procesos especiales,* op. cit., págs. 302 y 303.

Pese a que, como hemos apuntado, existe una corriente doctrinal que aboga por que la única finalidad del internamiento involuntario por trastorno psíquico sea única y exclusivamente la protección del propio enfermo[16], se admite también la posibilidad de internamiento no sólo cuando éste sea necesario para el tratamiento, sino también cuando el enfermo represente un peligro tanto para sí mismo como para los demás. Así, la Audiencia Provincial de Almería explica que «siendo sujetos del internamiento los presuntos incapaces por encontrarse afectados por enfermedades o deficiencias de carácter psíquico que les impiden gobernarse por sí mismos, para que resulte procedente la medida, habrá de evidenciarse tanto la necesidad o conveniencia para el propio afectado, desde el punto de vista terapéutico, como la peligrosidad del mismo para sí o para otros»[17].

Sin embargo, se deniega el internamiento, no considerándose por tanto aplicable el proceso previsto en el art. 763 LEC sino el de incapacitación, cuando no sea previsible que el tratamiento vaya a proporcionar una mejoría del enfermo[18]. La necesidad de asistencia psíquica o psiquiátrica por sí sola no justifica, por tanto, el internamiento. Y, claro está, tampoco está justificado el internamiento cuando los padecimientos no son psíquicos, sino sólo físicos.

En general, la doctrina considera que deben entenderse excluidos del ámbito de este artículo 763 LEC:

- Los ingresos hospitalarios de personas aquejadas de padecimientos físicos, aunque estén inconscientes.

16. En este sentido, BUSTOS VALDIVIA, I.: *Consideraciones sobre el internamiento por razón de trastorno psíquico a partir de la Ley Orgánica de Protección Jurídica del Menor de 15 de mayo de 1996,* op, cit.
17. Audiencia Provincial de Almería (Sección 3ª), Auto núm. 21/2005 de 11 mayo (JUR 2006, 31514).
18. Audiencia Provincial de Cádiz (Sección 5ª), Auto núm. 161/2012 de 18 diciembre (JUR 2013, 56229): «se trata de una persona de edad, con una serie de limitaciones físicas, y psíquicas, con un cierto deterioro cognitivo, más lo que no puede entenderse es que estemos en presencia de un Internamiento judicial, autorizado o ratificado, cuanto tal medida ni va a solucionar el problema, pues la enfermedad no va a mejorar, ni va a paliar la situación irreversible que le es propia, no viniendo condicionado el internamiento por una enfermedad en concreto y por una decisión médica que lo justifique, sino y al parecer, por razones asistenciales que son extrañas a la presente resolución, debiendo obtenerse la respuesta a través de los procesos declarativos de incapacidad, en los que se valore su capacidad para controlar y dirigir su persona y bienes, con adopción de medidas de protección adecuada, pudiendo, si fuese necesario el Ministerio Fiscal instar medidas cautelares, pero no el internamiento involuntario por razón de trastorno psíquico del art. 763 de la Ley de Enjuiciamiento Civil».

- Los internamientos en residencias de la tercera edad, si bien debe tenerse en cuenta la Instrucción de la Fiscalía General del Estado 3/1990, de 7 de mayo, sobre régimen jurídico que debe de regir para el ingreso de personas en residencias de la tercera edad[19].

---

19. La Instrucción de la Fiscalía General del Estado 3/1990, de 7 de mayo, sobre régimen jurídico que debe de regir para el ingreso de personas en residencias de la tercera edad, reconoce que «viene siendo usual que los ingresos sean convenidos entre los familiares del interno y el Centro, llegando incluso a pactarse el régimen del internamiento, restringiendo o excluyendo la libertad personal al convenirse el régimen de visitas, salidas al exterior e incluso comunicaciones telefónicas o postales, lo que puede resultar gravemente atentatorio a derechos constitucionales básicos y a la dignidad de las personas. Esta práctica se viene amparando muchas veces en la imposibilidad en que se halla el anciano para prestar su consentimiento en condiciones de validez jurídica, por encontrarse afectado de enfermedad física o psíquica».
Y recuerda que «Debe estarse al consentimiento del titular del bien jurídico que, en consecuencia, debe primar sobre cualquier condición, siempre, claro es, que se manifieste como expresión de una voluntad libre y consciente; en este supuesto, es el propio anciano quien contrata con el Centro las condiciones y servicios a prestar por este último durante el tiempo que dure el internamiento, sin que puedan imponerse al internado más restricciones que las derivadas del reglamento de régimen interno, que deberá estar aprobado por la Autoridad administrativa correspondiente, y las derivadas del respeto mutuo que exige la convivencia con otras personas.
En caso de enfermedad o deficiencia de carácter físico o psíquico, que impidan prestar tal consentimiento, a tenor de lo establecido en el artículo 211 del Código Civil, deberá recabarse preceptivamente la autorización judicial con carácter previo al ingreso, o comunicarlo a la autoridad judicial en el plazo de 24 horas en los supuestos de urgencia».
Por lo expuesto, dispone que «los señores Fiscales, en cumplimiento de sus obligaciones, encomendadas específicamente en el artículo 3.7 de su Estatuto Orgánico y al amparo de lo establecido en el artículo 4, especialmente los números 2,4 y párrafo último, deberán:
1.° Visitar cuando lo estimen oportuno y con la natural prudencia las Residencias de sus respectivos territorios, así como examinar los expedientes de los internados.
2.° Requerir información periódica a las autoridades administrativas en relación a las deficiencias observadas por sus propios servicios de inspección, por si de ellas pudiera derivarse responsabilidad penal.
3.° Si fuere preciso, no dudarán en dar a cuantos funcionarios componen la Policía Judicial las órdenes e instrucciones necesarias tendentes a la investigación de aquellos hechos que se consideren oportunos.
4.° Poner en conocimiento de la Autoridad administrativa cuantas irregularidades lleguen a su conocimiento, a fin de que se corrijan administrativamente cuando no sean constitutivas de infracción penal.
5.° De forma especial velarán para que el interés patrimonial de los internados no sufra menoscabo alguno, debiendo a tal fin promover la constitución de los organismos tutelares oportunos, en los casos en que el deterioro psicológico o Físico de los ancianos les impida o imposibilite la prestación de su consentimiento en actividades de disposición patrimonial».

- Los internamientos en centros de enseñanza, conventos de clausura, militares, etc.

En cambio, el internamiento de un menor incapacitado en un centro de educación especial sí requerirá autorización judicial, por imponerlo el art. 271.1º CC. Pero cuando el menor no haya sido incapacitado, aunque sea conveniente instar el proceso de incapacitación, entendemos que en el ejercicio de la patria potestad, podrán los padres proceder al internamiento aun sin autorización judicial, teniendo en cuenta que sólo los padres podrían promover el procedimiento, ostentando en exclusiva la legitimación activa para ello, pues «la incapacitación de menores de edad, en los casos en que proceda conforme a la Ley, sólo podrá ser promovida por quienes ejerzan la patria potestad o la tutela» (art. 757.4 LEC).

Es discutible si el artículo 763 LEC es de aplicación a los internamientos en centros de rehabilitación de alcoholismo, drogodependencia, etc., pues como observa APARICIO AUÑÓN[20], la política de estos centros de no admitir nada más que al que quiere curarse –es decir, al que ya tiene una voluntad resuelta a superar su dependencia– será raro que se presenten en este contexto casos de internamientos involuntarios. Pero si ocurrieran, entiende este autor que sólo entrarían dentro del ámbito del artículo estudiado si el sujeto tuviese trastornadas sus facultades mentales a consecuencia de la droga o el alcohol (podríamos añadir también el síndrome de abstinencia), pues es la incapacidad para decidir por sí mismo, a causa del trastorno mental, lo que legitima la actuación del juez para autorizar el internamiento, supliendo, en definitiva, la falta de consentimiento.

Tras el Curso sobre el ámbito de protección civil y penal de la persona con discapacidad celebrado en Valencia en mayo de 2013, los Jueces y Magistrados asistentes llegaron a las siguientes conclusiones en relación con el internamiento involuntario:

- «En España no se ingresa (interna) en unidades de agudos de psiquiatría por razón de discapacidad ni por razón de trastorno psíquico; se ingresa cuando una persona con un trastorno psíquico:

  a) se ha descompensado psicopatológicamente,

  b) la descompensación es grave,

20. APARICIO AUÑÓN, E.: *Comentarios a la Ley de Enjuiciamiento Civil,* op. cit.

c) requiere tratamiento y éste no puede llevarse en medio ambulatorio

d) la persona no es capaz de decidir por sí misma dada la ausencia de conciencia de enfermedad, la ausencia de conocimiento de causa y la alteración de su voluntad en ese momento.

- El objetivo del ingreso en unidad de agudos de psiquiatría es el tratamiento de la descompensación psicopatológica.
- La autorización judicial tiene por finalidad suplir la falta de consentimiento del paciente y controlar que se efectúa con la finalidad terapéutica que tiene el mismo. Dicha autorización se adecua a las exigencias de la Convención de los Derechos de las Personas con Discapacidad y demás tratados internacionales.
- Esta autorización se presta por el Juez con la intervención del Médico Forense y de los Facultativos que atienden al paciente.
- Caso de que el internamiento se prolongara más allá de un plazo razonable debería ratificarse por el Juez con las mismas garantías que para su adopción.
- Si la situación se mantiene por más de seis meses, el Ministerio Fiscal debería instar el proceso sobre capacidad sin perjuicio de que, finalizado el tratamiento, se reintegre la capacidad del paciente»[21].

En todo caso, la decisión de internamiento forzoso e involuntario debe considerarse una medida excepcional, y como toda medida de este carácter limitada en el tiempo, debiendo cesar cuando desaparezcan las excepcionales causas que la motivaron. Si habiendo finalizado el internamiento, la persona no hubiese sido judicialmente incapacitada pero ello fuese necesario para su protección jurídica, podrá promoverse el proceso de incapacitación.

4. DOCTRINA CONSTITUCIONAL RECIENTE SOBRE INTERNAMIENTOS NO VOLUNTARIOS

Antes de adentrarnos en el estudio de los trámites procesales establecidos en la LEC, conviene analizar la doctrina del Tribunal Constitucional en re-

21. El documento completo que recoge estas conclusiones puede consultarse en *http://www.poderjudicial.es/cgpj/es/Poder_Judicial/En_Portada/Conclusiones_del_curso_sobre_el_ambito_de_proteccion_civil_y_penal_de_la_persona_con_discapacidad.*

lación con la normativa española sobre internamientos no voluntarios tanto en su conjunto como más concretamente respecto de la constitucionalidad del internamiento urgente, así como sobre los presupuestos y requisitos necesarios para que tal medida no sea contraria al derecho fundamental a la libertad consagrado en el art. 17 CE.

4.1. La constitucionalidad de la normativa española sobre el internamiento no voluntario

El contenido del actual artículo 763 LEC está influido, en lo que a garantías procesales se refiere por dicha STC 129/1999, de 1 de julio (RTC 1999, 129), por la cual el Tribunal Constitucional desestimó la Cuestión de Inconstitucionalidad núm. 19/1994[22] dictando una sentencia interpretativa de la regulación procedimental del internamiento que en aquel momento se recogía en el art. 211 CC, y señalando ya entonces que el internamiento involuntario debía ser regulado mediante ley orgánica. Y así, se declaraba que «la garantía de la libertad personal establecida en el art. 17.1 de la Constitución alcanza, desde luego, a quienes son objeto de la decisión judicial de internamiento a que se refiere el art. 211 CC. Es, en efecto, doctrina de este Tribunal, que dentro de los casos y formas mencionados en el art. 17.1 "ha de considerarse incluida [...] la (detención regular... de un enajenado), a la que se refiere el art. 5.1 del Convenio Europeo de Derechos Humanos" (STC 104/1990, fundamento jurídico 2º [RTC 1990, 104]). En tanto que constitutiva de una privación de libertad, es obvio que la decisión de internamiento sólo puede ser acordada judicialmente y que, en lo que aquí importa, el precepto que la hace posible sólo puede ser una ley orgánica, pues, dada su condición de norma que fija uno de los casos en que una persona puede

22. La cuestión de inconstitucionalidad que dio lugar a esta sentencia fue planteada por el Juzgado de Primera Instancia e Instrucción de Orihuela (Alicante) sobre el párrafo 2º del artículo 211 del Código civil, sobre los siguientes extremos:
    1. Violación del derecho a no padecer indefensión, garantizado en el artículo 24.1 de la Constitución, por cuanto posibilita una resolución de internamiento sin requerir previamente la defensa de la persona afectada y posibilitar su oposición al internamiento.
    2. Vulneración del artículo 24.2 de la Constitución, por infringir el derecho fundamental a un proceso con todas las garantías y a utilizar los medios de prueba pertinentes.
    3. Contradicción con el artículo 17.1 de la Constitución, pues no existe una norma procesal que prevea la forma de privación de libertad. Además, esta norma procesal debería revestir el carácter de orgánica (art. 81 CE).

ser privada de libertad, concurre al desarrollo del derecho fundamental garantizado en el art. 17.1 (STC 140/1986 [RTC 1986, 140])».

Los pronunciamientos principales de dicha Sentencia fueron los siguientes:

- Los preceptos aplicables al internamiento del presunto incapaz eran las disposiciones generales de la jurisdicción voluntaria, recogidas en los artículos 1.881 a 1.824 de la Ley de Enjuiciamiento Civil de 1881.
- En todo caso, la persona afectada por la decisión de internamiento tenía ser oída, por existir un trámite específico de examen en el párrafo segundo del artículo 211 del Código civil, de modo que este examen podía hacer las veces de un trámite de audiencia.
- Se garantizaba la contradicción en el proceso, porque el Ministerio Fiscal debía ser oído con arreglo a la Disposición adicional tercera de la Ley Orgánica 1/1996 en relación con el artículo 1.815 de la LEC de 1881, y por la necesidad de oír el dictamen de un facultativo impuesta por el artículo 211 del Código civil, así como por la posibilidad de practicar todo tipo de pruebas (art. 1.816 LEC de 1881).
- Aunque el art. 211 del CC no preveía la posibilidad de que el afectado por la medida pudiera intervenir en el procedimiento personalmente o asistido de Abogado y Procurador, su defensa estaba asegurada por la posibilidad última de que ella misma o quien tuviera un interés legítimo se opusiera a la solicitud de internamiento (art. 1.817 LEC de 1881), así como por la posibilidad de interponer recurso de apelación y, además, porque la medida tenía carácter transitorio, siendo obligatoria su revisión de oficio, como mínimo, cada seis meses desde la decisión de internamiento.
- Finalmente, se decía que la norma que permitía el internamiento en nuestro ordenamiento no era el párrafo 2º del artículo 211 CC, sino el 1º, y que éste proviene de una ley orgánica, la Ley Orgánica 1/1996, de 15 de enero de protección jurídica del menor.

En definitiva, y como señalara SÁNCHEZ-CALERO ARRIBAS[23], se trataba de una interpretación muy forzada del art. 211 CC entonces vigente y de las

23. Apoya esta autora su posición en los siguientes argumentos: «difícilmente puede entenderse que el examen de la persona afectada equivale a darle audiencia, máxime cuando el Tribunal Supremo tiene declarado, en relación al artículo 208 del Código civil, relativo al procedimiento de incapacitación, que examinar a la persona consiste en su

normas procesales relativas a la jurisdicción voluntaria, para salvar al primero de la sanción de inconstitucionalidad.

Este contenido del anterior art. 211 CC ha sido declarado inconstitucional por Sentencia del Tribunal Constitucional 131/2010 de 2 de diciembre (RTC 2010, 131)[24], que resuelve la cuestión de inconstitucionalidad planteada por el Juzgado de Primera Instancia núm. 8 de La Coruña, en relación con el art. 211, párrafo primero, del Código Civil y con la disposición final vigésima tercera de la Ley Orgánica 1/1996, de 15 de enero, de protección jurídica del menor, por posible vulneración de los arts. 17.1 y 81.1

---

presencia ante el tribunal, en un examen directo del presunto incapaz que ni puede calificarse de reconocimiento judicial ni de inspección personal, y menos mezcla de ambos, sino que se trata de una prueba directa, legal, autónoma y obligada; la posibilidad de revisión de la medida de internamiento cada seis meses no puede considerarse como argumento para evitar la indefensión, puesto que todo internamiento, por corto que sea, supone una lesión al derecho fundamental de libertad personal; además, en relación a la reserva de ley orgánica, surgen dudas respecto de que puedan desligarse los párrafos 1° y 2° del artículo 211, porque ambos tratan y reconocen el internamiento (el primero establece la necesidad de autorización judicial, y el segundo, los trámites para obtenerla)». Sánchez-Calero Arribas, B.: *La actuación de los representantes legales en la esfera personal de menores e incapacitados,* Editorial Tirant Lo Blanch, S.L. 1ª ed., 1ª imp. (06/2005). Disponible en tirantonline.com con referencia TOL736.231.

24. Tribunal Constitucional (Sala Primera), Sentencia núm. 131/2010 de 2 diciembre (RTC 2010, 131): «procede declarar inconstitucional y nula la disposición final vigésima tercera de la Ley Orgánica 1/1996, de 15 de enero, de protección jurídica del menor, en cuanto atribuye, con infracción de lo dispuesto en los arts. 17.1 y 81.1 CE, carácter de Ley ordinaria a la disposición final duodécima de la propia Ley Orgánica 1/1996, por la que se dio nueva redacción al párrafo primero del art. 211 del Código Civil, dado que tiene por objeto una materia –la medida de autorización judicial de internamiento de personas que padezcan trastornos psíquicos– incluida en el ámbito de la reserva de Ley orgánica.
La declaración de inconstitucionalidad y nulidad de la disposición final vigésima tercera de la Ley Orgánica 1/1996 determina, en consecuencia, que el art. 211, párrafo primero, del Código Civil, en la redacción dada al mismo por la referida disposición final duodécima de la misma Ley Orgánica 1/1996, deba ser declarado inconstitucional por regular materia reservada a Ley orgánica, pero no nulo en este caso. Como este Tribunal ha declarado en diversas ocasiones, no siempre es necesaria la vinculación entre inconstitucionalidad y nulidad (por todas, SSTC 45/1989, de 20 de febrero, [RTC 1989, 45] F. 11; 138/2005, de 26 de mayo, [RTC 2005, 138] F. 6; 273/2005, de 27 de octubre, [RTC 2005, 273] F. 9; 236/2007, de 7 de noviembre, [RTC 2007, 236] F. 17; y 120/2010, de 24 de noviembre, [RTC 2010, 120] F. 6). Tal ocurre en el presente supuesto, pues la declaración de nulidad del art. 211, párrafo primero, del Código Civil, crearía un vacío en el ordenamiento jurídico, sin duda no deseable, máxime teniendo en cuenta que dicho precepto no ha sido cuestionado en su contenido material, esto es, no se ha discutido la pertinencia de la medida de internamiento de las personas incapacitadas por razón de trastorno psíquico en establecimiento de salud mental mediante autorización judicial, a lo que ha de añadirse que, en realidad, se trata de un precepto ya derogado».

de la Constitución. Pero pese a declararse inconstitucional, no se declara nulo, para evitar así, en palabras del Tribunal Constitucional, «un vacío en el ordenamiento jurídico, sin duda no deseable, máxime teniendo en cuenta que dicho precepto no ha sido cuestionado en su contenido material, esto es, no se ha discutido la pertinencia de la medida de internamiento de las personas incapacitadas por razón de trastorno psíquico en establecimiento de salud mental mediante autorización judicial, a lo que ha de añadirse que, en realidad, se trata de un precepto ya derogado».

El mismo texto del anterior art. 211 CC, en esencia recogido por el art. 763 LEC, ha sido a su vez declarado inconstitucional mediante Sentencia del Tribunal Constitucional 132/2010, de 2 de diciembre de 2010 (RTC 2010, 132), que resuelve la cuestión de inconstitucionalidad 4542/2001, en relación con el art. 763.1, párrafos primero y segundo, de la Ley 1/2000, de 7 de enero, de enjuiciamiento civil, por posible vulneración de los arts. 17.1 y 81.1 de la Constitución, cuestión interpuesta, al igual que la anterior, por el Juzgado de Primera Instancia núm. 8 de La Coruña.

Esta Sentencia 132/2010 ha declarado la inconstitucionalidad del primer inciso del párrafo primero del señalado art. 763.1 LEC, según el cual «el internamiento, por razón de trastorno psíquico, de una persona que no esté en condiciones de decidirlo por sí, aunque esté sometida a la patria potestad o a tutela, requerirá autorización judicial», así como la del primer inciso del párrafo segundo del mismo artículo que establece que «la autorización será previa a dicho internamiento, salvo que razones de urgencia hicieren necesaria la inmediata adopción de la medida».

No obstante, por virtud de la misma Sentencia, el texto completo del art. 763 LEC sigue vigente, al no anudarse a tal declaración la declaración de nulidad, pues como se afirma en la propia Sentencia, igual que en la anteriormente comentada 131/2010, «esta última crearía un vacío en el Ordenamiento jurídico no deseable».

Razona el Tribunal Constitucional que «ciertamente en ambos casos nos hallamos ante unos preceptos incluidos en una Ley ordinaria y dotados efectivamente de este carácter que, no obstante, regula una materia que, de acuerdo con la doctrina establecida en la STC 129/1999, (RTC 1999, 129) F. 2, es materia reservada a Ley orgánica (arts. 17.1 y 81.1 CE), de tal modo que vulneran el art. 81.2 CE», pero concluye que «a esta declaración de inconstitucionalidad no debe anudarse en este caso la declaración de nulidad pues esta última crearía un vacío en el Ordenamiento jurídico no deseable, máxime no habiéndose cuestionado su contenido material. Por otra parte, como recordamos en la antes aludida Sentencia del día de hoy en la cuestión de inconstitucionalidad núm. 4511-1999, (RTC 2010, 131) (F. 4), la posibilidad de no vincular inconstitucionalidad y nulidad ha sido reconocida por nuestra jurisprudencia»[25].

Considerando, en definitiva, estar en presencia de una vulneración de la Constitución que sólo el legislador puede remediar, finaliza instando al mismo para que, «a la mayor brevedad posible, proceda a regular la medida de internamiento no voluntario por razón de trastorno psíquico mediante Ley orgánica», lo cual, en el momento del cierre de esta obra, aún no se ha producido.

Por su parte, la STC 141/2012 de 2 julio (RTC 2012, 141), cuyos pronunciamientos expondremos a continuación, se refiere tanto a la constitucionalidad del internamiento urgente como a la constitucionalidad del control judicial de esta medida, estableciendo los requisitos que deben cumplirse en estos casos para que la medida sea constitucionalmente admisible y reiterando el requerimiento al legislador para que regule la materia mediante ley orgánica.

4.2. La constitucionalidad del internamiento urgente y del control judicial de dicho internamiento

Respecto de la posibilidad del internamiento urgente, se ha pronunciado la Sala Segunda del Tribunal Constitucional en Sentencia núm. 141/2012 de 2 de julio (RTC 2012, 141), resolviendo el recurso de amparo interpuesto por el sometido a internamiento involuntario urgente por trastornos psiquiátrico contra el auto del Juzgado de primera instancia núm. 16 de Granada, de 21 de mayo de 2007, y contra el auto de la Sección 5ª de la Audiencia Provincial de Granada, de 1 de abril de 2009, que ratificó el anterior.

La importancia de la Sentencia, como señala BERCOVITZ en un detallado estudio de la misma[26], es que en ella se especifica minuciosamente cuáles

25. Recordamos que decía el Tribunal Constitucional (Sala Primera), en la anterior Sentencia núm. 131/2010 de 2 de diciembre que «no siempre es necesaria la vinculación entre inconstitucionalidad y nulidad», citando por todas, SSTC 45/1989, de 20 de febrero, (RTC 1989, 45) F. 11; 138/2005, de 26 de mayo, (RTC 2005, 138) F. 6; 273/2005, de 27 de octubre, (RTC 2005, 273) F. 9; 236/2007, de 7 de noviembre, (RTC 2007, 236) F. 17; y 120/2010, de 24 de noviembre, (RTC 2010, 120) F. 6.

26. BERCOVITZ RODRÍGUEZ-CANO, R.: *Decálogo para los internamientos involuntarios urgentes por trastornos psiquiátrico,* en *Revista Doctrinal Aranzadi Civil-Mercantil* núm. 7/2012 parte

son los requisitos que se deben cumplimentar en dichos internamientos de urgencia, de los que derivan las garantías que nuestro ordenamiento ofrece a las personas sometidas a semejante procedimiento. Es de destacar que, en este caso, el internamiento no es decretado por un Juez, sino que fue ordenado inicialmente por la Dirección de una institución psiquiátrica, siendo la primera ocasión del Tribunal Constitucional para posicionarse acerca de este supuesto. Prescindiendo aquí de los concretos hitos históricos del caso en cuestión, que se comentan detalladamente en el citado estudio, nos centraremos nosotros en los fundamentos jurídicos de la Sentencia citada.

La Sentencia otorga el amparo solicitado, declarando que se ha vulnerado el derecho fundamental a la libertad personal (art. 17.1 CE) del recurrente, y le restablece en la integridad de su derecho mediante la declaración de nulidad de los mencionados autos.

Apunta el Tribunal Constitucional en esta Sentencia los presupuestos necesarios para que sea posible acordar el internamiento por vía de urgencia, explicando que «el legislador permite excepcionalmente y por "razones de urgencia que hicieren necesaria la inmediata adopción de la medida", que el responsable de un centro médico pueda ordenar el internamiento de una persona por razón de trastorno psíquico, con la obligación de comunicarlo al órgano judicial competente, a la sazón el Juzgado de Primera Instancia del lugar en que radique el centro, para que provea a la ratificación o no de la medida, previa realización de las diligencias determinantes a este fin:

a) Se configura como presupuesto objetivo de la medida la existencia en la persona de un trastorno psíquico, al que viene a sumarse la circunstancia de la «urgencia» o necesidad inmediata de la intervención médica para su protección. El significado de lo que ha de entenderse por trastorno psíquico, transitorio o permanente, en línea con lo dispuesto en instrumentos internacionales, remite a los conocimientos propios de la ciencia médica; sin que en ningún caso puedan considerarse como expresión de trastorno o enfermedad mental la discrepancia del afectado con los valores sociales, culturales, políticos o religiosos imperantes en la comunidad.

Tribuna. Editorial Aranzadi, SA, Pamplona. 2012. También en www.aranzadidigital.es, con ref. BIB 2012\3151. Concluye este autor señalando que muy probablemente un número importante de internamientos involuntarios urgentes se vienen realizando con infracción del derecho fundamental a la libertad personal, por lo que cabe esperar que la Sentencia sea ampliamente difundida, y que ello propicie una reducción significativa de esas hipotéticas irregularidades.

b) La procedencia de la medida y su completa duración, deben satisfacer en cada caso concreto los requisitos de necesidad y proporcionalidad».

En el Fundamento Jurídico 5, establece el Tribunal Constitucional cuatro exigencias derivadas del respeto al derecho fundamental a la libertad personal que consagra el art. 17 CE:

a) «Existencia de un informe médico que acredite el trastorno psíquico justificante del internamiento inmediato: si bien el responsable del centro médico está facultado para tomar *ab initio* la decisión de internar a la persona, es evidente que esto se condiciona al hecho de que consten acreditadas, en ese momento y tras su reconocimiento, la necesidad y proporcionalidad de la medida, de la que ha de informarse al interesado hasta donde le sea comprensible, debiendo quedar plasmado por escrito el juicio médico para su posterior control por la autoridad judicial.

b) Información al afectado o su representante acerca del internamiento y sus causas: resulta evidente que nadie puede ser privado de libertad sin conocer los motivos que lo determinan, como proclama el art. 17.2 CE para la detención.

c) Obligación del centro de comunicar al Juez competente el internamiento y los motivos que lo justificaron, en el plazo de 24 horas: la imposición de un límite temporal ha de venir impuesto por la norma legal de desarrollo, en este caso el ya citado art. 763 LEC, donde se señala que «el responsable del centro en que se hubiere producido el internamiento deberá dar cuenta de éste al tribunal competente lo antes posible y, en todo caso, dentro del plazo de veinticuatro horas, a los efectos de que proceda a la preceptiva ratificación de dicha medida». Plazo que el legislador actual o futuro no podría elevar en ningún caso más allá de las setenta y dos horas, al resultar vinculante en este ámbito privativo de libertad la limitación que fija el art. 17.2 CE para las detenciones extrajudiciales, el cual, como tenemos declarado, no opera con carácter exclusivo en el orden penal (SSTC 341/1993, de 18 de noviembre [RTC 1993, 341], F. 6; 179/2000, de 26 de junio [RTC 2000, 179], F. 2; y 53/2002, de 27 de febrero [RTC 2002, 53], F. 6). Se trata, en todo caso, no de un plazo fijo sino máximo, que por ende no tiene que agotarse necesariamente en el supuesto concreto ni cabe agotarlo discrecionalmente. De este modo, la comunicación al Tribunal habrá de efectuarla el director del centro en cuanto se disponga del diagnóstico que justifique el internamiento, sin más demora, siendo que las veinticuatro horas empiezan a contar desde el momento en que se produce materialmente el ingreso del afectado en el interior del recinto y contra su voluntad. Precisión esta última importante, en aquellos casos en los que la persona ha podido acceder inicialmente al tratamiento de manera voluntaria y en algún momento posterior exterioriza su cambio de criterio, siendo en ese preciso momento cuando, tornándose en involuntario, se precisará la concurrencia de los requisitos del art. 763.1 LEC para poder mantener el internamiento, empezando simultáneamente a correr el cómputo de las 24 horas para comunicarlo al órgano judicial. En todas aquellas situaciones donde el centro médico responsable incurra en exceso del plazo legal de las veinticuatro horas, la tutela judicial del afectado podrá ser recabada mediante el procedimiento de habeas corpus por su representante o familiares, aplicable también a este ámbito del internamiento *ex* art. 1 b) de la Ley Orgánica 6/1984, de 24 de mayo ("Las [personas] que estén ilícitamente internadas en cualquier establecimiento o lugar").

d) Control posterior sobre el centro: desde que tiene lugar la comunicación antedicha ha de considerarse que la persona pasa a efectos legales a disposición del órgano judicial, sin que ello exija su traslado a presencia física del Juez, como hemos tenido ocasión de precisar en el ámbito de las detenciones judiciales (SSTC 21/1997, de 10 de febrero [RTC 1997, 21], F. 4; y 180/2011, de 21 de noviembre [RTC 2011, 180], F .5). Traslado que además, tratándose de internamiento psiquiátrico, contradiría la necesidad misma de la medida, de allí que lo normal es que el examen judicial directo del afectado se realice en el propio establecimiento hospitalario. En todo caso, el director de este último sigue siendo responsable de la vida e integridad física y psíquica del interno mientras no acuerde el alta, bien por orden judicial o porque a criterio de los facultativos encargados se aprecie que han desaparecido o mitigado suficientemente las causas que motivaban el internamiento; incluso cuando tal ratificación judicial ya se hubiere producido».

El Fundamento Jurídico Sexto de la misma Sentencia del Tribunal Constitucional núm. 141/2012 de 2 de julio se refiere al control judicial en el internamiento urgente, señalando que se trata de la «expresión en nuestro sistema procesal del procedimiento revisor que resulta exigible *ex* art. 17.1 CE y que en este ámbito garantiza también el art. 5.4 del Convenio europeo para la protección de los derechos humanos y de las libertades fundamentales, y se regula en el propio art. 763 LEC que fija un plazo de setenta y dos horas, desde que se produce la comunicación al Tribunal competente de que ha tenido lugar la adopción de la medida por el centro, para que aquél practique las pruebas y ratifique el internamiento o, en caso contrario, ordene su cesación.

Interesa poner de manifiesto que el juicio de ratificación comprende desde luego la consideración del estado mental del interno a la fecha en que tienen lugar las pruebas judiciales sobre su persona, pero también la procedencia del internamiento cuando se adoptó por el responsable sanitario, esto es, la revisión de lo actuado por éste: primero porque el Juez, que es quien garantiza la tutela judicial efectiva (art. 24.1 CE), independiente (art. 117.1 CE) e imparcial (art. 24.2 CE) de los derechos del interno, debe determinar si la medida estuvo justificada en su origen, pues lo contrario llevaría a convertir la fase extrajudicial previa en un limbo sin derechos para el afectado. Pero segundo, porque si aparecen dudas fundadas acerca de la no necesidad de la medida en aquel primer instante y, sin embargo, sí parece justificarse a posteriori con el resultado de las pruebas judiciales, deberá dilucidar el Tribunal si ello se debe a la implementación –o no– de un tratamiento inadecuado para el paciente, lo que dejando al margen otras consecuencias legales, podría ser justo motivo para no ratificarla».

Señala también el Tribunal Constitucional, como garantías propias de esta fase del procedimiento, cohonestadas directamente con el derecho fundamental a la libertad (art. 17.1 CE), las siguientes:

a) «El Juez ha de informar al interno o a su representante acerca de su situación material y procesal, lo que implica a su vez el derecho del afectado (o su representante en su nombre) a ser oído personalmente dentro del procedimiento. Además y conforme recoge expresamente el art. 763.3 LEC, el privado de libertad también será informado de su derecho a contar con Abogado y Procurador en este trámite y de su derecho a la práctica de pruebas.

b) En el plano probatorio, además de efectuar el examen directo del interno en el centro, el Juez proveerá a la práctica del reconocimiento pericial por un médico designado por él.

c) Sin duda una de las principales garantías de este marco regulador del internamiento urgente lo constituye el límite temporal del que dispone el Juez para resolver, inédito hasta la aprobación de la LEC 1/2000. La base constitucional de dicho plazo, al tratarse de una privación de libertad judicial, no reside en el art. 17.2 CE, sino el art. 17.1 CE, como tenemos ya dicho (SSTC 37/1996, de 11 de marzo [RTC 1996, 37], F. 4; 180/2011, de 21 de noviembre [RTC 2011, 180], F. 2).

El plazo ha de considerarse improrrogable, tal como hemos reconocido con otros plazos de detención judicial que desarrollan el art. 17.1 CE [SSTC 37/1996, de 11 de marzo, F. 4); y 180/2011 de 21 de noviembre, FF. 5 y 6]. Por tanto no puede mantenerse el confinamiento de la persona si a su expiración no se ha ratificado la medida, ni cabe aducir dificultades logísticas o excesiva carga de trabajo del órgano judicial para justificar su demora, ni puede considerarse convalidado el incumplimiento porque más tarde se dicte el Auto y éste resulte confirmatorio. Vencido el plazo no desaparece la facultad del Juez para ordenar el internamiento, pero si éste se adopta deberá serlo estando el afectado en libertad, sin perjuicio de que tras esa ratificación deba ejecutarse la orden judicial con todos sus efectos. Otra interpretación llevaría a vaciar de contenido el límite previsto, confundiría lo que es una dilación procesal indebida con la lesión injustificada del derecho a la libertad e introduciría un abanico indefinido de flexibilidad, a todas luces peligroso e inconveniente.

Como consecuencia, la superación del plazo de las setenta y dos horas conllevará la vulneración del derecho fundamental del art. 17.1 CE.

En fin, las infracciones del procedimiento cometidas por el órgano judicial resultarán denunciables ante este mismo en orden a su inmediata reparación, solicitando una respuesta y en su caso recurriéndola. No obstante, en esta materia de internamiento involuntario civil hemos dejado abierta la puerta, en casos de inactividad objetiva del órgano judicial, para poder acudir al procedimiento de habeas corpus ante el Juez de instrucción competente en procura de la necesaria tutela de la libertad (STC 104/1990, de 4 de junio [RTC 1990, 104], F. 3)».

5. ESTUDIO DEL ART. 763 LEC

Vista la interpretación que el Tribunal Constitucional ha realizado del art. 763 LEC, pasaremos ahora al estudio pormenorizado del precepto y de los trámites procesales en él contenidos.

5.1. Intervención del Ministerio Fiscal

Hemos visto que el art. 763.3 LEC impone la necesidad de oír al Ministerio Fiscal antes de que la autorización sea concedida o de que se ratifique el internamiento. La actuación del Ministerio Fiscal en estos procesos deberá estar ordenada, del mismo modo que en el proceso de incapacitación y en el de reintegración o modificación del alcance de la incapacitación, por el criterio de defensa de la legalidad y del interés público, actuando por tanto de manera imparcial.

Como establece la Circular 1/2001, de 5 de abril de 2001, sobre la Incidencia de la nueva Ley de Enjuiciamiento Civil en la intervención del Fiscal en los procesos civiles, a pesar de que la Ley encomiende de manera particular al Juez el control de la ejecución de la medida, no puede el Fiscal permanecer ajeno a las vicisitudes del internamiento.

Al contrario, en la línea ya apuntada en su día por las Instrucciones 3/1990, de 7 de mayo, y 6/1987, de 23 de noviembre, se exige del Fiscal una actitud vigilante, que conlleva desde la posibilidad de pedir informes sobre la evolución del internamiento, con la periodicidad que se considere oportuna y que será en ocasiones inferior a la establecida en la Ley, hasta la necesidad de visitar periódicamente los centros de internamiento e interesarse por la situación de los internos, facultad reconocida a los Fiscales por el art. 4.2 EOMF y que en su día fue recordada por las citadas Instrucciones.

5.2. Competencia objetiva y territorial

En virtud de lo dispuesto en el art. 763 LEC, será competente para autorizar el internamiento el Juzgado de Primera Instancia del lugar donde resida la persona afectada por el internamiento, con la excepción del internamiento urgente, que deberá ser ratificado por el Juzgado de Primera Instancia del lugar en que radique el centro donde se haya producido el internamiento. Así, como observa Gimeno Sendra[27], la competencia en materia territorial viene regida por la exigencia del examen directo de la persona afectada por el Tribunal que ha de resolver.

Pero cuando se trata del control del internamiento ya realizado, frente al anterior criterio según el cual se consideraba competente en todo caso al

27. Gimeno Sendra, V.: *Derecho procesal civil II, Los procesos especiales,* op. cit., pág. 302.

juzgado del lugar en que se autorizó el mismo[28], en la actualidad se considera que si el enfermo ha sido ingresado o trasladado a un centro fuera de la circunscripción del Juzgado que autorizó el internamiento, la competencia para el control del internamiento corresponde al Juez del lugar al que ha sido trasladado el internado, evitándose así tener que recurrir al auxilio judicial o a la prórroga de jurisdicción[29].

5.3. Legitimación para promover el proceso

La LEC no especifica qué personas pueden solicitar el internamiento. Podría entenderse, como hace Gimeno Sendra[30], que es aplicable por analogía el art. 757 LEC, referido a la legitimación en los procesos de incapacitación y de declaración de prodigalidad, de modo que sólo estarían legitimados el cónyuge o persona que se encuentre en situación de hecho asimilable, descendientes, ascendientes, hermanos de la persona a internar o el Ministerio Fiscal si éstas no existieran o no lo hubiesen solicitado.

Aparicio Auñón[31] entiende, sin embargo, que cualquier persona puede solicitar la autorización, como sucede en la práctica, pues la LEC no especifica el tipo de interés legítimo que deba acreditarse, señalando asimismo

28. Así en Audiencia Provincial de Barcelona (Sección 18ª), Auto núm. 323/2005 de 21 diciembre (JUR 2006, 48305).
29. Como explica la Audiencia Provincial de Valencia: «La Sala tiene en cuenta para la resolución de este conflicto negativo de competencia la reciente jurisprudencia del Tribunal Supremo, que, con el antecedente del auto de 19 de octubre de 2.005 , se ha manifestado con claridad en los autos de 2 de diciembre y de 11 de diciembre de 2.008, y en el de 21 de enero de 2.009; estas resoluciones atribuyen la competencia para el control del internamiento al Juez del lugar al que ha sido trasladado el internado, que será, como dicen literalmente estos autos "el competente para realizar, de forma efectiva el directo control del internamiento, pues otra interpretación conduciría a la obligación de acudir a las vías de auxilio judicial o de la prórroga de jurisdicción para llevar a cabo la comprobación de cualquier dato relativo a la situación del enfermo, en lo referente a cuestiones jurídicas ordinarias y fundamentalmente a incidencias de carácter urgente relativas a su permanencia en el centro o a su tratamiento médico"; apoya esta conclusión el Alto Tribunal con la invocación de la Convención Internacional sobre los Derechos de las personas con discapacidad de 13 de diciembre de 2.006; en su artículo 12.4 este instrumento internacional prevé que las salvaguardias sobre las medidas relativas al ejercicio de la capacidad jurídica respeten los derechos, la voluntad y las preferencias de la persona, se apliquen en el plazo más corto posible y que estén sujetas a exámenes periódicos por parte de una autoridad judicial competente, independiente e imparcial». Audiencia Provincial de Valencia (Sección 10ª), Auto núm. 101/2010 de 11 marzo (JUR 2010, 196591).
30. Gimeno Sendra, V.: *Derecho procesal civil II, Los procesos especiales,* op. cit., págs. 303 y 304.
31. Aparicio Auñón, E.: *Comentarios a la Ley de Enjuiciamiento Civil,* op. cit.

este autor que no será necesaria la forma de demanda de juicio verbal, pues tal exigencia no sería compatible con el objeto de la tutela –que es obtener una autorización judicial– ni con la naturaleza del procedimiento. Tampoco sería necesario abogado ni procurador para pedir la autorización, aunque naturalmente, la persona afectada pueda comparecer con abogado y procurador para oponerse.

Por nuestra parte, consideraremos que, en puridad, lo más correcto sería aplicar por analogía el art. 757.3 LEC, según el cual «cualquier persona está facultada para poner en conocimiento del Ministerio Fiscal los hechos que puedan ser determinantes de la incapacitación», de modo que sea el Ministerio Fiscal quien a la menor brevedad proceda a formalizar la solicitud, lográndose así también una mayor rapidez en la resolución del proceso al poner en su conocimiento directamente los hechos, sin pasar previamente por el Juez, dado que de todos modos, el Ministerio Fiscal tiene que ser oído en el procedimiento, como impone el art. 763.3 LEC.

Del mismo modo, en los casos de ratificación de internamientos urgentes, a pesar de que establece la LEC que «el responsable del centro en que se hubiere producido el internamiento deberá dar cuenta de éste al tribunal competente lo antes posible y, en todo caso, dentro del plazo de veinticuatro horas, a los efectos de que se proceda a la preceptiva ratificación de dicha medida», para obtener una tutela más rápida, y dado que es también necesaria la intervención del Ministerio Fiscal, por lo que el Juez tiene que *salir en su busca* (último inciso del tercer párrafo del art. 763.1 en relación con apartado 3 del artículo 757 LEC), lo ideal sería que los hechos se pusieran directamente en conocimiento del Ministerio Fiscal, y que ya éste los pusiera en conocimiento del Juez, acompañando un informe con su parecer.

Asimismo, y toda vez que la LEC no especifica a quién corresponde llevar a cabo materialmente el internamiento, parece que en una situación de urgencia podría ser realizado por cualquiera, comunicándolo al tribunal competente (o mejor, como proponemos, al Ministerio Fiscal) a la mayor brevedad y en todo caso en el plazo de 24 horas, como establece el art. 763.1 LEC, del mismo modo que el art. 490 de la Ley de Enjuiciamiento Criminal permite a cualquier persona proceder a la detención de otra en determinados supuestos. Y por las razones anteriormente expuestas, habrá que entender que cuando cualquier persona obre así y ponga los hechos en conocimiento del Ministerio Fiscal y no directamente del

Tribunal como indica la LEC, no estará tampoco cometiendo un delito de detención ilegal[32].

5.4. Trámites obligatorios

En el proceso de internamiento, la LEC impone la práctica de unas pruebas o audiencias preceptivas, lo mismo que en el proceso de declaración de la incapacidad y en el de reintegración de la capacidad o modificación del alcance de la incapacitación. Así, antes de conceder la autorización o ratificar el internamiento urgente, el tribunal deberá llevar a cabo los trámites que a continuación expondremos y, que tal y como señala GIMENO SENDRA[33], no obstante las dificultades de aplicación, deberán acomodarse al juicio verbal por establecerlo, con carácter general, el art. 753 LEC y no haberse hecho en este precepto la expresa disposición en contrario que el mismo artículo exige:

- Oír a la persona afectada y examinarla. Apunta APARICIO AUNÓN[34] que el examen es esencial porque el Juez ha de comprobar que el enfermo no está en condiciones de decidir por sí mismo, aunque debe tenerse en cuenta que la audiencia no siempre será posible si la enfermedad impide toda forma de comunicación. El tribunal deberá, de todas formas, posibilitar la audiencia por todos los medios posibles de comunicación accesibles al enfermo. En efecto, al igual que en el proceso sobre la capacidad de la persona la presunción hasta

32. Conviene recordar que el art. 163 del Código Penal establece lo siguiente:
«1. El particular que encerrare o detuviere a otro, privándole de su libertad, será castigado con la pena de prisión de cuatro a seis años.
2. Si el culpable diera libertad al encerrado o detenido dentro de los tres primeros días de su detención, sin haber logrado el objeto que se había propuesto, se impondrá la pena inferior en grado.
3. Se impondrá la pena de prisión de cinco a ocho años si el encierro o detención ha durado más de quince días.
4. El particular que, fuera de los casos permitidos por las leyes, aprehendiere a una persona para presentarla inmediatamente a la autoridad, será castigado con la pena de multa de tres a seis meses».
Y que el art. 167 del mismo Código Penal, por su parte, se refiere a «la autoridad o funcionario público que, fuera de los casos permitidos por la Ley, y sin mediar causa por delito, cometiere alguno de los hechos descritos en los artículos anteriores», castigándolo «con las penas respectivamente previstas en éstos, en su mitad superior y, además, con la de inhabilitación absoluta por tiempo de ocho a doce años».
33. GIMENO SENDRA, V.: *Derecho procesal civil II, Los procesos especiales,* op. cit., pág. 305
34. APARICIO AUÑÓN, E.: *Comentarios a la Ley de Enjuiciamiento Civil,* op. cit.

que se dicte sentencia debe ser de capacidad y no de incapacidad, en este proceso la presunción debe ser de capacidad para decidir por sí mismo y no al revés (aunque lógicamente existan indicios de que así sea), y por eso debe facilitarse la contradicción y el derecho de defensa de la persona para la que se solicite la medida, mediante la asistencia de Abogado y la representación por Procurador, facilitándose en su caso la designación de profesionales del Turno de Oficio. En caso contrario, se estaría vulnerando el derecho de defensa consagrado en el art. 24 CE.

- Oír al Ministerio Fiscal y a cualquier otra persona que le indique el afectado o considere conveniente el tribunal.
- Oír el dictamen de un facultativo por él designado. La previsión de que el facultativo sea designado por el Juez parece justificarse por no ser aconsejable que informe el mismo médico que pudiera estar ya tratando al enfermo.
- Practicar cualquier otra prueba que estime relevante al caso, que según Aparicio Auñón[35] se practicarán sin necesidad de solicitud ni solemnidad alguna, al modo de la jurisdicción voluntaria (art. 1.816 LEC de 1881). En los casos de ratificación de un internamiento urgente, estima este autor que las garantías debieran ser las mismas, pero como también observa, es obvio que todas las diligencias no podrán siempre practicarse en el plazo de 72 horas a que conmina el precepto.
- Cabe añadir que en el caso de los internamientos de menores, el tribunal deberá recabar, además, el informe de los servicios de asistencia del menor (art. 763.2 LEC).

Cuando se trate de la ratificación del internamiento ya producido sin autorización judicial, estas pruebas deberán practicarse en el plazo máximo de 72 horas desde que el internamiento llegue a conocimiento del tribunal (art. 763.1 párrafo 2º LEC). Observa con buen tino Gimeno Sendra[36] que este plazo máximo coincide con el de la detención preventiva no judicial previsto en el art. 17.2 CE.

35. Ibídem.
36. Gimeno Sendra, V.: *Derecho procesal civil II, Los procesos especiales,* op. cit., pág. 305.

5.5. Decisión y recursos

La LEC no especifica el tipo de resolución que habrá de poner fin a este proceso. Para GIMENO SENDRA[37], esta resolución deberá ser una resolución motivada que, por su trascendencia en el derecho fundamental a la libertad (art. 17 CE), debería revestir las máximas formalidades, y por lo tanto adoptar la forma de sentencia. Aunque obviamente no puede negar este autor el hecho de que el legislador eluda este término, motivo por el que un sector de la doctrina sostiene el carácter de procedimiento de jurisdicción voluntaria de la autorización del internamiento y estime que debe finalizar por auto.

Quizás esta indeterminación de la Ley viene propiciando que en la práctica este procedimiento se resuelva, en efecto, mediante auto, como si se tratase de un acto de jurisdicción voluntaria. Sin embargo, en nuestra opinión, como decimos, este proceso del art. 763 LEC no puede considerarse de jurisdicción voluntaria desde el momento en que el derecho de defensa (art. 24 CE) concretado en estos procesos en el art. 758 LEC (al que expresamente remite el art. 763) permite al presunto incapaz comparecer en el proceso con su propia defensa y representación. Esto configura el proceso como contradictorio, de modo que no estamos ante un procedimiento en que «sea necesaria, o se solicite la intervención del Juez sin estar empeñada, ni promoverse cuestión alguna entre partes conocidas y determinadas» (art. 1.811 LEC de 1881) pudiendo tornarse contencioso, sino que es contencioso desde un principio, y por lo tanto, en puridad, debería terminar mediante sentencia.

Estableciendo expresamente el art. 763.3 (último párrafo) de la LEC que «en todo caso, la decisión que el tribunal adopte en relación con el internamiento será susceptible de recurso de apelación», cabe apuntar que éste será admisible en un solo efecto, pues conforme al art. 456.2 LEC «la apelación contra sentencias desestimatorias de la demanda y contra autos que pongan fin al proceso carecerá de efectos suspensivos, sin que, en ningún caso, proceda actuar en sentido contrario a lo que se hubiese resuelto».

Asimismo, defiende APARICIO AUÑÓN[38] que la sentencia será susceptible de recurso de casación conforme al art. 477.2.1° por afectar al derecho fundamental a la libertad consagrado en el art. 17 CE. Sin embargo, con la actual regulación y ante el silencio que al respecto guarda la LEC, la costumbre de dictar auto en lugar de sentencia cierra de hecho la puerta a la

37. Ibídem.
38. APARICIO AUÑÓN, E.: *Comentarios a la Ley de Enjuiciamiento Civil,* op. cit.

casación, pues establece el citado artículo 477 de la LEC que serán recurribles en casación «las sentencias dictadas en segunda instancia por las Audiencias Provinciales». Por otro lado, no nos parece que tales resoluciones sean dictadas, como establece la LEC para que sea admisible el recurso de casación, «para la tutela judicial civil de derechos fundamentales», pues la finalidad de la intervención judicial en estos casos es precisamente restringir el derecho a la libertad por causas justificadas, pero no «tutelarlo», en sentido estricto, a instancia de la parte demandante.

6. LA PROBLEMÁTICA DEL INTERNAMIENTO DE ANCIANOS EN RESIDENCIAS PARA LA TERCERA EDAD

La cuestión relativa a si es o no necesaria autorización judicial en virtud del art. 763 de la LEC para el ingreso no voluntario de personas de avanzada edad que por razón de un proceso degenerativo no pueden prestar su consentimiento y son ingresadas por sus familiares en algún centro asistencial o residencia, viene siendo resuelta por nuestras Audiencias en dos sentidos completamente contrapuestos, entendiendo un sector que podríamos considerar mayoritario que tales internamientos no voluntarios no requieren autorización judicial y otro que sí es necesaria tal autorización.

Por su claridad expositiva, nos remitiremos al planteamiento de la cuestión que, con cita de doctrina precedente de otras Audiencias, hace la Audiencia Provincial de Pontevedra en su Auto núm. 80/2011 de 8 abril (AC 2011, 1183):

«El internamiento de personas de la tercera edad que no están en situación de decidir por sí mismas comporta una privación del derecho a la libertad. No (cabe hacer) diferenciación, a estos efectos, entre establecimientos geriátricos y psiquiátricos».

Lo que, a la postre, se pretende y está en juego no es sino el internamiento en establecimiento cerrado de persona que no está en condiciones de consentir o decidir por sí misma sobre su ingreso y permanencia en el centro, lo que da lugar a que ese internamiento sea decidido por terceros sin o contra su voluntad, y ello, quiérase o no, supone una privación de libertad y como tal se hace acreedora de las garantías que establece el art. 17.1 de la CE y 5 del Convenio Europeo de Derechos Humanos. Y bajo tal perspectiva debe ser interpretado el art. 763 de la LEC, único instrumento legal que en nuestro ordenamiento jurídico regula los internamientos no voluntarios de personas que carecen de conocimiento y entendimiento para decidir sobre su propio ingreso.

Atento a la situación que en aquel momento se le planteaba al legislador, es probable que en la redacción del art. 763 de la LEC tuviera presente los internamientos en centros psiquiátricos. Pero ha de hacerse notar que a lo largo del texto del apartado 1 del citado precepto sólo se habla de «centro», sin otro aditamento restrictivo. Sólo en el apartado 2, y en relación con los menores, se habla de establecimiento de salud mental.

Debe advertirse que, desde una perspectiva más amplia, el propio legislador está admitiendo internamientos en centros diversos, no estrictamente psiquiátricos, para los que también concibe la necesidad de autorización o control judicial; véase sino el art. 271 del CC que exige autorización judicial para que el tutor pueda internar al tutelado en un establecimiento de salud mental o de educación o formación especial.

Dice el AAP de Valencia de 6-5-2002 (JUR 2002, 231317) que el hecho que se trate de un centro especializado en tratamiento geriátrico no sirve para rechazar *a priori* la posibilidad de un ingreso psiquiátrico, cuando lo relevante es el estado del enfermo que sufre de padecimientos que le imposibilitan de decidir por sí. E independientemente que también en los centros de la tercera edad se realizan cuidados y se puede proporcionar tratamiento médico y farmacológico de control de las enfermedades psiquiátricas con personal específico, dentro de un grado que no exija el ingreso en otros centros más especializados.

Lo que verdaderamente ha de tenerse por decisivo no es tanto el tipo de establecimiento cuanto el hecho capital de que el sujeto carezca de discernimiento para decidir sobre el internamiento y de que se trate de establecimiento donde la persona ingresada esté privada de libertad deambulatoria (en este sentido AAP de Toledo de 16-1-2003 [AC 2003, 248]). Que el internamiento sea en un centro especializado para enfermos mentales o en un geriátrico en nada modifica lo sustancial: el internamiento no voluntario como medio de prestar la asistencia necesaria al estado y condiciones del sujeto. Y ello en el entendimiento, como es lógico, de que cuando se habla de internamiento, lo es con referencia a establecimientos en los que existen barreras, físicas o personales, que impidan su abandono voluntario y libre. No cabe hablar de internamiento –y, por tanto, de necesidad de régimen de garantías– si no se dan estas condiciones y el sujeto puede entrar y salir del establecimiento según su voluntad y conveniencia.

Puede decirse que el sistema de garantías protectoras de la libertad de las personas, la necesidad del control judicial, en definitiva, entra en juego y se hace preciso desde el momento en que concurren estos dos factores:

1. internamiento en régimen cerrado que comporta la privación de libertad deambulatoria y
2. que no sea voluntario (porque se actúa contra la voluntad del sujeto o porque no está en condiciones de prestarlo).

Por lo demás, de los geriátricos cabe afirmar que son a la vez centros de internamiento asistencial que, en ocasiones, proporcionan asistencia clínica, de ahí su carácter mixto. Por otro lado, cuando se habla de establecimiento de salud mental, debe darse cabida en este concepto a todos los servicios destinados a atender a las personas que padecen todo tipo de deficiencia que comporta la imposibilidad de decidir por sí mismos.

Dice a este propósito el AAP de Segovia de 27-3-2000 (AC 2000, 4094) que si la persona de que se trata, «además de su avanzada edad, la razón de su acogida en un centro de asistencia geriátrica es que padece una enfermedad o trastorno mental, que determina *a priori* la posibilidad de que nos encontramos ante un presunto incapaz, resulta al igual que ocurre con otros padecimientos psíquicos que debe ser autorizado judicialmente su internamiento; pues el mismo aunque obedezca en mayor o menor medida a una finalidad asistencial implica también necesariamente una finalidad terapéutica o al menos paliativa de su enfermedad mental; y así los exámenes, cuidados y supervisiones médicas que a tal fin se realizan y que determinan el parte que incluye la documentación que acompaña a la demanda»[39].

El Auto de la Audiencia Provincial de Pontevedra de donde hemos tomado el fragmento aquí expuesto, frente a razonamientos jurídicos que podemos encontrar en doctrina más antigua de nuestras Audiencias, presenta

39. Audiencia Provincial de Pontevedra (Sección 6ª), Auto núm. 80/2011 de 8 abril (AC 2011, 1183). Añade la Audiencia que «Importa sobremanera señalar que la realidad geriátrica se comprende dentro del amplio concepto de "salud mental". Así se deduce del texto de la Ley 14/1986, de 25 de abril, General de Sanidad; en su art. 20, al tratar de la salud mental y de su tratamiento en el ámbito comunitario, dice que se considerarán de modo especial los problemas relativos a la psiquiatría infantil y psicogeriatría. Es sabido que a la ancianidad van asociadas algunas enfermedades degenerativas que limitan y hasta anulan la capacidad cognoscitiva y volitiva; tal vez el caso más común y paradigmático sea el alzhéimer; pero no es la única, también debe contarse el párkinson que puede, en casos avanzados, provocar trastornos mentales, la enfermedad de Pick o la demencia vascular. Estos casos merecen la conceptuación de demencias y como tales se describen en el DSM IV».

la virtud de haber sido dictado a la vista de lo dispuesto en la Convención sobre los derechos de las personas con discapacidad, hecho en Nueva York el 13 de diciembre de 2006, así como de la Ley 39/2006, de 14 de diciembre, de Promoción de la Autonomía Personal y Atención a las personas en situación de dependencia, que regula entre sus derechos el de «decidir libremente sobre el ingreso en centro residencial» y el del «ejercicio pleno de sus derechos jurisdiccionales en el caso de internamientos involuntarios, garantizándose un proceso contradictorio».

Es significativo, como también reconoce el propio auto aquí comentado, que varios ordenamientos autonómicos hayan abordado el problema de los internamientos en geriátricos y su necesario control.

Así, por ejemplo, en el ámbito de la legislación catalana, el Decreto 145/1990, de 3 de mayo, por el cual se definen los establecimientos y servicios de acogida residencial de servicios sociales para personas de la tercera edad y se fijan los criterios prevalentes de acceso, establece, en su art. 5.5, como condición previa para efectuar el ingreso en un establecimiento residencial la previa y libre manifestación de voluntad de la persona de ingresar. De ahí que en caso de que del informe médico se desprenda la existencia de una presunta causa de incapacidad, será necesaria la autorización judicial previa al ingreso (art. 5.4). En el mismo ámbito autonómico de Cataluña, el Código de Familia (Ley 9/1998, de 15 de julio) exige autorización judicial cuando la persona voluntariamente internada se halla en una situación que no puede decidir libremente por sí misma la continuación del internamiento.

La ley extremeña 2/1994, de 28 de abril, de Asistencia Social Geriátrica, establece como condición necesaria del internamiento la voluntariedad del ingreso, por lo que el acceso a los establecimientos se realizará previa petición de los interesados (art. 24). También en el ámbito de la Comunidad extremeña, el Decreto 88/1996, de 4 de junio, por el que se regula el régimen de acceso a los Centros Residenciales dependientes de la Consejería de Bienestar Social para personas mayores, dispone en su art. 3 que «si en la solicitud se aduce presunta incapacidad, la Consejería de Bienestar Social instará a los familiares del interesado a promover la declaración de incapacidad legal, y se considerará provisionalmente representante a quien acredite ser el guardador de hecho, en tanto no se disponga otra cosa por la autoridad judicial».

En Andalucía, la Ley 6/1999, de 7 de julio, de Atención y Protección a las Personas Mayores dispone su art. 45.1 que «ninguna persona mayor podrá ser ingresada en un centro, sin que conste fehacientemente su consentimiento. En los casos de incapacidad presunta o declarada en los que no sea posible tal consentimiento, se requerirá autorización judicial para el ingreso».

Y en términos muy similares se pronuncia el art.13.8 de la Ley 5/2003, de 3 de abril, de Atención y Protección a las Personas Mayores de Castilla y León o la Ley 11/2003 de 10 de abril de la Generalidad Valenciana.

En definitiva, ésta es la línea mayoritaria y que, en nuestra opinión, mejor se adapta a la visión de este procedimiento propiciada tanto por la Convención sobre los derechos de las personas con discapacidad hecho en Nueva York en 2006 como por la legislación de las distintas Comunidades Autónomas.

En este sentido, también la Audiencia Provincial de Madrid ha admitido la aplicación del art. 763 LEC a los internamientos involuntarios en residencias geriátricas de personas afectadas por enfermedades degenerativas, argumentando que «según el artículo 763 de la Ley de Enjuiciamiento Civil, requiere autorización judicial el internamiento por razón de trastorno psíquico de una persona que no esté en condiciones de decidirlo por sí, no existiendo, por lo tanto en la misma nada que restrinja los internamientos en centros psiquiátricos o clínica de salud mental, ni que excluya a las residencias geriátricas. Además, los centros asistenciales no prestan exclusivamente una finalidad asistencial a la persona, porque también en las residencias se prestan servicios médicos y se aplican terapias paliativas o de mantenimiento; y tal finalidad posibilita el internamiento en beneficio de la persona mayor de edad y en grave deterioro de sus facultades cognitivas. Por lo tanto, resulta que tratándose de una persona anciana con deterioro cognitivo o demencia senil, y que por ello no hace posible recabar su consentimiento, no hay la razón alguna para oponerse a que ingrese en un centro asistencial cerrado, por lo que no cabe negar la autorización judicial y en definitiva el control judicial»[40].

La posibilidad de aplicar el art. 763 LEC en caso de concurrir enfermedades degenerativas y no sólo en trastornos psiquiátricos ha sido puesta de manifiesto también por la Audiencia Provincial de Huelva, que junto a razonamientos ya expuestos, en los que insiste, precisa además que «para poder determinar si procede o no autorizar el internamiento de la persona en cuestión habrá de tramitarse el expediente destinado a acreditar si se encuentra

40. Audiencia Provincial de Madrid (Sección 24ª), Auto núm. 807/2009 de 22 julio (JUR 2010, 22275).

en condiciones de decidir por sí misma, si padece alteración psíquica, y si esta alteración influye en su capacidad para conocer el alcance de sus actos. Cuestión distinta será que, después de dicho procedimiento, el Juez valore que la persona a internar o la ya internada cuente con capacidad bastante para decidir por sí misma sobre tal internamiento. En caso de que llegue a la conclusión de que no está capacitada debido a la alteración psíquica que padece, derivada de la demencia senil, deberá autorizar su internamiento»[41].

En sentido contrario a lo hasta aquí expuesto, encontramos otras resoluciones más antiguas en las que, ante casos de enfermedades degenerativas, se ha entendido que no era aplicable el art. 763 LEC, y en consecuencia no se autorizaba el internamiento en centro psiquiátrico de persona afectada por estas enfermedades, haciendo hincapié en la excepcionalidad y provisionalidad del internamiento que se autoriza a través del art. 763 LEC. Por ello, se ha señalado que ante la concurrencia de una enfermedad degenerativa, lo adecuado para el interés de la persona incapaz era instar el proceso de incapacitación, pero no autorizar su internamiento por vía del art. 763 LEC. Así, la Audiencia Provincial de Vizcaya ha negado que este artículo sea de aplicación en un caso de Alzheimer de larga evolución, por tratarse de una enfermedad degenerativa y de naturaleza irreversible a la que no cabe responder con la medida de internamiento, prevista para situaciones reversibles y limitada por ello en el tiempo[42].

41. Audiencia Provincial de Huelva (Sección 3ª), Auto núm. 80/2004 de 14 septiembre (JUR 2005, 53657).

42. Audiencia Provincial de Vizcaya (Sección 5ª), Auto de 29 enero 2003 (AC 2003, 159): «En nuestro caso, a la vista de las anteriores consideraciones no cabe autorizar el internamiento de doña Presentación M. L., porque dicha medida de carácter temporal no resulta en este caso acorde con el artículo 763 de la LEC pues por la índole de los padecimientos de la interna no cabe entender que estemos ante un supuesto de demencia reversible, y lo que se pretende, en definitiva, es la adopción de una medida asistencial sin limitación temporal.
Excluida la aplicación de lo establecido en el artículo 763 de la LEC al caso que examinamos, ello no implica que si la situación que subyace ocasiona una agravación del cuadro que presenta la enferma o conduce a una imposibilidad mayor o permanente para valerse por sí misma, o incluso en la situación que se contempla actualmente, se acuda a otras posibilidades legales previstas para este tipo de situaciones, como el procedimiento declarativo de incapacidad, adoptándose allí las pertinentes medidas de protección».
En sentido similar, más antiguas y aplicando la legislación anterior a la LEC 2000, podemos citar los autos de la Audiencia Provincial de La Rioja núm. 68/2000, de 13 abril y núm. 540/1998 de 27 octubre.

Sin embargo, como manifiesta JIMÉNEZ SORIA[43], Fiscal de la Audiencia Provincial de Huelva, en línea con la doctrina favorable a la aplicación a estos casos del art. 763 LEC, no se entiende por qué se ha de privar a los ancianos (o a los deficientes mentales) de una mayor protección como es la derivada de la intervención judicial para autorizar el internamiento involuntario en una residencia, donde va a recibir atención, no sólo asistencial, sino integral, incluyendo la asistencia sanitaria y de recuperación de habilidades y de calidad de vida. Y afirma el Fiscal que no es de recibo que recibida la comunicación de un futuro y necesario internamiento, o de un ingreso ya producido, el juez afirme que no se debe intervenir, bajo pretexto de una interpretación restrictiva del precepto, que le obliga a actuar en el ejercicio de sus funciones para la protección de quienes no se encuentran en condiciones de decidir por sí mismos por razón de su trastorno psíquico.

En definitiva, nos parece más adecuada la línea que aboga por interpretar en sentido amplio el art. 763 LEC, de modo que se dé la necesaria autorización judicial en los casos de ingreso de las personas mayores en un centro geriátrico o residencia siempre que a la persona ingresada se le impida su abandono voluntario y libre, así como cuando por razón de su estado mental, ésta no sea consciente o no alcance a comprender su situación. Es la interpretación que más se adecúa a la realidad social, en la que cada vez son más los mayores que ingresan en estos centros, en la mayoría de ocasiones llevados allí por sus familiares y sin que sus facultades mentales (se deba a enfermedad degenerativa o a otro trastorno) les permita comprender su situación ni por qué no pueden abandonar este centro.

No obstante, entendemos que la postura de la Audiencia Provincial de Vizcaya, que se oponía a tramitar esta autorización por la vía del art. 763 LEC, no suponía restringir de hecho y sin autorización judicial la libertad de las personas ingresadas en residencias, sino simplemente indicar que éste no era el cauce procesal adecuado, debiendo ser primero incapacitadas y después, en los términos que estableciese la sentencia de incapacitación respecto de la necesidad de internamiento, proceder al mismo, que sería firmado por el tutor que se designase. Pero cuando de hecho se ha internado ya en una residencia a un anciano al que se le restringe su libertad de movimiento contra su voluntad o sin su consentimiento, si esta persona no

43. JIMÉNEZ SORIA, J.: *Ingresos en centros geriátricos,* ponencia publicada en *Revisión de los procedimientos relativos a la incapacidad. Jornadas Fundación Aequitas, Madrid, 8 y 9 de marzo de 2004.* Fundación Aequitas, Madrid, 2004, págs. 215 y ss.

se encuentre en condiciones mentales de consentir o aceptar, parece que lo más lógico será proceder como establece el art. 763, pues en otro caso la alternativa jurídica para esta persona sería interponer una denuncia penal por un delito de detención ilegal o incluso entablar un proceso de *habeas corpus*, claro está, si sus facultades mentales y la situación en que se encuentre le permitieran llevar a cabo estas acciones.

Pueden verse también resoluciones en las que, contra autos de inadmisión de la solicitud de regularización del internamiento de una persona anciana tiempo atrás en una residencia, la Audiencia revoca dicho auto ordenando admitir a trámite la solicitud de iniciación del proceso del art. 763 LEC[44].

Y es que, como venía a señalar la Audiencia Provincial de Toledo, si se requiere autorización judicial para ingresar a un paciente que tiene un trastorno psíquico, con mucho mayor motivo deberá exigirse para internarlo si no lo tiene, o si el que tiene es meramente degenerativo, y de igual modo que será exigible para un internamiento con finalidad curativa, temporal o provisional y necesaria en un centro de carácter psiquiátrico, con mucho mayor motivo resultará exigible si ese internamiento no es necesario sino sólo conveniente para quienes cuidan del sujeto y se hace sin finalidades curativas sino asistenciales y con carácter indefinido, y si en lugar de un centro psiquiátrico es una mera residencia de ancianos[45].

Cabe señalar, por último, cómo la doctrina de nuestras Audiencias tampoco ha considerado aplicable el procedimiento del art. 763 LEC para otros supuestos no consistentes estrictamente en un internamiento o ingreso en una residencia. Así, respecto de la medida de inmovilización nocturna de una persona anciana ya ingresada en una residencia, para evitar que por la noche se caiga de la cama, la Audiencia Provincial de Sevilla ha declarado que «hay que entender que la medida de inmovilización nocturna, que se le ha prescrito médicamente y que forma parte de su tratamiento terapéutico o asistencial, para evitarle un evidente peligro, no precisa tampoco legalización alguna por parte de la autoridad judicial, respecto de la cual, si no está capacitada para tomar decisiones, corresponderá a sus familiares, o

44. Por ejemplo, Audiencia Provincial de Sevilla (Sección 2ª), Auto núm. 156/2012 de 29 junio (JUR 2013, 147393), sobre petición de regularización judicial del ingreso en una residencia ya realizado tres años atrás.
45. Audiencia Provincial de Toledo (Sección 1ª), Auto núm. 1/2003 de 16 enero (AC 2003, 248).

personas a ella allegadas, otorgar el consentimiento, como prevé la Ley General de Sanidad»[46].

46. Audiencia Provincial de Sevilla (Sección 5ª), Auto núm. 695/2003 de 21 octubre (JUR 2003, 264998).

Capítulo VII

El proceso de declaración de la prodigalidad

SUMARIO: 1. CONCEPTO, CARACTERES Y EVOLUCIÓN DE LA INSTITUCIÓN.—2. REGULACIÓN ACTUAL DEL PROCESO DE DECLARACIÓN DE PRODIGALIDAD EN LA LEY DE ENJUICIAMIENTO CIVIL.

Este trabajo no estaría completo sin una breve referencia al proceso de declaración de prodigalidad. Conviene aclarar desde un principio que la prodigalidad no es una causa de incapacitación aunque, como había ya reconocido el Tribunal Supremo antes de que el proceso se regulase conjuntamente en la LEC de 2000 junto con los demás referidos a la capacidad de las personas, representa una limitación de la capacidad de obrar[1].

1. CONCEPTO, CARACTERES Y EVOLUCIÓN DE LA INSTITUCIÓN

La prodigalidad se regula en nuestro Derecho como una circunstancia fundada en el interés privado familiar (del cónyuge, descendientes y ascendientes) que da lugar al sometimiento del pródigo a la curatela, como establece el art. 286.3º CC.

No obstante, el Código Civil no ofrece una definición de lo que ha de entenderse por «prodigalidad». No lo hacía en su originaria redacción ni tampoco en la vigente desde su reforma mediante Ley 13/1983, de 24 de octubre, de modificación del Código Civil en materia de tutela, que trajo una nueva configuración jurídica de la institución. Posteriormente, los

1. Tribunal Supremo (Sala de lo Civil), Sentencia de 17 junio 1988 (RJ 1988, 5114).

artículos 294 a 296 CC fueron derogados por la Disposición Derogatoria Única 2, 1° de la Ley de Enjuiciamiento Civil de 7 de enero de 2000, donde quedó integrado el proceso de declaración de la prodigalidad junto con los demás relativos a la capacidad de las personas en los arts. 756 y ss., pero tampoco en la LEC se encuentra una definición del concepto.

Por ello, ha sido la jurisprudencia la que, a partir del sentido usual y gramatical del término, ha ido decantando el significado de la prodigalidad, que puede definirse, en la actualidad, como aquella conducta socialmente condenable de la persona que de modo habitual pone en peligro injustificado su patrimonio, malgastándolo con ligereza, y poniendo asimismo en una situación de peligro injustificado el derecho de su cónyuge, sus descendientes o ascendientes a percibir alimentos. Como establece el art. 142 CC, «se entiende por alimentos todo lo que es indispensable para el sustento, habitación, vestido y asistencia médica. Los alimentos comprenden también la educación e instrucción del alimentista mientras sea menor de edad y aún después cuando no haya terminado su formación por causa que no le sea imputable. Entre los alimentos se incluirán los gastos de embarazo y parto, en cuanto no estén cubiertos de otro modo».

La Sentencia del Tribunal Supremo de 17 de diciembre de 1996 (RJ 1996, 8973) explica el sentido de la reforma del Código Civil en 1983, apuntando que «así como en la antigua legislación la prodigalidad defendía expectativas hereditarias de los herederos forzosos, lo que les facultaba para controlar actos dispositivos de los ascendientes en vida de los mismos, desde 1983 la prodigalidad no defiende más que el derecho a alimentos actual, o que esté en situación de pasar a actual, del cónyuge, descendientes o ascendientes. No hay ahora, por tanto, ningún patrimonio familiar que defender para que pueda transmitirse a los hijos».

Así, ya con la actual regulación del Código, ha explicado el Tribunal Supremo cómo «el concepto de prodigalidad emana de actuación meramente arbitraria y caprichosa, reveladora de una propensión a gastos inútiles, con un espíritu desordenado, desconocimiento útil del capital, en irracional complacencia, significativo de disipación y derroche en supeditación a satisfacción de necesidades artificiales, con el consiguiente ánimo meramente *ditacerando et dissipando* en *dissipare bona*, consistente en gastos, y despilfarrar y realizar injustificadas enajenaciones, de modo que se ponga injustificadamente en peligro la conservación del patrimonio, con un continuado descuido en la administración garante de una conducta creadora de un peligro para el patrimonio, socialmente condenable por su injustificación»[2]. También ha señalado el Tribunal Supremo que «es común sentir de la doctrina entender como pródigo a aquél que malgasta su caudal con ligereza, tanto por la cuantía de los dispendios como por el destino específico u objeto a que los destina, poniendo en peligro su patrimonio y los alimentos de sus deudos»[3].

Para LASARTE[4], la prodigalidad es una conducta personal caracterizada por la habitualidad en el derroche o disipación de los bienes propios, malgastándolos de forma desordenada. Como apunta este autor, actualmente no constituye causa de incapacitación propiamente hablando, y en los trabajos parlamentarios previos a la Ley 13/1983 estuvo a punto de ser suprimida del Código Civil, aunque finalmente se optó por mantenerla, aunque limitando notoriamente la posibilidad de reclamarla, de modo que sólo podrán promover el proceso el cónyuge, los descendientes o ascendientes que por

2. Tribunal Supremo (Sala de lo Civil), Sentencia de 2 enero 1990 (RJ 1990, 1).
3. En Tribunal Supremo (Sala de lo Civil), Sentencia de 8 marzo 1991 (RJ 1991, 2084). Destaca LASARTE el cambio de concepción acerca de la prodigalidad, que puede apreciarse en esta Sentencia, que trata sobre un caso en que quedó acreditado que un hombre casado llegó a gastar millones de pesetas a favor de «otra mujer», y razonaba afirmando la inexistencia de prodigalidad, en cuanto del relato fáctico «nada se desprende sobre la existencia de parientes que perciban alimentos o se encuentren en trance de reclamárselos. Sólo se intuye el deseo de la esposa de evitar los peligros que para la sociedad de gananciales pueda provenir del "interés del demandado hacia la otra mujer", cuestión ésta que tiene adecuado tratamiento a través de las acciones protectoras de la sociedad de gananciales», pero no mediante la declaración de prodigalidad. LASARTE GONZÁLEZ, C.: Derecho de Familia, Principios de Derecho Civil I, Marcial Pons, Madrid, 2013, pág. 195.
4. LASARTE GONZÁLEZ, C.: *Derecho de Familia, Principios de Derecho Civil I,* op. cit., pág. 195.
La Audiencia Provincial de Córdoba, explica en Sentencia núm. 223/2003 de 29 abril, cómo «En cuanto a la situación del pródigo, en la Memoria Exposición de Motivos del Proyecto de Ley de 1981 se decía que "la posibilidad de sujeción de estos últimos (los pródigos) cuya cúratela fue largamente considerada en cargo de los trabajos prelegislativos, prevaleciendo la opinión de que la circunstancia de prodigalidad, que sigue dándose de hecho en la realidad social, si no parece suficiente para provocar una incapacitación, sí merece dar lugar al menos a las medidas de protección que supone la cúratela, siempre que piden la declaración de prodigalidad al cónyuge, los descendientes o ascendientes que estén percibiendo alimentos o se encuentren en situación de reclamarlos al presunto pródigo, así como el Ministerio Fiscal, si aquellos son menores o discapacitados". Incluso en la Exposición de Motivos del Proyecto de Ley de 1983 se especificaba que "especial relieve ofrece el caso de los pródigos para quienes, al ser llevados al amparo de la cúratela, desaparece una incapacitación que, además de ser escasamente producida en la práctica parece desfasada en la realidad actual e incompatible con las ideas sociales de nuestro tiempo"».

no poder atender a su propia subsistencia perciban alimentos del presunto pródigo o se encuentren en situación de reclamarlos y los representantes legales de cada uno de ellos (art. 294 CC). Ésta es la regulación de la legitimación activa que ha pasado al art. 757.5 de la LEC de 2000, y que pone de manifiesto que se trata de una institución de protección de la familia.

Cabe insistir en que el pródigo no es un incapaz en el sentido del artículo 200 CC, es decir, no padece deficiencias físicas o psíquicas que le impidan gobernarse a sí mismo. Si su conducta desordenada en la esfera patrimonial se debiese al hecho de padecer alguna de estas enfermedades o deficiencias, deberá ser incapacitado. La aparente contradicción de que una persona capaz de gobernarse a sí misma se vea sometida, sin embargo, a una restricción de su capacidad de obrar sólo puede explicarse por la necesidad de protección de los familiares con derecho a alimentos[5].

En resumen, como explica la Audiencia Provincial de Córdoba, «la prodigalidad supone la realización, de forma reiterada, de actos de contenido económico desproporcionados tanto en la relación con el volumen patrimonial de quien los realiza como con la finalidad perseguida y que el conjunto de la sociedad considera inapropiados. Por ello la conducta aislada o la realización de actos cuyo coste económico es desigual con el resultado obtenido pero que están justificados no determinan la calificación de prodigalidad. Esto es un concepto relativo, no hay un módulo o arquetipo de prodigalidad; su determinación debe realizarse en cada situación concreta y dependen no solo de la finalidad del acto realizado, sino también del volumen patrimonial de quien lo realiza, de modo que si aquel acto no pone en peligro las responsabilidades patrimoniales en relación a obligaciones de alimentos, aunque objetivamente sea desproporcionado o sin justificación, no determinará la declaración de prodigalidad.

5. Explica ROMERO COLOMA: «es cierto que la conducta de la persona pródiga puede ser debida o estar motivada por una anomalía de carácter psíquico persistente y, por ende, ser consecuencia o manifestación de esa perturbación. Sin embargo, cuando una persona está mentalmente enferma, se la incapacita para protegerla frente a su patología. En cambio, si la persona es pródiga, se la incapacita, en realidad, para proteger a otras personas de su círculo familiar, sus parientes más cercanos y directos. Es el concepto de ajenidad el que está presente en el ámbito de la prodigalidad. En contrapartida, son la prevención y la seguridad de la persona que sufre la anomalía mental o perturbación psíquica los factores motivadores de la incapacitación de la persona». ROMERO COLOMA, A. Mª: *Prodigalidad y protección de la familia,* en *Revista Aranzadi Doctrinal* núm. 6/2013 parte Estudio Editorial Aranzadi, SA, Pamplona, 2013. También en www.aranzadidigital.es con ref. BIB 2013\1985.

Las notas principales y características de la prodigalidad, que, a su vez, son debidamente matizadas por la jurisprudencia son:

a) Se requiere una conducta habitual "toda vez que los actos más o menos irregulares o gastos excesivos, pero aislados o puramente circunstanciales no pueden ser calificados como constitutivos de la condición jurídica de prodigalidad" (Sentencia de 25 de marzo de 1942).

b) Que dicha conducta sea esencialmente condenable. Lo que sucede cuando según la opinión común, la persona es considerada como "manirroto" "dilapidadora de sus bienes", "que consume su hacienda en cosas vanas, inútiles o superfluas", "en desproporción con sus posibilidades, sin ninguna finalidad ventajosa para él y su familia" (Sentencias de 30 de septiembre 1930, 25 de marzo de 1942 y 18 de mayo de 1962). Sin embargo, la doctrina afirma que, una administración mala o desafortunada, un negocio arriesgado o atrevido no merman por sí mismo el calificativo de socialmente condenables, a no ser que, por las circunstancias que concurrían por los medios empleados, o, por los resultados irrazonables.

c) La conducta ha de crear un riesgo injustificado para el patrimonio. Riesgo o peligro que se refiere al corrector de la conducta, y que precisamente lo hace socialmente condenable.

d) En perjuicio de su familia más íntima (cónyuge, descendentes o ascendientes) que perciban alimentos del presunto pródigo o se encuentren en situación de reclamárselo), lo que quiere decir que la declaración de prodigalidad no se da en beneficio de la sociedad, sino para proteger un interés privado familiar»[6].

2. REGULACIÓN ACTUAL DEL PROCESO DE DECLARACIÓN DE PRODIGALIDAD EN LA LEY DE ENJUICIAMIENTO CIVIL

Como apuntábamos, la Disposición Derogatoria Única 2.1° de la LEC de 2000, derogó los arts. 294 a 296 y 298 del Código Civil, que regulaban la «curatela en casos de prodigalidad». No obstante, el art. 286.3° CC continúa declarando que están sometidos a curatela «los declarados pródigos». Y el

6. Audiencia Provincial de Córdoba (Sección 1ª), Sentencia núm. 223/2003 de 29 abril JUR (2003, 143575).

art. 297 CC establece que «los actos del declarado pródigo anteriores a la demanda de prodigalidad no podrán ser atacados por esta causa».

La declaración de prodigalidad incide en un ámbito más reducido que la de incapacitación, aunque en cualquier caso, como ha declarado el Tribunal Supremo, «se está ante un proceso en el que se pretende limitar la capacidad de obrar de una persona, cuestión de evidente interés público al afectar a su propio esencia, a su libertad y dignidad de la que deriva aquella capacidad»[7].

Siendo aplicables las normas generales del Capítulo I, Título I del Libro IV LEC, el cauce procesal será el del juicio verbal, con las especialidades de tramitación que se contemplan en el artículo 753 LEC, de modo que el Secretario judicial dará traslado de la demanda al Ministerio Fiscal y a las demás personas que, conforme a la ley, deban ser parte en el procedimiento, hayan sido o no demandados, emplazándoles para que la contesten en el plazo de veinte días. Se permitirán además conclusiones orales en la vista una vez practicadas las pruebas y gozará el proceso de tramitación preferente cuando alguno de los interesados en el procedimiento sea menor, incapacitado o esté en situación de ausencia legal.

Será siempre parte el Ministerio Fiscal, aunque no haya sido promotor de los mismos ni deba, conforme a la Ley, asumir la defensa de alguna de las partes (art. 749 LEC).

Las partes actuarán con asistencia de Abogado y representadas por Procurador (art. 750 LEC), y no podrán disponer del objeto del proceso, no surtiendo efecto la renuncia, el allanamiento ni la transacción (art. 751.1 LEC). El desistimiento será eficaz, sin embargo, sin necesidad de conformidad del Ministerio Fiscal siempre que no existan menores, incapacitados o ausentes interesados en el procedimiento (art. 751.2.1º LEC).

En materia de prueba, rige también el principio de búsqueda de la verdad material (art. 752 LEC), de modo que se decidirá el proceso con arreglo a los hechos que hayan sido objeto de debate y resulten probados, con independencia del momento en que hubieren sido alegados o introducidos de otra manera en el procedimiento. Asimismo, sin perjuicio de las pruebas que se practiquen a instancia del Ministerio Fiscal y de las demás partes, el tribunal podrá decretar de oficio cuantas estime pertinentes. Y la conformidad de las partes sobre los hechos no vinculará al tribunal, ni podrá éste

7. Tribunal Supremo (Sala de lo Civil), Sentencia de 17 diciembre 1996 (RJ 1996, 8973).

decidir la cuestión litigiosa basándose exclusivamente en dicha conformidad o en el silencio o respuestas evasivas sobre los hechos alegados por la parte contraria. Tampoco estará el tribunal vinculado a las disposiciones de la LEC en materia de fuerza probatoria del interrogatorio de las partes, de los documentos públicos y de los documentos privados reconocidos. Todo esto, será aplicable asimismo a la segunda instancia.

Se puede excluir la publicidad de las actuaciones, mediante providencia, de oficio o a instancia de parte siempre que las circunstancias lo aconsejen (art. 754 LEC).

Por último, el Secretario judicial acordará que las sentencias y demás resoluciones dictadas en estos procesos se comuniquen de oficio a los Registros Civiles para la práctica de los asientos que correspondan y, a petición de parte, se comunicarán también a cualquier otro Registro público (como el de la Propiedad o el Mercantil) a los efectos que en cada caso procedan (art. 755 LEC). Al igual que se indicó respecto de la sentencia de incapacitación o de modificación de la capacidad, debe señalarse, en relación con la sentencia de declaración de prodigalidad, que con la novedosa organización del Registro Civil que articula la nueva Ley del Registro Civil (Ley 20/2011, de 21 de julio), con entrada en vigor el 22 de julio de 2014 y basada en el sistema de registro individual[8], dispone el art. 34 de la nueva Ley que «el secretario judicial del órgano que haya dictado una resolución cuyo contenido deba causar asiento en el Registro Civil por afectar al estado civil de las personas, deberá remitir por medios electrónicos a la Oficina del Registro Civil testimonio de la resolución judicial referida».

Como seguidamente veremos, las notas diferenciadoras del proceso de declaración de la prodigalidad frente al de declaración de la incapacitación se refieren a la legitimación activa y al contenido de la sentencia.

Al igual que en los procesos sobre capacidad antes vistos, será competente para conocer de la demanda el Juez de Primera Instancia del lugar en que resida la persona a la que se refiera la declaración. Pero en cuanto a la legitimación activa, el proceso de declaración de prodigalidad sólo podrá

8. En sustitución del tradicional sistema de libros correspondientes a las distintas secciones del Registro Civil, establece el art. 5 de la Ley 20/2011, de 21 de julio, del Registro Civil que cada persona tendrá un registro individual en el que constarán los hechos y actos relativos a la identidad, estado civil y demás circunstancias. Este registro individual se abrirá con la inscripción de nacimiento o con el primer asiento que se practique, y en dicho registro se inscribirán o anotarán, continuada, sucesiva y cronológicamente, todos los hechos y actos que tengan acceso al Registro Civil.

instarse por el cónyuge, los descendientes o ascendientes que perciban alimentos del presunto pródigo o se encuentren en situación de reclamárselos y los representantes legales de cualquiera de ellos. Si no la piden los representantes legales, lo hará el Ministerio Fiscal (art. 757.5 LEC).

Debe por tanto coincidir en la persona del demandante la doble condición del parentesco y de percibir alimentos o encontrarse en situación de reclamarlos[9]. Pero como también ha aclarado el Tribunal Supremo, «esta situación ha de ser actual, en el sentido de que se haya hecho valer la petición en cualquiera de las formas que arbitra el derecho, pero nunca para proteger una expectativa»[10].

Recordaremos que conforme al art. 143 CC, están obligados recíprocamente a darse alimentos en toda la extensión señalada por el 142 los cónyuges y los ascendientes y descendientes. No obstante, los hermanos sólo se deben los auxilios necesarios para la vida, cuando los necesiten por cualquier causa que no sea imputable al alimentista, y se extenderán en su caso a los que precisen para su educación. Sin embargo, la LEC no reconoce legitimación activa a los hermanos, de modo que el proceso de declaración de la prodigalidad no protege el derecho que a éstos les concede el art. 143 CC. Podrán obtener esta protección, por tanto, en el juicio de alimentos correspondiente, pero sin poder instar la declaración de prodigalidad de su hermano.

La legitimación pasiva corresponde al pródigo, que será la persona en quien concurran las circunstancias determinadas por la jurisprudencia que

9. La STS de 17 junio 1988 (RJ 1988, 5114), referida a la normativa contenida entonces en el Código Civil, pero de aplicación también con la similar regulación actual, explicaba en relación con la legitimación activa en el proceso de declaración de prodigalidad cómo «el artículo 294 del Código Civil, "legitima" o concede la facultad para "pedir" la declaración de prodigalidad a aquéllos en quienes coincida la doble circunstancia de parentesco que expresa y que perciban alimentos del presunto pródigo o se encuentren en situación de reclamárselos, está sancionado con alcance normativo y de imperativa observancia los requisitos para que la acción prospere, requisitos que al constituir presupuestos para que el derecho actúe han de ser apreciados por los Tribunales, aun sin necesidad de invocación de parte, ya que mal se comprende que pueda ser aplicada una norma jurídica sin que la parte que la aduce le asista el derecho que la misma concede, lo que como es obvio requiere su oportuna alegación y posterior prueba y si a ello añadimos el acusado matiz de orden público que preside la regulación legal de la institución de la prodigalidad en cuanto representa una limitación de la capacidad de obrar de las personas, como lo demuestra la reiterada mención a la intervención del Ministerio Fiscal contenida en los artículos 294 y 296 del Código Civil».

10. Tribunal Supremo (Sala de lo Civil), Sentencia de 22 mayo 1990 (RJ 1990, 3830).

hemos visto en el apartado anterior. Existen, sin embargo, supuestos dudosos, como los que plantea ROMERO COLOMA[11], señalando que si bien no existe polémica cuando se trata de mayores de edad, en cambio respecto de los menores emancipados, el art. 323 CC les impide tomar dinero a préstamo, gravar o enajenar bienes inmuebles y establecimientos mercantiles o industriales u objetos de extraordinario valor sin consentimiento de sus padres y, a falta de ambos, sin el de su curador. Y aunque autores como PUIG BRUTAU[12], estiman que el menor emancipado no puede ser demandado en un proceso de prodigalidad, como apunta ROMERO COLOMA, es evidente que puede estar malgastando, en perjuicio de sus familiares directos, sus bienes muebles. Respecto de los mayores de dieciséis años que, con el consentimiento de sus progenitores, vivieren independientemente de éstos, cabría pensar en la posibilidad de que sean demandados en un proceso de declaración de prodigalidad, pero lo cierto es que también sería posible revocación del consentimiento de los progenitores, lo que constituiría una medida suficiente para la protección del interés familiar y que haría innecesario el proceso. Aunque se nos ocurre también pensar que a quien deba alimentos el menor que viva de modo independiente sea a un hijo propio no matrimonial (pues el matrimonio produce de derecho la emancipación según el art. 323 CC), en cuyo caso, de no pedir la declaración de prodigalidad la madre del hijo común en nombre de éste, debería hacerlo el Ministerio Fiscal, que no puede obligar a los padres del menor pródigo a que revoquen el consentimiento para que lleve su vida independiente. Por último, los menores no emancipados carecerían de legitimación pasiva, pues dado que no pueden regir su propio patrimonio, no podrán incurrir en la conducta desarreglada en qué consiste la prodigalidad.

La persona cuya declaración de prodigalidad se solicite puede comparecer en el proceso con su propia defensa y representación; y si no lo hiciere, será defendida por el Ministerio Fiscal, siempre que no haya sido éste el promotor del procedimiento (en el caso de que los representantes legales de los legitimados activamente no lo hubieren promovido). En otro caso, el Tribunal designará un defensor judicial, a no ser que estuviere ya nombrado (art. 758 LEC).

La sentencia que declare la prodigalidad determinará los actos que el pródigo no puede realizar sin el consentimiento de la persona que deba asistirle, debiendo asimismo nombrar a la persona o personas que, con arreglo a

11. En ROMERO COLOMA, A. Mª: *Prodigalidad y protección de la familia,* op. cit.
12. PUIG BRUTAU, J.: *Compendio de Derecho Civil,* Barcelona, 1987.

la Ley, hayan de asistir o representar al incapaz y velar por él (art. 760 LEC). Esta persona que deberá asistir al pródigo será el curador (art. 286.3º CC).

Explica GIMENO SENDRA[13] que se trata de una sentencia constitutiva, en cuanto es restrictiva del derecho a la libre disposición de los bienes, en la que el Tribunal, con la declaración de prodigalidad, ha de fijar el alcance de la declaración en atención al resultado de la actividad probatoria realizada, de modo análogo a la sentencia de incapacitación, determinando los actos de disposición para los que necesita la asistencia del curador o –conforme al art. 299.2º CC– del defensor judicial que se nombre al declarado pródigo. Y recuerda que la determinación es tanto más necesaria cuanto que el art. 297, que es el único de la sección dedicada en el Código Civil a «la curatela en caso de prodigalidad», no ha sido derogado.

En efecto, dispone este art. 297 CC que «los actos del declarado pródigo anteriores a la demanda de prodigalidad no podrán ser atacados por esta causa».

O'CALLAGHAN[14], que también considera que se trata de una sentencia constitutiva, explica que la sentencia que constituye el estado civil de incapacitado parcial (así considera la prodigalidad), produce efectos *ex nunc*, de modo que es irretroactiva. Y esquematiza la validez de los actos del pródigo del modo siguiente:

- Los actos anteriores a la demanda de prodigalidad no son alcanzados, y, por tanto, son válidos, lo que dice expresamente el art. 297 CC: «Los actos del declarado pródigo anteriores a la demanda de prodigalidad no podrán ser atacados por esta causa».
- Los actos realizados entre la demanda y la sentencia de prodigalidad tienen el mismo régimen que los celebrados tras la sentencia, como se deduce *a sensu contrario* del mismo art. 297 CC: son anulables.
- Tras la sentencia de prodigalidad, los actos que realice el pródigo que sean de los que no tiene capacidad, es decir, de los determinados en la sentencia que necesitan el complemento de capacidad, son actos anulables, tal como dice el art. 293 CC, para todo acto del sometido a curatela (con capacidad restringida) que no tenga el complemento de capacidad.

13. GIMENO SENDRA, V.: *Derecho procesal civil II, Los procesos especiales,* op. cit., pág. 298.
14. O'CALLAGHAN MUÑOZ, X.: *Código Civil comentado y con jurisprudencia,* op. cit., pág. 361.

Por último, cabe señalar que la declaración mediante sentencia de la prodigalidad de una persona casada, lo mismo que la de declaración de la incapacitación, facultará al otro cónyuge para pedir del Juez la disolución del régimen de gananciales, bastando con que la pida para que sea acordada (art. 1.393 CC).

La declaración de prodigalidad del mandatario, lo mismo que la declaración de incapacitación, determina también la extinción del mandato (art. 1.732 CC). No obstante, para el caso de que se trate de la incapacitación del mandante, no siempre se extinguirá el mandato, pues tras la modificación del Código operada por la Ley 41/2003, de 18 de noviembre de protección patrimonial de las personas con discapacidad, dispone ahora el art. 1.732 CC que «el mandato se extinguirá, también, por la incapacitación sobrevenida del mandante a no ser que en el mismo se hubiera dispuesto su continuación o el mandato se hubiera dado para el caso de incapacidad del mandante apreciada conforme a lo dispuesto por éste. En estos casos, el mandato podrá terminar por resolución judicial dictada al constituirse el organismo tutelar o posteriormente a instancia del tutor».

Bibliografía

APARICIO AUÑÓN, E.: *Comentarios a la Ley de Enjuiciamiento Civil*, dirigido por LORCA NAVARRETE, A. Mª y coordinado por GUILARTE GUTIÉRREZ, V., Tomo IV, Lex Nova, Valladolid, 2000.

BANACLOCHE PALAO, J.: *El proceso de reintegración de la capacidad de obrar*, Pamplona, 1998.

BARONA VILAR, S.: *El proceso Civil*, Tomo II, Tirant Lo Blanch, Valencia 2001, epígrafe 486. También disponible en *Tirantonline* (TOL62.308).

BARRIOS FLORES, L. F.: *La regulación del internamiento psiquiátrico involuntario en España: carencias jurídicas históricas y actuales*, en *Derecho y Salud*, Vol. 22, núm. 1, Ene-Jun. 2012, pp. 31-56. ISSN 1133-7400.

BASSY IZA, N.: *Determinación de la competencia, juicio de capacidad*, ponencia publicada en *Revisión de los procedimientos relativos a la incapacidad. Jornadas Fundación Aequitas, Madrid, 8 y 9 de marzo de 2004*. Fundación Aequitas, Madrid, 2004, págs. 110 y ss.

BERCOVITZ RODRÍGUEZ-CANO, R.: *Decálogo para los internamientos involuntarios urgentes por trastornos psiquiátrico*, en *Revista Doctrinal Aranzadi Civil-Mercantil* núm. 7/2012 parte Tribuna. Editorial Aranzadi S.A., Pamplona. 2012. También en www.aranzadidigital.es, con ref. BIB 2012\3151.

BUSTOS VALDIVIA, I.: *Consideraciones sobre el internamiento por razón de trastorno psíquico a partir de la Ley Orgánica de Protección Jurídica del Menor de 15 de mayo de 1996. Actualidad Civil*, ISSN 0213-7100, Nº 4, 2000, págs. 1289-1307.

CABRERA MERCADO, R.: *El proceso de incapacitación*, Madrid, 1997.

CALPARSORO DAMIÁN, J.: *La actuación del Ministerio Fiscal en defensa de las personas declaradas incapaces*, ponencia presentada en las *Jornadas sobre Protección Jurídica en la Incapacidad*, los días 26 y 27 de mayo de 2005, Fundación Tutelar de La Rioja, Logroño, 2005.

CALVO SAN JOSÉ, Mª J.: *La incapacitación de las personas físicas*, Publicación: Sentencias de TSJ y AP y otros Tribunales núm. 20/2006 parte Artículo. Editorial Aranzadi S.A., Pamplona. 2006. También en www.aranzadidigital.es, con referencia BIB 2006\2092.

CASTÁN TOBEÑAS, J.: *Derecho Civil Español, Común y Foral*, 1949.

DE CASTRO Y BRAVO, F: *Derecho Civil de España,* Civitas, 1984.

CORTÉS DOMÍNGUEZ, V. con GIMENO SENDRA, V., MORENO CATENA, V. y ALMAGRO NOSETE, J.: *Derecho Procesal,* Tirant lo Blanch, 1991, Tomo I, vol. 2.

DELGADO BUENO, S.: *Capacidad de obrar en los trastornos mentales. Curatela exclusivamente para el mantenimiento del tratamiento, ponencia publicada* en *Revisión de los procedimientos relativos a la incapacidad. Jornadas Fundación Aequitas, Madrid, 8 y 9 de marzo de 2004.* Fundación Aequitas, Madrid, 2004, págs. 167 y ss.

DELGADO LÓPEZ, L. Mª.: *La esterilización del incapaz,* en *Estudios Jurídicos del Ministerio Fiscal,* VII/1997, Madrid, págs. 102 y ss. DÍEZ-PICAZO, L.: *Comentarios a las reformas de la Nacionalidad y la Tutela,* Tecnos, Madrid, 1986.

DÍEZ-PICAZO, L. y GULLÓN, A.: *Instituciones de Derecho civil,* vol. I, Ed. Tecnos, Madrid, 1995.

— *Sistema de Derecho Civil,* Vol. I, Ed. Tecnos, Madrid, 1998.

ESBEC RODRÍGUEZ, E., en ponencia publicada en *Revisión de los procedimientos relativos a la incapacidad. Jornadas Fundación Aequitas, Madrid, 8 y 9 de marzo de 2004.* Fundación Aequitas, Madrid, 2004, págs. 181 y ss.

FÁBREGA RUIZ, C.F.: *Protección de incapaces: actuaciones previas del Fiscal. Medidas cautelares y de protección* ponencia publicada en *Revisión de los procedimientos relativos a la incapacidad. Jornadas Aequitas, Madrid, 8 y 9 de marzo de 2004.* Fundación Aequitas, Madrid, 2004, págs. 41 y ss.

FERNÁNDEZ APARICIO, J.M.: *¿Es posible la acumulación subjetiva de acciones en el procedimiento de incapacidad?, El Derecho Editores / Diario de Jurisprudencia El Derecho,* nº 2463, pág. 1, publicado el 17 de octubre de 2007.

FERNÁNDEZ LÓPEZ, J.M.: *El procedimiento de incapacitación,* ponencia publicada en *Revisión de los procedimientos relativos a la incapacidad. Jornadas Fundación Aequitas, Madrid, 8 y 9 de marzo de 2004.* Fundación Aequitas, Madrid, 2004, págs. 271 y ss.

FERNÁNDEZ, M. A. y DE LA OLIVA SANTOS, A.: *Derecho Procesal Civil,* Tomo IV, Barcelona, 1984.

GANZENMÜLLER ROIG, C.: *Cinco años después de la Convención de los Derechos de las Personas con Discapacidad.* Conclusiones del curso sobre el ámbito de protección civil y penal de la persona con discapacidad, celebrado en Valencia en mayo de 2013. Puede consultarse el documento en http://www.poderjudicial.es/cgpj/es/Poder_Judicial/En_Portada/Conclusiones_del_curso_sobre_el_ambito_de_proteccion_civil_y_penal_de_la_persona_con_discapacidad

GARCÍA-LUBÉN BARTHE, P.: *Algunas consideraciones en torno a los procesos de reintegración de la capacidad y modificación de la incapacitación,* artículo publicado en *Saberes (Revista de estudios jurídicos, económicos y sociales),* Vol. I, Universidad Alfonso X El Sabio, Villanueva de la Cañada (Madrid), 2003.

GIMENO SENDRA, V.: *Derecho procesal civil II, Los procesos especiales,* UNED y Colex, 4ª edición, Madrid, 2012.

GORDILLO CAÑAS, A.: *Capacidad, incapacidad y estabilidad en los contratos*, Ed. Tecnos, Madrid, 1986.

— *Comentario a la Sts de 1 de febrero de 1986, CCJC*, nº 10, enero-marzo, 1986, pág. 3405.

GULLÓN BALLESTEROS, A.: *Los discapacitados y su protección jurídica* en *Estudios de Derecho Judicial*/22/1999, Consejo General del Poder Judicial, págs. 11 a 22.

JIMÉNEZ SORIA, J.: *Ingresos en centros geriátricos*, ponencia publicada en *Revisión de los procedimientos relativos a la incapacidad. Jornadas Fundación Aequitas, Madrid, 8 y 9 de marzo de 2004*. Fundación Aequitas, Madrid, 2004, págs. 215 y ss.

LASARTE GONZÁLEZ, C.: *Derecho de Familia, Principios de Derecho Civil IV*, Marcial Pons, Madrid, 2012.

— *Derecho de Familia, Principios de Derecho Civil I*, Marcial Pons, Madrid, 2013.

LÓPEZ BRULETOUT, E.: *Obligaciones contables y rendición de cuentas del tutor*, ponencia publicada en *Revisión de los procedimientos relativos a la incapacidad. Jornadas Fundación Aequitas, Madrid, 8 y 9 de marzo de 2004*. Fundación Aequitas, Madrid, 2004, págs. 160 y ss.

MARÍN LÓPEZ, J.J.: *El internamiento de incapaces*, CGPJ, 1994.

MARIMÓN DURÁ, Mª C.: *El Proceso Civil VIII, tirantonline.com*, mayo de 2001.

MARTÍNEZ DÍEZ, R.: *Discapaces no incapacitados. Situaciones especiales de desamparo*, CGPJ, 1999.

MONTERO AROCA, J.: *Análisis crítico de la Ley de Enjuiciamiento Civil en su centenario*, Civitas, 1982.

O'CALLAGHAN MUÑOZ, X.: *Código Civil comentado y con jurisprudencia*, La Ley, Madrid, 2001.

— *Compendio de Derecho Civil*, Tomo I, Dijusa, 2009.

— *La declaración de incapacidad*, en *La protección Jurídica de discapacitados, incapaces y personas en situaciones especiales*, dirigida por MARTÍNEZ DÍE, R., Civitas, Madrid, 2000.

PUIG BRUTAU, J.: *Compendio de Derecho Civil*, Barcelona, 1987.

REAL ACADEMIA ESPAÑOLA: *Diccionario de la lengua española (DRAE)* edición 22ª, publicada en 2001.

REVERTE NAVARRO, A.: *Comentarios al Código Civil*, Ministerio de Justicia, I.

RIVERO HERNÁNDEZ, F.: *Elementos de derecho civil* II, con LACRUZ y otros, vol. 1º, Barcelona, 1994.

ROCA GUILLAMÓN, J.: *Comentarios al Código Civil*, Ministerio de Justicia, Tomo I.

Romero Coloma, A. Mª: *Prodigalidad y protección de la familia,* Revista *Aranzadi Doctrinal* núm. 6/2013 parte Estudio, Editorial Aranzadi S.A., Pamplona, 2013. También en www.aranzadidigital.es con ref. BIB 2013\1985.

Testamento e intervalos lúcidos, Actualidad Jurídica Aranzadi núm. 860/2013 parte Comentario. Editorial Aranzadi S.A., Pamplona. 2013. También en www.aranzadidigital.es con ref. BIB 2013\724.

Sánchez-Calero Arribas, B.: *La actuación de los representantes legales en la esfera personal de menores e incapacitados,* Editorial Tirant Lo Blanch S.L. 1ª ed., 1ª imp. (06/2005). Disponible en tirantonline.com con referencia TOL736.231.

Santos Urbaneja, F.: *Causa y motivo de la incapacitación civil. Una reflexión sobre el artículo 200 del Código Civil,* ponencia publicada en *Revisión de los procedimientos relativos a la incapacidad. Jornadas Fundación Aequitas, Madrid, 8 y 9 de marzo de 2004.* Fundación Aequitas, Madrid, 2004, págs. 25 y ss.

Ventoso Escribano, A.: *Reforma de la tutela,* Madrid, 1985.

Xiol Ríos, J.A.: *Enjuiciamiento Civil, Comentarios y Jurisprudencia,* Volumen III, Sepín, Las Rozas (Madrid) 2008.

Yáñez Vivero, F.: *Algunos pronunciamientos judiciales recientes sobre la tutela de la discapacidad encomendada a las personas jurídicas,* en *Familia, matrimonio y divorcio en los albores del Siglo XXI*: (Jornadas Internacionales sobre las reformas de Derecho de familia. Ponencias y comunicaciones. Madrid, 27, 28 y 29 junio 2005) / coord. por Fátima Yáñez Vivero, Araceli Donado Vara, María Fernanda Moretón Sanz; Carlos Lasarte Álvarez (dir. congr.), 2006, ISBN 84-609-6801-4.